河北科技大学五大平台开放基金课题《新媒体环境下优秀传统文化的传播策略研究（课题编号：2016PT07）》

新媒体环境下传统文化对大学生素质教育作用的研究

张玲菲　孙峰岩　吴　莎　著

吉林文史出版社

图书在版编目（ＣＩＰ）数据

新媒体环境下传统文化对大学生素质教育作用的研究/
张玲菲, 孙峰岩, 吴莎著. -- 长春 : 吉林文史出版社,
2019.3

ISBN 978-7-5472-6002-9

Ⅰ. ①新… Ⅱ. ①张… ②孙… ③吴… Ⅲ. ①中华文
化－作用－大学生－素质教育－研究－中国 Ⅳ.
①G640

中国版本图书馆 CIP 数据核字(2019)第 043382 号

新媒体环境下传统文化对大学生素质教育作用的研究

著　　者	张玲菲　孙峰岩　吴　莎	
出 版 人	孙建军	
责任编辑	陈春燕	
封面设计	刊　易	
出版发行	吉林文史出版社有限责任公司	
地　　址	长春市人民大街 4646 号	
网　　址	www.jlws.com.cn	
制　　作	山东刊易文化传播有限公司	
印　　刷	济南大地图文快印有限公司	
开　　本	170 毫米×240 毫米　　1/16	
印　　张	18	
字　　数	360 千字	
版　　次	2019 年 3 月第 1 版　2019 年 3 月第 1 次印刷	
书　　号	ISBN 978-7-5472-6002-9	
定　　价	55.00 元	

前　言

　　当前中国社会正经历着错综复杂的社会转型，经济社会的发展导致的道德领域的变化也日益显现，社会体制、经济结构、社会观念的变革使人们的价值观更加多元化和模糊化。社会欲望的张扬和释放形成了社会转型期的躁动和迷茫，这些从根本上导致了青年人的行为习惯、心理状态、思维方式、价值观念和生活态度等方面的重大变化，并出现了不同程度的人格偏差。当代大学生作为社会的高素质群体也面临着多元价值观的巨大冲击，在一定程度上出现了迷惘状态。而高校在大学生素质教育以及价值观的引导上还有很多欠缺，过于程序化和功利化的教育方式，使一些大学生的价值观出现扭曲和偏差。在这种情形下，中国的传统教育再次引起人们的重视并得到一定程度的回归，很多城市兴办国学馆、开展国学教育、开展大规模的优秀传统文化活动，整个社会也加大了对优秀传统文化的宣传和倡导。一些大学开设了传统文化课程，用中华民族传统文化的精华培养大学生的传统美德，使其树立正确的价值观、人生观。然而，目前高校在大学生素质教育的过程中，仍然不能很好地将优秀传统文化融合其中，还存在需要改进的方面。因此，很有必要进一步研究探讨优秀传统文化在大学生素质教育中的有效应用，真正发挥其价值，促进大学生的健康成长。

　　进入 21 世纪，新媒体时代扑面而来，全球化浪潮接踵而至，东西方政治文化、意识形态的交流、碰撞、渗透、融合不可避免，在这一时代背景下，我国传统文化的继承发扬以及传统的素质教育的内容、方法、价值导向方面都面临着严峻的挑战，素质教育只有顺应这一历史潮流才能充分发挥其作用。

　　在西方思潮的冲击下，我们需要坚持中华民族的文化理念和价值观，矫正媚外的弱势心态，增强民族自信心和自豪感。我们的教育必须承担起让青年传承民族文化，加强民族认同感，提升民族自豪感的艰巨使命：要保护本民族的文化和产业，培养青年学生对民族文化的热爱。另外，网络的出现和发展为教育的发展带来了先进的手段，提供了便利，同时也给大学生的素质教育带来了新的挑战。网络信息往往未经过滤、良莠不齐，不健康的东西极易冲击学生们的人生观、价值观和道德观，给素质教育带来新的困难。在传统文化与现代教育手段之间，我们应当找到一个更好的结合点，让传统文化的精华得以发扬。在这样大的历史背景下，虽然在传统文化与大学生的素质教育融合方面已经有了很多的研究和实践，取得了很好的成效，但对于传统文化与大学生的素质教育相融合的系统研究还有待于进一步深化。

中国传统文化是指中华民族在长期的历史发展过程中，由于特殊的自然地理环境、经济形式、政治结构、意识形态的作用而形成、积累和流传下来，并且至今仍在生生不息地影响着当代社会的"活着"的中国古代文化。中国传统文化分为广义和狭义两种。广义的文化包括形于外的以客观形式出现的物质文化、制度文化和敛于内的以主观形式存在的思想文化。而我们通常所说的中国传统文化则属狭义的文化，即思想文化，它是指中华民族在生息繁衍中形成的理论化和非理论化的，以民族思维方式、价值观念、伦理道德、性格特征、审美趣味、知识结构、行为规范、风俗习惯等形式存在和延续，并转而影响整个社会的、具有稳定形态的精神成果的总和。从本质上说，无论是广义的，还是狭义的传统文化都已内化到中华民族的文化心理和性格之中，并渗透到社会政治、经济，特别是精神生活的各个领域，成为影响社会历史发展进程，甚至制约人的思想意识和日常行为的强大力量。

当前我国大学生的素质教育面对全球化时代多元文化的挑战与冲击，离不开对中国传统文化的积极借助。就世界范围来看，20 世纪 80 年代以来风靡一时的社会现象便是全球化，而且，随着新世纪的到来，这股全球化的浪潮更是涛声阵阵、汹涌澎湃。我们知道，全球化时代的基本特征即是开放性和多元性。这种开放和多元的属性对于我国素质教育的影响是极为深远的。一方面，它为各种外来文化的进入敞开了大门，为我们新时期素质教育的文化选择提供了新的视界、新的标准和新的范式；然而，另一方面，社会文化的多元也极易使国家的思想文化领域因失去主流而处于一种庞杂无序、良莠不齐的状态，从而造成人们思想上的混乱和行动上的迷茫。

总而言之，中国传统文化对于我国的素质教育事业具有极为重要的资源意义和伦理价值，是中国特色素质教育工作无法忽视的重要因素。

本书共计十一章，合计 36 万字，由河北科技大学的张玲菲（负责 10 万字）、孙峰岩（负责 10 万字）、吴莎（负责 16 万字）执笔撰写。如有纰漏之处，恳请读者提出宝贵意见。

目　录

绪　论

第一节　新媒体的本质与特征

一、新媒体的本质

　　"新媒体"这一概念，是美国哥伦比亚广播电视网技术研究所所长 P·戈尔德马克，于 1967 年最早提出来的，他在自己发表的一份关于开发电子录像的报告中把电子录像称为"新媒体"。1969 年，美国的 E·罗斯托（E. Rostow）在向尼克松提交的报告书中，多次提及"新媒体"这一新说法，由此，"新媒体"这个新词汇开始在美国社会传播开来并逐渐扩展到了全世界。美国的《连线》杂志对于新媒体的定义是"所有人对所有人的传播"。

　　有学者认为："新媒体是一个相对的概念、时间的概念、发展的概念。今天所有的媒体都带有传统媒体的基因和新媒体的元素。"他认为今天我们所说的新媒体通常是指在计算机信息处理技术基础上出现的媒体形态。而且新媒体并不是只体现在数字媒体和网络媒体这些平台上，科学技术越来越先进，媒体形态也是千变万化，也许在数字、网络媒体后诞生的更多新媒体形态，才是更需要我们关注的。中国传媒大学教授宫承波认为新媒体就是"依托数字技术、互联网技术、移动通信技术等新技术向受众提供信息服务的新兴媒体"，他认为搜索引擎、虚拟社区、电子邮件、网络游戏等都属于新媒体。还有学者认为，新媒体是指一切区别于传统媒体而言的、具有多种传播形式、内容以及形态且还在不断更新的新型媒体。因此，虽然有许多专家学者在讲新媒体的时候，都会为新媒体下一个定义便于让人们理解，但是目前并没有一个关于新媒体的真正定论，因为新媒体所涉及、包含的方面广而细，与许多领域都有交织，所以在为新媒体下定义时存在着一些值得商榷的点。早年的网络论坛社区、手机报、网络电话、数字报纸、电子书，以及近些年的即时通信、博客、网络视频、网络直播、移动客户端、数字电视与 IPTV 等，都是新媒体的主要形式，其中就包含新媒体在形式、新的服务方式以及软硬件方面的突破。"新媒体以其得天独厚的数字化、多样性、即时性和交互性的特性传递新闻信息，成为拥有丰富信息资源和便捷交流互动的媒介，并深深地影响着人们的工作和生活。"

1

由于新媒体技术的不断发展，各种新媒体软件与大众的生活联系越来越紧密，它们更加关注用户的自主性操作，将受众的角色转变为充满个性化的传播者角色，像 QQ、Twitter、微博、微信、小咖秀、映客直播、头条新闻等这样的应用，都使原来的广大受众转变为集受众和传播者为一体的"新个体"，一些专家学者把这些具有个性化、使每个人都能够主动传播信息的新媒体称为"自媒体"。

基于前人对新媒体的研究，笔者更为认同的新媒体是指通过数字技术、互联网技术、移动通信技术等技术支持，所形成的一个信息集成、交汇，为广大受众提供信息接收、交互的"平台"。此"平台"有形式多样，更新速度快，容纳受众多，个性化服务体验优良等特点。

二、新媒体的特征

新媒体的数字化、网络化和信息化等技术特征为新媒体的内容共享创造了一个非常关键的前期铺垫。新媒体的传播特征是互动交互，传播者与受众的界限不再清晰；新媒体的功能特征是为社会提供海量的多媒体信息服务和信息共享，能实现高效快捷的海量内容的聚合和发散。

第一，现代化的技术特征。新媒体的三大技术支撑就是数字化、网络化和信息化。新媒体主要通过计算机信息处理技术，把卫星网络、互联网、移动通信等处理为信息平台的媒体形态，它有有线通道及无线通道两种传输方式，我们熟知的有互联网、手机等可移动通信设备、网络电视、电子报纸等。

第二，交互性。一方面，人们在新媒体时代中不再是单一的受众群体，而是具有接受者和传播者两种身份，人们不仅可以通过新媒体平台被动地接收信息，还可以通过各类新媒体平台作为信息发布者广泛地传播信息；另一方面，人们在体验"双重身份"的过程中，不仅达到了信息传播交互的目的，还可以做到在新媒体平台的评论区进一步地进行精神层次的交互交流，使信息被最大化地利用、理解。

第三，包容性。传统媒体的形式一般以单一的形式出现，不能够很全面地做到将不同的信息形式及选材、过去及现在的内容等其他功能同时展现出来。而新媒体在信息的呈现方式的多样性，使得声音、文字、图形、影像等形式的信息能够数字化，再编辑后叠加呈现，不但可以实现跨媒体，还达到了穿越时空的信息传播效果。

第四，高效性。新媒体不受时间地点的约束，具有全时段和覆盖面广的特征。人们作为受众通过新媒体接收信息，不论任何时间、地点，都可以在有通信网络覆盖的地方接收到来自世界各地的任何信息，大大提高了人们的生活、办事和了解世界的效率。

第五，创新性。新媒体在技术、运营、产品、服务等商业模式上具有创新性，并且这种创新性更新速度极快。新媒体不仅是技术平台，也是媒体机构。与传统媒体相比，变化的不仅是技术方面的推陈出新，商业模式的改革创新也在日复一日地出现着。

第六，可融合性。新媒体的边界具有一定的模糊不定性，表现出各种媒介、媒体的融合态势。所谓媒介融合，就是各种媒介呈现出多功能一体化的趋势，比如当下的各类全媒体平台，集报刊、图片、有声读物、视频等媒介为一体的门户网站或客户端；所谓媒体融合，是借助于互联网思维使新媒体更具有入口价值，不但要做到简单的平台相加，更应做到系统的深度相融，以达到最终的去中心化、多中心化。

第二节　新媒体的功能

研究新媒体的本质定义是为了使大众对新媒体有一个本质上的认识；对新媒体有一个正确的理解和态度。当下很多网络信息和报纸杂志上都热火朝天地宣传新媒体时代的到来，使得受众常常对新媒体有种莫名的崇拜感和敬畏感，但是事实上新媒体就是一种新的信息传播载体，这种载体也只能在人们运用的过程中发挥作用。

然而对于新媒体时代，或者是新媒体环境的描述，在很大程度上反映出了新媒体与人们的密切关系，新媒体在质的规定性上是媒介，但是在功能表现上更像是一种环境，时刻地影响着人们的生活和工作，甚至改变了人们的行为方式。因为新媒体具备了不同以往媒体的新的特点，所以才在实际运用中产生了意想不到的功能。

新媒体的功能可以从新媒体呈现的特点表现出来。新媒体的特点是在同以往媒体形式相比较中得出的，综合学者们对于新媒体特点的表述，可以从新媒体环境下的信息的传播者、传播方式、传播内容、传播载体进行概括。首先，从信息的传播者方面来看，与以往媒体形式不同，传播者不再局限于专门从事信息传播的工作人员，作为普通民众的一员，只要你懂得如何使用新的媒介工具，就可以成为信息传播者。其次，从信息传播方式来看，以往的媒体在信息传播方式上是单向的，主要由信息传播者运用媒体介质对受众进行信息的传播，而受众只是被动的接收者，然而新媒体却颠覆了传统的传播方式，由单向改为双向互动。再次，从传播内容来看，由于传统的媒体在进行信息传播时，首先要由专门的部门对传播的内容进行审核，方可进行传播，所以受众接收到的信息可能并不完全真实。而新媒体传播的内容包含范围相当广泛，可以与政治、经济、文化、军事有关，也可以与日常琐事、家长里短、娱乐八卦有关，这些内容由于无法得到及时审核和筛选，使得内容的真实性无法得到保障，那么受众在接收到这些可靠性不高的信息后也会出现不同程度的反应，这些反应恰恰会影响个人、社会乃至国家的发展。最后，从传播媒介来看，新媒体时代下最常见的媒介形式就是电脑和手机，然而随着科技的进步和更新，新媒体环境下的信息传播媒介不会只局限于电脑和手机，由谷歌新研发的智能眼镜和苹果公司研发的苹果手表也具备了连接网络的功能，将来也会不断出现新兴的信息传播载体。新媒体正是具备这些新特征，才使得新媒体在功能的发挥上独领风骚，较之传统媒体而言，对人们的生活产生了更大的影响。

第三节　新媒体时代的发展

回顾过去传播方式的发展，从原始的信息传播时代，人们最早接受的传播方式是把书面的信息，通过交通工具等可触的工具运送到接收信息的人或地点，耗费时间长，也容易造成信息的丢失。在后来的很长一段时间里，传统大众传播时代到来，报纸、广播、杂志、电视等成为人们生活中接收信息所喜闻乐见的方式，这段时期内，信息的传播速度得到了一定的提高，并且凭借其针对的受众更多、节目播出及报刊发布的时间稳定、信息内容公开传播等特点，为人们获取信息带来了不少便利；然而，随着以数字技术为基础的互联网等新媒体的迅速兴起，传播环境和方式也出现空前的变化，不仅新媒体频繁使用数字技术，传统媒体也将数字技术运用到寻求突破的道路上；受众不再是被动接受的一方，他们开始慎重地选择自己乐意接受的媒体；更值得关注的是，新媒体开创的信息交互功能，使受众不再是单向的信息获取者，他们同时成为信息的发布者，对等传播已经成为现代传播的重要形式。一个符合现代社会发展的全新时代——新媒体时代，就这样随之诞生了。

网络与新媒体的快速发展，以及现代社会快节奏的运转，加速了人们接受新事物的速度，更增强了人们了解世界的强烈欲望。截至 2017 年 12 月，我国网民规模达 7.72 亿，互联网普及率达到 55.8%，超过全球平均水平（51.7%）4.1 个百分点，超过亚洲平均水平（46.7%）9.1 个百分点。

其中，我国手机网民规模达 7.53 亿，较 2016 年底增加 5734 万人。网民中使用手机上网人群的占比由 2016 年的 95.1% 提升至 97.5%，网民手机上网比例继续攀升。网民中即时通信用户规模达到 7.20 亿，较 2016 年底增长 5395 万，占网民总体的 93.3%。手机即时通信用户 6.94 亿，较 2016 年底增长 5562 万，占手机网民的 92.2%。截至 2017 年 12 月，我国网络新闻用户规模为 6.47 亿，年增长率为 5.4%，网民使用比例为 83.8%。其中，手机网络新闻用户规模达到 6.20 亿，占手机网民的 82.3%，年增长率为 8.5%。根据以上数据显示，我国民众接触互联网，尤其是接触手机即时通信的网民数量有很大的增长，而目前互联网的发展离不开新媒体对其的影响，可见新媒体时代下的互联网以及各类传播技术的发展仍有相当大的发展空间，定将为人类社会的生产生活带来更大的便利。

第一章　中国传统文化概述

第一节　文化与传统文化的界定

一、文化的界定

（一）文化的内涵

什么是文化？贸然回答这个问题是很困难的，必须在一定的语言环境中才能分析文化的真实内涵。

1.文化的本义

所谓文化的本义，就是文化最先开始的用义。在我国古代就有"文化"这个词，其古义是"文治教化"或"文章教化"，指用文章、礼乐来教化人民、治理国家。文化的古义就是它的本来意义，与现在的文化含义是不同的，现在的文化是在当前社会发展的条件下产生出来的，是人们精神活动的一种产物。

2.广义的文化

广义的文化是指在社会历史发展过程中人类社会的积淀物，是人类所创造的物质财富和精神财富。从广义的文化定义就可以衍生出各种形态的文化概念：

（1）物质文化，包含自然文化、经济文化、军事文化、建筑文化等。

（2）精神文化，包括哲学、政治、宗教、文学、艺术、教育、科学（自然科学和人文科学）、伦理等。

文化包含很多类别，各种类别中又有其他的细类，无法一一列举。

就广义而言，文化是一个非常广阔的概念，是人类生活的总和。它着眼于当前社会人类与动物及大自然之间的一种本质的区别，是人类立足于自然社会的一种独特的生存法则。文化涵盖的范围非常广泛，包括众多的领域，如语言、哲学、科学、教育等；是作用于人类本身产生的精神文化，包括道德、法律、信仰等；是人类的一种活动方式，包括文学、艺术、音乐、戏剧等；是创造于社会应用中的文化，包括生产工具、日用器皿等；是各个地方的生活习惯，包括制度、组织、风俗等。文化包含人类在处理人和世界关系中所采取的精神活动和实践活动的方式等极其广泛的方面。

3.狭义的文化

对于狭义的文化，排除了人类生活中关于物质创造活动及其结果的部分，专注于某一项精神创造活动及其结果，特指人类社会的全部精神活动。所以，狭义的文化是从古义"文章礼乐教化"的含义发展而来的，比广义的文化范围要小，只局限于把握不同文化形态的特征，关注的是传承下来的文化积淀、凝聚、共有的人文精神。狭义的文化注重的不仅是人类社会共同的普遍精神，还包括人类民族的精神文化。

4.引申的文化

所谓引申意义的文化，是指在本义和广义的基础上衍生出来的更加常见的含义。不管是中国还是外国的词义上都是更易见到的，汉语词义的引申义更是复杂和丰富多彩。

（二）文化的性质

我们研究文化，必须要弄清它的性质，也就是它的本质属性、它与其他事物的根本区别。我们这里所说的文化的性质，是指广义范畴的文化性质。

1.社会性

文化是伴随着社会发展过程，不断进行总结、改进得出的新的社会形态下的产物。随着人类社会的进步和发展，在不同的社会形态下，都有相应的物质形态和精神形态。文化社会性的根本是社会在精神文明和物质形态样式的发展下，文化随着社会载体的不同呈现出不同的表现形态。文化社会性是一种社会的文化形态，是一定生活区域内人们所共同认知和共同追求的，以达到共同实现的一种形态。总之，社会性质的文化是与人类社会紧密相连的，是社会发展的组成部分和表现特征。

2.民族性

所谓民族性，是指文化带有强烈的民族色彩，与民族的产生和发展紧密联系。文化的民族性主要体现在四个方面：

一是体现出一定的民族特色。世界上的国家有很多种，不同的国家有不同的民族特色，各种形式的民族特色组成一种特定的文化。

二是体现出一定的历史传统。中国历经五千年，具有深厚的文化积淀，所传承下来的文化是富有历史色彩的。

三是体现出一定的宗教信仰特点。人与人之间的信仰也是有区别的。

四是体现出一定的语言特点。中国传统的汉字文化是传承了上千年的，不单是汉字的演变，更是一个民族的发展，是具有自身独特的语言种类的。各个国家、民族也是存在不同的语言的，由于所处的地域、国家不同，所表现的语言文化是不同的。

总之，文化的民族性是文化生存的根基，离开了民族性，文化就失去了它特有的色彩。

3.阶级性

文化阶级性的意义在于不同的统治阶级为了维护自身的阶级利益而产生的一种具有阶级性的文化方式。自从人类社会出现了第一个阶级社会——奴隶制社会，统治者为了稳固自己的统治利益，就必然会创造出一种符合自己阶级利益要求的文化产物。出现统治阶级的同时，也会产生被统治阶级。统治阶级出现了自身的阶级文化，被统治者也会产生自己的文化，用来反抗统治者的不公平的文化，来追求自由的生活。只要阶级社会存在，文化阶级性也是会继续存在的，那么阶级的文化就会打上属于自己阶级属性的烙印。

4.延续性和发展性

不论是哪个国家的发展，文化的传承都历经了很长的一段时间，所沉积下来都是发生了变化的结果。文化的发展是社会不断进步的表现，社会是文化发展的载体，承载着一个国家、一种文明、一种文化的发展过程，不管是从简单到复杂，还是从低级向高级，从有限的发展到无限的可能，文化都是一个渐变的过程。文化的延续和发展主要表现在以下三个方面：

一是表现在时间上的相承性。文化的发展从古至今，都是一种形态上的改变，不会发生大的突变与断裂。

二是表现在空间上的逐渐扩展性。一种优秀的文化发展会产生很大的影响，通过空间上的传播来扩散发展。

三是表现在内容上的不断创新性。文化的发展是不断进行更新和创新、增添新的内容元素。

总之，文化的延续性和发展性是文化赖以生存和发展的生命动力和条件，没有了延续性，文化就会消亡；没有了发展性，文化就不能创新和扩展。弄清文化的性质，可以帮助我们准确地把握文化的功能和作用。

（三）文化的功能

人类社会的存在和发展都是以多样性为基础的，其中最核心的表现就是文化的多样性。一个国家、一个民族、一个地域想要立足世界之林中得以更好地发展，就要不断完善、创新、补充自身的文化。具体来说，文化的功能表现在以下几个方面：

1.文化是土壤

大地是人类的母亲，因为她孕育万物。文化就是人类精神发展孕育出来的产物。任何文化的生长都需要一定的物质土壤来孕育，也必然会孕育出与之相适应的精神体系、文化体系、价值体系、制度体系等。文化孕育主要表现在以下两个大方面：

（1）孕育民族传统

优良的传统文化是一个民族赖以生存的重要条件。将民族历史发展过程中所总结、积累的优秀的思想、道德、风俗、艺术、制度等传承下来，得以教化后人，又通过不断的实践经验的总结、完善、继承、发扬，使传统文化增添新的元素和内容，就这样一代一代地传承、发展，民族的传统文化才能不断获得新的养分，生命力才会更加顽强。而传统正是靠文化的土壤孕育出来的。

（2）孕育民族精神

所谓民族精神，是指对一个民族的生存和发展自始至终起着重要的影响作用的思想意识和道德体系。一个民族想要立足于世界民族之林，就要有更加坚强的民族精神，民族精神是支撑整个民族的脊柱，引导民族的发展，规范民族的行为和演变。一个没有民族精神的民族是无法自立于人类社会的，也是无法前进和发展的。民族精神也是民族在不断发展的过程中更新的内容，它是在文化的土壤里孕育出来的产物。

2.文化是根

再高大的树木，再美丽的花卉，其必有埋于地下深处的庞大根系，靠这个根系吸收土壤中的水分和营养物质，地上部分才能枝繁叶茂。一个民族、一个国家、一个组织，其根系就是文化。文化的"根系"作用主要体现在以下三个方面：

（1）生长物质财富

可能会有人对此提出质疑：物质财富怎么是文化生长出来的？它应是人们通过劳动生产出来的吧？是的，物质财富是人们劳动生产出来的，但是人们是靠什么来进行生产劳动的呢？比如说司空见惯的农业生产吧，农民耕作，种植作物，生产出农产品，"日出而作，日落而息"，如此而已，似乎很简单。但是如何耕作？种植什么作物？选用什么样的种子？怎样进行田间管理、锄草、治虫、整枝等？怎样才能高产？什么时候收获？这里有许多学问。要靠技术，特别是现代农业生产更是要靠高新技术，要靠科学知识。技术、知识是什么？不就是文化吗？这就是说物质财富的生产要靠知识、技术，更重要的是要靠掌握知识和技术的人——生产力的决定因素。人的文化层次、文化品位决定着物质生产发展程度的高低。

（2）生长精神财富

文化是精神财富之根，大家都易于理解。但是文化是怎样生长精神财富的呢？

从思想体系方面生长精神财富。思想是精神财富的重要组成部分之一，其源头是文化。从教育、科技方面生长精神财富。教育、科技是一个民族、国家进步的标志，没有了教育和科学，这个民族只会永远处于蛮荒时代，不会有文明的发展。正是文化产生了科学和教育，教育和科学的发展又促进了文化的生长，二者之间相互促进。从道德、风俗方面生长精神财富。道德是调整人与人、人与社会之间关系的行为规范的总和，直接决定了一个民族的思维方式和生活样式，是民族特色的重要表现形式之一。而风俗是一个国家、民族或地方在较长时间内形成并流行的风尚、礼节和习惯。许多风俗对于保持历史优秀传统和健康的生活方式、教化后代都是有积极作用的，所以，它是一种珍贵的精神财富。当然风俗也有不好的甚至是恶俗，不论是积极的还是消极败坏的风俗都生成于一定的文化中。

（3）生长民族特色

民族的多样性形成了世界的多样性。各个民族都有不同于其他民族的特色，因而能长久独立于世界民族之林，也就使人类社会呈现出五彩缤纷的民族形态。而民族特色是民族文化的重要组成部分，也是由民族文化生成的。

3.文化是力量

文化是一种巨大的力量，它对一个民族、一个国家、一个地域、一个组织都是极其重要的，它直接影响着民族、国家、地域、组织的生存和发展。一个民族、一个国家、一个地域、一个组织必须对自己的文化力进行有机整合来提升自己的软实力，这就需要我们从功能基础上认清文化力的表现。

（1）凝聚力

文化的凝聚力具体体现在一个组织群体成员对其文化的认同感和内趋力方面。文化凝聚力体现在组织成员能够对文化产生自豪感和骄傲感，在对文化加以了解的情况下，愿意为了文化的发展和建设出一份力量，为了文化的发展添砖加瓦，为维护文化的自尊而贡献力量，完成特定的使命。我国古代曾出现过许多热爱自己祖国、热爱自己文化的爱国人物，他们的爱国事迹和行为都是中华文化凝聚力所产生巨大作用的最好体现。

（2）抗击力

所谓抗击力，是指文化本身对外来力量的入侵和打击时的防御能力。一种独立形态的文化，本身就天然地存在对外界产生排斥的能力，对不适应自身发展的准则，不适宜于自己生存发展的外来文化、外来因素都会产生天然的排斥反应，抵制这种外来因素，否则会丧失自我独立性，就犹如人体本身对外来细胞、移植器官的排斥作用。面对这种排斥反应若不加以适应以及接受，就会影响身体的健康，生命就会有危险。

二、传统文化的界定

（一）中国传统文化的内涵

中国："中国传统文化"这一概念中的"中国"指的是我们民族文化形成的摇篮，既是地理概念，也是文化概念。地理概念是指中国的版图，文化概念是指整个中华儿女的精神家园。在古代，"中国"与"中华""中夏""中土""中州"含义相同，最开始是指天下之中央，后逐渐延伸为统治所及的区域。上古时期，华夏族（古汉族自称）建国于黄河流域，自认为居于天下之中央，故称"中国"，而将周边地区称为"四方"或"四夷"。《诗经》说："民亦劳止，汔可小康。惠此中国，以绥四方。"《庄子》载："吾闻中国之君子，明乎礼义而陋于知人心。"均为此义。秦汉以来，以汉族为主体的大一统中央政权建立，"中国"的内涵随之拓展，但直至隋唐乃至以后，"中国"仍指定都中原的王朝。自元代开始，自称其统治所及区域为中国，明清沿袭此称谓。中国版图在历史上多有伸缩，至清乾隆年间大体奠定了现在的领土范围。中华民族是中国传统文化的创造主体，中国传统文化实际上就是中华民族的文化，它是中国境内由华夏族演衍而来的汉族及 55 个少数民族的总称。在漫长的历史岁月里，随着疆域的扩大，社会的发展，境内各民族间联系纽带日益强化，民族共同体诸要素（共同语言、共同地域、共同经济生活以及表现于共同文化上的共同心理素质）渐趋完备。至近代，整体意识、族群观念更加自觉，"中华民族"遂成为包括中国境内诸民族的共同称谓。也就是说，传统文化是在华夏这片土地上以各个民族为主体所创造的文化的总和，既包括中国汉族的文化，还包括少数民族文化以及佛教文化等。

传统："中国传统文化"中的"传统"，从文化社会学的角度诠释，是指世代传承的具有自身特点的社会历史因素，如风俗习惯、伦理道德、制度规范等，是历史延传下来的思想文化、制度规范、风俗习惯、宗教艺术乃至思维方式、行为方式的总和，具有时间上的历史性、延续性以及空间上的拓展性和权威性的特点。从历史学的角度诠释，"传统"是指在历史的基础上稳定起来，又随着历史的发展而不断变迁的。传统文化是历史的产物，但它并不是博物馆里的陈列品，毫无改变地保存着并传给子孙后代，而是具有强大生命力的东西。传统是需要在稳定中延续的，如果没有发展与变迁，就谈不上传统了。并不是所有在历史上出现过的文化都可称为传统文化，只有那些具有重要价值、具有生命活力的文化得以积淀、保存、延续下来，成为后世文化的主要组成部分。

文化：文化有广义和狭义之分。广义的"文化"，指人区别于动物，人类社会区别于自然界的本质特征，是人类卓立于自然的独特生活方式，是人类生活的总和，包括精神生活、物质生活和社会生活等极其广泛的方面。狭义的"文化"，则是排除了人类社会历史生活中关于物质创造活动及其成果的部分，即只包括精神创造及其成果，是意识、观念、心态和习俗的总和。本书"中国传统文化"中的"文化"以狭义文化为论述范围，探讨精神创造领域的文化现象，主要包括制度层面（即人类在社会实践中建构的各种社会规范、典章制度）、行为层面（即人类在交往中约定俗成的习惯定势，以礼俗、民俗、风俗形态出现的行为模式）、观念层面（即人类在社会实践和意识活动中化育出来的价值取向、审美情趣、思维方式）的文化。

我们将这些具有重要价值、具有生命活力因而得以积淀、保存、延续下来的文化称为"传统文化"。传统文化是历史的结晶，但它并不只是博物馆里的陈列品，而是有着鲜活的生命。传统文化所蕴含的、世代相传的思维方式、价值观念、行为准则，一方面具有浓厚的历史性、遗传性；另一方面具有强烈的现实性、变易性。中国传统文化已成为人们生活不可缺少的一部分，体现在广大人民的言、行、思中。我们每个人每天都生活在中国的文化传统之中，我们观赏名胜古迹，朗诵诗词歌赋，欣赏琴棋书画……我们始终以自己的语言、行动和思维直接或间接地显示出这个传统或优或劣的特色，包括人民的衣食住行、人际关系、价值观等。例如，2003年"非典"时期，2008年的抗冰雪灾害和四川汶川大地震，全国军民万众一心、众志成城，一方有难、八方支援，共渡难关，这体现了我们传统文化的爱国主义精神和强大的民族凝聚力。这些都说明了中国传统文化作为历史的积淀，仍然保留在中华民族中间，不论何时何地，它都在制约、影响着当今的中国人。传统文化主要指中国传统社会中民族的整体生活方式和价值系统，除儒家、道家、法家和佛教学说外，还包括自然科学、人文科学的各个门类，如艺术、法律、哲学、道德、历史、地理、文物、书法、服饰、陵墓、医学、天文、农学等。就性质而言，它是中华民族赖以长期发展、不断进步的精神支撑和智力支持；就结构而言，它是包括物质文化、制度文化和思想文化等层面在内的完整系统；就内容而言，它是以汉民族文化为主体并包括各个少数民族文化在内的多元（汉族、藏族、蒙古族、维吾尔族、回族、苗族、壮族、哈萨克族……）一体（中华民族）的文化；就思想学术发展的历程而言，它是包括先秦子学、两汉经学、魏晋玄学、隋唐佛学、宋明理学、清代朴学和新学等不同发展阶段的文化实体；就学术流派而言，它是包括儒家、道家、墨家、法家、佛家、阴阳家、兵家、名家、杂家等在内的诸子百家分途发展而又相互碰撞交流吸收的结果；就载体而言，它包括经史子集之类的典籍和风俗习惯、生活方式等；就民族性而言，它是前后相继、不断发展，体现民族智慧的重要载体；就历史发展阶段而言，它主要指我国传统社会的文化，到清朝晚期之前的文化；就价值取向而言，它是以中华民族精神为核心，以爱国主义为导向，蕴含团结统一、贵和尚中、守成创新、以人为本的一整套价值理念的整合。总之，中国传统文化是指在历史发展过程中，在中国华夏民族的这片土地上以各个民族为主体创造的，中国人世代传承的，至今仍有影响的文化，是在历史发展中具有稳定形态且不断发展延续的文化，是人们生活的一部分，体现在广大人民的言语、行动、思维中的文化。

关于"中国传统文化"的内涵，学术界一向有不同的看法。从时间方面，有观点认为，"传统文化"是在过去的一个很长历史进程中形成和发展起来的，是指周秦至清中叶这三千多年历史中形成并发展起来的文化；另一种观点则认为，"传统文化"是指从过去一直发展到现在的东西；还有学者认为，"传统文化"不仅包括封建时代的文化，而且包括近代文化和"五四"以后的新文化。在内容方面，有观点认为，"传统文化"是指根植于自己民族土壤中的稳态的东西，但又有动态的东西包含其中，是过去与现在交融的过程，渗入了各时代的新思想、新血液；有学者提出，"传统文化"不仅表现在各种程式化了的理论形态方面，而且更广泛地表现在人们的风俗习惯、生活方式、心理特征、审美情趣、价值观念等非理论形态方面。从根源上讲，有的学者认为，"中国传统文化"不是一源分流，而是殊途同归，是各种文化的大融合。这些观点都从不同方面和不同角度对中国传统文化的含义做出了有益的探索。

本书认为，中国传统文化是指从远古至晚清即1840年鸦片战争以前的历史进程中形成和发展起来的、根植于中国疆域以中华民族为创造主体的、具有鲜明特色和稳定结构的、世代传承并影响整个社会历史的宏大文化体系。我们强调：

第一，中国的。中国传统文化强调的是中国的文化，是中华民族的文化，而不是他国、其他民族的文化。它是中华民族在特定的历史时期、地域空间范围内，在特定的政治、经济、习俗等方面的条件下，创造出来的文化成果。它的创造主体是中华民族，是中华民族在特殊的自然环境、经济模式、政治结构、意识形态等方面的作用下所形成的文化习惯和文化积淀。它存在于中华民族的思维模式、价值观念、知识结构、伦理规范、作为方式、审美情趣、风俗习惯等主题形式中，经过数千年的演绎和扬弃，已深深融进中华民族的思想意识和行为规范之中，成为制约社会历史发展、支配人们思想行为和日常生活的强大力量。2014 年 4 月 1 日，习近平在比利时布鲁日欧洲学院的演讲中指出："2000 多年前，中国就出现了诸子百家的盛况，老子、孔子、墨子等思想家上究天文，下穷地理，广泛探讨人与人、人与社会、人与自然关系的真谛，提出了博大精深的思想体系。他们提出的很多理念，如孝悌忠信、礼义廉耻、仁者爱人、与人为善、天人合一、道法自然、自强不息等，至今仍然深深影响着中国人的生活。中国人看待世界、看待社会、看待人生，有自己独特的价值体系。"

第二，传统的。传统文化是相对当代文化而言，传统代表过去，传统代表历史，传统是相对于现在、相对于当代而言的，它代表过去，代表历史。社会在不断进步，历史在不断发展。但它不仅仅存在于过去和历史当中，随着后世的继承、发扬、创新，以史为鉴、传承文明是当代的宝贵财富和文化发展的历史趋势。中国传统文化是上下五千年中华民族所创造的灿烂文化，是珍贵的历史文化遗产。中国传统文化是一个民族的根，一个民族的标志，也是一个民族的骄傲，中国传统文化就像牛顿所说的"巨人的肩膀"，我们要想看得更远、做得更好，就必须站在这巨人的肩膀上。

第三，传承的。中国传统文化是中国历代相传的文化成果。这里的历代指的是从有文字开始，至当代以前的各个历史时期的文化，而各个历史时期所形成的文化不是已经湮灭了，而是能世代相传的，因此，中国传统文化就是中国各个历史时期形成的诸如道德伦理、制度规章、民族风俗等各种文化成果。它是前人所创造的物质财富、精神财富的所有遗存，也就是所谓的历史文化遗产。它是具有历史继承性的历史文化遗产，是指从同时期的政治、经济关系中分离出来，具有一种跨社会制度、跨越空间、跨越时代，具有传承活性的意识形态，能够对当代或后代社会的政治、经济制度，对人的头脑，对人们的习俗，对人们的行为道德，对人们的生产方式产生巨大影响的意识形态。

我们将中国传统文化的丰富内涵概括为以下几个方面：

一是自强不息的奋斗精神。孔子说："天行健，君子以自强不息。"自强不息的内涵体现为"夸父追日""精卫填海""大禹治水""愚公移山"等不屈不挠的精神，体现为"国时而变""随时而变""与时偕行""与日俱新"等与时俱进的精神。正是这种人世的人生哲学，培育了中华民族敢于向一切自然与社会的危害和不平进行顽强抗争。中国人自古以来就有不信邪、不怕"鬼"的精神，强调人生幸福靠自己去创造，自信自尊的精神弥足珍贵。中华民族之所以能在五千多年的历史进程中历经挫折而不屈，屡遭坎坷而不馁，靠的就是这样一种自强不息的精神。自强不息是中华民族生生不息的源泉，体现了中华民族勇于进取的精神境界，激励着一代代中国人发愤进取、不懈奋斗。

二是知行合一观。中国儒家文化所讲的"力行近于仁"，在一定程度上体现了"行重知轻"的认识论思想，这与实践品格具有某种一致性。实践是认识的源泉，尤其在道德养成方面强调道德践履。

三是重视人的精神生活。中国传统文化非常重视人的内在修养与精神世界，鄙视那种贪婪与粗俗的物欲。孟子提出"充实之谓美"，并认为"富贵不能淫，贫贱不能移，威武不能屈"，这是对人格的根本要求，这种传统美德对现代人格的塑造也是非常可贵的。

四是爱国主义精神。爱国主义，就是千百年来巩固起来的对自己祖国的一种最深厚的感情。爱国主义是我们中华民族的优良传统。古人云："天下兴亡，匹夫有责。"在今天，一个国家只有走上现代化，国家才会繁荣富强。而实现现代化，全靠全国人民团结一致、共同奋斗。

五是追求真理、勇于奉献的精神。中国传统文化蔑视那种贪生怕死、忘恩负义、追逐名利的小人。古人在谈到对真理的追求时，认为"朝闻道，夕死可矣"，宣扬"路漫漫其修远兮，吾将上下而求索"的精神。这种对真理执着、献身精神是推动现代化的强大动力。

六是团结互助、尊老爱幼的伦理规范。古人云："老吾老以及人之老，幼吾幼以及人之幼。"一个社会只有严于律己，宽以待人，形成团结互助、尊老爱幼的社会风气，社会才能充满温馨与和谐，才能给人带来希望与力量。

（二）中国优秀传统文化的内涵

"中国优秀传统文化"属于"中国传统文化"的范畴，是"中国文化"的重要内容。但是，究竟何谓"中国优秀传统文化"，人们往往没有一个确切、明晰的概念界定。从20世纪80年代以来这么多年的中国传统文化研究过程中，问世的论著可谓汗牛充栋，但对于"中国优秀传统文化"的内涵却缺少充分的揭示。

张岱年先生认为："中国文化的优秀传统有丰富的内容，其中最主要的是两个基本思想观点：一是人际和谐，二是天人协调。这类优秀传统文化在今天应该得到进一步的阐扬。"古代唯物主义与无神论传统、辩证思想、人本思想、坚持民族独立的爱国传统，都是"中国文化中的优良传统"。"中国文化的优秀传统的核心是关于人生意义、人生价值、人生理想的基本观点，可以称为人本观点。"天人合一、知行合一、以和为贵等，也是中国文化优秀传统中的精湛思想，但最重要的是关于人们道德自觉性的思想，"这确实是传统文化的精华"。

李宗桂认为，优秀文化传统应当具备的特征是：反映中国文化健康的精神方向；能够鼓舞人们前进，无论在历史上还是在当代中国文化的建设中，都具有激发民族自信心和自豪感的作用；具有民族文化认同功能；具有历史继承性和稳定性；是中华文化的活精神，在今天仍然具有强大的生命力。优秀文化传统及其在当代的主要表现是：自强不息的奋斗精神、和谐统一的博大胸襟、崇德重义的高尚情怀、整体向上的价值取向。同时，中华民族精神"是中华文化优秀传统的集中体现"，其主要内容是爱国主义的民族情怀、团结统一的价值取向、贵和尚中的思维模式、勤劳勇敢的优良品质、自强不息的进取意识、厚德载物的博大胸襟、崇德重义的高尚情怀、科学民主的现代精神。李宗桂认为，中国优秀传统文化，是指中国传统文化的精华所在、精神所在、气魄所在，是体现民族精神的价值内涵。它在中华民族发展历程中，在中国思想文化发展历史上，曾经起过积极的作用，迄今仍有合理的价值，能够为中华文化的现代传承和创新发展起到积极作用，能够促进社会进步和民族发展，主要体现于思想文化的层面。所谓中国优秀传统文化，就是中华民族长期发展过程中形成的、有着积极的历史作用、至今具有重要价值的思想文化，即把优秀传统文化纳入思想文化的范畴，或者说从思想文化的层面发掘传统文化的现代价值。实际上我们所要传承弘扬并创新发展的优秀传统文化，主要是无形的方面，正所谓"形而上者谓之道"也。以爱国主义为核心的中华民族精神，天下为公的崇高理想，己立立人己达达人、己所不欲勿施于人的忠恕之道，贵和尚中的和谐思想等，都是无形的精神财富，是生生不息、代代传承的中华民族价值观的正能量。今天我们所要弘扬的中华优秀传统文化，要建设的中华优秀文化传承体系，正是从精神内涵的层面切入，以思想文化为主导的那些内容和范围。同时，中国优秀传统文化，应当既包括传统文化，也包括文化传统。如果狭义地说传统文化就是指中华民族在历史上创造的思想文化，那么，文化传统则是指中华民族历史上创造的文化中具有稳定性、连续性和传承性的某种价值观念、行为方式、风俗习惯。传统文化包蕴着文化传统，文化传统是传统文化在精神领域的集中体现。传统文化和文化传统都是历史，都可能具有社会作用的两重性，都可能具有生命力，都可能传承到当代。既关注文化传统，同时也要重视传统文化，对于我们把握中国优秀传统文化的内涵将大有助益。

2014年"五四"青年节，习近平总书记在北京大学师生座谈会上发表重要讲话，明确指出：中华优秀传统文化已经成为中华民族的基因，植根在中国人内心，潜移默化影响着中国人的思想方式和行为方式。今天，我们提倡和弘扬社会主义核心价值观，必须从中汲取丰富营养，否则就不会有生命力和影响力。比如，中华文化强调"民惟邦本""天人合一""和而不同"；强调"天行健，君子以自强不息""大道之行也，天下为公"；强调"天下兴亡，匹夫有责"，主张以德治国、以文化人；强调"君子喻于义""君子坦荡荡""君子义以为质"；强调"言必信，行必果""人而无信，不知其可也"；强调"德不孤，必有邻""仁者爱人""与人为善""己所不欲，勿施于人""出入相友，守望相助""老吾老以及人之老，幼吾幼以及人之幼""扶贫济困""不患寡而患不均"，等等。像这样的思想和理念，不论过去还是现在，都有其鲜明的民族特色，都有其永不褪色的时代价值。这些思想和理念，既随着时间推移和时代变迁而不断与时俱进，又有其自身的连续性和稳定性。习近平提出，中华文化积淀着中华民族最深沉的精神追求，是中华民族生生不息、发展壮大的丰厚滋养。中华文明源远流长，孕育了中华民族的宝贵精神品格，培育了中国人民的崇高价值追求。自强不息、厚德载物的思想，支撑着中华民族生生不息、薪火相传。优秀传统文化可以说是中华民族永远不能离别的精神家园。中华文化塑造了中华民族自强日新、厚德载物的"最深沉"的精神追求，赋予了中华民族生生不息的生命力。

中国传统文化的核心精髓是什么？习近平深刻指出"和"，即和合、和谐、中和的思想。习近平指出："这种'贵和尚中、善解能容、厚德载物、和而不同'的宽容品格，是我们民族所追求的一种文化理念。自然与社会的和谐，个体与群体的和谐，我们民族的理想正在于此，我们民族的凝聚力、创造力也正基于此，甚至还可以毫不夸张地说，我们中华民族传统文化的精髓也正是在于这种伟大的和谐思想。中华文化崇尚和谐，中国'和'文化源远流长，蕴含着天人合一的宇宙观、协和万邦的国际观、和而不同的社会观、人心和善的道德观。在五千多年的文明发展中，中华民族一直追求和传承着和平、和睦、和谐的坚定理念。以和为贵，与人为善，己所不欲、勿施于人等理念在中国代代相传，深深植根于中国人的精神中，深深体现在中国人的行为上。"习近平同志对"伟大的和谐思想"及内容功能的科学概括，使对传统"和"思想的认识提升到一个新水平。

第二节　中国传统文化的内容与特点

中国传统文化作为中华民族的伟大创造，曾以其辉煌的光焰照亮了东方，为中国乃至世界历史做出了重大的贡献。但到近代以后，在先进的西方文化崛起之后，中国传统文化变得落后了。作为一个民族庞大的遗产，直至今天仍影响着中国人的思想和行为。所以，正确认识和评价中国传统文化的历史价值和当代效应，正确处理传统文化和现代文化的关系，是增强我们民族自尊心与自信心的必要前提。

一、中国传统文化的内容

一个民族的精神文化就是一个民族文化传统的传承。民族文化是一个民族特有的精神灵魂，一种民族精神，任何一个伟大的民族都有其自身特有的精神文明。中国所特有的传统文化就是中华所孕育的民族精神，为了使中华民族成为一个可以屹立于世界的泱泱大国，必须具有其自身坚强的精神支柱。所谓民族精神，就是一个民族长期处于社会生活中所逐渐形成的、对本民族具有深刻影响的、是民族中人们共同认可并且共同追求的思想体系，包括对事物的价值观、认识观念，以及对自然世界的影响观。民族精神既具有民族性，又具有时代性。一方面，它是民族文化的主体精神，是整个民族文化的灵魂所在，集中体现出一个民族在一定的客观环境和社会历史条件下所流传下来的一种精神，反映了一个民族所独特的精神面貌。另一方面，它又是具有时代性的，是一个民族经过长期的时间积淀下来的并且不断进行改进、完善所得出的结果，形成了一个民族新的时代精神。

（一）重德精神

中华民族以重视道德著称于世，道德在中国长久的文化中，不仅仅是人们思想行为方面的修养，而且还影响着整个国家、整个民族在不断发展的前提下所形成的一整套完整的体系，影响着社会的发展、文化的进步。

在中华民族的道德观念中，主要表现在尚仁、崇义和重节这几个方面。"仁"即仁爱，是儒家思想的核心，也是儒家所规定做人的最高道德标准。"仁者爱人""好仁者，无以尚义"这些都是《论语》中所体现的关于"仁"的地方。"义"是指道义，是中华民族道德精神的重要内涵，是人们行为的最高标准规则。《论语》中"君子喻于义，小人喻于利""君子以义为上""君子以义为质"等著名格言，都是对"义"的推崇。"节"是气节、节操，中国古代哲学对"节"非常重视。孔子强调"三军可夺帅也，匹夫不可夺志也"。孟子提倡"富贵不能淫，贫贱不能移，威武不能屈"。他们认为，君子的节操就是至大至刚的浩然正气。

儒家思想强调"圣贤"之理想人格，仁义礼智、修齐治平就是圣贤的标准。圣与贤是合二为一的，固为圣者必贤，贤者通圣，圣贤者，就是以仁义礼智作为规范，以修齐治平作为修行方法。君子者，也就是崇尚圣贤的有德之人。

（二）宽容精神

对人宽容、爱人即达到人际关系的和谐，这是中国传统文化中甚为重视的内容之一。孔子提出"仁即爱人"，主张对人要有爱心。孟子把"仁"上升到政治高度，提出"仁政"，要求统治者要体恤百姓疾苦，关心百姓生计。墨子也提出"兼爱"，即认为人与人之间要相亲相爱。《易经》"坤"卦曰："地势坤，君子以厚德载物。"要求君子应当具有像大地一样宽广的胸怀，以宽厚的德行包容世间事物。

中华民族是一个统一的具有多民族的大家庭，各个民族之间的交往和文化传播，都体现了整个中华民族精神所特有的宽容精神，民族之间相互包容，相互传播，融合成为一个整体。《尚书·尧典》中就有"协和万邦"之说，主张各民族要相互团结，和睦共处。许多朝代的统治者大都奉行宽容的民族政策，可以说各民族的融合贯穿于整个中国历史。

"和"也是中国古典哲学的重要范畴，其含义就是指矛盾的对立统一以及多种事物的和谐相处。孔子主张"君子和而不同"，《易传》有"天下百虑而一致，同归而殊途"，都是认为要在对立中求得统一，要有容纳一切事物使之和谐相处的伟大胸襟。儒家的"中庸"思想，也是对"和"哲学的诠释："不偏之谓中，不易之谓庸。中者，天下之正道；

庸者，天下之定理。"这是要求人们在正道定理的基础上，实现人与人之间的和谐共处。

（三）自强精神

刚健有为，自强不息，是中华民族千百年所形成的民族精神，深藏于中国优秀传统文化之中，是中国优秀传统文化最基本的精神。

《周易》中"天行健，君子以自强不息"；孔子倡导"士不可以不弘毅，任重而道远"；老子强调"知人者智，自知者明；胜人者有力，自胜者强；知足者富，强行者有志；不失其所者久"，都体现了中华民族积极进取、奋发向上、自强不息的精神。这种坚韧不拔的精神也是现代成功者必备的条件，对今天的大学生具有特别重要的意义。《论语·里仁》说："朝闻道，夕死可矣。"《论语·述而》又说："发愤忘食，乐以忘忧，不知老之将至。"他最鄙视的就是那种"饱食终日无所用心"的人生态度。

中华民族几千年的文明史，处处都反映出代代流传的自强精神。《周易集解》引载东晋人干宝的话说："尧舜一日万机，文王日昃不暇食，仲尼终夜不寝，颜子欲罢不能，自此以下莫敢淫心合力，故曰自强不息矣。"司马迁在《史记》中开篇就说："西伯拘而演《周易》，仲尼厄而作《春秋》，屈原放逐乃赋《离骚》，左丘失明厥有《国语》，孙子膑脚《兵法》修列，不韦迁蜀世传《吕览》，韩非囚秦《说难》《孤愤》，《诗》三百首，大抵圣贤发愤之所为作也。"他的意思就是说明中华民族历来就有愈遭挫折愈是奋进的传统。

正是这种自强不息、坚忍不拔的精神，支撑着整个民族的进步和发展，由这种自强精神又进一步扩展深化为刚正不阿、坚持正义、不屈不挠、反抗压迫以及自立于世界民族之林的精神。

（四）求实精神

中华文化历来就有实事求是、求真务实的传统。中华文化素来重视对社会、人生问题的探讨，并以人心和人生为观照，因而特别重视现实，故把实事求是作为认识原则和道德信条。

孔子从来提倡实事求是的良好学风，谆谆教诲弟子们"毋意、毋必、毋固、毋我"，即反对主观臆测、决然断定、拘泥固执、唯我独是的做法，他主张"学而时习之""知之为知之，不知为不知""道听而途说，德之弃也"。从孟子的"施仁政"思想到王充的重实事、疾虚妄，到陈亮、叶适、颜元等主张的注重事功、义利双行和王霸并用，都是求实精神的反映。还如从孔子提倡的学以致用，到明清思想家主张的经世致用；从传统史学坚持的秉笔直书、信史直录，到古典文学注重揭露时弊表现出来的写实主义，都体现了中华民族实事求是的精神。

求实精神必然表现为务实的人生态度。中国人历来务求实际，反对空想。在民族性格心理上，也表现为推崇朴实无华，立身行事，讲求脚踏实地，鄙视华而不实、弄虚作假的作风。在中国古典哲学的思维上表现为重理性的人本主义，反映出来的是典型的"无神论"思想，重生轻死，重人道、轻鬼神，"敬鬼神而远之"，王权高于神权，这也是与西方神本主义的宗教观截然不同的一个特点和优点。

二、中国传统文化的特点

（一）崇德尚贤的伦理性

在几千年的漫长历史发展过程中，中华传统文化始终以伦理道德作为其价值取向的核心，德育至上是其显著特征之一，这在中国古代的重要典籍中多有记载，尤其体现在儒家经典中。如《尚书·尧典》曰："克明俊德，以亲九族。"《尚书·召诰》曰："惟不敬厥德，乃早坠厥命。"《尚书·蔡仲之命》曰："皇天无亲，惟德是辅。民心无常，惟惠是怀。"这些都是从社会、家族、个人等各方面来说明德的重要功用。先秦儒家学派的诞生则将道德教化思想提高到新的高度。儒家经典《大学》更开篇即点明全文宗旨是："大学之道，在明明德，在亲民，在止于至善。"意思是说，大学教人的道理，在于使人彰显发扬光明美好的德性，再推己及人，使人人都能去除污染而自新，最终达到并保持完美之善的境界。孔子的《论语》中则不仅有"志于道，据于德，依于仁，游于艺""德之不修，学之不讲，闻义不能徙，不善不能改"等相关言论来论及修德的重要性和必要性，还对修德有具体的行为要求，如："弟子入则孝，出则悌，谨而信，泛爱众，而亲仁。行有余力，则以学文。"这"孝""悌""信""仁"等便都是修德的具体要求，从"行有余力，则以学文"可以看出孔子将修德放在首位，而将学习知识、做学问等放在修德之后，这自然也是在强调修德的重要性。孟子则更加发展了孔子的德育思想，他说："人之有道也，饱食暖衣逸居而无教，则近于禽兽。"他不仅认为道德是人之所以区别于动物的标志，每个人都应该遵守道德准则修养德行，还认为道德教育对治理国家有重要意义，整个社会和国家也应该通过道德教育来弘扬德性。儒家另一代表人物荀子则认为后天的道德教化"能化性，能起伪，伪起而生礼义"，并最终达到"涂之人可以为禹"之目标。可以说这种观点与孟子乃殊途同归。后来各代儒家学者不断发展了这种道德教育思想，更使其逐渐走向理论化、系统化和完善化。

中国传统文化对伦理道德的重视不仅体现在中国古代典籍中，更体现在中国古代人们的道德践行中。一方面，中国古代社会统治者大都重视以德治作为治理国家和教化民众的工具之一，他们认为只有用道德手段教育、感化并约束人们，才能使之具有道德自觉，心悦诚服地守法尊礼，知耻从善。另一方面，在中国古代社会，不论统治者还是平民百姓，人们也大多以追求理想的圣贤人格为人生目标，他们通过对儒家经典的学习，以仁、义、礼、忠、孝、悌、信等儒家思想的具体内容作为标准来要求自己的日常行为，从而激励自身加强道德修养，完善人格操守，提高人生境界，实现个人价值等。

对于中国传统文化的这种特征，不少近现代学者也有诸多评论。如冯友兰先生说："基督教文化重的是天，讲的是'天学'；佛教讲的大部分是人死后的事，如地狱、轮回等，这是'鬼学'，讲的是鬼；中国的文化讲的是'人学'，注重的是人。"梁漱溟先生说："中国人把文化的重点放在人伦关系上，解决人与人之间怎样相处。"庞朴先生说："假如希腊人注意人与物的关系，中东地区则注意人与神的关系，而中国人是注意人与人的关系，我们的文化特点是更多地考虑社会问题，非常重视现实的人生。"冯天瑜先生说："如果把西方的文化视为'智性文化'，那么中国文化则可以称为'德性文化'。可以说，中国传统文化就是这样一种以伦理道德为价值取向核心和人文教化为目的的伦理性文化，它的指向是人及人伦关系，体现出明显的人学伦理色彩。"

（二）绵延不绝的强劲生命力

英国历史学家汤因比曾说，在近六千年的人类历史上出现过26种文化形态，其中发源较早的文化体系除了古中国文化以外，还有古印度文化、古埃及文化、古巴比伦文化、古希腊罗马文化等。古中国文化还与古印度文化、古埃及文化、古罗马文化一起并称为"世界四大古老文化"。但在这些文化形态中，只有一种文化体系是长期延续发展而从未中断过的文化，这就是中国传统文化。古埃及文化因为入侵者的不断变化而不断改变着自己的面貌，古印度文化由于遭受雅利安人的侵略而雅利安化，古罗马文化则在日耳曼族的占领后遂告中断并沉睡了上千年，古巴比伦文化则早已毁灭殆尽。与其他古代文化体系因外族入侵所导致的消失或中断或异化有所不同，中国传统文化在东亚大陆上按照自身的逻辑演化历经五千余年坎坷跌宕却始终未曾断绝，成为人类历史上唯一长期延续发展而从未中断的文化。这在人类文明史上是独一无二的，展现出它强劲的生命力、巨大的凝聚力以及超常的稳定性。

（三）开放、包容、内化的自我革新性

中国传统文化之所以具有如此顽强的生命力，与其自身所具有的开放精神、包容精神、内化精神等密不可分。

古代中国是一个开放的国度，一是国家内部各个诸侯国相互合作，二是与其他国家的交流和文化传播，这就是中华传统文化的开放性和兼容性。数千年来，不管是在哪个朝代，中国传统文化都能够及时进行自我创新、自我完善，以适应社会时代的不断发展，紧跟时代的脚步。

中国传统文化起源于黄河流域，是典型的农耕文化，然而随着北方游牧民族的不断入侵，这种农耕文化亦受到游牧文化的不断入侵，只是在两种文化不断碰撞的过程中，中国传统文化总是能吸收异族文化的精髓并将其内化成为自身文化的一部分，即便是在游牧民族占领中原地区成为统治者的时代，中国传统文化的这种特点也未曾消失。

中国传统文化的包容性同样也表现在对外来文化的主动吸收与内化上。如果说对于游牧民族的文化因战争原因而略显被动的话，那么中国传统文化对于来自西方文化的吸收与内化则更显积极主动。以对古印度佛教文化的吸收内化为例，古印度的佛教等其他文化的佛教文化自汉代传入中国后，经过魏晋南北朝时期的主动消化吸收，至唐代已完全中国化，并与儒、道文化一起成为中国传统文化的重要组成部分。可以说，这种包容力与内化力体现了中国传统文化海纳百川的胸怀与气魄，更体现了中国传统文化强烈的自我革新精神。也正因此，中国传统文化才在与外来文化的不断碰撞交融中变得更加强大和成熟起来，形成一种自然而然的凝聚力和超强的文化适应力，进而使其成为人类历史上唯一延续发展并保存下来的文化典范。

第三节　中国传统文化的现实价值

一、优秀传统文化是社会主义核心价值观的营养源泉

（一）社会主义核心价值观体现在国家层面上内容

富强——中国历史上曾经出现了几个强盛的历史时期，就是所谓的盛世。分别是：西汉时期的文景之治、东汉时期的光武中兴、大唐时期的贞观之治、盛唐时期的开元盛世、清朝时期康乾盛世。这几个时期，总的来说，都是君主贤明，纳言听谏，体恤民情，爱民如子，臣子直言进谏，尽忠侍主报国，君臣上下团结，社会稳定，人口增长，经济繁荣，国家富强，百姓安居乐业。一度出现了道不拾遗、夜不闭户的安定局面。当今中国与西汉文景之治颇有相似之处。

民主——中国古代没有现代意义上的民主，民本是传统文化优秀的核心价值观之一。但民本实质上是以民为社会、国家的价值主体。由于历史局限性，儒家的民本思想不得已与君主制结合在一起，有人认为君主与民本存在着矛盾，即便如此，也潜含着从民本走向民主的种子。

文明——中国文明是世界上最古老的文明之一，也是世界上持续时间最长的文明，又称为"华夏文明"。'夏，大也。中国有礼仪之大，故称夏；有服章之美，谓之华。华，夏一也。华夏皆谓中国，而谓之华夏者，言有礼仪之大，有文章之华也。中国者，聪明睿知之所居也，万物财用之所聚也，贤圣之所教也，仁义之所施也，诗书礼乐之所用也。唐代长孙无忌领衔撰文的《律疏》（后称《唐律疏议》）中对"中华"一词有如下释义："亲被王教，自属中国，衣冠威仪，习俗孝悌，居身礼义，故谓之中国。"今天的社会主义文明当然首先要继承几千年的礼仪道德，在确立我们自己的文化传统主体的基础上吸收消化外来文明，同时以自己文化传统为主体来参与世界多元文明的融合。

和谐——和谐是我们中国传统文化的核心价值观重要内容。中国传统文化的和谐思想内容非常丰富，集中体现在四个方面，即天地人（宇宙）的整体和谐，人与社会关系的和谐、人与人关系的和谐、人与自身（内在精神世界）关系的和谐、面对现代社会严重的生态危机、社会危机、精神危机，如何实现人与自然、人与社会以及人自身的协调

发展，这些和谐思想具有重要的启迪意义和现代价值，都是我们今天需要着力实践的。

（二）社会主义核心价值观体现在社会层面上内容

自由——中国虽然没有现代意义上的自由，但不能说没有自由。中国古代的"自由"是一个中性词，指一种摆脱或超越了社会习俗、礼仪规范或正式制度的个人自在自得的存在状态或随情任性的行为方式。道家是中国古代自由的代表，庄子的《逍遥游》等名篇为"自由"奠定了思想基础。相比较而言，中国古代"自由"一词主要被从否定意义上来理解和定位。儒家的自由是一种中道自由，儒家提倡中正平和，不要走极端，注重伦理秩序，但也不乏自主人格和自由精神，如孔子的"随心所欲不逾矩"就是自由的最高境界。当今中国的自由诉求主要在制度层面，随着中国社会的不断进步，会逐步实现现代意义上的自由，实现马克思主义者所讲的人的从必然王国走向自由王国，实现人的全面而自由发展。

平等——很多人说中国古代是专制社会、封建等级社会，没有平等。这是表面的看法，中国古代社会确实是一个讲究礼法的亲疏远近、尊卑贵贱的等级社会，但这种等级是在承认人的自然差别情况下的合理合情的等差，在大、小传统中均不乏对平等的思想主张和要求，如儒家在承认人有天然差别的前提下主张人格平等，这特别体现在孔子以"忠恕"为核心规范的仁学思想中，"忠恕违道不远，施诸己而不愿，亦勿施于人"。"己所不欲，勿施于人"，"己欲立而立人，己欲达而达人"。"忠恕之道"是在把他人视为与自己在人格上平等的前提下将心比心，推己及人，在它后面隐含着的是一种"人格平等"的精神。儒家之所以要求视人如己，平等看待，又是与儒学恻隐之心、仁者爱人的价值核心分不开的，这一点，孔子的"仁者爱人"与孟子"恻隐为仁之端"的思想就是清楚的说明。当今中国的平等主义是外在制度和法律层面的落实问题，需要我们不断地争取。

公正——可以分解为公平和正义。公平是"一碗水端平""不偏袒"的意思，《管子·形势解》："天公平而无私，故美恶莫不覆；地公平而无私，故小大莫不载。"在现实中真正意义上的公平是不存在的，公平一般靠法律和协约保证，由活动的发起人（主要成员）制定，参与者遵守。"正义"在传统语境中是公道正直、正确合理的意思，如汉王符《潜夫论·潜叹》："正义之士与邪枉之人不两立之。"现在因为受西方罗尔斯正义论的影响，有学者在通过对"中国古典制度伦理学"，尤其是"儒家制度伦理学"思想资源的发掘，重建"中国正义论"，以回应"西方正义论"，为解决当代社会正义问题提供中国传统思想资源。

法治——"法治"一词很早就出现在古书中。《晏子春秋·谏上九》："昔者先君桓公之地狭于今，修法治，广政教，以霸诸侯。"在先秦法家注重法治，但完全否定了儒家的德礼之治，走向极端。儒家自孔子挖掘古代王道政治的思想资源，提出了"道之以政，齐之以刑，民免而无耻；道之以德，齐之以礼，有耻且格"的治道体系，朱熹《论语集注》云："愚谓政者，为治之具。刑者，辅治之法。德、礼则所以出治之本，而德又礼之本也。此其相为终始，虽不可以偏废，然政刑能使民远罪而已，德礼之效，则有以使民日迁善而不自知。故治民者不可徒恃其末，又当深探其本也。"认为"刑""政"是实现"治"的辅助方式，而"德""礼"则是实现"治"的根本，而"德"又是根本的根本。所以，在中国古代，法治不是唯一的，至高无上的，而只是治道之一个层面。还需要辨别"法治"与"人治"的关系，简单地说，我们现在理解的"人治"是领导说了算的"一言堂"，与独裁、专断联系在一起，而古代的"人治"主要是指贤人之治，通过选贤任能，让贤能执政，制定法律制度。

（三）社会主义核心价值观体现在个人层面上内容

爱国——爱国主义是中华民族血脉所依，体现对祖国的认同感和归属感，生命力和凝聚力。《战国策·西周策》论及"周君岂能无爱国哉"，《汉纪》中也提到"亲民如子，爱国如家"，在儒家文化中，提倡"正心，修身，齐家，治国，平天下"，注重个人身心的修养，通过实践和自省以提升和完善自己的人格和道德，以"为天地立心，为生民立命，为往圣继绝学，为万世开太平"，强调了以平治天下为己任的责任意识和爱国思想。爱国始终被视为一种"大节"。先秦时期，人民追求"廓然大公"的价值理想，即重视社会成员奉公尽忠。孟子认为，人有先人的善端，要扩而充之，其中的重要方法是"吾善养吾浩然之气"。何为"浩然之气"？"其为气也，至大至刚，以直养而无害，则塞于天地之间。其为气也，配义与道；无是，馁也。是集义所生者，非义袭而取之也。"后人把这种"至大至刚""塞于天地之间"的"浩然正气"理解为一种最高的正气和节操，爱国主义恰恰就是这种浩然正气和高尚节操的集中表现。荀子提出"成天下之事"等，展现了胸怀天下的理想和信念。而这种理想和信念在以后的发展过程中，宋代的范仲淹、明末的顾炎武又分别精辟地概括为"先天下之忧而忧，后天下之乐而乐""国家兴亡，匹夫有责"。中华民族的爱国主义就是中华儿女以天下为己任，忧国忧民、爱国爱民的行为中所表现的豪情壮志和浩然正气。

敬业——敬业的意思就是专心致力于学业或工作。《论语·述而》：叶公问孔子于子路，子路不对。子曰："女奚不曰，其为人也，发愤忘食，乐以忘忧，不知老之将至云尔。"春秋时期，孔子带领学生周游列国讲学，来到楚国叶邑，叶公沈诸梁接待了他，他对孔子不怎么了解，就悄悄地问子路，子路一时不知怎么回答他。孔子事后得知就对子路说了这段话，表现出孔子致力于讲学传道，自强不息，积极乐观的精神面貌。他老人家批评那种整天吃饱饭，不动脑筋，不干什么正经事的人，《论语·阳货》："饱食终日，无所用心，难矣哉！"整天吃饱了饭，不肯动脑筋去做点事，这种人是很难造就的啊！

诚信——在中国古代更是随处可见，反复强调。诚信可以说也是以儒家为主的中国文化核心价值观之一。关于"诚"，《礼记·中庸》中说："诚者天之道也，诚之者人之道也。"认为"诚"是天的根本属性，努力求诚以达到合乎诚的境界则是为人之道；又说"诚者，物之终始，不诚无物"。认为一切事物的存在皆依赖于"诚"。孟子也说"是故诚者天之道也，思诚者人之道也"（《离娄》上）；又说"反身而诚，乐莫大焉"（《尽心》上），认为反省自己以达到诚的境界，就是最大的快乐。荀子虽"不求知天"，但也把"诚"看作进行道德修养的方法和境界。儒家把"信"作为立国、治国的根本。关于"信"，孔子说："人而无信，不知其可也。……其何以行之哉？"这就是说，一个人如果不讲信用，在世上就会寸步难行。子贡问孔子如何从政，孔子回答说："足食、足兵、民信之矣。"子贡又问："必不得已而去，于斯三者何先？"孔子回答说："先去食后去兵"，因为"自古皆有死，民无信不立"。汉儒把"信"列入"五常"之中，成为中国文化核心价值观的重要内容。当今中国由于百多年来割断了传统文化，遗失了诚信价值观，造成诚信缺失、不讲信用，不仅危害经济社会发展，破坏市场和社会秩序，而且损害社会公正，损害群众利益，妨碍民族和社会文明进步。

友善——本意是指朋友之间的亲近和睦，后来泛化为对人乃至天地万物的友好与善待。儒家推崇的核心价值观以"仁"为核心的核心。仁的推衍是以同心圆的方式。友善是仁爱推广到泛爱众和爱物层面的具体表现，是中国人难以舍去、无法泯灭的道德规范之一。但是，毋庸讳言，我们当今中国人由于百多年来割断了中华文明的优良传统，不讲儒家倡导的"修身、齐家、治国、平天下"，所以国人的素质堪忧。且不说在国内，这几年突出的是国人出境旅游表现出不文明、不友善的行为，使人们发出了"做文明、守法、友善的中国人"的呼吁，提出"友善是敲开心房的钥匙。一个微笑、一句问候、一声感谢，平凡的点滴往往会意想不到地拉近心与心的距离"的口号。我们应以良好的修养，展现自尊自信、热情坦率、以礼相待，在友善他人的同时赢得尊重。

从源远流长的厚重历史中梳理，不难发现中华优秀传统文化是社会主义核心价值观的营养源泉。习近平总书记在 2014 年 2 月中共中央政治局第十三次集体学习时的讲话中指出：培育和弘扬社会主义核心价值观必须立足中华优秀传统文化。牢固的核心价值观，都有其固有的根本。抛弃传统、丢掉根本，就等于割断了自己的精神命脉。博大精深的中华优秀传统文化是我们在世界文化激荡中站稳脚跟的根基。中华文化源远流长，积淀着中华民族最深层的精神追求，代表着中华民族独特的精神标识，为中华民族生生不息、发展壮大提供了丰厚滋养。中华传统美德是中华文化精髓，蕴含着丰富的思想道德资源。不忘本来才能开辟未来，善于继承才能更好创新。

对历史文化特别是先人传承下来的价值理念和道德规范，要坚持古为今用、推陈出新，有鉴别地加以对待，有扬弃地予以继承，努力用中华民族创造的一切精神财富来以文化人、以文育人。要讲清楚中华优秀传统文化的历史渊源、发展脉络、基本走向，讲清楚中华文化的独特创造、价值理念、鲜明特色，增强文化自信和价值观自信。要认真汲取中华优秀传统文化的思想精华和道德精髓，大力弘扬以爱国主义为核心的民族精神和以改革创新为核心的时代精神，深入挖掘和阐发中华优秀传统文化"讲仁爱、重民本、守诚信、崇正义、尚和合、求大同"的时代价值，使中华优秀传统文化成为涵养社会主义核心价值观的重要源泉。要处理好继承和创造性发展的关系，重点做好创造性转化和创新性发展。这就说明中华优秀传统文化是社会主义核心价值观固有根本，是涵养社会主义核心价值观的重要源泉。

二、优秀传统文化是文化强国的历史支撑

优秀的传统文化，是文明的源泉，是宝贵的历史遗产，是世界上少有的精神财富，是我们实现文化强国的历史支撑。优秀传统文化塑铸文化强国的民族自豪、支撑文化强国的文化自觉、感召文化强国的心理自信；优秀传统文化凝结爱国主义民族精神，是我们建设文化强国的厚重精神基奠。我们应该熟悉民族的传统文化，研究民族的传统文化，尊重民族的传统文化，真正做到取其精华，去其糟粕，继往开来，综合创新，使中华文明在新的千年放射出新的光彩，走在人类文明的前列。

（一）优秀传统文化铸塑文化强国的民族自豪

优秀传统文化对文化强国的历史支撑，首先是给予中华儿女的民族自信。传统文化有很多精华，给人类做出过重要贡献。中华民族是世界上少有的文明古国，具有五千年以上的文明史，博大精深，源远流长，曾数度辉煌。有过秦皇汉武的文治武功，有过唐宗宋祖的盛世雄风，有过明朝郑和的七下西洋，有过大清初期的康乾盛世，有过具有人类文明里程碑意义的四大发明，还有诸子百家的学术殿堂，流派纷呈，群星灿烂，有绵延不绝的二十四史，卷帙皇皇，还有抵达西亚、北非、欧洲的陆地与海上丝绸之路……直至17世纪，中国的经济实力一直领先于世界各国。自1840年始，中国人民面对西方列强的坚船利炮，在屈辱中抗争，以矢志不渝的爱国主义传统精神凝结力量，谱写救亡图存民族解放的近代史篇章。今天，我们走上了中国特色社会主义的发展道路，走向了民族伟大复兴的壮丽征程。在历史的风尘里，在岁月的长河中，我们看到了伟大的中华民族手握镰刀收割自己的灵魂，周而复始的命运，一轮又一轮的涅槃，使得炎黄的智慧以及繁衍得以生生不息……有生命力的民族，一个强大或追求强大的国家，无论经受怎样的磨难总是可以从坎坷中奋起。正在这不断的涅槃中，形成发展并传承着中华民族的浩然正气！中华民族由辉煌跌到低谷，又从屈辱中重新站起，一部中华文明史告诉人们，中华民族是伟大的，不可战胜的。正是以爱国主义为核心的民族精神，正是优秀传统文化的历久弥新的传承，成就了我们这样的民族——历经磨难而不衰，千锤百炼更坚强。"站在960万平方公里的广袤土地上，吸吮着中华民族漫长奋斗积累的文化养分，拥有13亿中国人民聚合的磅礴之力，我们走自己的路，具有无比广阔的舞台，具有无比深厚的历史底蕴，具有无比强大的前进动力。中国人民应该有这个信心。"确实，建设中国特色社会主义，建设文化强国，创造新辉煌，今天的我们满怀信心、无所畏惧，充满

了民族自豪感。

（二）优秀传统文化支撑文化强国的文化自觉

建设文化强国是中国特色社会主义现代化的必由之路。在具有五千年灿烂文明的中国，在具有厚重历史文化传统的中国，建设文化强国必须正视传统文化，重视优秀传统文化现代价值的发掘和创造性的阐释，因为优秀传统文化是文化强国的价值资源。不能割断历史而是要尊重历史，不能盲目否定历史而是要创造性继承历史并创新历史——建设文化强国应有的文化自觉和文化自信。我们今天建设文化强国，是在既有的历史条件下进行，既要立足当代中国文化建设的实际，也要面对世界文明发展的潮流，还要依托自己民族的历史文化传统。文化强国之强，不仅要有社会主义核心价值体系的引领，要有解放思想、改革开放、凝聚共识、攻坚克难的当代精神的指导，还要有对自己民族历史传统的理性认识。从孔夫子到孙中山，我们都要在温情和敬意中进行批判性清理和创造性转化。中国共产党从创立之日起，就是中国优秀传统文化的自觉继承者和创新性发展者。不割断历史而是要尊重历史，不盲目否定历史而是要创造性继承历史并创新历史，这是我们建设文化强国应有的文化自觉和文化自信。因此，我们应当自觉地寻找并构建历史传统的支撑。而这个历史传统的支撑，从价值观层面看，就是优秀的传统文化。毫无疑问，文化强国的价值资源的根本，在于发展中的当代中国的经济建设、政治建设、文化建设、社会建设和生态文明建设的生动活泼的实践，在于中外文化的交流互补，在于弘扬以改革创新为核心的时代精神。与此同时，文化强国的价值资源还要从优秀传统文化中去发掘，并进行富有时代精神的创造性阐释。优秀的传统文化，不仅在历史上产生积极的作用，而且在当今也能发挥其价值引领的功能，起到促进民族文化认同、整合价值观念、构建精神家园的作用。

（三）优秀传统文化感召文化强国的心理自信

建设文化强国需要文化深层的力量，它源于历史传统，穿越不同时代，给人一种灵魂深处的安宁，以消除日常生活中的浮躁和急功近利。它本身没有先进和落后之分，却是先进文化的根基，能够为人类文明的进步提供无形而持久的支持，是一个民族或国家在跨越时代变革中保持自我的标识，它为时代变革提供最基本、最稳定的文化认同。弘扬中华文化、建设中华民族共有精神家园，就是要坚持并光大文化的民族性和大众性。共有精神家园的价值根底是中华文化，中华文化是海内外中华儿女文化认同、价值认同、民族认同的最大公约数。这个海内外中华儿女都可拥有的精神家园，既表现为家国意识、民族情怀方面的一致，也表现为对中华优秀传统文化的自觉认同。其中，和而不同的观念，万物并育而不相害、道并行而不相悖的思想，追求立德立功立言的"三不朽"精神，以义取利、见利思义的义利观，己立立人、己达达人的忠恕之道，做君子而不当小人的人格追求，等等，都是中华优秀传统文化的重要表现，是海内外中华儿女在文化认同价值整合方面的最大公约数，也是中华民族共有精神家园建设在历史价值资源方面的最大公约数。充满时代精神的 24 字社会主义核心价值观也离不开对优秀传统文化的继承和发展。文化强国的国民，对自身文化的历史传统总是感到自豪和自信，这就是我们中华民族共有精神家园。有了这个家园的召唤，我们就不会因为暂时的困难和挫折而丧失信心，更不会因为别人的批评和指责而无所适从，这就是我们的心理自信。

（四）优秀传统文化凝结爱国主义民族精神

以爱国主义为核心的中华民族精神，最为典型地反映了自觉衔接优秀传统文化的意识。在五千多年的发展中，中华民族形成了以爱国主义为核心的团结统一、爱好和平、勤劳勇敢、自强不息的伟大民族精神。"凤夜在公""先天下之忧而忧，后天下之乐而乐""苟利国家生死以，岂因祸福趋避之"无不显示为国家、为民族、为整体而献身的精神。正是这样一代一代的精神操守塑造了最宝贵的中华民族精神。中国共产党领导人民在长期实践中不断结合时代和社会的发展要求，丰富着这个民族精神。显然，团结统一、爱好和平、勤劳勇敢、自强不息之类的民族精神的重要内容及具体表现，渊源于并贯穿于五千年的中华文化，而不是后来一下子冒出来的，她自有其深厚绵长的历史底蕴。我们今天建设文化强国，必然要弘扬和培育中华民族精神；而弘扬和培育中华民族精神，就是弘扬中华优秀传统文化，就是从优秀传统文化中寻找价值资源。因此，我们说优秀传统文化是文化强国的价值资源，既符合历史事实，也适应现实需求。

三、优秀传统文化促进人与自然和谐共生

（一）优秀传统文化内含人对自然依存关系的正确认识

中国优秀传统文化包含着非常珍贵的处理人与自然的关系的内容。老子说，"道"是天地万物的本源，无始无终，"道即自然"，"自然即道"，道是无限的，无处不在，无处不有，道的运行是自由的、必然的，完全由自身的规律所决定。道生万物，宇宙间的一切都来自"道"，按照这种看法，人类也是自然界的一部分。即"有天地，然后有万物；有万物，然后有男女；有男女，然后有夫妇"。从老子"道法自然"的学说，可以逻辑地引出人类要遵从自然的法则，不能总向自然索取的观点，这在今天看来多么宝贵，而这种天道自然观产生于 2500 年前，真是让我们后人对先贤肃然起敬。因此，一切破坏、违背自然规律的言行、准则都是错误的，都将给人类社会及自身带来不可估量的灾难。于是，"顺天应人"的思想成为中国传统文化中宇宙观的主流观念和文化建构中的重要思想支柱。既然天人相谐，人们就应当顺应天时，不破坏自然界的规律。庄子告诫人们"春三月，山林不登斧斤，以成草木之长；夏三月，山泽不入网罟，以成鱼鳖之长"，不能对大自然肆意破坏。庄子甚至幻想一个人与鸟兽虫鱼、草木山川和谐共处、一起嬉戏、共存共荣的美好社会。今天，当人们为因不择手段的"发展"使生存环境遭到破坏而悲哀的时候，当因认识到自然界正在无情地惩罚人类的以怨报德而悔恨的时候，当为再也无法使那些因物质文明的进步而成群成类别消失的动植物复苏而伤痛不已的

时候，人们或许从高天的长风里听到遥远的两千多年前中国先贤发生的智慧的呼声。他们早就指出了后世的悲剧，他们早就在神采飞扬地向人们宣示：自然界与人类生存在一个共有的大家庭里。当然，老庄的学说不能与今日的"环保学说"作等量观，但"道法自然"，即"道法道"的思想是超越性智慧的学说，是无可否认的，它显示了中国先人在人与自然关系的研究上达到了极高的境界。

（二）优秀传统文化提供正确处理人与自然关系的有益借鉴

传统文化蕴含的"天人谐和说""回归自然观"，追求自然、社会、人际、人与自然的全面和谐，为我们正确处理人与自然之间的关系提供了一套精辟的思想方法，对我们在市场经济条件下改造自然、顺应自然、不屈从自然、不破坏自然、坚持可持续发展都会有深刻启迪。比如"天人合一"就是为历代广为推崇的观念。中国古代思想家认为人与自然是和谐统一、互依互存的，不能对立和割裂。如张载所言，"乾称父，坤称母，予兹藐焉，乃混然中处。天地之塞吾其体，天地之帅吾其性，民吾同胞，物吾与也"（《西铭》）。张载认为，天地就像父母，养育人类。天、地、人是统一的，三者的本性一致。所有人都是亲爱的兄弟，自然万物都是朋友。《周易序卦传》中记载，"有天地然后有万物，有万物然后有男女，有男女然后有夫妇，有夫妇然后有君臣，有君臣然后有上下，有上下然后礼仪有所措"。这里说的是天地产生万物，万物孕育人类，人类世界因天地万物的承载而建立，万物与人类的内在联系是无法割裂的。还有儒家提倡的"不违天时""节用""御欲"，反对不守自然时令的乱砍滥伐、过度狩猎捕鱼，抵制"暴殄天物"的思想，都对于处理人与自然的关系提供了正确的指引。道家的"万物负阴而抱阳，冲气以为和""道法自然""上善若水"。这些敬重生命、关爱自然，主张天人和谐的思想，对于我们构建人与自然和谐相处的和谐社会具有重要的意义。我们可以把我国古代生态文明思想归为两点：遵循自然规律，保护生态环境，适当加以改造与引导；维护生态平衡，使自然资源得以可持续发展。例如孟子指出："不违农时，谷不可胜食也，数罟不入洿池，鱼鳖不可胜食也。斧斤以时入山林，材木不可胜用也。"意为不违背农作物耕种的时节，按照大自然的季节和节气，就会粮谷满仓，获得丰收。《吕氏春秋》里面从反面提道："竭泽而渔，岂不获得，而明年无鱼。"意为只顾眼前利益，不顾长远利益，违背自然规律，过度索取，自然资源就会耗尽。相近的典故还包括"焚林而猎"等。传统文化的这些思想告诉我们：自然界是人类生存和发展的基础，与人是相互依存的。人应该尊重、热爱、善待充满勃勃生机的自然界。人可以认识自然，让自然为自己服务，但是必须遵循自然界的规律。人若忽视自然界至关重要的地位，凭借自己的主观意愿破坏自然界的秩序，必将给自己的生存和发展带来难以想象的灾难。

进入 21 世纪，伴随"全球化"进程的推进，现代化所蕴含的发展与代价、成就与丧失、进步与退步等内在矛盾也在更深刻的层面和更广泛的程度上得到彰显和展开。现代文明遭到了前所未有的危机。西方文化片面主张人定胜天，强调科技改变一切，过度掠夺自然资源，最终遭到了自然界的报复。人们以人类中心主义为导向，将人与自然对立起来，从"人定胜天"的思想出发，强调人要征服自然，缺乏自觉保护环境的意识，人类的活动违背了自然规律、破坏了自然环境。正如恩格斯在《自然辩证法》说的那样：动物仅仅利用外部自然界，单纯地以自己的存在来使自然界改变；人则通过他所作出的改变来使自然界为自己的目的服务，来支配自然界。这便是人同其他动物的最后的本质的区别……但是我们不要过分陶醉于我们对自然界的胜利。对于每一次这样的胜利，自然界都报复了我们。人们的自以为是、肆无忌惮受到了自然无情而有力的回击。人们必须悬崖勒马、反思自己的行为，以正确的自然观及时改正错误，这样才是处理人与自然关系的正确态度。如今，老子及道家思想所蕴含的生存智慧特别是生态智慧，正在得到世界日益广泛的关注和认同，展现出其超越时代、民族和国界的强大生命力，成为一种有着警世、医世、救世功能的普适文化，在当代愈加显示出其独特的价值和魅力。先哲们所倡导的天人合一精神、礼治精神、德治精神、仁爱精神、民本精神等，经过现代的转化和洗礼，必然会成为一种具有世界意义的价值主张。

四、优秀传统文化是以德治国、以文化人的根本

中华民族历来有崇德重德、以文化人的传统。这一传统，积淀着中华民族最深沉的精神追求，滋养了伟大的民族精神，创造了源远流长的中华文化，因而成为中华民族生生不息、发展壮大的精神营养和强大动力。常言说，人无德不立，国无德不兴。说的就是崇德修身，无论对个人还是对整个国家、整个民族都有着极其重要的作用。习近平强调，历史是最好的老师。在漫长的历史进程中，中华民族创造了独树一帜的灿烂文化，积累了丰富的治国理政经验，其中既包括升平之世社会发展进步的成功经验，也有衰乱之世社会动荡的深刻教训。我国古代主张民惟邦本、政得其民，礼法合治、德主刑辅，为政之要莫先于得人、治国先治吏，为政以德、正己修身，居安思危、改易更化，等等，这些都能给人们以重要启示。治理国家和社会，今天遇到的很多事情都可以在历史上找到影子，历史上发生过的很多事情也都可以作为今天的借鉴。中国的今天是从中国的昨天和前天发展而来的。要治理好今天的中国，需要对我国历史和传统文化有深入了解，也需要对我国古代治国理政的探索和智慧进行积极总结。

罗素曾说过，"中国文化的长处在于合理的人生观"。这是对中国文化的一种深刻认识和概括。传统文化是中国古圣先贤几千年经验、智慧的结晶，其核心就是道德教育。在整个中国传统文化中，伦理思想贯穿始终。褒善贬恶、追求崇高的思想品德，向往理想的道德人格，涵养美好的情操，是中国传统文化的一个主导思想，是大多数思想家所一贯追求的。在人和人的相处中，一个人既要有自强不息、奋发有为的创造精神，又要有设身处地为他人着想、爱人如己的博大胸怀。只有"与天地合其德"，才算是一个道德高尚的人。儒学思想中的"修""仁爱""礼仪""信""义""廉耻""忠""孝"

"自省""慎独""勿以恶小而为之，勿以善小而不为"等类似相关内容，对培养遵守日常社会规范的态度以及自我控制的教育，不无裨益。中华民族优秀传统文化与时代精神的结合，它包括了自强不息、奋发有为、乐观向上的人生追求；社会与历史责任感以及爱国主义情操；把握现实，面向未来的胸怀和眼光；义利兼顾、以义为上的价值取向；尊重、理解和关心他人、宽容合作及互助奉献的精神。有了这样坚实的人文底蕴就会牢固地构筑起精神支柱，而正确的精神支柱的构筑对崇高的思想品质的形成和发展具有重要作用。无数正反两方面事实证明，一个人要想在复杂多变的现实世界中始终洁身自好，必须不断省察自我、加强自律。始终坚持慎独慎微慎初，时刻从小事微处着手，见微知著，防患于未然。同时，还要时时处处检点自己的思想道德行为，做到"见善则迁，有过则改"。唯其如此，才能真正做到在任何情况下都会意志品质坚如磐石，耐得住清贫寂寞，顶得住歪风邪气，禁得起金钱美色诱惑，始终老老实实做人，扎扎实实干事，进而在深化改革的时代大潮中建功立业，成就自己的多彩人生。

儒家思想和中国历史上存在的其他学说都坚持经世致用原则，注重发挥文以化人的教化功能，把对个人、社会的教化同对国家的治理结合起来，达到相辅相成、相互促进的目的。习近平同志在同北京大学师生座谈时的重要讲话指出："道德之于个人、之于社会，都具有基础性意义，做人做事第一位的是崇德修身。"要大力弘扬中华优秀传统文化，自觉地崇德修身、修身养性。一个人的人格魅力对于立身做人、成就事业非常重要。人格魅力说到底就是"德"的影响力和感召力。道不可坐论，德不能空谈。只有把修德养性作为终生必修课，才能不断提高思想境界、丰富精神世界，形成高尚情操，以人格魅力铸就事业丰碑、创造人生辉煌，赢得人们尊重和爱戴。然而，当前面临社会转型期，各种思想相互碰撞，相互激荡，价值观念呈现多元多样多变的复杂态势，思想道德防线不可避免地受到冲击和浸染。日常生活中的道德失范、行为失信，销蚀着人与人之间的社会信任，严重危害着社会与人际和谐。因此，在全社会开展崇德向善、全民修身行动，既是一项迫在眉睫、刻不容缓的重大任务，也是弘扬优秀传统文化，以德治国、以文化人的重要举措。具体来说就是要做到明大德、守公德、严私德。

（一）明大德

明大德，铸牢精神支柱，坚定理想信念。理想信念是一个人的世界观、人生观和价值观的集中体现。崇高的理想信念是人生的支柱和前进的灯塔。确立了崇高的理想信念，就有了正确的方向和强大的精神支柱，就能抵御各种腐朽思想的侵蚀，义无反顾、矢志不渝地献身于伟大的事业而不畏任何艰险。坚定正确的政治信念，是一个人首先要修好的"大德"，也是立身做人的"定海神针"，任何时候都含糊不得、动摇不得。正如习近平同志一再强调的，理想信念是共产党人精神上的"钙"，没有理想信念，或者理想信念不坚定，精神上就会"缺钙"，就会得"软骨病"。当前，我们要时刻补充精神之"钙"，就要认真学习、深刻领会马克思主义中国化的最新成果——中国特色社会主义，使之成为崇德修身和做好各项工作的行动指南，成为坚定理想的"主心骨"、升华信念的"压舱石"，努力做到虔诚而执着、至信而深厚，真正树立实现理想的坚定信念和百折不挠的进取精神，关键时刻不动摇，危难关头挺得住，始终经受住困难和挑战的考验，为实现中国特色社会主义共同理想不懈奋斗，为党的事业和人民的利益鞠躬尽瘁，死而后已。

（二）守公德

守公德，强化文明意识，校正人生坐标。文明意识是一个人综合素质的集中体现，强化文明意识，也是提高公民文明素质的重要环节。一个高素质、有教养的现代文明人，必须有良好的文明礼仪。对个人来说，文明礼仪是一个人的思想道德水平、文化修养、交际能力的外在表现。当前，在培育和践行社会主义核心价值观中强调崇德修身，强化文明意识，有许许多多的着力点，但特别重要的就是从中国优秀的传统文化中汲取营养，充分发挥优秀传统文化怡情养志、滋养心灵、涵育文明的重要作用。中华文化中的文明意识源远流长、丰富多彩。如"和而不同"；"大道之行也，天下为公"；"天下兴亡，匹夫有责"；"君子坦荡荡"；"言必信，行必果"；"人而无信，不知其可也"；"德不孤，必有邻"；"仁者爱人"等。像这样一些彰显文明意识的思想和理念，有其永不褪色的时代价值，就是在经济全球化的今天，仍然闪耀着时代的光芒。用中华文化中蕴含的丰富的思想道德资源来强化全社会的文明意识，对于在社会主义道德建设中把坚持以为人民服务为核心，以集体主义为原则，以爱祖国、爱人民、爱劳动、爱科学、爱社会主义为基本要求，抓好社会公德、职业道德、家庭美德建设，形成团结互助、平等友爱的人际关系等原则方针和要求落到实处，是非常有意义的。

（三）严私德

严私德，锤炼意志品质，恪守做人准则。修养犹如一面镜子，照见一个人的道德境界、做人准则与精神追求。中国古代历来就有推崇"修身、齐家、治国、平天下"的传统，从其中的价值排序不难看出，修身居于基础性的地位。中国历史上无数先贤志士，之所以至今仍被人深深缅怀，令人敬仰，正在于他们都能严以修身、厚以责己、薄以责人、崇德向善，用崇高的爱国情操、专注的敬业精神、质朴的诚信素质、宽容的友善人格，书写了对中华民族核心价值的坚守，镌刻着中华民族优秀意志品质的标识。今天我们虽然不用面对枪林弹雨而抛头颅洒热血，但眼花缭乱的现实诱惑同样是对意志品质的严峻考验。日常生活中，有的人在名利诱惑中放任自流，有的人在义利纠结中迷失自我，有的人在利色面前甚至丧失做人底线、滑向犯罪深渊，造成极坏的社会影响，其中的教训非常深刻。

第二章　当代大学生素质教育现状

第一节　大学生素质教育概述

一、素质

人的素质，其本意是指人们与生俱来的某些解剖生理特征，即所谓"遗传素质"。其基本含义是："一般指有机体天生具有的某些解剖和生理的特性，主要是神经系统、脑的特性，即感官和运动器官的特性，是能力发展的自然前提和基础。"

"素质"是先天的，教育是后天的，后天的教育培养不出先天的素质。但是，许多学者认为，先天的素质只是提供人的发展的生理基础，后天的环境与教育可以发展先天的潜能，提高和完善人的素质结构。教育界提出的素质教育的"素质"，是先天遗传的禀赋与后天环境影响、教育作用的结合而形成的相对稳定的基本品质结构。

《辞海》对此做了较好的解释："人或事物在某些方面的本来特点和原有基础。人们在实践中增长的修养，如政治素质、文化素质。在心理学上，指人的先天的解剖生理特点，主要是感觉器官和神经系统方面的特点。是人的心理发展的生理条件，但不能决定人的心理内容和发展水平。某些素质上的缺陷可以通过实践和学习获得不同程度的补偿。"

《教育大辞典》（顾明远主编）提出了符合素质教育理论与实践要求的说明："个人先天具有的解剖生理特点，包括神经系统、感觉器官和运动器官的机能特点。通过遗传获得，故又称遗传素质，亦称禀赋。对人的能力形成和发展具有重大影响……指公民或某种专门人才的基本品质，如国民素质、民族素质、干部素质、作家素质等，都是个体在后天环境、教育影响下形成的。"

由此可知，人的素质不仅是指某一方面的知识或能力，而且是指人的内在品质的总和，是人通过学习、训练和内化等过程形成的稳定的基本品质结构，包括人的思想、知识、身体、心理品质等。

二、素质教育

（一）素质教育的含义

人的素质不但涉及人的生理遗传表现出来的特征，如肌肉发达水平、速度耐力、肺活量等，更重要的指后天经过学习所获得的各种社会属性，如观念意识、思想品德、价值取向、情操情趣、文化修养等的综合反映。我们所说的素质教育就是建立在对素质的这种社会性理解上，因此，素质教育本质上应是面向全体学生的教育，素质教育的目的也就是"教人成为社会的人"，"人是一切社会关系的总和"在素质教育中能得到最为充分的体现。因而，我们可以据此得出素质教育的概念，即指依据人的发展和社会发展的实际需要，全面贯彻党的教育方针，以全面提高全体学生的基本素质为根本目的，以培养学生的创新精神和实践能力为重点，通过各种科学有效的途径，造就"有理想、有道德、有文化、有纪律"的德、智、体、美等全面发展的社会主义事业的建设者和接班人。

素质教育有三个要义：其一是面向全体学生；其二是德、智、体、美全面发展；其三是让学生主动发展。

（二）素质教育的特征

1.基础性与成功性

素质教育的基础性特征体现在素质教育中是培养学生"为人生做准备"所应具有的方方面面的基本素养、基本能力、基本知识、基本技能，以适应未来社会广泛的职业需要。

素质教育力求弥补在传统的教育方式、方法上只注重灌输式而忽视创造思维开发的缺憾，力争教育的创新性。以往教育过于保守，采用的教育方式、方法又多数是适应性的，学生在现行环境下运用以往的知识、技能、经验去解决新问题时往往缺乏创新精神。素质教育是一种创新性的教育，它教育学生不要满足于书本上或生活中所给予他的知识和经验，也不要停留在描述、解释那些已不是问题的问题上。它引导学生自己去观察新事物、形成新概念、掌握新工具，去解决前人尚未解决的问题，使他们相信任何一种科学结论都是有条件的，一旦条件变化了，结论也会变化，所谓正确的"结论"与"方法"并非只有一个。素质教育最重要的就是培养学生强烈的创造欲望、创造意识，组织学生的创造行为，鼓励学生自己去发现问题，找出解决问题的各种方法和途径。素质教育要求教师创造一个特殊的环境、一种新异的方法，让学生的创造得到充分发挥。通过素质教育形成学生完整、丰富、独立、健康的人格、精神风貌及精神力量，培养学生的现代社会意识。通过素质教育，将个体的发展与社会的发展有机地统一起来，从而促进个体与社会的共同发展。

心理学的研究告诉我们：每一个人生来都具有追求成功、避免失败的心理倾向；每一个人都欲取得成功；每一个人只要努力都可以取得成功。这三条带有规律性的东西，就构成人们的成功心理或成功意识。所谓素质教育的成功性，就是必须尽可能创设条件，保证每一个学生都能获得某种成功，也就是要保证他们都能达到一定的素质水平。

2.全体性和全面性

素质教育的全体性是指素质教育不是面向部分人，而是面向全体人。它并不反对天才，但反对使所有的教育变为天才教育的模式。它不是一种选择性和淘汰性的教育，而是一种使每个人都能在他原有的基础上得到充分发挥的教育。素质教育要求平等，尊重每一个学生，但它又反对教育上的平均主义。

素质教育的全面性是指以提高全体国民素质为宗旨，通过实施素质教育，培养德、智、体、美、劳全面发展的社会主义现代化的建设者和接班人。它重视国民的共同素质教育和专业系统教育的统一，重视学生的知、情、意、行及智力因素和非智力因素的全面和谐发展，重视德、智、体、美、劳在每个学生身上的具体落实。因此，素质教育是以促进学生政治道德素质、科学文化素质、身体心理素质等全面提高和发展为目的的教育。

3.发展性和个性化

素质教育的发展性特征是指促进学生个性的发展。通过素质教育帮助学生充分、自由地发展自己的兴趣、爱好、特长、自主性、独立性和创造性，培养个体的学习能力，调动学生的学习动机，使学习成为学习者的主动过程和为学习者推动的过程，从而使自己的个性在不断的学习过程中得到充分的发展和完善。

素质教育既承认人与人在基本素质上是相同的或相近的，同时又看到人与人之间存在着很大差异。人的基本素质的相同性，为每个人的发展提供了多种可能性。而在环境和教育的影响下，每个人的主观能动性不同，使人与人之间的差异是绝对的。素质教育是从人的差异出发，通过教育过程，使每个人在原有的基础上得到发展与完善。素质教育不赞成教育上的平均主义，是因为它不是消除差异，而是通过人的态度和价值观的变化，形成一种自我激励与约束的内在机制。

4.交互性与层次性

交互性指各种素质交互作用，你影响我，我影响你。它又可以称为"制约性"。这种交互制约表现为两个方面：一是相互促进、一荣俱荣，即某一种素质教育的水平高，其他素质教育的水平也会跟着提高；二是相互促退、一损俱损，即某一种素质教育的水平低，也会降低其他素质教育的水平。据此，在开展素质教育时，我们对各种素质教育必须全面顾及，综合考虑，而不要顾此失彼，或重彼轻此。正因为这样，"智育第一"或"德育首位"的提法都是不科学的。层次性有两方面的含义：其一，人的三类素质是有层次的，生理素质是基础层，没有这个物质基础，心理素质、养成素质就会如海市蜃楼，转瞬即逝；心理素质是核心层，它既影响生理素质的水平，更影响养成素质的质量；养成素质是调节层，它一方面要以生理素质、心理素质为基础，另一方面又给这两个层次的素质打下了一定的社会烙印。素质的层次性决定了素质教育的层次性。我们必须重视这三类素质教育，以发挥三类素质的基础、核心或调节作用。其二，各种素质本身也具有从低级到高级、从简单到复杂的多层次性。在各种素质教育中，我们应当考虑这一特点，以便制订不同层次的教育目标，选择不同的教育内容，运用不同性质的教育方法。

交互性与层次性的统一。交互性是从事物的横向讲的，层次性则是就事物的纵向说的；事物的纵横交错，决定了交互性与层次性的统一。

5.内化性与外化性

人的素质除生理素质是先天具有的以外，心理素质与养成素质都是后天习得的，而且生理素质也需要从外部获得某些东西才能得以发展和提高，就是说，归根到底，学生内部的主体素质，都是由外部的客观的东西转化而来的，这也就是所谓的素质教育内化性。根据这一特点，我们必须抓住内化这个关键，才能使素质教育落到实处，收到实效。有内化就有外化。学生通过素质教育的内化养成种种素质后，还必须立足于自己的素质去参加实践活动，运用自己的素质去解决实际问题。也就是说，学生内部的主体素质，还要转化为外部的客体的东西，这就是所谓的素质教育外化性。在实施素质教育时，我们在抓内化的过程中，还应当及时地抓住外化不放，以培养学生的实践能力。

内化性与外化性的统一。物质变精神，"纳有形于无形"是内化；精神变物质，"通无形于有形"是外化。这是同一过程的两个相辅相成的阶段（环节）。素质教育是一个不断内化与外化的过程。唯其如此，素质才会"日生日成"。

三、素质结构

人的素质是一个庞大而复杂的系统，其自身有着特定的结构和组成要素。只有对素质的结构有合理的认识和了解，才能进一步地准确认识素质的本质。由于素质的复杂性，人们对于素质结构的分析也是从多个角度进行不同的相关分析，每一种新的科学分析都能使我们进一步加深对素质本质的认识，但每一种分析又都是从某一个侧面来认识素质的，因而就都有其一定的局限性，把各种分析综合起来，会使我们更全面、更系统地认识素质的本质。这里我们重点介绍五种分析方法。

（一）身体素质、心理素质和社会文化素质

素质教育课题组认为，人的素质"主要包括身体素质、心理素质和社会文化素质等"，这也是目前比较通用的分类方法。

1.身体素质

人的素质的物质基础是身体素质，其在发展的过程中需要一定的能量支撑和物质支撑，而身体素质都可以满足这些条件。

一般来说，身体素质由体形、体力、体质、体能四个方面构成。体形是身体外在的一种形态，其实和素质没有多大关系，但在体形塑造的过程中能够体现出一个人的素质。

由于当代社会人们对体形的塑造极为关注，所以在这里也列为身体素质中的一项。体力表现为身体本身自带的力量，衡量身体素质好坏的一个最重要的标志就是身体是否强健有力。体质相对而言表现为身体的各个部分、各种器官的质量和功能强弱，还表现为身体抵抗力的强弱。体能则表现为身体各组织器官的功能，特别是脑神经活动和各感觉器官的功能，这些功能将直接影响心理素质的质量。

2.心理素质

这里讲的心理素质是相对于狭义上的，是不包括社会文化素质的，主要是指心理活动的特性和品质，包括以下三方面：

第一个方面是心理倾向性，包括需求、动机、兴趣、爱好等，它会使人努力地从事某些感兴趣的活动，排斥、抗拒另一些不感兴趣的活动，努力地去获取某些感兴趣的信息，排斥、抗拒另外一些不感兴趣的信息，从而使人的行为有一定程度的倾向性和选择性。

另外，当某种信息恰好与个体的精神需求相符合时，会激发个体的某种心理反应，使个体产生一定程度的震撼和启发，同时产生强烈的共鸣，从而深深地印在脑海里，印象深刻甚至终生不忘。许多人都会有这样的体验：小时候会因为经历的某件事或是听到的某句话，从而受到深深的启发而终生难忘。因此，我们就要针对个体进行相关程度的考察和研究，从而激发和解决个体心理上的矛盾，使个体产生强烈的共鸣，从而大大加快知识经验内化、升华的速度和质量，提高培养发展素质的效率。从个体自身来讲，要努力把一些重要问题放到头脑中思考，使自己总是处于一种问题状态、探求状态，这样就容易在外界信息的触发下得到更大的启发，甚至有豁然开朗之感，我们称这种现象为心"理触发效应"或"共鸣效应"。

第二个方面指心理品质，包括智力因素和非智力因素。智力因素有观察、记忆、思维等，这些品质都可以进行相关计划展开培养，而培养智力因素品质是发展智力的突破口。非智力因素品质包括情感、意志等，发展这些品质是提高心理素质的基本内容。

第三个方面是指心理方面以及承受挫折失败的能力、对精神刺激的耐受力、对心理伤害的康复能力等。

3.社会文化素质

社会文化素质是个体与社会文化相互作用后形成的素质，是在身体素质、心理素质基础上发展形成的，处于个人素质发展的最高层次，在人的素质结构中占主导地位，标志着人的整体素质的性质、方向和水平，集中体现了人的本质。

（二）思想道德素质、文化素质、专业素质、身体心理素质

从教育的角度出发，往往把人的素质概括为四个方面，即思想道德素质、文化素质、专业素质和身体心理素质。

1.思想道德素质

思想道德素质是指一个人自身所具备的信仰、信念、理想追求，其核心是世界观、人生观、价值观。思想道德素质在整个素质结构中处于主导和统率的地位。

2.文化素质

文化素质是指人的文化功底、修养、文化品位等，它在其他各方面素质发展的过程中起着基础作用。没有一定的文化基础作为铺垫，空谈思想道德素质也就达不到较高的境界，身体心理素质也会变得难以提升。

3.专业素质

专业素质，是指从事某种专业工作所应具备的基本素养，任何人都是通过一定的专业工作来为社会做贡献的。

4.身体心理素质

身体心理素质是对于整体素质而言的物质和心理基础。这里把身体、心理放在一起是把身体、心理视为身心统一体，把身体健康理解为身心健康。健康不仅仅指没有疾病，还要有良好的生理、心理状态和适应社会的能力，也就是说身体心理素质相对来说较好。

素质教育就是要通过相对应的教育培养使学生在这几个方面都形成相对稳定的身心结构和身心品质。以上这几个部分看似没有联系，但是严格来说都不能孤立存在，它们是相互作用、相互渗透并作为一个整体而存在和发展的。因此，在教育培养过程中，要处理好这几部分素质之间的相互关系，促进各部分素质和谐发展，形成有自我特色的、优化的素质结构。

（三）科学素质、人文素质、身体心理素质

从知识经济发展要求的角度出发，人的素质结构可分为三种：科学素质、人文素质和身体心理素质。

科学素质由掌握必要的科技知识、树立科学思想、掌握基本的科学方法组建而成，培养求真务实的科学精神，提高借助科学的手段处理实际问题的能力和创新能力。人文素质是指掌握必要的人文基础知识，树立正确的人文思想，掌握基本的人文方法，培养高深的人文精神。

科学是立世之基，人文是为人之本。科学是研究、认识、掌握客观规律的学问，是要求人们根据客观规律相对应地办事，是求真。科学回答的问题是：是什么？为什么？所有违背科学的举措必遭失败，这是一种不以人的意志为转移的客观规律，科学是一切的基础，是立世之基。

人文，是人对自身、社会和世界的一个整体认识，是对人生目的、人生价值的认识和追求，是人的精神世界的需要，是求善、求美。人文要解决的问题是：应该是什么？应该如何做？人文具体体现为人具有较高的道德水准，正确的价值观，健康的审美意识，热爱生活、热爱祖国人民的情感，鲜明的个性特征和丰富的内在精神世界。因此，人文是为人之本。

要成功，必须符合一定的科学规律，但是符合了科学规律，却不一定能成功。因此，科学必须以人文为导向。例如，有人利用现代技术造假币、制造伪劣商品等就是反人文的。同样，符合人文也不一定成功，如果违反科学，可能事与愿违。科学与人文是相辅相成、不可或缺的关系。

在知识经济社会，其核心生产要素是以知识为主。这种知识具有双重性，既是高度分化的，又是高度综合的。反映到教育上，必然要求科技教育与人文教育相互协调和配合。知识经济是世界一体化的经济和决策知识化的经济。信息网络技术的迅速发展给人们带来了大量的千变万化的信息，只有合理地利用科学知识与人文知识，才能形成处理和运用信息的综合能力，发挥多学科的优势有效地解决复杂问题。因此，对于大学生的要求不再单一化，而是要求其采用多方向性的学习，要求学科技的大学生要学习一些相关的人文知识，而相对应地，学人文学科的大学生也要学一些涉及科技的有关知识。

知识经济是基于知识创新和技术创新的经济，要求大学生具有较强的创新能力。而培养创新能力，不但要求科学与人文做到很好的融合，同时科学思维与人文思维要做到合理协调与互补。对此，著名科学家钱学森有精辟论述，他说："一个有创新能力的人不但要有科学知识，还要有文化艺术修养。艺术上的修养对科学工作很重要，它能够开拓科学创新思维。"爱因斯坦也说过："物理给我知识，艺术给我想象力。知识是有限的，而艺术开拓的想象力是无限的，它可以概括世界的一切。没有想象力就不可能产生创造力。"

另外，科学方法与人文方法的相互协调配合，不管是对于人的实践能力、创业能力还是职业转换能力都有重大的促进作用，能够在一定程度上使相关的能力有所增强。科学方法主要是采取一些相关的逻辑分析、量化实验，而人文方法主要是通过自身的反思、体验以及感悟。科学有时候也需要直觉和灵感，而直觉、灵感很多来自人文和艺术之中。

把科学方法和人文方法进行相互的协调配合，是获取成功的一个重要保证。钱学森说："从人的思维方法来看，科学研究总是运用严密的逻辑思维，但科学工作往往是从一个猜想开始的，然后才是科学论证。也就是说，科学创新的思想火花是从不同事物的大跨度联想激活开始的。而这正是艺术家的思维方法，即形象思维。接下来的工作是进行严密的数学推导计算和严谨的实验验证，这就是科学家的逻辑思维了。换言之，科学工作是源于形象思维，而终于逻辑思维，科学工作是先艺术而后科学的。"

总之，科学是立世之基，人文是为人之本。科学是一种认识体系，人文是一种伦理体系，科学主要讲客观世界即"天道"，人文主要讲主观世界即"人道"，科学承认客观，人文关注客观，坚持科学素质与人文素质的统一，可以实现符合规律性与符合目的性的统一，用正确的态度对待自然，对待社会，对待他人，对待自己，做一个高素质的、高尚的人。反之，如果科技与人文分离将会出现一些畸形人，只懂科技而灵魂苍白的空心人和不懂科技而奢谈人文的边缘人。

（四）理性素质、感性素质、情感素质、身心素质

从对素质结构的概括来看，一个完善的人应该具有以下四种素质：理性素质、感性素质、情感素质和身心素质。

理性素质，是对人以不同的方式获得相关的知识、分析过程中出现的问题、及时针对问题进行解决的一个整体过程的根本能力的界定。而构成理性素质的要素则是丰富、扎实的知识，清晰、缜密的逻辑思维与活跃、奋发的思考。它是一种最为根本的力量，一种作为人类征服自然、继而创造物质文明的力量。它围绕科学领域的范围进行相关的活动，对"真"的追求，是理性素质的本质力量。

感性素质，是对人感受世界，欣赏、体验、分享生活当中幸福能力的一种界定，同时，它也表现为人对良好感性环境的需要。构成感性素质的要素包括感受能力、欣赏能力、体验能力和对良好感性体验的需求。感性素质的根本动力，来源于人类对生存环境的美化和对艺术的创造，对于"美"的追求，是感性素质的本性力量。

情感素质指的是人们之间关心、友爱、互相帮助的内在需要。情感素质的构成要素是爱的情感与对群体的关怀。与理性能力相结合，情感素质是人重大局、重群体利益的情感基础。道德是它的活动领域，对"善"的追求是它的本质力量。

身心素质的构成要素是有一个健康的身体——身体健康及体能良好，和健康的心理——不会轻易受到心理方面的伤害，具有良好的自我心理修复能力。

理性素质的重要性已是众人皆知，但是人们对于感性素质重要性的认识相对来说还不是特别充分。从个体的角度分析来看，没有感性素质，对于体验美好生活的能力就会缺失。从整体性来看，社会发展的根本方向是为了给全人类创造幸福，而幸福社会的前提条件必须是每个个体都具有体验幸福的能力，这样说来，就需要对每个人的感性素质进行相关的培养。提高社会生活幸福感的一个必要前提，就是促进每一个人在感性体验能力方面的提高。拥有良好物质生活条件的社会，与拥有生活幸福感的社会并不能做到完全同步，物质文明建设与创造幸福社会之间必须有个体的素质环节——感性体验能力。缺少感性体验能力的人，过于偏重实用性因素，而缺少生活幸福感体验。从群体角度讲，没有感性素质的群体，就没有创造良好感性环境的能力，也就没有创造高水平物质文明的能力。

在生活中，我们每一个人都要学会用心去感受，学会欣赏、学会体验，而且要培养对美好感性环境的内在精神需要，这是素质教育的一个重要任务，对一个人的发展和成长都有着十分重大的意义。

（五）关于素质的"四格"结构

湖南师范大学教育科学学院教授周庆元与胡绪阳在《教育研究》上撰文，认为学生的全面素质应由"四格"组成，即体格、心格、智格、行格。这里的"格"指代品质的

含义。体格，即身体素质，由体形、体力、体质构成。心格，即精神素质，由个性心理品质（心理素质）和思想品质两个要素构成。智格，即智力素质，包括知识和技能两大方面。行格，即行为素质。这里提到的行，不仅指"品行"中"行"的内涵，而且还指人的日常生活中的一切实践活动，它包含了行为和仪态两个方面。其中"行为"涵盖行为习惯、行为规范、行为动力以及行为品质等，"仪态"包含了身仪、行仪以及言仪。

行为习惯可分为良好习惯、不良习惯、中性习惯；行为规范可分为有规范性行为、无规范性行为；行为动力可分为正向动力和负向动力；行为品质可分为优良品质、不良品质。身仪中有别于作为有机体的"身体"，除体形外，还包括发式、容颜、衣着、精神状态、年龄特征等的体表形象；行仪指举手投足所表现出来的一种气质状态和行为形象；言仪指由言谈的内容、语气语调、语速语量、语音语质等综合体现出来的语言形象。

体格、心格、智格、行格构成了一个人完整的形态，四格各自以自身独特的内涵而存在，又互相交融，不可分割。"体"是构成一个人的基础，"心"和"智"则是四格的核心，是人的主体内涵，"行"则是"体格"状况的表现和"心""智"水平的外化。

"四格"理念把个性心理素质与思想品质并重，把以"行为素质"为内容的"行格"看成主结构的重要版块。行格作为体格、心格、智格三大基本素质的外化、发散和升华，在人的素质体系中有着重要的地位。任何品质的体格、心格、智格都必须通过行格来表现，没有行格，体、心、智就是无用的，行格需要被严格地培养。关于行格的分析是素质四格结构中最精彩的部分，值得我们学习借鉴。

以上内容针对当前学术界比较流行的关于素质结构的五种分类方法进行了详细的介绍。之所以重点介绍，是为了说明素质的结构很复杂，可以从多方面进行探讨。虽然这五种分类方法在本质上是一致的，但由于分析角度不同，就都有其突出的亮点，对我们很有启发，值得学习借鉴。由于人的素质是内隐的，不能直接进行认识和做相关的测量，只能通过素质的一些外显的表现来判断。从教育的角度看，也只有从这些外显的方面进行培养，才能有效地提高学生的素质。根据素质的外部表现来构建一个素质教育目标体系框架是必要的，这样可以进一步针对学生素质的目的性、针对性和自觉性进行培养。根据这样一个思路，笔者认为学生的素质是由六大系统构成的，即知识系统、观念系统、精神品质系统、能力系统、行为素质系统和身体素质系统。相应地也可以称为知识素质、观念素质、精神品质素质、能力素质、行为素质和身体素质。因为人的素质高低总是表现为掌握了比较系统的知识，并且在知识内化的基础上形成了一系列观念、理念、信念和意识，也表现为一定的能力、精神品质和行为规范等。因此，我们就从这六大方面来构建素质结构。

第二节　当代大学生素质教育问题与原因

一、当代大学生素质教育问题

作为一种全新的教育模式，素质教育是一种全方位的社会性教育改革，目标是以提高民族素质为主。素质教育针对思想道德素质、能力培养、个性发展、身心健康及心理健康的教育尤为重视。但依目前的具体情况来看，大学生素质教育并没有取得可观的成效。

目前，大学生素质教育主要存在以下几方面的问题：

（一）思想道德教育有待完善

对于大学生来说，他们的人生观、价值观处于正在形成的过程中，而素质教育作为教育环节中的一个组成部分来说，属于目前大学教育体系中相对比较薄弱的环节。

对于当前的高校来说，首要的任务就是提高大学生的思想道德素质教育，形成坚定的文化素养。针对大学生，合理地教育他们树立明确的爱党、爱社会的意识，使其对党的基本路线有一个正确的认识。

与此同时，对他们加强礼仪等基础方面的有关教育，使他们具备家庭责任感、社会义务感等应有的传统美德，主动远离那些不良行为，做思想道德高尚的当代大学生。

（二）心理健康教育值得重视

心理健康教育与素质教育两者有着密不可分的联系，心理健康教育作为素质教育的重要组成部分及重要载体，具有关键性的作用及意义。对于思想道德教育、文化教育及技能教育来说，无论它们是什么形式，都需要通过心理结构进行与之相对应的筛选与认同，形成内在的同化，才能够促进其心理历程的发展。

学生在校生活学习期间，在集体生活的过程中往往会面临一定的压力，如学习压力、生活压力、沟通压力等。面对在学习生活中遇到的挫折，大多数学生会产生悲观、焦虑、抑郁等消极情绪，这样一来就会在生活中出现回避、放任等消极行为。严重情况下，甚至会出现出走、自杀等极端行为，以至对学生未来的升学及就业及健康发展产生不良影响。

有研究表明，近三成的大学生具有不同程度的心理问题，其中十分之一的学生存在着中、重程度的心理问题。而退学人数中近半数学生因精神疾病而退学。有关数据表明，心理弱势群体中，大学生所占比重在日趋增大。

在校期间，除了重视素质教育的其他部分以外，心理健康教育作为整个素质教育环节中的重要组成部分，也应该引起相关的重视。

（三）创新与实践能力不容忽视

作为当前基础教育改革的重点之一，培养学生的创新与实践能力已经成为全面实施素质教育的根本任务之一。第三次全国教育工作会议中李岚清就指出"实施素质教育要正确认识和解决好几个问题"。其中，克服忽视能力培养的倾向即其中之一。

目前大学生的综合能力整体来说较差，相关数据表明，仅有近12%的学生会有意识地运用创造力，不足50%的学生会偶尔运用创新思维，90%的学生不知道如何使用创造力，超过80%的学生没有养成将专业知识运用到生产实践中的习惯。

目前多数学生还是会受到来自应试教育的影响与制约，缺乏创造性意识，对于专业知识与实践很难做到有效地结合，实际动手操作能力相对来说较差。

我国著名的教育家陶行知先生曾提出对学生进行"六大解放"，即：解放学生的大脑、双手、眼睛、嘴巴、空间与时间。"六大解放"的提出，很好地为学生的创新与创造提供了必要的条件，在一定程度上来说，就是鼓励大学生投身于社会实践之中，培养自身的实践操作能力。

（四）环境因素需要改善

传统的教育观念认为，对于学生来说，在相关的素质教育过程中，起决定性作用的是思想政治教师及相关领导，与其他专业类的教师等没有丝毫的关系。而在实际的教学实践过程中，无论是哪类教师，他们在讲授课程的过程中，一言一行、一举一动都对学生产生直接且重要的影响。

在大学生活中，学生在学习与生活的过程中与辅导员之间的接触较为频繁、广泛，而与专业类教师接触较少，使相应的教育教学体系难以有效形成。另外，与之长期生活在一起的同学在领悟方面的能力也不是特别强，完全靠相互仿效来提高其自身的素质，使学生处于一种"逢人渐觉乡音异"的状态。因此，环境因素对素质教育的影响不容忽视。

二、当代大学生素质教育问题的原因

（一）外界环境与社会现实的原因

随着经济、社会的发展和世界各地的融合，大学生与社会的交流日益便利，接触的面已不再有明显的时空限制。大学生暴露在各种文化思潮中，各种社会意识在大学生群体中交锋、冲突。作为社会成员一部分的大学生，他们的观念意识、思想态度、行为举止等时时刻刻都在接受社会大环境的洗礼，他们的综合素质也正是在多种社会意识和复杂社会关系的共同作用下形成的。

随着我国改革开放的进行，国际交往日益频繁，各种传媒把世界各地的消息送入人们的生活，人们越来越关心国际社会的变化。国际政治、经济和文化的发展，东西方关系，南北合作，资本主义国家的现状，社会主义模式的变化等都对大学生的思想产生作用。绝大部分大学生都在密切注视社会的各种变化，努力提高自身的综合素质，以适应新世纪的需要。

（二）学校教育管理的原因

社会是培养学生的大环境，学校是培养学生的小环境。尽管学校环境受社会大环境的制约，但是学校环境又是一个相对独立的活动空间。由于学校的任务就是培养学生，因此，学校对学生素质的影响是最直接的。具体来讲，就是学校的教育思想、教育方法、教育环境、教育内容、教师职业道德、校风、系风、班风、学校文化氛围都直接或间接地影响着学生素质的形成。

在大学生群体中，行为是相互影响的，一个良好的班风、寝室风气对学生群体的影响作用很大。在一个积极进取、奋发向上的群体氛围感召下，学生之间竞争的气氛相应浓厚，形成你追我赶的势头，对学生良好素质的形成很有促进作用。当然，班风不正、室风不良、纪律涣散、意志消沉，就不可能有积极向上的势头，原来希望有所作为的学生的意志也会随之涣散。这种群体效应是影响学生素质的一个很重要的因素。

学校教育与管理对学生良好素质养成的作用是综合的、直接的、具体的，也是最核心的方面，应引起我们高度的重视。

（三）家庭环境的原因

家庭教育与其说是教育，倒不如说是一种社会化的过程。为使孩子从一个"生物人"转变为"社会人"，家庭承担着传授民族的语言、培养一定生活能力、训练道德行为、陶冶爱的情操、教会待人接物等任务。作为孩子的第一任老师，家长全面关心孩子，注意其道德行为规范的养成，适应社会能力的培养，个性的发展、塑造等。为每一个青年营造一个健康的家庭氛围，是促进青年大学生良好素质形成的最重要环节。

据国内外的社会学家的研究成果表明，不良的家庭环境与子女犯罪有很大的关系，如不和睦家庭易引起集团型犯罪，溺爱型家庭易引起暴力型犯罪，利己型家庭易引起盗窃型犯罪，放任型家庭易引起报复型犯罪等。

亲情的教育效果一直为教育者所重视。家庭教育就具有这种独特功能，它具有易接受性、易感染性，并能长久记忆的特点，因而常被看作学校教育不可缺少的有机部分。但当前中国的家庭教育有着不够完善的地方，而大学对家庭教育的作用未能充分发挥，很多时候成了一个被人遗忘的角落。

（四）大学生自身的原因

社会环境、家庭生活、校园氛围等对大学生素质的养成起着至关重要作用，但这些作用的形式并不是通过简单的输入，而是外部影响与个体心理相互作用、共同影响的结果，如果缺少主体的吸收和内化，任何外部作用都难以产生影响。尤其应当注意的是，大学生具有较强的独立思考能力和道德批判吸收能力，他们会根据时代和环境的变化，主动追求自己认可的理想素质。大学生自身的心理特征，如认识、动机、自我意识、人生观、世界观、价值观等都会影响大学生素质的形成和发展。

综上所述，大学生素质的养成是多方面因素共同作用的结果，大学生素质教育也存在着许多亟待改善和提高的地方，正确分析和认识其内在规律，是我们全面推进大学生素质教育、寻找提高大学生素质有效途径的基础。

第三节　当代大学生素质教育路径

一、多点切入实施美育

当前，应充分考虑当代大学生的知识结构，多点切入实施美育。大学教育应该强调美育，创造和培植一个独特的美育环境和氛围。教师在教学中授业传道、言传身教，是高等教育实施美育的主要内容和重要途径，是克服狭隘专业教育的弊端、实现人文精神和科学知识的融合、全面提高大学生文化素质不可缺少的重要组成部分。置身于这种环境的人常常在不经意间得以熏陶，并逐渐习得文化价值和精神传统这类东西。

高等教育应调动大学生已有的文化知识和独特的人生体验接受美学教育。教学应该充分考虑当代大学生的知识结构，将美学概念的阐述和艺术作品的鉴赏，与物理、化学、工程、社会、历史、民俗、地域、文学、哲学、宗教、医学等多学科的知识相结合，揭示它们内在的相互联系，从而激发大学生的审美积极性。通过古今中外形式多样美的事物，以及人类悠久文明历史进程中的精神财富和文化遗产，吸引大学生在美的殿堂中流连忘返。

由于美的直接性和可感性，人们对美的概念的理解并不影响人们对美的"感"与"悟"。美是以人的德、智、体三者为基础，达到一定理解层次和境界后的主观反映和欣赏品位。因此，欣赏美具有许多切入点。例如，艺术、美术、音乐由于其直感性很强，容易被人理解接受而加以欣赏。再如，我们对自己构建的"文化素质与文化素质模型"的自我欣赏、自我感受，在于它明晰、简洁地诠释一个理性问题而产生一种感性美。同样，面对丰收在望的庄稼，以及对美好未来的憧憬，农民们同样感受到了朴实的美；物理学家面对简洁明快而又深刻揭示自然运动规律的物理公式，软件大师面对简单的程序语句，工程师面对设计出的工程图纸，生物学家面对繁杂的基因图谱，医生诊断和修复手术，都能够形成理解以后的自然之美感，像对艺术品般地加以欣赏和评价。

二、发挥中华诗词教的化功能

大学推行文化素质教育已有数年，但是我们在进行相关调查时发现，当前大部分理工科学生对人文科学接触甚少，人文精神缺乏。当今社会处于转型期，人们的道德选择、思想认识、价值取向上的多样性和差异性日渐明显，更需要进一步开发利用民族文化丰厚的资源，给当代大学生提供丰富的精神滋养，促进他们健康成长。

大学的基本任务是培养高素质的各类人才，而人才必须是德、智、体、美全面发展的。大学的校园文化是多样性的，而传统文化在当中又居于不可或缺的重要地位。以上两点决定了传统文化在大学素质教育中处于配合地位。这种配合必须是主动积极的、有机协调和相互促进的，既不可喧宾夺主，也不可消极等待。

1999 年，杨叔子院士提出"让中华诗词大步走进校园"，这一呼吁得到了普遍认同。中华诗词教育在全国得到蓬勃发展，令人鼓舞，可是，在高校围墙内却和之者寡，沉寂者众。要让中华诗词在大学生文化素质教育中发挥出其独特的作用，就必须摒弃功利思想，力戒形式主义，注重工作方法，持之以恒坚持下去，唯有如此，才能收到扎扎实实的效果。

具体来说，首先，大学诗词教育应当分层次。大学诗词教育大体可以分三个层次：一是汉语言文学系（专业）应承担起传播中华诗词知识和培养中华诗词接班人的任务；二是对有一定基础的诗词爱好者，应作为诗教骨干加以重点培养；三是在大学语文课的教学中，应把中华诗词作为重点，并通过经常性的讲座对学生进行教育熏陶。其次，在推进诗词教育的工作方法上，要抓重点、带一般，循序渐进。传统文化熏陶是千秋大业，不能操之过急，要持之以恒。第三，诗词是大学校园文化百花园中的一颗珍珠，但不是它的全部。自古以来，诗词文化就与绘画、书法、音乐、舞蹈相辅相成。一方面，要以这些艺术形式为载体，拓展诗词的表达方式，提高其审美意趣；另一方面，可以有针对性地发挥大学生的专长，着力调动他们参与的积极性。第四，深入开展传统文化教育的研究工作。当前，还有许多问题需要进一步研究，譬如诗词教育在学生综合素质教育中的地位和作用，诗词教育如何与学校的教育、教学有机结合，诗词教育如何为建设和谐校园作贡献，等等。

我们只有在理论和实践的结合中进一步探索它的规律性，才能不断推动诗教工作的深入发展。

三、营造健康的网络文化环境

随着电子信息技术的快速发展，人类正在迈向信息网络时代。计算机网络日益渗透到经济文化生活的各个角落，正在影响着社会各个方面，大到经济、政治、文化，人们的世界观、人生观、价值观，小到人们的工作、学习与娱乐。据统计，目前我国网民人数已达到 7 亿，其中青年网民占 50%，且青年网民上网时间明显多于其他年龄段。处于青年时期的大学生构成了一个庞大的网民群体，网络开拓了大学生的眼界，传播了最新的知识观念，深刻影响着大学生的世界观、人生观、价值观。

高等院校在通过网络加强大学生素质教育时应该注重以下两方面：一是完善高等院校的网络基础设施，构建完善的网络基础设施是加强网络素质教育的前提，高等院校通过校园信息共享、网络图书馆和各种信息数据库的建立与整合，可以实现信息的内部和外部、纵向和横向的充分互动交流；二是大力建设新型的素质教育网站，并持续丰富网站内容。

四、培养大学生的创新能力

培养大学生的创新能力是素质教育最重要的一项内容。要培养有创新意识和能力的大学生，高等院校需要着重加强两个方面，那就是科学教育与人文教育，二者相辅相成、不可或缺。高等院校首先要促进各类课程体系之间的融合，在大学生素质教育实施过程中，在课程安排上一般都是理工科增设人文课程，文科增设科学教育等课程，还开设讲座、报告等活动丰富学生的课余生活，目的是让学生拓宽知识面，完善自身的知识结构，力求人文教育和科学教育的结合。高等院校应该创造条件让大学生学会建立各门课程之间、各学科之间的联系。其次，开设问题课程或项目课程。科学专家认为，专门化是知识生产的必要阶段，要实现科学与人文的结合，必须通过问题课程或项目课程的方式，是人文教育与科学教育结合的一种较为理想的方式。以问题导向而组成的学科课程或研究型课程，这种混合教育形式在培养大学生专业技能与人文素养方面的作用，已经被越来越多的世界一流大学所接受，并在逐步把这类跨学科研究型课程作为大学课程设置的典范。综合性的问题课程或项目课程，涉及人文科学、自然科学、社会科学等多个方面的内容，来自不同专业的大学生合力参与到该课程来，一方面有利于不同知识的融合贯通，另一方面也加强了学生之间的交流。

五、充分吸收世界先进文化

世界先进文化是人类的宝贵财富，它有着丰富多彩的形式。大学生素质教育不仅要加强对优秀传统文化的继承，也要注重对世界先进文化的借鉴。可以通过多种形式来促进大学生吸收世界先进文化：其一，可以在大学生必读的人文书目中加入世界经典名著。研读世界经典文学，不仅可以使大学生了解不同地区人们的想法，扩大学生的视野，也可以使学生提高文化品位，从中领悟新的思维方式，将学生的精神境界和品格提高到一个新的层面。其二，注重对当代世界先进文化的学习，把其贯穿到课堂学习、课外实践的各个方面。应当注意到，世界先进文化的内涵也在不断地发展，不断注入新的活力。当代世界先进文化推动经济快速发展的市场文化；当代世界先进文化推进民主、尊重人权，精细调节各利益群体相互关系的法制文化；当代世界先进文化是爱护环境、注重可持续发展的生态文化；当代世界先进文化是健全的福利机制与提倡爱心救助的社会公德相结合的社会福利文化。应该把这些积极方面渗透于我们的教育教学之中。

六、增强大学生的心理素质

良好的心理素质在大学生的成才过程中起着重要的作用，加强大学生的心理素质培养成为当前高等院校面临的一项重要任务。首先，高等院校要营造一个良好的校园氛围，让每一个大学生都充分了解心理健康的重要性，增强心理健康意识。其次，学校要着力提高所有大学生的心理素质，而不是仅仅去帮助那些已经或者将要出现心理问题的学生，把提高心理素质作为一项长期工作来抓。最后，高等院校要努力引导大学生把心理素质教育渗透到实践活动当中。可以通过开展班级活动、院系体育竞赛、组织志愿服务团等形式来提高大学生的心理素质，促进大学生全面、健康、和谐发展。

此外，高等院校要开展多种形式的心理素质教育辅助活动。通过给大学生开办讲座的形式，讲述青年大学生现实生活中可能出现的心理问题、心理疾病，以及预防和治疗办法。利用网络、报纸、宣传册等多种形式的媒介和手段，广泛宣传，普及心理卫生常识，让大学生了解自己的心理状况，并学会各种心理调节技能，即分析和解决问题、应付挫折、表达思维和情绪的能力，学会各种心理求助的能力。

加强大学生心理健康教育，不仅能够提高大学生思想道德水平，树立正确的世界观，还能对学生的高尚品质、人格和情操的形成产生巨大的影响。

第三章 当代大学生价值观的嬗变与培育

第一节 大学生价值观概述

一、价值与价值观

（一）价值

"价值"一词对于人们来说十分熟悉，从生活常用语角度来思考，价值就是人们对于事物好坏、值得与否、有用或无用的一种常见的判断标准。然而，从哲学意义上来理解"价值"一词，却有着更为深刻的内涵。

首先，从价值的属性角度而言，价值本身是"客体所固有的某些属性"。"属性说"突出了事物的"有用性"，从根本上使事物的主体与客体产生了剥离和孤立，事实上是脱离了事物主体与客体之间的必然关系来强调价值的实用性，然而脱离了事物主体的实际需要与主、客体之间的必然联系，那么价值本身是没有意义的。事物是否"有用"，与事物本身的属性不尽相同，"有用"体现的是事物的某种关系，是主、客体之间内在逻辑关系的一种外部的放大和彰显，表现为一种价值选择的状态。其次，从实体角度而言，价值依附于社会生活的具体事物之上，是从实体化的角度来理解价值的表象。"实体说"将价值视为一种现实存在，例如汽车的价值并不包含其衍生物和广告文化效应，而仅仅关注汽车这一物体的本身，同理也可以理解为食物的价值就是食物本身，计算机的价值就是计算机本身，等等。从物质的实体角度思考价值，体现出了价值本身的普适性，易于理解和表达，然而"实体说"将价值与现实生活中的具体事物联系起来，却没有进行抽象的阐述，因此，这种对于价值的理解一旦脱离了事物的实体，那么就无法找寻价值的存在，最终更无法说明价值的核心要素，也无法表达价值本身究竟是何物。最后，从"理念说"的角度理解价值，主要是将价值划分到人的主观性思考领域，"理念说"认为价值是对于人个体思维动态的一种选择性反应，是由价值主体对价值进行心理认定、评判和分析之后所体现出的实然态度。此时的价值可以简单地理解为"认可""满意"以及"赞同"等，"理念说"对于价值的解读重点突出了人对于客观事物的主观感受和评价。在理解价值的过程中融入主体性要素是"理念说"的一个优点，但是"理念说"也同时体现出了一定的弊端，如对价值的理解过于偏向于人的主观意志，具有一定的随意性和不确定性。

（二）价值观

价值观念体现为一种价值意识。客观事物与活动在实践过程中形成的价值状态在人脑中形成了对于价值的意识反射，这种意识经过人的自主判断和筛选，逐步被改造成主体自我所认定的主导性价值观。价值观念一旦形成便会在很长一段时间内处于稳定的状态，价值观是人对于外界事物进行判断的标准，也是人对于一切信息的深层次的认知与解读，同时也是在人的思维中形成的主观价值理想。主体的发展需求与主体发展过程中的自我意识是人的价值观念形成的两个基本条件。主体的需求，使事物拥有了存在价值的可能性，这是人的价值观念形成的重要前提。深入理解价值观还要从以下四个方面进行分析：

第一，价值观会对社会主体进行基本社会行为的指导，价值观和社会主体的活动是一种互动关系。人的价值观念会随着自身的社会实践而产生和变化，而人的实践行为则同时又受到价值观的影响。社会的转型或是变革之前必然会经历一场社会成员思想观念的碰撞，社会改革需要价值标准的讨论和激辩，并通过观念的推动而促成社会的变革。

第二，价值观是一定主体的价值观，与特定的主体存在紧密的联系。价值观是人们对于客观社会现实的认知，是对社会存在的主观反映。社会环境、文化背景、经济发展程度、宗教文化、民风民俗等因素都可以在不同程度上对社会成员的价值观产生重要的影响。社会成员之间之所以会产生个体的不同，在很大程度上是源于人的价值观的差异。来自不同年龄、工作岗位以及阶层的社会成员会在价值观方面体现出不同的特征，价值观的外在表现差异主要是由个体的不同利益需求而决定的。因此，从社会发展的各个时期的社会矛盾中我们可以发现，利益和需求的差异是社会矛盾产生的一个重要原因。

第三，价值观的变迁具有一定的历史必然性。通过人的社会实践活动，价值观念得以形成和发展。人的社会实践是动态的，是不断深入和发展的，人的社会实践的不断成熟和升级促进了社会的向前迈进。社会存在决定社会意识，价值观念属于社会意识的范畴，本身有着一定的稳定性，而人的价值观念本身也存在着某种惰性，假设主体在逻辑和情感上没有真正的变化，那么价值观就很难改变。然而，价值观的改变始终处于一种趋向之中，并不完全受到主体的情感控制，因此人的价值观念也只有顺应社会发展的形势，不断地更新价值观念，才能符合时代发展的要求。

1.价值观的本质

价值观是社会主体用以指导社会实践的价值评判标准与观念，价值观在人类社会发展的过程中体现出了独特的本质与特征，并持续对人的社会实践发挥着判断功能、导向功能与激励功能。

第一，价值观的本质是社会主体大脑中存在的社会意识，是社会主体对于事物价值的所持有的根本看法，是社会主体在进行价值判断问题处理过程中所持有的观点、态度与立场的结合。从哲学角度而言，价值观要在一定程度上受到社会存在的客观制约，其在一定的社会经济关系之中，是社会成员对于自我需要的一种追求，"是对经济基础的反映"。科学、理性、正确的价值观能够有效地促进社会的发展，而落后的、庸俗与腐朽的价值观则会阻碍社会的进步。因此，从人与社会的综合发展来说，培养社会成员科学的价值观，使之做出正确的价值选择，是社会发展的应然要求。

第二，价值观作为一种价值意识能够在一定程度上反映价值关系，是指导社会成员思想与行为的根本性价值意识。其本身拥有社会意识的一般本质，同时也具有价值意识的特殊本质。从哲学角度而言，价值意识是主体对于价值关系的一种自觉或不自觉的思维反映，社会意识的所有形式中都包含着人的价值观，人的社会行为是承载起个人价值观的重要媒介，即价值观必须要通过人的主体性活动如做某事、发表某些言论等具体的行为彰显出来。所以，价值观的形成与发展也要受到社会政治、经济、文化以及道德等多方面的影响和制约。

第三，价值观体现为一种实践精神。实践性是价值观的一个重要的特点之一，价值观的实践精神会通过价值判断、价值选择以及价值评价等多种方式体现出来。价值观作为一种实践精神，拥有着其他社会意识所并不具备的独特效用，是主导社会成员行为与思维的重要因素。价值观的实践性在实践中形成又对于实践发挥指导作用。价值观的产生与发展依附于人类社会对于价值的创造，当个体价值形成之后，其便在个体的社会实践中发挥出独特的引导功能。

2.价值观的特征

第一，价值观具有社会依从性。人的价值观要受到社会环境的熏陶，是接受多年来显性与隐性多重教育的成果，所以价值观的形成和发展要在很大程度上受到社会环境的影响，对社会的依从性较深。价值观是长期稳定与局部动态调整的有机结合体。价值观并不是永远不可改变的，也不是随时变化的，而是在相对较长的时间内，随着人参与社会活动的深入以及社会的整体性变迁而逐步调整。价值观一旦形成则会在很长时间内保持稳定的状态。当外界环境没有出现巨大变化时，社会成员的价值观通常要在量的积累上产生变化。而在外界环境发生重大改变时，社会成员的价值观则会出现质的变化。而大学生的价值观嬗变问题也正是由于这一点，因此大学生的价值观存在可变性与稳定性的双重特征。

第二，价值观具有导向性。价值观对于人的思维、行为的发展和实践具有指引性的作用，为人的社会活动提供指导，突出了价值观本身的导向性特点。价值观是对社会主体内在需求和主体认识的综合反映。通常来说，人的价值观会对于其自身的言行有一定的支配作用，健康的价值观能够引导人做出与社会和自身发展相适应的行为，推动人通过社会实践来实现价值目标。

第三，价值观具有多样性。每一个人的成长环境都存在较大的差异，由于人生阅历的不同、所接受教育程度的不同等原因，自身所持有的价值观也存在着一定的差异性。不同的人在价值观的选择方面也不尽相同，如有的人重视个人利益的获得，有的人追求科学目标，有的人则看中社会地位，等等，价值观的差异性也决定了人的行为与思维方式的巨大差异，由于性别、年龄、工作性质、经济条件、文化水平等条件的不同，社会成员的价值观体现出了多样性特点。

第四，价值观具有主体性。价值观的存在需要人作为物理载体，人与价值观不能分裂，价值观需要依托人这一主体而发挥作用。缺少了人作为依附的载体，价值观则会失去生命力。在广泛的社会生活之中，具体价值观是特定群体内个体的价值心理、价值观念的总结、概括和提升，价值观也只有通过人这一唯一主体才能发挥其作用，同时价值观的主体也可以是某个群体，这些具体的个体和群体就是接受和践行某种价值观的具有针对性和明确范围的主体。

3.价值观的功能

价值观作为人的一种意识，拥有意识的一般性功能，同时价值观也兼具自身独特的功能，具体包括以下几个方面：

第一，判断功能。价值观通过对于客观世界和事物发展形势的分析与判断，促使人们形成理想、目标与追求。理想是价值观精神内涵中所包括的深层次意蕴，是社会成员追寻人生目标的斗志、勇气和意志的一种意识，"是对经过预测而设计的人们为之奋斗的未来最完美的远大价值目标体系或模型"，社会成员通过对当前社会政治、经济以及文化各领域发展的客观要求来判断和分析自己所持有的价值观是否能够与社会的基本要求相适应，是否可以实现自身的价值追求与目标。通过价值观的判断功能，人可以结合社会与自身的真实发展需要，制定出有利于自身与社会发展的行为路线，从而使人的社会化进程进一步加快。第二，导向功能。价值观对于人的思维与行为会产生重要的导向作用。这种导向功能在社会成员的日常生活中得到了充分的展现。价值观通过为人们提供价值标准和价值目标，并对其价值取向加以引导，从而实现对于社会成员行为与思维的约束、引导和提醒，使人们了解其价值判断所依据的价值标准和明确价值行为的取向，并根据价值目标做出科学、理性的正确价值选择。第三，激励功能。价值观的激励功能要通过价值目标的激励来实现。人的价值观一旦确立，便同时确立了自身的价值目标，并能够对于价值目标的价值性与可行性做出必要的分析，由此而激发出主体为实现价值目标的意志、兴趣、情感、欲望以及信念等要素。这些要素可以最大限度地调动主体的积极主动性，使主体在价值目标实现的过程中始终饱含激情、热情，富有毅力、耐力和顽强的拼搏精神，并拥有实现价值目标的坚定信念。

二、大学生价值观

（一）大学生价值观的内涵

大学生价值观具有丰富的内涵，大学生价值观的主体是大学生本身，因而大学生的价值观是大学生这一类特殊社会成员所持有的价值观。具体而言，大学生价值观指的是大学生用来评价客观事物的物质价值、精神价值以及道德、审美判断的基本观点。大学生价值观对大学生的价值判断和选择具有指导作用。大学生的价值观充分结合了大学生的价值心理、价值标准、价值手段与价值目标。从价值观的可变性而言，价值观"具有相对的稳定性，是不易改变的"。然而，大学生由于正处于特殊的年龄阶段，正处于社会化过渡的关键时期，因而大学生的价值观并不是一成不变的，大学生价值观体现出了相对稳定性。新时期的大学生在价值取向方面会存在一定的共性，通常来说，同处于一个时期、一种文化背景中的大学生，在价值观的形成和发展中会呈现出比较相似的轨迹和特征，表现出相对一致的价值取向和价值评判标准，继而形成大学生群体中较为流行的行为模式和思维范式。但是，在生活环境、经济条件、人生阅历等存在差异性的前提下，不同大学生的价值观也会体现出多样化的特点。例如少数民族大学生与汉族大学生、单亲家庭的大学生和健全家庭的大学生、家庭富裕的大学生与贫困家庭的大学生等，在价值观的发展中经历了不同的轨迹，受到的影响因素也各有不同，而由此所产生的价值观也会呈现出不同的特点。从本质上而言，当代大学生的价值观必然要与其自身发展的现实需要充分地结合起来，大学生价值观的发展也要受到大学生的思想政治意识、社会地位、经济能力以及人生经验等多方面因素的制约。由于不同的大学生在认知能力、信息处理能力、理论消化能力、社会化转变能力以及思想视野等方面的不同，当代大学生在整体价值观比较相同的基础上也体现出了一定的局部差异。从大学生价值观的基本构成要素来看，主要包含三个方面，即价值评价、价值目标以及价值取向。

首先，价值目标是大学生最大价值的理想追求，"在一定意义上讲，理想是人们在实践中形成的、有可能实现的、对未来社会和自身发展的向往和追求，是人们的世界观、人生观和价值观在奋斗目标上的集中体现"。价值目标与理想能够支配大学生对于真实世界进行思考，感悟生命的真谛，价值目标是大学生为之努力奋斗的最高目标，其存在于当代大学生的精神生活与现实生活，存在于大学生未来参与社会实践的整体过程之中，是大学生进行一切学习和生活实践的内在动力来源。价值目标是一种意识系统，具有复杂性和动态性的特征。价值目标涵盖范围比较宽泛，涉及大学生对社会道德现象的判断、对国家价值与自我价值关系的判断等。价值目标的主要内容包括人生目标、道德目标、国家目标、社会目标、学业目标、事业目标以及生活目标等。大学生的价值目标包含多样，共同指导着大学生的生活实践。通常是通过实现一些具体的目标而最终达到总体目标，而大学生自觉追求积极、健康、主流的价值目标则有助于大学生的全面发展，促使大学生建立正确、科学的价值评判体系。

其次，价值评价是大学生结合相应的标准对自身行为与客观事物的价值大小或者是否存在价值进行分析所得出的判断结果。大学生的价值评价的主要结构是评价对象、评价内容以及评价标准。大学生对价值进行评价的核心要素是评价标准，在评价标准的指导下，大学生对评价对象的具体价值内容进行分析与判断。例如，大学生在进行择业的过程中，职位是价值判断的对象，行业发展的前景、提升空间等综合价值是职位价值评价的内容，而大学生在择业过程中所持有的价值取向则是评价的标准。价值评价是大学生进行价值选择和践行价值理念的重要指导，在特定时期内，价值评价对于大学生自身价值观的形成和善变具有深刻的影响。

最后，价值取向是"大学生价值观中最表层的因素"。相比于价值目标与价值评价，价值取向有着不稳定性和具体性的双重特点，在某种情况下，价值取向会与价值观产生分歧，因此对于大学生价值观的判断不能仅从价值取向来看。大学生价值观是一个复杂的系统结构，尽管价值目标、价值评价以及价值取向在这一结构中所处的地位不同，然而这三者之间的关系是缺一不可、相互促进、相互作用的。因此，在针对大学生价值观嬗变与培育问题展开研究的同时，必须要重视大学生正确价值目标、价值标准的树立，同时还要不断地纠正他们的错误价值取向。

（二）大学生价值观的范畴

大学生价值观的范畴主要包括信仰与理想、人生观、科学观、道德观以及审美观等方面。从新时期的时代特点来看，大学生价值观主要包括政治价值观、人生价值观、道德价值观、职业价值观以及科学观等多个方面。第一，大学生的人生观是大学生对于自身的人生目标、生存意义以及社会地位等内容的认识与评价的尺度，大学生的人生价值观是其本身人生价值目标、评价以及手段的有机统一。第二，大学生的政治价值观是指在一定的社会制度下，大学生对于社会政治制度、政治文明以及政治生活的基本认识和看法。大学生政治价值观的形成需要多方面的条件，包括大学生的政治情感累积、政治认知以及政治评价等，只有具备了相应的条件才能够促使大学生形成相对稳定的政治价值观。第三，大学生道德价值观。我国的大学生具有淳朴的道德价值观，这与大学生从小接受了中华民族优秀传统道德文化具有一定的关联性。我国的社会领域也始终推动良好的道德品质，因而大学生对于道德价值的评判具有一定的独立性。道德价值观展现了大学生在道德方面的根本立场，在大学生处理利益问题时将发挥重要的指导作用。拥有了正确的道德价值观，那么大学生便不会做出损人利己的行为，从深层次来讲是传统道德理念的支撑在发挥作用。当代大学生的道德价值观并不是独立的，而是与人生观存在紧密的关联，大学生道德价值观是大学生站在道德的视角上，对于自身、他人的行为以及社会运转过程中的多种现象具有何种道德价值进行判断过程中所持有的基本观点和看法。大学生道德观对于大学生的道德目标、评价标准有着直接性的影响，是大学生道德生活中不可或缺的重要组成部分。第四，大学生的职业价值观指的是大学生对于自身未来职业的预想、判断、选择、定位、评价与追求的一种态度上的倾向。简而言之，则是大学生在面临择业过程中运用何种心态来认识和对待自我价值和社会价值，是大学生在职业选择过程中所体现出来的一种价值倾向。最后，大学生的科学观是指当代大学生对当前社会科技创新、科学技术发展、科学研究的重要性和社会地位的认识和态度，积极的科学观要求大学生要能够始终捍卫科学真理、相信并追求真理，同时也意味着大学生将科学的发展置于心中较高的位置之上。多年来我国大力提倡"科教兴国"、大力开展科普教育等，也恰恰是在大学生的科学观基础之上推广开来的。

（三）大学生价值观培育的理论依据

大学生价值观培育的研究基于马克思关于物质与意识辩证关系的理论，并从认识论的基本原理和马克思主义经典作家的思想政治教育原理中寻求理论滋养，用以提升研究的全面性与科学性。

1.马克思关于物质与意识关系理论

大学生价值观的嬗变要受到社会存在基本现实的影响，符合马克思关于"物质决定意识，意识反作用于物质"的唯物主义思想原理。马克思曾指出："意识在任何时候都只能是被意识到了的存在，而人们的存在就是他们的现实生活过程。"表明了唯物史观的基本立场，形成了"社会存在决定社会意识，而并非人们的意识决定社会存在"的理论精华。大学生价值观的嬗变受客观社会环境、文化环境、政治环境以及经济环境基本现实的深入影响，社会的客观存在对大学生的思想意识具有干预性的作用。这正如马克思和恩格斯从其所处的社会现实出发对政治和宗教意识进行了科学的阐释，在现实的物质社会的基础上，剖析精神发展的现实根源。唯物主义历史观认为社会存在决定社会意识，而社会意识对社会存在具有能动的反作用。社会的基本矛盾是促进社会发展的重要动力，这在一定程度上充分说明了社会存在与社会意识之间的辩证逻辑关系。大学生的价值观要受到客观社会条件和环境的影响，而大学生价值观作为主体意识也将对社会的发展产生反作用。因此遵循物质决定意识的基本原理，唯物史观视阈下的社会历史发展是一种合乎规律的辩证发展过程。那么在此基础上形成的人的价值观将成为社会存在影响的并用以判断社会存在的主体意识。价值观作为人们进行是非、利弊、多寡、善恶的评判标准，要受到人在参与社会生产生活过程中的各项实践的影响。人参与社会的方式、参与程度的不断发展将引发价值观的发展。

"物质决定意识，意识反作用于物质"的基本理论突出了主体与客体、意识与物质之间的辩证关系。从这一视角出发，可发现人的意识伴随着人的社会实践发展而发展，伴随着社会存在的改变而改变。因此，社会存在的发展永不停歇，因此人的意识也将始终处于长期的变化与发展之中，经历思想意识从低级到高级变化的过程。在现实社会运行中，物质生活与生产的方式对人的精神意识发展具有制约作用。由于人对物质的反作用，形成了不断深入参与社会实践的能动性，继而在逐渐累积人生经验、劳动经验和不断解决矛盾的过程中积累意识能力，并在这一过程中潜移默化地完成价值观的变跌。

历史唯物主义认为"社会存在决定社会意识，社会意识是社会存在的反映"不仅是分析大学生价值观嬗变的理论依据，同时也为大学生价值观培育提供了方法和思路。当前我国社会的发展受到全球化进程的深入影响，而社会的不断变迁也将对大学生的思想意识产生干扰，引发大学生价值观的嬗变。价值观的演变是一个不断发展的过程，大学生的价值观正处于受到社会存在影响深入的开放性阶段，大学生在进行价值选择、摒弃的过程中，将会不断形成与社会发展相适应的价值观，并最终对社会的存在产生主体性的能动作用。当前，在市场经济条件下，我国社会成员的价值意识将受到市场经济体制和运行成果的直接影响，多元思潮碰撞的文化环境一方面促进了大学生价值观的飞速发展，另一方面也使其中包含的自由主义思潮、历史虚无主义思潮等对大学生的价值观发展产生了消极的影响，因此在剖析大学生价值观嬗变的过程、成因以及提出教育措施的过程中，应从唯物史观的原理中寻找滋养，遵循物质决定意识、意识对物质具有反作用的基本原理。

2.实践教育和认识的辩证关系理论

大学生价值观的嬗变及培育的研究需要以认识论为基本理论依据。认识论作为一种哲学学说，其核心是对人的认识的结构、本质以及认识与客观现实之间关系的探讨。认识论突出了认识与实践之间的关系。辩证唯物主义的认识论进一步将实践作为认识的基础，并将辩证法运用于认识论之中。表明了认识作为实践前提，而实践促进认识发展的辩证关系。大学生价值观的培育是一项由人所构成的教育主体与客体共同完成的实践活动，价值观教育的本质是实践，大学生价值观培育是一种包含不断深化认识、提升实践效度的创造性活动。启示人们那些不能从单纯的认识中得到解决的问题，则需要在实践层面上加强探索。

首先，西方当代实践哲学的根源和线索是认识向实践的转移。在古希腊亚里士多德的理论看来，研究人的行为应从研究其实践出发，这一理论被后人发展成了"实践哲学"。当代哲学的基本理论视界是现实生活视界，凸显了实践的重要性，促进了"实践哲学"的复兴。从这一理论视角来看，回归现实将是大学生价值观培育的重要理论思路。只有充分审视大学生价值观的嬗变过程，并依据现实生活的资源条件和方式方法进行价值观的培育，才能符合认识与实践辩证关系的客观道理。认识论对认识与实践关系的探讨，突出了意识不能遮蔽"生活世界"本身的意义与价值，正如胡塞尔晚期提出"返回生活世界"的理论，强调了现实生活本身的丰富性、逻辑性与规则性。人的认识源于现实的直观视界与原初视界，是站在科学世界和哲学世界的起点和基础上所形成的，这启示大学生价值观的培育应联系最普遍的现实生活，深刻剖析"存在"的意义，用以提升对大学生价值观嬗变的深层次、高级认识。

其次，教育的本质是实践的。其完成的是从认识不断转向实践领域的过程，只有在实践的层面上运用实践的思维方式才能最大限度地贴近教育的本质。意识教育视阈的转换，实现了对教育对象、教育背景以及教育结果的高级认识转变。一切知识的形成和理论的形成都需要依靠实践、回归实践，运用实践来检验真理的正确性。认识需要在实践的过程中不断地应用、检验与发展。从这一思路出发，反思过去大学生价值观培育的具体实践中存在的一系列问题，包括对实践层面联系不紧密，过于强调认识理论而轻视实践，使教育实践被理论框架束缚，降低了认识向实践转化的速度，削弱了实践对认识升华的促进作用，等等。而从认识论的角度出发，意味着要运用实践的思维方式对大学生价值观教育进行理解，要运用实践的方法和主动介入的理念，实现实践的不断更新和发展。

最后，认识对实践具有约束性，但实践对认识具有反思性，大学生价值观教育的实践要受到教育主体以及教育客体认识的局限，对教育相关理论的研究和发展也要受到人的认知水平的约束，因此，大学生价值观教育要在不断的实践探索中加强对教育方式方法、教育内容以及教育理念的反思，增强实践的意向性，保证大学生价值观培育的实践活动能够包含鲜明的中国特色社会主义发展目标，包含教育者的教育意图，提升大学价值观培育的信度与效度。在大学生价值观嬗变与培育的过程中，认识与实践是不可分割的整体，认识制约着实践，实践促进认识的发展。

3.马克思主义经典作家关于思想政治教育的理论

第一，马克思关于思想政治教育的理论。首先，马克思关于思想政治教育的理论核心是以人为本，马克思伦理思想是思想政治教育思想的基础。受到西方近代启蒙伦理思想的影响，马克思关于人的教育理论突出了对人的关怀，强调了教育要实现人的全面发展的目的。马克思的思想政治教育思想认为，教育应基于"现实的人"，即尊重教育对象的客观实际，将教育对象置于现实发展着的社会现实当中，体现出了马克思思想政治教育的人道主义精神。与此同时，马克思的思想政治教育思想包括对人的价值追求以及人类命运和前途的思考。马克思的以人为本的伦理思想延续到当代大学生价值观培育实践，便可以理解为是以生为本，尊重学生在价值观教育中的主体性地位，凸显出对教育对象客观实际的尊重，符合唯物主义物质决定意识的基本理论。以人为本理念的提出也凸显出了当前中国社会建设以及各项教育实践对马克思主义体系中人道主义伦理成分的深刻理解。其次，马克思思想政治教育思想的主要价值目标是要实现人的全面自由的发展。实现人的自由全面发展的最终目的是要促进人的全面发展，马克思将人的全面自由发展视为一种最终的价值追求，体现了马克思关于意识与社会存在的辩证思维。在《政治经济学批判》中马克思强调指出："人双重地存在着，主观上作为他自身而存在着，客观上又存在于自己生存的这些自然无机条件之中。"马克思关于人的教育的原理充分地揭示了人性的"应然"和"实然"的两种基本属性，体现了"实然"向"应然"实现转变的实践转换。与此同时，马克思认为"只有在集体中，个人才能获得全面发展其才能的手段。也就是说，只有在集体中才可能有个人自由"，可见大学生价值观的培育需要依靠集体的教育智慧，将大学生群体视为教育对象置于广泛的社会群体之中加强考察。

第二，毛泽东关于思想政治教育的理论。毛泽东在领导中国革命和建设的实践中继承和发展了马克思主义思想政治教育理论，将马克思主义与中国社会发展与革命建设的具体实践充分地结合起来，形成了具有中国特色的、能够满足中国社会发展与人才培育迫切需要的思想政治教育理论。无论是在土地革命时期、延安时期还是西柏坡时期，毛泽东始终高度强调思想政治教育的重要作用。毛泽东思想政治教育理论继承了马克思思想政治教育理论中关于人本主义的思想，尊重了当时中国社会发展的基本现实，具有高度的理论和现实意义。毛泽东曾强调指出："世间一切事物中，人是第一个可宝贵的，在共产党领导下，只要有了人，什么人间奇迹也可以造出来。"毛泽东的思想政治教育理论凸显了学习的重要性，在中国共产党成长的过程，毛泽东始终没有放弃对党员干部的培育和发展，一方面肯定了人的价值，另一方面实现了人的价值的升华。善于学习、努力动员是中国共产党的优良传统，在革命胜利从农村回归城市的过程中，毛泽东带领中国共产党努力学习，坚持不懈地开展思想动员工作，激活了社会发展的潜力，创造了社会建设的重大成果。在革命与社会建设的过程中，毛泽东看重了人的强大力量，认识到了人的价值，指出："社会的财富是工人、农民和劳动知识分子自己创造的。"突出了人在实践中的主体能动性。与此同时，毛泽东倡导思想政治教育要重视发挥人精神的作用。毛泽东认为"人是要有一点精神的"，认为在物质资料极其匮乏并且是敌强我弱的巨大差距之下，必须要通过思想政治教育提升人的信念，增强人的意志，促进人的发展。此外，毛泽东的思想政治教育理论突出了人的平等理念。要求教育主体与客体应摆正地位，平等处理关系，广大人民群众都有接受教育的权利。以人的全面自由发展为教育目标，在社会主义建设时期提出了"教育与生产劳动相结合"的方针对当前大学生价值观的培育具有重要的启示意义。

第三，邓小平的思想政治教育理论。邓小平思想政治教育理论是邓小平理论的重要组成部分，体现了我国在改革开放重要阶段中党的思想政治教育的特点和规律。首先，邓小平的思想政治教育理论倡导顺应形势，满足社会发展对人的需要，体现出了鲜明的时代主题。邓小平认为思想政治教育工作必须服从于和服务于现代化建设这个大局。改革开放以后，经济建设是"大局"，思想政治教育也应为这个宏观的大局而服务。邓小平主张在开展经济建设工作的同时不能忽视对人的思想政治教育。为了避免"只工作不思考"和"一味地蛮干"，必须要对偏离的思想轨迹进行及时的纠正，加深对思想政治教育必要性的认识。其次，邓小平思想政治教育理论的切入点是改革开放的时代主题。为了有效避免改革开放以后外来文化进入对人的思想侵蚀，邓小平要求全党加强思想政治教育，教育者必须要自身实现对自我的革新和开放，保持与时俱进的教育思想理念。

再次，邓小平的思想政治教育理论强调了要实事求是，不搞形式主义。这一点继承了毛泽东的实事求是思想。邓小平强调："实事求是是马克思主义的精髓，要提倡这个，不要提倡本本。"与此同时，邓小平对形式主义的思想政治教育是深恶痛绝的，邓小平批评道："现在有个问题，就是形式主义多，电视一打开，尽是会议，会议多，文章太长，讲话也太长，而且内容重复，新的语言并不很多。重复的话要讲，但要精简，形式主义也是官僚主义。"充分显示了邓小平思想政治教育注重实际的思想。

第四，习近平的思想政治教育理论。党的十八大以来。习近平同志曾在多次重大的场合和讲话中表明了思想政治教育的重要性，强调了培育青年正确价值观、发展社会主义核心价值观的战略性意义。2016年，在全国高校思想政治工作会议上的讲话中，习近平同志强调指出："高校思想政治工作关系高校培养什么样的人、如何培养人以及为谁培养人这个根本问题。要坚持把立德树人作为中心环节，把思想政治工作贯穿教育教学全过程，实现全程育人、全方位育人，努力开创我国高等教育事业发展新局面。""要用好课堂教学这个主渠道，思想政治理论课要坚持在改进中加强，提升思想政治教育亲和力和针对性，满足学生成长发展需求和期待。"2013年，在与青年的讲话座谈会中，习近平同志再次强调："广大青年要把正确的道德认知、自觉的道德养成、积极的道德实践紧密结合起来，自觉树立和践行社会主义核心价值观，带头倡导良好社会风气。"由此可见，习近平对青年思想政治教育特别是价值观教育的高度重视。

第二节　当代大学生价值观的嬗变与归因

一、当代大学生价值观的嬗变

近些年来，我国的市场经济发展成绩显著，社会各领域与国际社会进一步接轨，在这一全新的社会背景下，大学生的价值观念也产生了深刻的嬗变。这种嬗变有多方面的特征，具体可以总结为以下几个方面：

（一）价值观整体呈现积极进取的态势

从总体上来看，我国大学生的价值观呈现出积极进取的态势，整体价值观是健康向上的，多数大学生能够养成自尊、自立、自强、公平、民主、法制、竞争以及创新等具有鲜明时代性并有益于社会和谐发展的全新价值观。首先，大学生在价值观方面体现出了积极进取的态度。大学生乐观向上、勇于进取，为了实现自身的全面发展而不断地进行自我磨炼、自我充实，他们坚强、勇敢，有着明确的人生目标，他们拥有同情心、责任心与正义感，在大是大非面前能够做出正确的判断，涌现出了许多大学生楷模人物，例如带着病重母亲求学的大学生沈霞，因生活坎坷辍学务农后又努力拼搏获得大学入场券的孝感"十大孝子"谭之平，奋战五个昼夜、搬运物资千余吨的全国抗震救灾模范蒙祖海，在生命最后依然心系社会、捐献器官的优秀大学生蒋小波等，当代大学生们表现出了积极进取、生机蓬勃的青年生命力。同时，越来越多的大学生积极地参与到社会公益活动当中，运用大量的社会实践履行着青年对于社会的责任，体现出了价值观的健全和人格的完善。

其次，大学生的价值观体现出了理性务实的特征，务实是当代大学生在价值观方面的重要选择，在家庭生活、校园生活以及社会生活的实践中，大学生形成了自身独特的价值观，这种价值观在市场经济体制下正在向着务实性发展，这也是当前我国社会建设所需要的一种价值观，多数大学生都能够意识到个人价值的实现不仅仅是来自社会的回馈，更在于自身对于社会的贡献。2015 年，调查机构麦可思出具的调查报告显示，大学生创业比例连续 5 年上升，有近 8 成的自主创业大学生选择了支援家乡的经济发展。例如大学毕业后没有留在繁华都市而是选择回到家乡农村养鸡创业的"养鸡专业户"李海龙，被媒体誉为"机器人爸爸"、首创机器人电商营销先河的大学生创业典范于欣龙，带领农民成立合作社共同致富的大学生朱铭强等，当代大学生们不再满足于在课堂上学习有限的知识，而是更多地参与到多种类型的学习和社会实践活动当中，积极地拓宽自身的视野和思维，通过不断地实践来提高自身的综合能力，完善自身的价值观，用健康的社会心态来面对社会现实和人生发展，为未来参与社会建设、实现自身的社会化转变打下了坚实的基础。

最后，多数大学生能够做到心系社会、热爱祖国，能够积极主动地学习社会主义先进理论知识，能够掌握社会主义核心价值观的精髓，拥护党的领导，自觉地为祖国的繁荣昌盛努力学习。大学生们在国家危难的时刻能够自觉地维护国家的尊严，在自然灾害面前，能够挺身而出，积极地参与到救灾募捐活动中来，将自身的个人理想与国家的前途、命运联系在一起。多数大学生在日常学习与生活中能够自觉加强自我要求，注重培养自我的价值观，并愿意接受正确价值观的引导，自觉向着我国各项建设事业所需要的人才方向靠拢，这是当前我国大学生价值观中积极的一面。

（二）价值追求从社会本位向个人本位的转变

社会本位指的是个人主动放弃自身对于生活和个人价值的追求，完全地追随或是依托来自社会领域的共性价值选择，而这一价值选择可能是科学的理论、崇高的信仰，也可以是宗教理论或者是其他思想体系，如邪教、伪科学等。而个人本位通常来说则指的是一个人个性的解放、自由和独立，是实现个人目标与理想的价值体系，社会本位和个人本位在一定层面上来说是两个价值方向，存在着本质上的差异。在社会的持续发展中，不同的社会发展阶段促使人们在价值追求的方向上做出改变，而到底哪一种价值体系更适应社会的发展、更能够促进人对于幸福生活目标的实现则是一个涉及心理学、社会学、哲学等原理的复杂课题。

从当前来看，我国大学生开始加强对个人价值的思考，整体上而言，实现了个人价值与社会价值、国家价值的统一。这一点在当前大学生努力创业的实践中可以看出。很多大学生在实现个人理想与目标的同时，运用知识和实践，促进了社会的发展，因此总体而言，大学生价值观具有社会本位和个人本位的双重属性。但"根据物质决定意识，意识对物质具有反作用"的原理，大学生价值观的发展要受到社会多元环境的影响，因此，部分大学生的价值观逐步从过去的社会本位向着个人本位转化，很多大学生的价值追求不再围绕着"公"，而更多地偏向了"私"。在政治观方面，大学生开始从过往朴素、简单甚至是狂热的政治追随状态中冷静下来，对于政治的态度变得理智、开明、淡然或者是旁观，很大一部分大学生将对于政治的追求与自身个人价值目标充分地结合了起来，从以往认为奋斗即为祖国的繁荣、社会的发展以及民族的振兴中，分离出一部分考虑个人利益的获得。一些大学生在个人利益与集体利益、社会利益发生冲突时，会自然而然地选择个人利益。而从道德观角度来看，当前我国的部分大学生在道德的追求与选择的过程中，缺少崇高的人生理想与奋斗目标，很多人丧失了"舍利取义"的道德精神，甚至产生了牺牲集体利益而满足个人利益的现象。例如，在 2012 年到 2014 年期间，哈尔滨某航天专业硕士研究生为境外人员搜集情报及内部资料 50 余次，获利 20 余万元，非法获得的钱款用于生活、境外旅游等奢侈消费，最终该大学生被黑龙江省人民检察院农垦区分院批准逮捕。尽管这一案例不能代表大学生群体的整体思想品质，但从这一案例中也可以发现，部分大学生对个人利益的过于看重，不惜舍弃国家和民族的集体利益，已经对社会的稳定发展造成了危害。在审美观方面，多数大学生将审美判断从对于高尚情操的崇尚转移到了具体的生活现实之中，对于高质量生活的向往较为普遍，审美判断标准水平有所降低，大学生的人生观、政治观、道德观以及审美观的嬗变，均体现出了当代大学生的价值追求从社会本位向着个人本位转变。

（三）价值判断从一元向多元的转变

从当前情况来看，我国的大学生的价值判断正在从一元向着多元方向转变，这种特征日益明显化。大学生价值观中的创造性思想、革新思想以及时代思维逐渐显现，价值观的发展更加具有包容性和开放性，能够将个人价值和国家价值的思考置于世界发展的视野之下，适应了当前我国社会参与全球化进程的客观现实需要。新时期大学生价值观的多元化特征有着多方面的典型表现。首先，当代青年学生的价值目标多元化。随着我国改革开放程度的加深，在我国社会逐步完成现代化转变的进程中，大学生的价值观视野得到了大大地开阔，来自现实社会中丰富多彩的现实元素为大学生的价值目标提供了大量的选择。因此，当代大学生的价值观开始以价值判断为基础，呈现出多种价值判断兼容的状态。多数大学生在个人发展的目标定位上从以往完全服务社会、贡献自我的观念中走出来，开始将价值目标定位在自我成长、成才的需要，自我情感满足的需要，自我能力发挥的需要等多个方面。其次，当代大学生价值观的多元化特征还表现为价值评价标准的多元化方面。大学生在对于某事、某物、某现象等进行评价的过程中，会在潜意识中运用多重标准，他们会更多地采用利益标准而非看不见、摸不着的政治标准，采用市场标准而非计划标准，采用具有高度开放性的国际化的标准而非完全采用民族标准。最后，当代大学生价值观的多元特征还表现为大学生价值观内容的多样性。多数大学生的价值观中包含了民主、公平、正义、效率以及独立等思想内容，现代价值观念基本形成，市场经济条件下的追求社会和谐、合作互惠、公平效率的发展理念得到了大学生的普遍认同。由此可以看出，当代的大学生在价值观念方面正在经历着深刻的嬗变，价值判断标准正在从一元向着多元化快速转变。

（四）价值目标从理想向现实的转变

当代大学生的价值目标正在从理想型向着现实型转变。这在很大程度上加速了以往空想主义价值观向着现实主义价值观的转变，大学生开始对社会现实加强思索，有助于大学生形成更"接地气"的价值观念，并对大学生参与中国社会建设的实践提供更加务实的指导。大学生正处于青年成长的关键时期，在他们固有的思维中，存在着许多美好的追求与理想，他们希望社会和谐、公平正义，希望人与人之间能宽容相待、和睦共处，这是当代大学生价值观中始终保留着积极正能量的重要原因。然而，在现实生活中，许多不良现象的出现使得大学生的美好夙愿在现实面前变得愈加苍白，一些理想和愿望的破灭使得大学生的思想产生了矛盾，内心中对于现实的认识与固有的理想愿景产生了激烈的冲突，部分大学生对于社会的客观现实进行了严厉的批判，甚至还有的青年学生表现出了极端的思想和愤世嫉俗的心理状态。

在市场经济背景下，很多大学生的价值目标正在从理想向着现实转变，追求个人利益的最大化成为许多尚未走出校门大学生的主要奋斗目标，这一点相比于计划经济时期学生对于精神、信仰以及集体利益的高尚追求来说产生了巨大的差异。20 世纪 80 年代中后期，我国的大学生的普遍理想是实现国家的繁荣昌盛，在 90 年代之后，一部分大学生的思想观念开始改变，为了追求个人理想，一些学生放弃了为集体荣誉而奋斗的目标，转而追求个人目标的实现，很多学生过于重视当前利益，贪图物质上的享受，而不愿意为了社会的进步而努力奋斗。很多大学生在毕业后进行职业选择时，不会像 80 年代的大学生一样甘愿奔赴国家最需要的偏远地区奉献青春和才华，而是优先选择对自己更为有利的东部沿海或其他发达的一线城市，许多青年学生更不会关心自己奉献的多少，自己的工作能够给社会带来多大的贡献，而是首先关注工资以及待遇是否优厚，城市环境是否能够使自己生活惬意，等等。当代大学生的理想精神和个人信仰正在逐渐地淡化，由于社会现实的影响，很大一部分大学生对于社会价值的追求十分低迷，对于职业生涯的规划显得草率和仓促，由于价值理想意识的弱化，大学生的精神面貌较之过去体现出了一定程度的涣散和萎靡，还有很大一部分大学生在追逐个人利益的过程中一旦遭遇了挫折或陷入了困境，便会被困难打败，缺乏对抗挫折的耐力、毅力和勇气，直接造成了自身价值目标的失衡和迷茫。

（五）大学生价值观新矛盾的集中涌现

改革开放以后，我国社会领域价值观发生了较大的变化，无论是在价值目标、价值主体价值评价等方面，都产生了新的特点，由此也引发了一系列围绕价值观念的新矛盾。对于大学生而言，在价值观变迁的过程中，大学生要面临什么是正确的价值观以及选择什么样的价值观的问题。大学生对价值问题的思索能力进一步提升，更进一步地关注价值领域的矛盾问题，体现出了大学生的价值理性，许多大学生能够从更高层次的集体价值出发，为社会不断贡献力量，在发展社会公共文明、传播优秀传统文化、践行社会主义核心价值观方面做出了积极的行动，但与此同时，大学生的价值观开始体现出了价值观远离理想主义、群体本位的深层次思索。在大学生价值观变迁的过程中，部分大学生的价值目标与社会现实之间的差距不断加大，价值观的内在冲突形成并加剧发展。大学生自我价值观与社会、家庭、学校所教育和要求的价值观标准存在一定差距，价值观与本身的个人目标与其独立生存的社会现实之间同样存在鲜明的差距，衍生了大学生价值观变迁过程中的新矛盾。

一方面，大学生过高的自我价值认定观念与实现自我价值条件不足之间出现矛盾。在改革开放、社会转型的宏观历史进程中，大学生承载着来自社会、家庭以及学校的多种期许，"才子""精英""生力军"等头衔使大学生早期自我价值的认定过高，然而在具体实现自我价值的过程中，缺少提升和实现自我价值的外部与内部条件，导致了自我价值实现的失败，引发了大学生自我价值认定观念延续性的受挫，预期价值的陨落导致大学生固有价值观念出现动摇。

另一方面，个人价值的实现与集体价值实现之间出现复杂矛盾。我国社会始终崇尚集体利益为先、尊重个人合理利益。但随着时代的发展，大学生竞争意识、争当人先以及"成功"观念的形成，使越来越多的大学生对个人价值的实现有着很高的期许。但大学生由于受到系统的高等教育，在思想政治教育、传统道德教育以及红色文化教育等多种教育外部介入机制的影响下，依然保有一定的集体价值意识，使大学生在个人价值实现与集体价值实现两种实践中徘徊不定，产生了强烈的自我矛盾，价值观的天平容易因多种外力因素而出现倾斜，在价值观变迁的过程中体现出了彷徨、复杂、反复与多变的特点。

（六）大学生价值观自我调适问题凸显

随着社会领域价值观与价值评价标准的多元化发展，大学生在价值选择方面的思考能力增强，开始思索个人与社会、与家庭、与他人之间的复杂价值关系，体现出了精神层面上的思维延展和进步，表明大学生具有塑造自我价值的意愿，体现了当代大学生追求卓越的进步思想。但与此同时，大学生的价值观也出现了一定的心理焦虑，表现出价值观自我调适能力不足等多种问题。在丰富的"价值可能"的判断和选择中，自我价值心理的调适困扰是大学生群体价值观变迁的主要特点之一。不管是社会成员对改革开放以来社会价值观远离理想主义、群体本位后的深层次思考，还是大学生价值观变迁中体现出的"社会问题化""教育问题化"等现象，都印证了作为社会新生力量的大学生，始终在价值观变迁的过程中保持着对理想价值观与现实价值选择关系的思索和判断，而这也是大学生价值观值得深入探讨和研究的意义所在，同时也是大学生价值观变迁的一种动力。通常来说，对价值观的自我心理调适以及心理价值矛盾的解决是大学生个体成长过程的一个必经阶段，然而这种现象从社会层面过渡到大学生个体层面，则反映出相关问题的普遍性。在我国社会整体价值观念变迁的规律作用下，大学生群体在老龄化社会中的价值呼声被选择性漠视，较高的社会实践成本也加速了大学生价值观念的变迁，诱发了大学生价值观自我调适的危机。

（七）价值取向倾向于世俗化和功利化

从整体来看，我国大学生群体的价值观是积极的，他们充满朝气、有理想，拥有自愿为国家昌盛而努力奋斗的决心。许多大学生不畏艰苦到偏远的山区支教，为落后地区送去先进的教育资源；有的大学生热心社会公益事业，为弘扬社会的公平与正义积极努力。在遭遇重大自然灾害、国家主办国际重大会议等需要志愿者帮助的时刻，大学生都能挺身而出，用汗水和智慧为集体贡献着力量，体现出了大学生群体价值观的先进性和纯洁性。但是，在全球化这一庞大机器的高速运转下，我国逐步向国际社会敞开了怀抱，我们收获了空前的社会建设和经济发展成就，但市场经济的负面效应也逐渐显现出来，社会领域多种消极思想的产生，使许多高校大学生在价值取向上更加倾向于世俗化和功利化。高等教育的大众化使得大学生失去了往日的光环，大学生也不再视自己为国家的精英，而是积极地融入现实社会当中，通过在现实社会中的历练而实现自身的个人价值，大多数大学生的价值取向体现出了一定的务实特点。部分大学生认为只有能够在短期内实现的利益才值得树立奋斗的目标，才具有一定的可行性和可操作性。多数大学生更重视眼前利益、局部利益与物质利益。理想功能弱化的同时，大学生的效率意识和价值意识逐渐抬头，在一段时期内实用主义开始盛行起来。

部分大学生的价值理性让位于功利理性，大学生的价值活动体现出了明显的功利化和世俗化。在新时期大学生的精神追求逐渐多元化、功利化之后，追求物质和经济利益成为多数大学生的人生追求。市场经济的快速发展，使得处于这一环境中的人们萌生了强烈的竞争意识，全社会范围内形成了一定的竞争氛围，这也使得大学生的竞争意识受到刺激并逐步萌芽和发展，虽然一定的竞争意识可以对大学生的学习和锻炼发挥一定的激励作用，然而与此同时也使得大学生价值观的功利化倾向更加明显，个人意识过分放大。竞争代替了谦让，对于个人利益的绝对追求代替了为集体利益的努力，人人追逐物质利益的局面十分普遍，互敬互让的传统美德正在走向荒芜。在大学这座纯洁的"象牙塔"中，很多大学生爱慕虚荣、贪图享受、重利轻义，世俗化的价值观在大学生群体中成为普遍存在。另有一小部分大学生的拜金主义和个人主义非常严重，认为"金钱万能""金钱至上"，对于"药家鑫杀人"事件、"李刚之子撞人事件"以及"复旦大学投毒案"等青年学生的错误行为，一部分大学生在痛斥罪案实施者道德败坏的同时，也嫉妒着他们优越的经济条件或良好的教育阅历，甚至用幸灾乐祸的态度看着"比自己有钱"的人陷入困境。还有一部分大学生将社会的不公现象放大化，认为自己的努力无法换取平等的待遇，由此而放弃努力，厌倦学习，精神不振。还有的大学生十分讲究报酬和攀比，过于重视物质享受，很多人不再以学习成绩的优秀为荣耀，而是认为只有物质上的充实才能够得到大家的尊重和所谓的崇拜。更有人认为消费的档次决定着"人的档次"，吃苦耐劳、勤俭节约的传统美德被忘记得一干二净，原本价值观中固有的朴实观念面临着严峻的挑战。

（八）价值主体的不确定性及非均衡性

价值主体的不确定性是指主体的价值观在发展的过程中会出现一定的变化，存在可变性，并由于外界因素的干扰而出现多种发展的可能。而非均衡性则可以理解为在价值观不平衡的动态发展过程中，与多元化价值取向的碰撞和"与不同层次的观念冲突"。当前，我国大学生群体的价值观依然保留着成长过程中系统教育积淀的优良基因，包含着纯洁、积极与正义，但由于大学生正处于从青涩向着成熟转变的可塑时期，因此作为价值主体，其本身的价值观存在一定的不确定性。此时的大学生在行为和思想方面还不够成熟，容易做出出格、偏激和冲动的行为，情绪化也十分严重。当前，我国社会正处于转型的关键时期，在这一特殊的发展阶段，世界的变化、社会的变迁使得社会环境产生了一系列的不确定性和非均衡性，使大学生的价值观同样呈现出了不稳定性与不均衡性的特点。政治环境的逐渐放缓和经济制度改革的阶段性成功，使得我国与其他国家之间的交往更加密切和频繁，社会的多元化发展直接影响到了大学生价值观的形成与发展。而在多元文化并存的状态下，不良的、消极的、错误的价值观念与文化对大学生正确价值观念的形成产生了严重的威胁，使得大学生的价值观出现了一定的不确定性。

大学生价值观的非均衡性来源于不同大学生的内在差异性特点，来自不同地域、家庭环境的大学生的主体特点也不尽相同，虽然当前我国的大学生群体的价值观比较一致，培育目标也十分统一，但是不同的学生成长的家庭环境与社会环境存在着一定的差异性，不同的专业、不同的兴趣爱好也会使得大学生的价值观呈现不均衡的特点。例如城市大学生和农村大学生通常在价值观方面存在一定的差异，出身农村的新一代大学生通常在价值观念中保存了一部分传统意识，相对来说较为保守。而城市环境中成长起来的大学生受到市场经济社会的影响更为深入和明显，他们对于新鲜事物的追求和崇拜十分严重，更容易接受新的思想和意识，这就使得价值主体的不均衡性更加显著。

二、当代大学生价值观嬗变的归因

当前我国正处于社会各项事业改革的深水区和攻坚期，社会经济结构和社会成员的精神领域发生了深刻的变革，新时期大学生的价值观也体现出了一定的时代色彩。然而与过去不同的是，大学生价值观的改变更加多元化和快速化，而促使大学生价值观出现嬗变的原因是多方面的，只有找出导致大学生价值观出现嬗变的影响因素，才能够有效地提出大学生价值观培育的具体方案。

（一）社会转型是大学生价值观嬗变的外在因素

在一定时期内，社会的政治、经济以及文化的发展都会对于人的价值观产生影响，而社会的转型也成为大学生价值观嬗变的最为关键的外部因素。人的价值观必然要与其所处的社会环境深刻联结，与特定历史阶段的社会政治关系、文化发展、经济体制等息息相关。价值观要受到社会基本状态和社会关系的深层次制约，并要受到社会变迁的影响，一旦社会运行机制发生改变，那么社会主体的价值观便会随之发生嬗变。同时，社会关系的不同也会使得人的价值观出现不同的特点。马克思认为自给自足的小农经济基础是实现"东方亚细亚社会高度稳定的一把钥匙"。我们当前对大学生价值观嬗变的研究也同样适用这些道理。

社会是一个有机整体，其包含着完整的内在结构。当前，我国正在向着系统化进行社会转型，这一工程是复杂的、多变的，是任重而道远的。社会的转型要涉及多个方面，包括意识形态、社会心态、政治、经济、文化以及价值观念等。我国的现代化进程与社会的转型同步发展，二者相互促进、相互推动，这一过程也是我国社会系统逐渐变迁、升级和优化的过程。社会的转型代表着我们的社会正在向着现代化、城市化、信息化以及工业化转变，社会的形式从单一走向多元，身份社会向着契约社会转变，也意味着法制社会成为全新的时代主题。这种多方面、多领域、多层次的社会转型产生了重大的历史性转折，社会领域的深刻变化对于大学生的价值观所产生的影响是十分深远的。自改革开放开始，市场经济开始吐露芳菲，社会建设理念开始转到全力发展经济事业上来，封闭半封闭的社会局面被打破，我国的社会此时经历了一次改革的重大变迁。改革开放之初，我国在城市中试行经济体制改革政策，在广大农村地区开始推行家庭联产承包责任制，沿海地区建立并发展经济特区，使得改革开放的气息席卷全国，改革开放也成为这一时期最热门的流行词汇，更是大街小巷人们讨论的焦点。社会成员建设社会、实现现代化的热情高涨，此时的大学生的价值观念也在此影响之下开始趋向于务实化。

伴随着社会主义市场经济体制的稳定落实，至此，我国的现代化建设事业也正式开启了全新的征程。又一次的历史性社会变迁，使人们的思想产生了再次的嬗变，在思想观念上更加开放和宽容，思想上的禁锢得到了开解，大学生群体对于改革开放、发展新的经济成果产生了极大热情，自愿为实现个人价值和社会的发展积极地奋斗，价值观也在这一过程中随着社会的变迁和转型而产生了一系列的嬗变。

（二）市场经济发展是大学生价值观嬗变的直接因素

一个国家社会制度的完善、人民素质的提高、文化事业的发展都离不开经济建设。伴随着我国市场经济的迅速发展，社会经济结构、产业结构、人才结构以及利益关系等都趋于多样化。社会成员思想的独立性、多变性、选择性以及差异性逐渐增强，社会主义市场经济发展所需要的思想道德体系正在逐步地形成和发展。大学生也在这一过程中形成了民主法治意识、效率意识、竞争意识以及开拓意识。然而，市场经济也可以视为一把"双刃剑"，市场经济本身并不是完美的，也存在着一定的缺点和负面效应，这些消极的因素也对于大学生的价值观发展产生了严重的负面冲击。

首先，市场经济的活跃会促使大学生的价值观念、行为方式以及思想动态产生深刻的变化。在市场经济条件下，大学生的思维空前活跃，价值取向更加多元化，逐渐形成的功利主义思想快速成长起来，个人本位受到了高度的认同。学生多样化的思想动态和差异性的思想问题，都在考验着高校大学生价值观教育的实效性，传统思想政治教育的效果被大大削弱。其次，市场经济本身也存在着自发性和盲目性的特点，追逐利益以及等价交换的另一面是对于大学生所产生的消极心理影响，这种消极的影响正在直接或者间接地影响着大学生自身的价值取向。当前，我国社会出现了不同程度的道德滑坡的现象，许多人唯利是图，躲在阴暗处的权钱交易让大学生深感社会的不公与腐败，严重的食品安全问题、商品造假问题、道德失范问题都对大学生的思想产生了腐蚀作用，都在动摇着大学生对于社会集体朴素的信任。再次，改革开放使得一部分人率先富了起来，社会成员之间、行业之间、地区之间的收入差距逐渐加大，社会资源分配的不均衡造成了大学生内心的动荡，在潜移默化中促使大学生形成了严重的拜金意识，财富的多寡也成为大学生们衡量某人是否成功的重要标准，而对于所谓"成功人士"的高度崇拜，也使得大学生的价值评判尺度不再客观。很多学生认为自己再努力也拼不过富家子弟，认为"富二代"已经在起跑线上领先于自己，还有的大学生认为理想是遥不可及的，是空虚缥缈的，只有金钱是实实在在的，是能够改变命运的，因此，许多学生背弃了理想，在利益追逐的道路上迷失了自我，更无法对于自己负责、对家庭负责，更未能对社会的发展负责，从这一点来看，市场经济的发展无疑成为大学生价值观嬗变的重要影响因素。

（三）西方文化的冲击是大学生价值观嬗变的催化因素

全球化的进程掀起了世界沟通对话的热潮，全球化也将在"一切领域、一切方面形成一场席卷世界性的风暴"。全球化的触角已经全面深入各国的社会生活、教育、卫生等多项事业，全球化发展模式下，各国的本土文化与世界文化产生了激烈的碰撞。对于我国来说，中西方文化的差异是非常显著的，西方文化与我国本土文化的交融在产生文化火花的同时，也造成了一系列的文化矛盾，这种在文化领域的对抗和较量已经在潜移默化中走进了社会成员的现实生活当中，走进了大学生的思想观念之中，使得大学生的价值观出现了一定程度的变迁。

在 WTO 成员方中，以美国为代表的欧美国家在经济实力上较强，科技发展十分迅速，社会建设也更为发达，因此这些国家在文化与价值观念的传播方面拥有一定的优势条件。举例来说，从当前情况来看，美国占据了全世界 60% 的广播节目和 70% 的电视节目的产品制作，日平均对外发行销售的电视节目已经达到了 30 万小时之多。通常在发展中国家的影院中，欧美影片占据了很大一部分放送时间，基本可以达到影院全部影片的 60% 到 70%，甚至一些国家的影院黄金档完全被美国好莱坞大片垄断。我国也并不例外。近些年来，随着所谓"美国大片"的进入，我国的社会成员特别是青年群体，对于欧美文化的追捧热度较高，这种文化的侵蚀已经深入我国社会成员的思想内部，尤其是在全球经济一体化的背景下，充满西方资本主义价值观念的文化产品大量地涌入我国，多种形式的文化产品蜂拥进入我国的文化市场，对于我国本土的文化市场造成一定的冲击，更威胁到了我国传统文化的继承和发展。

随着新媒体时代的到来，文化输出成为西方很多国家重要的经济来源和文化扩张途径。这些发达国家运用自身强大的经济和科技实力，在意识形态领域强力推销他们的价值理念，这种"强势文化"正在跨越种族、国家、地域以及文化的差异向我国倾销着本国的价值观念和思维模式。在这一过程中，我国大学生的价值观念也受到了一定的影响。一些学生的民族精神逐渐淡化，国家意识十分淡薄，在强大的外来文化的渗透下原本的民族自尊心和自信心严重受损，这直接造成了部分大学生价值观出现了偏差，一些传统的质朴价值观受到侵蚀，出现了价值迷茫与价值扭曲的问题。目前，中国经济的发展世界共睹，社会生产力的快速提升产生了许多的"中国奇迹"，中国一方面成为世界的巨大"加工厂"，同时也不断在学习和探索中成为具有一定竞争实力的现代化国家。市场经济的巨大成就使人民群众的物质与精神文化生活得到了进一步的丰富和满足，然而，外来文化的不断深入也在一定程度上削弱了传统文化的影响力。例如越来越流行的西方节日"情人节""圣诞节"以及"万圣节"等，在大学生群体中受到了热捧，而对于传统节日如端午节、重阳节等却没有得到大学生的广泛关注。在西方节日到来时，热烈的节日氛围弥漫在校园之中，许多大学生甚至在节日来临前就开始跃跃欲试，筹备欢度西方节日的物品，设计过节的计划和方案。更有的大学在圣诞节举行联欢会，而元旦却没有得到应有的重视。我国的传统文化瑰宝京剧与地方戏远远没有西方流行音乐吸引大学生的兴趣，外来文化产品挤占了我国传统文化市场，使大学生逐渐淡漠了对于发扬民族传统文化的意识，相应的民族意识、国家意识也逐渐弱化。

（四）思想政治教育的偏失是大学生价值观嬗变的重要因素

大学阶段是青年学生人生的重要转折点，在这短短的四年学习生活中，大学生不仅要接受专业知识的教育，还要接受健康的思想教育以及人格与价值观的培养，而除了校园之外，家庭是大学生活动最为频繁的场所，因此学校和家庭对于大学生的成长和价值观的形成都会起到重要的作用。从学校角度来看，造成大学生价值观嬗变的原因主要有以下几个方面：

1.教育理念落后于社会发展的步伐

从目前情况来看，我国多数的高校在思想政治教育方面仍然运用的是传统的教育方法，思想政治教育通常在课堂中进行，同时也有的教师采取道理灌输、劝说以及训导的方法开展思想政治教育工作，在教育手法上主要强调的是教育者的主体性作用，教育者的权威地位是不可撼动的。由于过分强调教育者的主体作用，因此无法吸引大学生的学习兴趣，大学生只能处于被改造的地位之上，在学习和实践的过程中都无法发挥出学习的积极能动性，更无法将所学习到的内容发自内心地进行内在转化。多数高校没有认真、彻底地贯彻以人为本的教育理念，尤其在价值观的教育当中严重地忽视了大学生学习主体的地位，没有更好地把握好大学生的基本心理需求、人格特征、性格特点、思维活动等。由于理念上的落后，一些教师没有对于大学生进行创新性的分层次教学，没有意识到因材施教的重要意义，对所有学生皆用同一套教学模式开展教学，完全没有考虑到不同受教育对象的成长环境、年龄特点以及生活经历等。教育理念的偏差和落后，使得高校的价值观教育不能够紧密地配合大学生成长的需要，更落后于社会的发展实情，直接造成了大学生价值观教育实效性的弱化。

2.教育目标不明确，缺乏层次性

当前我国很多高校的思想政治教育工作者在教育目标上定位不明确，教育目标的制定过于理想化、高大化，而不具有现实性和可操作性。在传统的价值观教育中，培育"四有新人"始终是高校思想政治教育者的最高目标，这一目标的制定尽管适应了社会建设的需求，却忽视了大学生自身成长的需求和大学生的年龄特点，缺乏教育目标的针对性。事实上，对于不同专业、年龄以及性别的大学生，要分层次制定价值观教育的方案和针对性目标，应提出差异性、层次性的价值观教育要求。许多学校的教育目标定位过于空泛，缺乏具体性要求和明确的量化指标，更加缺少可行性和可操作性。由于教育目标的不明确、不科学，直接造成了价值观教育方式方法的随意性与主观性，大学生价值观的发展缺少客观的评估标准，使得大学生的价值观教育工作缺乏实效性。

3.教育内容脱离大学生的现实生活

要想实现价值观教育的最佳效果，必须要实现教育内容与大学生的紧密融合，教育内容要适应于大学生的发展，要根植在大学生广泛的生活当中。多年来，我国高校的大学生价值观教育往往过分看重内容的高、大、全，在内容的选择上过分强调社会发展以及国家建设的需求，严重缺少生活性，对于现实生活缺乏思考。

首先，价值观教育内容严重脱离大学生的生活实际，内容的设计与编排没有结合社会的时事，没有将社会道德案例融入其中，对于那些不道德的现象剖析得不够深入。大学生在多元化的社会背景中，对于现实生活的"道德滑坡"的现象无法理解，这种困惑没有在学校的思想政治教育中得到解答。社会的发展使得教育服务融入时代成为历史的必然，而高校的思想政治教育却没有积极地响应时代的诉求，没有根据社会发展的实情进行主动的调整，对于大学生的新时期发展没有做出积极的回应，因此思想政治教育内容对于大学生的思想动态和现实生活把握不足，这是造成大学生价值观嬗变的重要原因之一。其二，思想政治教育的内容对于生活资源的利用不足，与青年学生的生活实际融合不够。事实上，大学生并不是生活在真空世界，现实社会、真实生活中的点点滴滴都会影响大学生的价值观，甚至大学生所钟爱的网络虚拟世界也会对于大学生产生深远的影响。在现实生活中多种因素的影响下，大学生对于当前社会的现实和自我发展都会拥有不同的见解、选择与判断。然而，我国的思想政治教育者已经习惯于将学生视为教育对象，有的老师甚至为了完成教学任务而使得价值观教育流于形式，课堂教学走马观花，对学生考试作弊视而不见，等等。由于机械地讲道理、灌输专业知识，没有结合大学生现实生活中出现的矛盾与问题，使大学生的真实价值教育需要无法得到教育回应，生活中的具体教育资源也未能发挥出情境教学的功能。三是当前高校的价值观教育在内容上远离学生的心理实际，多数教师没有及时把握大学生的心理发展动态，对于怎样做好大学生价值观培养的管理与服务工作没有明确的计划，未能将大学生现实心理困惑和矛盾融入教学内容中加以分析和疏导，对于大学生的个人发展、人际关系以及心理健康等问题的关注严重不足。总体来说，大学生价值观教育在内容上仅仅停留在教材之中，而没有在大学生的生活中汲取素材，没有在大学生的心理实际上做到延伸，因此大学生价值观教育的内容还有待进一步的丰富和完善，教育内容的偏差也成为大学生价值观嬗变的重要影响因素。

4.教育方法单一，教育成效不高

良好的教育方式能够起到事半功倍的教育效果，人类通过实践和理论的方式对于世界进行改造和把握均离不开方法这一有效中介，方法是实现人类社会进步的重要手段，方法本身也在人们不断的社会实践中得以创新、优化与升级。从这一角度来说，教育方法是否恰当则直接关系到大学生价值观教育的实效性。目前，高校在进行大学生价值观教育的过程中缺少多元化的教育方法，现有的教育方法十分单一，教育的成效始终无法提高。

教育方法是否科学则是评价大学生价值观培育的依据所在。目前，我国各高校在价值观培育的教学方式上仍然沿袭着传统的"教师+教材=教学"的模式，自上而下的灌输式较为常见，教师的口头讲解和文字考试是多数思想政治教育工作者的普遍做法，教师没有意识到思想政治教育更需要与大学生进行思想和实践上的互动。教师无疑是课堂上的主角，然而教师唱的却是无人呼应的独角戏。部分学生则成为课堂的配角，专门负责"鸭子听雷""倒头就睡"，课堂的气氛十分沉闷，由于教育方法的单一，让大学生对于思想政治教育课缺乏兴趣，再加之教育与课外实践活动严重脱节，使得大学生的价值观教育陷入了"纸上谈兵"的空洞教学窘境，缺少现实和思想体验的大学生们，对于思想政治教育嗤之以鼻，特别是在教师频繁的说教之下，传统思想政治教育的"高、大、上"的形象始终无法逆转，不能够指引大学生将所学到的知识内化成为自己的内在品质，有的学生在课堂上乐此不疲地记笔记，考试之前突击死记硬背，这种为了考试和"不挂科"所做出的努力更是一种自我欺骗和不负责，这也是造成大学生知行不一的重要原因。传统的思想政治教育在方法上缺乏艺术性，技巧性严重不足，使得大学生成为"语言上的巨人、行动上的矮子"，因此，价值观教育的方式方法对于大学生价值观的嬗变也起到了一定的影响作用。

5.教学评价过于片面，缺少科学的评估机制

大学生价值观教育是一个动态的发展过程，是有目的、有组织、有计划并且按照一定方式、方法所进行的科学教育活动。科学的评估机制是确保价值观教育正确决策的基本前提，有效的评估是对于大学生价值观教育成效的一种理性、客观的判断与衡量，是大学生价值观教育效果最为基本的信息反馈形式。同时，健全的评估机制还能够为高校的管理者与决策者提供客观的决策依据，使教师们能够对于大学生价值观的嬗变做到及时的把握，从而对于大学生价值观的嬗变实现科学的干预，达到科学控制的目的。目前，我国各高校在大学生价值观教育的评价方面主要侧重于考察大学生理论知识的掌握和熟悉程度，看重的是大学生在日常行为中是否做出不当行为、言行举止是否合乎学校规范，却没有及时地考察大学生在理想、信念以及情感方面是否已经发生了某种改变。现有的评估机制通常采取量化考察模式，例如大学生在思想政治教育课堂上是否无故旷课、迟到早退以及参加社会实践活动的次数、时长等。而对于大学生对于理论知识的内化程度的考察却十分不足，缺少对于大学生责任意识、奉献意识、民族精神、理想信念发展情况的关注。

此外，从家庭角度来说，家庭是大学生活动时间最长的场所，是连接大学生与社会之间的又一纽带，家庭教育在大学生价值观嬗变的过程中同样会产生一定的影响。从我国的家庭普遍情况来看，多数家庭在有意识、具有科学理念的价值观教育方面还十分薄弱，多数家长没有掌握科学的教育方法，还有很多家长对子女价值观的教育主动性严重不足，或有的家庭在教育方法上存在不科学的问题，在一些具有一定保守观念的家庭中，很多家长过于重视子女的智力教育而轻视子女的道德教育的现象十分普遍。一些家长只看子女的成绩单，而却忽视了子女日常行为道德的监管，对孩子受益终身的道德教育没有在家庭中更多的体现出来，特别是在推行现代公民教育的当前，许多家长自身并没有为子女做出榜样,过于溺爱和纵容使得大学生的价值观中体现出了以自我为中心的问题，不懂分享、不愿奉献、宽容对己、苛刻对人成为许多学生的通病。家庭教育的偏差所造成的大学生社会责任、家庭责任以及自我责任意识的弱化是造成大学生价值观嬗变重要的促成因素。

（五）大学生主体性的缺失是其价值观嬗变的内在因素

大学生价值观的嬗变不仅要受到外部因素的影响，还要受到自身主体性意识程度的制约。内因是事物变化的基本依据，因此要想全面地分析大学生价值观嬗变的原因，就必须总结大学生的身心特征以及个体差异性等基本要素，还原大学生的主体性。

1.大学生的心理特征

大学生正处于成长的关键时期，在大学阶段中，大学生要经历褪去青涩、走向成熟的人生转折，在这一过程中，大学生在价值观方面的可塑性是很强的。在这段可塑期内，大学生会逐渐开阔视野，在思想方面较之以往也更加活跃和开放。大学生走进大学校园之后树立了全新的生活和学习目标，对于个人价值的追求也更加热烈。他们乐于接受新鲜的事物，对于新思想能够较快地消化。对于现实生活中的多种社会现象有了表象上的认识，然而因为生活阅历不足，人生经验尚浅，对于一些问题的看法和认识还不够理性和深入，复杂的社会现实和一些假象会使大学生受到思想上的迷惑。特别是那些消极的、非健康的腐朽思想更是会使大学生受到干扰和蒙蔽。大学生在思考问题时喜欢从感性出发，根据个人思维模式、习惯以及个人有限的经验来进行事物的判断，再加之对于问题认识得较为浅显，因此经常在复杂的社会现象面前走进思想上的误区。当前我国社会的改革呈现出多元化的特征，在复杂的社会环境中，大学生的价值观内部出现了一系列的矛盾，价值观十分不稳定，因受到一定的功利思想的干扰而出现了价值迷茫。部分大学生无法做出正确的人生选择，在困难面前犹豫不决，在日常生活中表现出知行不一的情况。同时，大学生在这段时期内自尊心较强，逐渐觉醒的主体意识使得大学生在心理上更加独立，依赖性逐步减少。有的大学生开始对于传统思想政治教育产生怀疑，对于道德观念秉持着不同的看法，因此这一时期的大学生心理特征有着一定的复杂性，这种复杂性促使大学生的价值观出现不同程度的改变。

2.大学生接受价值观教育的心理环境

开展大学生价值观教首的前提是大学生已经拥有了一定的价值观基础，价值观教育恰恰是要在大学生固有的价值观的薄弱之处施加干预。大学生的价值观可以从学习与生活的大量现实元素中获得，这些价值观形成了大学生接受价值观教育的基本心理环境。在这个心理基础之上，大学生对于客观世界的一切事物拥有了自己的认知和看法，已经在潜移默化中形成了个人的思考模式和行为习惯。这些原有的心理背景也为大学生的价值观教育设置了一定的阻碍。因为价值观教育已经不再是在一张"白纸"上"自由发挥"，而是要改变大学生原有的观念，对于大学生的价值观进行"二次改造"，而大学生的价值观也成为他们衡量价值观教育科学与否，决定着他们是否愿意接受价值观教育的关键性因素。大学生在固有价值观的心理环境影响下，对于教育者开展的价值观教育并不是完全地接纳过来，而是要进行主观上的筛选和过滤，要进行一次有目的性的甄别。通常来说，大学生乐于接受那些与自身固有价值观念一致或者趋同的教育内容，尤其喜欢接纳那些能够支撑自己价值观的要素，而与其本身价值观相反的内容，却十分容易遭到大学生的抵触和排斥，甚至引发负面情绪。因此，大学生接受价值观教育的心理环境也会影响大学生价值观的发展。

3.部分大学生对待价值观教育的态度消极

尽管大学生价值观教育已经在高校中开展多年，但是基础并不十分牢固，这在很大程度上要受到部分学生消极学习态度的影响。大学生对价值观教育的配合和认知不足，缺少对价值观教育重要性和目的的了解，这是造成价值观教育实效性不高的重要原因。

4.大学生自身的差异性决定个体接受能力的不同

大学生并不是从一个工厂生产出来的完全相同的"产品"，由于每一位大学生的成长环境、家庭环境、身心素质、人格情操都存在着巨大的差异性，因此每个学生对于价值观教育的接受能力也是完全不同的。大学生会因为心理结构的差异性在价值观选择方面做出不同的决定。不同的大学生的家庭条件、教育背景、遗传因素以及人生经历都有着各自的特点，这些特点形成了大学生的兴趣爱好、气质品格以及道德情操等，大学生的多种内在差异会直接影响他们认识世界的能力以及程度，这样的能力具体来说包括注意力、观察力、甄别力、决断力、思考力以及记忆力和动手能力等。通常来说，在智力发展方面水平较高的学生在接受能力方面会处于明显的优势地位，接受能力越强，那么对于教育内容的消化也更为快速和高效，那么此类的大学生对于价值观教育的接受效率会很高，反之则会很低。《学会生存》一书中曾指出："教育有两个根本弱点"，"第二个弱点是它不考虑各种不同的个性、气质、期望和才能"。因此，大学生的个体接受能力也是影响大学生在当前社会背景下出现价值观嬗变的诱因。

第三节　当代大学生价值观的正确培育

一、培育原则

原则是人在开展一切社会实践活动时所坚守的精神底线，培育大学生正确的价值观也必须要坚守一定的原则，并要在秉持原则的基础上推陈出新。为此，大学生价值观培育应该坚持立德树人原则、主导性与包容性相统一原则、整体性与层次性相统一原则、理性指导与情感熏陶相统一原则和继承性与创新性相统一原则。

（一）坚持立德树人原则

习近平同志指出："办好中国特色社会主义大学，要坚持立德树人。"立德树人是当前高校大学生价值观培育应坚持的第一原则。立德树人，德育先行。道德是大学价值观的重要组成部分，是开展大学生价值观培育的应有之义。从广义而言，所有的思想政治教育工作者都应是道德的教育者和德行的示范者。立德树人原则的坚守，将保证大学生价值观培育具有丰沛的育人内涵，彰显高校思想政治教育的本质属性。

首先，在开展大学生价值观培育的过程中，教育者应率先立德。全体教育者都应坚持立德树人的价值观培育原则，注重师德为范、师德为先。"打铁还需自身硬。"教育者要想教育人，必须要先正身。在培育大学生正确价值观的过程中，教育者要将师爱与师德结合起来。崇尚高尚的师风，教师要始终秉持立德树人的原则和理念，不断对自己提出更高的专业与道德要求，培育自我正确的价值观。持续厚实道德内涵，从而建立大学生"尊其师，信其道"的教育信任心理。

其次，坚持立德树人原则需要在价值观培育中注重品德与诚信意识的培养。社会主义核心价值观的"三个倡导"重点强调了道德与诚信的问题，道德意识与诚信意识是做人之本，是一个拥有正确价值观的人所必备的优良品质。立德树人不仅仅局限于道德本身，更是一种做人准则教育，开展大学生价值观培育是对大学生精神品质进行介入教育的一种实践，高质量的德育将促使大学生自觉践行社会主义核心价值观，坚持道德诚信、知法守法、爱己爱人、文明友善、爱国敬业，可促使大学生加速对价值观教育的内在转化，培育大学生道德高尚、自强不息、努力奋斗的道德型和进取型价值观。

最后，立德树人的教育原则应进教材、进课堂、进头脑。在价值观教育的课堂教材和教育实践中应融入立德树人的内容，引导大学生深刻理解立德树人与价值观塑造之间的关系，了解价值观教育的出发点与着力点。加强课程之间的协同，将大学生价值观培育的课程建设打造成为立德树人的有效载体。习近平总书记强调："各门课都要守好一段渠、种好责任田，使各类课程与思想政治理论课同向同行，形成协同效应。"各学科应在专业教学中彰显立德树人中的真理力量。在学科教育与价值观培育融合的过程中，始终坚持立德树人的原则，始终紧密围绕立德树人的中心，既要做好专业教育，又要协调好道德教育与价值观教育的关系，使专业教育、道德教育能够有效地服务和推动大学生价值观教育，从而使大学生价值观培育紧扣中国特色社会主义高校立德树人的支撑点。

（二）主导性与包容性相统一原则

对立统一是马克思主义辩证法中的一个重要规律，对立统一规律是有关于事物矛盾和运动的规律，对立统一的基本观点认为矛盾是普遍与客观的，因此，坚持主导性与包容性的辩证统一是马克思主义方法论的重要组成部分。开展大学生价值观教育，并不是要将大学生固有的价值观完全消除，而是共性与个性的结合，要在主流价值观的主导下，包容大学生的价值个性，根据大学生的个人特点有针对性地开展价值观教育，而非洗脑式地全盘否定。只要大学生的价值观中没有与道德冲撞、没有违反法律和主流意识形态的问题，就是被允许的，就是合理的。而大学生价值观培育的主导性与包容性相统一的原则，指的是在大学生价值观培养的过程中要始终奉行政治导向准则。即必须要坚持马克思主义在意识形态领域的指导地位，以社会主义先进理论为引导，始终维护和坚定社会主义主流意识形态的主导性，使大学生价值观的培育充分地体现出鲜明的社会主义特色，与党的宏观领导思想相呼应，全面体现和贯彻党的教育宗旨，坚持将党的政策、方针以及路线统一到大学生价值观的培育中来，使大学生价值观的培育能够从中国社会发展的实际出发，以主流文化与思想作为大学生价值观培育的主导。

大学生价值观培育要将社会主义主流意识形态教育融入大学生价值观的培育当中，坚持尊重差异、包容多样的原则。在当今国际形势风云变幻、国内社会整体变迁的复杂背景下，多元文化的涌入以及社会领域价值取向的变迁都在考验着教育者的原则底线，而与此同时，大学生的价值观也受到了深刻的影响。在这种情况下，大学生价值观的培育必须始终以马克思主义理论为理论指引，包容多元文化，既要坚持和维护中国共产党的正确领导，坚持用推进民族伟大复兴之"中国梦"美好愿景作为奋斗目标，又要从世界文明和中华民族传统文化成果中吸收营养。进一步加强价值观的理论教育，引导大学生正确认识我国当前社会发展的现实情况，深入理解和把握我国社会发展的客观规律，清醒地认识中华民族的过去、当前与未来，对于国家和民族的命运做出理智的判断，了解自身作为当代青年所必须要肩负的社会责任担当，树立坚定不移的为实现中华民族伟大复兴而努力拼搏、坚持到底的理想信念与人生目标。

（三）整体性与层次性相统一原则

大学生价值观培育不仅关系到大学生全面成长、成才，更关系到国家的发展与民族的崛起。因此，大学生价值观的培育应坚持整体性与层次性相统一的原则。应站在国家与民族发展的高度，以大学生为切入点提升全体国家公民的思想政治素养。培育大学生的价值观应重视全局规划，在实践中推进，在整体中注重层次。

首先，大学生价值观的培育要坚持整体性的原则，面向全国各个高校、各个民族的全体大学生。要立足于国家和社会发展的整体需要，有针对性地培育大学生的社会主义核心价值观。社会主义核心价值观既是大学生自身全面发展的需要，同时也是民族发展的需要。大学生价值观教育要从宏观层面上树立目标，形成理念，设计具有国家层次的教育方案。始终保持与我国社会整体发展目标相一致的步伐，将价值观教育贯穿于大学生学习与生活的方方面面。全面渗透到大学生的学习生活、新媒体网络生活、经济生活、文化生活以及娱乐生活之中，真正地贴近大学生的整体生活实际，迎合大学生的发展需求，才能更好地把握大学生价值观发展的全部动态，掌握大学生价值观中存在的共性问题，并根据问题提出相应的解决对策，使大学生在一边学习、一边实践的自然过程中接受正确价值观的培育，从而增强大学生价值观培育的整体性、科学性与实效性，继而促进大学生正确价值观的形成与发展。坚持整体性原则应促进大学生价值观培育多方合力的形成。将大学生价值观培育渗透到各项工作和日常生活中去，就代表着大学生价值观培育不再仅仅是思想政治教育者的单方面工作，而是要成为家庭、社会等多方教育的整体责任和义务，成为社会全体成员资源参与的教育实践活动。

其次，大学生价值观培育应坚持层次性原则。大学生价值观培育的整体性目标固然重要，但与此同时也必须要兼顾大学生自身成长成才的个性化、层次性的需求，树立层次性教育目标，真正关心和处理好大学生群体普遍关心的问题。只有如此才会赢得高校上下全体大学生的一致认同、接纳与配合，才能收获事半功倍的教育成果。大学生在认知水平、心理特点等方面存在一定的差异性、层次性、好恶不确定性。一所大学中包含着来自不同民族、地区的大学生，这些大学生的认知基础、专业选择、人生经历、家庭环境等都存在一定的差异，针对大学生开展价值观教育也应具有针对性，必须要与普遍性的价值观教育进行科学的区分。

坚持大学生价值观教育整体性与层次性相统一的原则，就是要从战略上重视整体效果，在主体上面向整体大学生群体，在层次上兼顾大学生的个体差异，实现统筹规划、整体推进。

（四）理性指导与情感熏陶相统一原则

从心理学理论而言，价值观要包含知、情、信、意、行五种基本要素，这五种要素共同作用而形成了具有价值意识的价值主体即"人"。人作为价值主体，不但表现为是智力的存在物，更是一种情感的存在物。因此，开展大学生价值观培育不仅要重视对大学生的科学指导，同时更要重视情感的渗透、感染与熏陶，进一步加强大学生的情感体验与感悟。

首先，大学生的认知能力是存在一定局限的，其主要要受到认识能力、实践条件、家庭环境以及人生阅历等因素的影响，很多大学生对于价值观的认识通常是散碎、片面化的，仅凭大学生自身的力量无法将对于价值观的认识提高到一个全新的境界，不能使价值观始终保持在正确的轨道内。因此，在大学生价值观培育，一方面要加强理论性的教育，依靠马克思主义的人生观、世界观与价值观的科学理论支持，进一步用先进的理论武装大学生的精神世界，使大学生能够自觉抵制消极、庸俗、陈旧、腐朽的价值观。

其次，在大学生价值观培育的过程中，必须要高度重视情感的疏导，发挥情感因素在价值观培育中的柔性力量，情感作为一种润滑剂可以使大学生价值观培育收获更好的效果。缺少情感的教育是残缺的，大学生价值观培育一旦缺少了情感也是难以成功的。在情感与教育的结合问题上，马克思非常重视情感的作用，马克思认为："激情、热情是人强烈追求自己对象的本质力量。"因此，思想政治教育工作者必须要真正地认识到我们的教育对象不是简单的知识存储器，大学生是有情感、有意识、会变通的受众群体，大学生是有血有肉的，有着真实的生活与情感需求，是有多种多样需求的理性与非理性因素和谐统一的学习主体。大学生的价值追求始终是同时包含着理性与感性，在理性面对价值选择的同时其背后掩藏着迫切的情感需要，大学生价值观培育并不是简单的大道理的价值观教育，而应该是与大学生之间进行的心理沟通，只有收获了与大学生之间的情感共鸣才能收获教育的实效。思想政治教育工作者不仅仅是文化的创造者以及知识的传播者，更是行为的示范者与先进理论的践行者，好的思想政治教育工作者应该是大学生心灵的引路者，并高度重视理性教育与感性疏导的完美统一，要实现"寓教于理""寓教于情"，要在理论知识的讲授中同时进行感性内容的疏导，并且要根据对于大学生动态的把握和观察，时刻掌握大学生的情感需求，尽可能地满足大学生多方面的情感需要，在情感熏陶的过程中加强情感的关怀，有针对性地对于大学生所关心的社会热点、生活与学习中遇到的困难等问题加强沟通，从深层次的情感层面与大学生建立良好的对话关系，实现大学生价值观培育的情理兼具，将配合和接受价值观教育作为大学生的内在要求。

二、培育路径

大学生价值观培育的成效在一定程度上取决于教育主体的能力以及教育模式的科学性。开展价值观教育仅有某一方面的单一教育力量是远远不够的，事实上，学校、家庭以及社会等方方面面都会对于大学生价值观的形成产生重要的影响。所以，当前进行大学生价值观培育必须要构建社会、家庭与学校多位一体的教育模式，只有如此，才能够使大学生价值观培育更加具有科学性，避免教育过程出现漏洞和偏颇。在这一过程中，社会、学校、家庭在大学生价值观培育中发挥着共同的力量。首先，社会具有一定的复杂性，这种复杂性和多元性对于大学生价值观的形成影响极为深远，社会环境的变迁可以塑造人，同时也可以影响人，作为一种客观因素，社会物质基础与环境决定着大学生价值观培育必须要选择社会教育的手段。其次，家庭是大学生在进入高校之前以及在毕业之后生活时间最长、接触最深的社会单位，即便是在高校求学的过程中，大学生们仍然对于家庭拥有深深的牵挂。因此，家庭教育对于大学生价值观的培育而言是至关重要的。最后，学校是大学生除家庭以外最重要的活动场所，在学校生活中，大学生学会了本领、结交了朋友或是收获了爱情，在大学生活中，大学生受到了良好文化的熏陶，感受到了知识的力量和情谊的温暖，这决定着大学生价值观的培育必须要抓住学校教育的机会，发挥学校教育的引导性作用和强大的教育优势。大学生本身是其价值观形成和发展的内在力量和主体，而大学生的这种主观力量必须要在客观环境教育的引导下才能够发展成熟。为此，应在大学生价值观培育的过程中构建社会、学校以及家庭的协同教育模式，形成多方联动的教育号召力，促使各方面教育资源得到挖掘，教育力量得到集结，继而建立多角度、全方位的大学生价值观培育体系。

（一）社会教育

社会是最好的"大学"，广泛的社会领域包含着无穷无尽的教育资源，是开展大学生价值观培育的重要阵地。为此，高校在进行大学生价值观培育的过程中，不能忽视社会教育，而应依托社会教育，在波澜壮阔的改革大潮中顺势而为，不断加强思维的创新，找准大学生价值观培育与社会教育的契合点，使社会领域中所包含的潜在教育力量得到激发和整合，调动社会教育主体的积极性，更好地发挥社会教育的资源优势，形成大学生价值观培育的合力。

1.社会教育的内涵及特点

社会教育包含两个层面，即狭义的社会教育与广义层面上的社会教育。狭义的社会教育是指具体的社会教育机构、团体以及组织单位的教育，这些教育主体是除学校和家庭教育以外的一种多元化教育力量。而从广义的社会角度来分析，社会教育则是指社会的整体环境对主体的价值观念、行为作风发生的作用。大学生价值观培育因语境的不同而兼具广义与狭义两个方面。从教育史上而言，社会教育是一种最早的教育，在尚未建立家庭关系与组织的原始社会生活中，没有类似学校的任何教育机构，真正对于青年的教育是在氏族日常共同劳作的活动中进行的，老一辈的氏族成员亲力亲为，用言传身教的方式感染和指导青年群体，形成了社会教育的雏形。随着时间的推移，家庭与学校的产生使广义的社会教育得到了详细的划分，具体包括学校教育、家庭教育以及社会环境教育三个方面。我国提出社会教育倡导是在 20 世纪之初。80 年代中期以来，有关于社会教育的议题不断出现，人们对于社会环境的变迁以及这一背景下的社会教育问题予以了高度的关注，大量相关的研究成果如雨后春笋般问世，社会教育的理念也得到了更加广泛的认同和支持。

广义的社会教育本身具有一定的渗透性和自然性特征，这种教育的特性更为适合对于大学生进行潜移默化的教育，社会教育是"润物细无声"的。社会教育的自然性指的是，社会环境本身未必设计过完整的教育内容或明确的教育标准和目标，但是伴随着社会的自然发展所涌现的社会实情却能够对于大学生的身心发展施加影响，这种影响既可能是积极的，但同时也可能是消极的，因此社会教育的自然性也决定着社会教育的不稳定性。社会教育的渗透性指的是在阶级社会中，社会环境本身体现着一个时代的特征，渗透着意识形态的基本属性，蕴含着主流价值意识，这种自然属性可以使大学生在无意识的、无察觉的状态下受到思想观念和行为意识的影响，社会教育的渗透性同时也决定着社会教育在一定情况下属于一种"隐性教育"。80 年代以来，社会关系脉络的变迁以及信息技术的发展，使得社会环境以及社会教育对于大学生的影响日益深刻，大学生对于社会教育的反应也更加明显。从教育的场域上来讲，学校和家庭如果是教育的"第一场域"和"第二场域"，那么社会总体环境以及高校周边的小范围社会环境则构成了强大的教育"第三场域"，在一定意义上来说，社会生活以及人的生存需要何种价值观念，那么社会教育这一"第三场域"便会源源不断地传递给大学生怎样的价值观念。有效的社会教育可以使正处于可塑期的大学生改变固有的观念，形成某种新的价值观念。从这一角度而言，广义的社会教育往往会颠覆大学生的价值观念。

狭义层面上的社会教育有着多种特点，第一是开放性，社会教育是非常开放的，并没有明确的范围和局限，没有人可以规定社会教育的主体，一切存在于社会运行中的人、物与事件都是教育的源头，所以社会教育是没有时间、地域以及性别、年龄、层次的界限的。古往今来，人在各个阶段中发展最快的便是在接触社会、参与社会的成年阶段，学校教育的成果要在社会实践中进行检验和转化。社会教育是学校教育的延续者，并对学校教育的成果进行批判、肯定、推翻和革新。没有了社会教育，意味着社会的运行将要完全依靠理论，不能实现理论与实践的统一，那社会的发展将是寸步难行的。社会教育的最大优势就是能够与日常生活联系起来，在社会生活的方方面面开展教育，这一点可以打破学校教育的束缚和壁垒，用一种完全开放的非封闭式培养方法，使所有接受教育的对象得到锻炼，体现出了在教育范围上的广阔和教育视野上的高远。

社会教育的第二个特点是群众性。社会教育对于全体社会成员同样适用，不分职业、年龄抑或是性别，社会教育面向的是处于社会生活中的全部社会成员，教育形式可以是老年大学、成人职业技术教育、岗位培训等，这些载体充分地体现了社会教育的群众性。

第三是多样性。社会教育分为多种类型，例如培训教育、技术教育、脱产教育以及职业资格教育等等，社会教育也包含多种内容，科、教、文、卫等都有所涉及，大量的生活常识教育、法制教育、道德教育等百花齐放。

第四是补偿性。社会教育往往拥有最新鲜的教育素材，这与学校教育内容的滞后性有着很大的不同，由于学校是相对封闭的教育环境，因此在教材和教学理念上不能时刻紧跟时代发展的脚步，而社会教育却是时时更新的，能够满足受教育者不断变化的学习需求。在现实生活中，许多知识并不能够在学校教育中获得，而社会教育则能够使学生接受许多学校未能讲解的生活技能，此时的社会教育是对于学校教育的有效补充。

第五是融合性。当前我国社会正在向着多元化状态发展，社会教育已经全面渗透到社会成员生活的细枝末节处，与社会的政治活动、文化活动紧密相连，在现实生活的方方面面发挥着重要作用。

狭义的社会教育的教育对象是全体社会成员，直接面向全社会，教育背景是整体的社会发展的综合环境，在教育活动方面要比学校和家庭教育的空间更为广阔，影响范围也更加广泛，可以对于存在于社会中的每一个人产生积极或消极的影响。狭义的社会教育对象群体可以是青少年，可以是大学生，也可以是普通的国家公民，其不分年龄、性别和社会地位，任何处于社会中的个体都可以接受社会教育，具有极强的普适性。社会教育具有多种优势，例如多元化、趣味性、动态性等，这些优势使对于高校封闭式传统教育的一种补充和完善，可以使大学生了解到更多教材以外的新鲜知识，开阔大学生的思维视野，活化大学生的价值观念，满足大学生在高校以外继续接受价值观培育的愿望。社会教育通常不受到社会等级、人生阅历以及专业资历等条件的束缚，具有极强的民主性和平等性，这也是与我国高等教育大众化的目标是完全一致的。狭义的社会教育极大地推动了大学生的社会化进程，特别是在当前社会领域各种教育机构呈现百花齐放的良好状态下，多元化的社会教育力量正在大学生价值观培育的过程中发挥着日益重要的作用。由此可见，在大学生价值观培育的过程中，必然要联合社会教育的力量，有效弥补学校价值观教育的不足。

2.社会教育的实践方式

对新时期大学生的价值观培育而言，社会教育可以为家庭和学校教育输送营养，特别是广义的社会教育，良好的社会环境可以对大学生价值观念的形成起到不可替代的熏陶作用。因此，加强社会教育必须要首先营造良好、健康的社会环境，大力整顿和改善校园周边的局部微环境，为大学生正确价值观的形成最大限度地排除消极因素。第一，要准确地把握社会先进文化发展的方向，促进社会文化的繁荣发展，发挥文化育人的强大教育功能。要加大力度促进文化产业的创新发展，秉承继承与借鉴相统一的原则，不仅要学习西方国家优秀的文化产业发展经验，同时还要从中华民族优秀的传统文化中提炼精华，促进具有中国特色的文化产业发展，为大学生价值观的培育提供更多优秀的教育素材。第二，要充分联合校外机构如博物馆、烈士陵园、福利院、科技中心、展览馆、纪念园以及企业、工厂等，进一步搭建校外价值观教育的实践基地，使大学生在校外活动的过程中坚定社会主义信仰，进一步提升大学生的爱国情怀和民族精神。第三，要高度重视社会志愿团体的建设，吸纳大学生成为社会志愿团体的一员，使大学生可以在社会实践的群众性活动中发挥出大学生的积极力量，社会的公益性团体要主动地向大学生张开臂膀，带领大学生为社会的发展做出积极的贡献。第四，社会大众传媒要加强行业自律，对于社会舆论做到有效的引导，要加强对先进人物和事迹的广泛弘扬和宣传，通过多种形式制作具有一定教育意义的电视节目、公益广告、道德文明短片等，例如中央电视台举办的电视公益广告大赛便涌现了许多优秀的作品，这些作品能够在无形中对于大学生的价值观产生积极的影响。在开展传媒工作的过程中，必须要时刻紧扣时代的脉搏，要坚持思想政治教育的话语权。新闻工作者要坚持事实报道，使大学生能够明辨是非，拥有自己的独立思考，要大力弘扬社会正气，勇敢地揭露错误的思想和丑恶的现象，使大学生可以受到社会正义的感染，树立正确的价值观。第五，要进一步加强全体社会成员的公民素养教育，重点加强学校周边人文环境的改造，为大学生的学习与成长提供更多的机会，使大学生在社会生活中深入地体验社会，全面认识当前我国在国际社会中的地位以及在发展中面临的困难，特别是要加深大学生对那些尚未得到解决的深层次社会问题的认识，使大学生使命感增强，有针对性地培育自己的价值观念，为了解决我国社会发展的核心问题而拼搏奋斗。

（二）学校教育

学校教育有着得天独厚的教学体系优势，相比于社会教育和家庭教育来说，学校教育从内容到模式，从方法到规范都十分完整，并具有一定的组织严密性。这种十分规范而系统的教育是社会教育和家庭教育所无法实现的。在大学生价值观培育的过程中，必须依托社会教育，加强社会教育与学校教育的联合，发挥学校教育的系统性优势，全面认识学校教育的规律与特点，有效发挥高校大学生价值观培育的人力与智力优势。

1.学校教育的内涵及特点

学校是开启大学生智慧的场所，学校教育可以影响一个人的人生态度、政治态度以及情感态度，因此，古往今来，学校都是统治阶级宣传自身政治理念的重要平台。而在现代社会中，学校教育仍然是统治阶级为推动社会发展进行人才培养的基地。学校是开展大学生价值观培育的主要力量，学校教育的系统性是其他教育所不能比拟的。价值观教育需要一个相对稳定的环境，而学校教育则恰恰可以满足这一点，学校是一个相对封闭的区域，在这个区域中，价值观教育较少受到外界的干扰，许多消极因素或影响社会正常秩序的事件并不能够直接对于校园内部产生作用，因此，在大学生价值观培育的过程中，学校教育具备一定的环境与管理优势。学校开展的价值观教育包含观念及活动教育两个层面。观念教育指的是对爱国主义、社会主义以及集体主义等体现党和国家方针政策的特定价值观的弘扬和普及，这些价值观真实地反映着中国社会的历史发展轨迹，是对中华民族经典文化的传承，是对人民群众美好愿望的展现。活动教育是指在行为与制度层面的教育。活动教育对于受教育者而言影响范围更广，影响力更加深入。如果在广泛的社会生活中经常性地出现大量的消极现象，那么大学生价值观的培育效果便会遭到削弱，甚至造成大学生的抵触心理，并对当前社会主流价值观产生误会和偏见。

我国高校目前开展的价值观培育体现出三个典型特征。首先，大学生价值观培育有着明确的方向性。高校价值观教育的一贯要求是坚持贯彻党的正确教育方针，将党的先进思想传递给青年一代的大学生。中华人民共和国成立之后，我国高校的教育方针进行过一系列的优化和升级，然而坚持马列主义、毛泽东思想、邓小平理论、"三个代表"重要思想、科学发展观以及社会主义核心价值观相关重要思想教育学生的理念和原则没有变，为社会主义建设事业培育全面型人才的目标没有变，这一教育目标也成为新时期全新教育环境下高校思想政治教育的核心任务之一。其次是持续性。大学生在进入高校之前，已经接受过从小学到高中的连续性价值观教育，而在进入大学之后，则仍然要在学习过程中接受更加深入的价值观培育，其思想观念、道德观念以及政治观念会在这种连续教育中实现阶段性的变更，价值意识会逐步稳定并增强。最后，高校开展的大学生价值观培育具有一定的系统性。相比而言，社会与家庭教育的成效往往是在无形中取得的，但是学校教育却是有计划、有目的、有策略地进行的，科学的教学方案、教师的教学方法是实现价值观培育实效性的重要条件。学校开展的价值观培育具有一定的智库优势，理论鲜明且文化深厚，并配备了专业的教育队伍，在开展大学生价值观培育方面具有良好的后天优势，因而学校无论在任何时代都是开展大学生价值观教育的重要平台，是完成国家人才培养战略计划的主要力量。

2.学校教育的具体实施

面对当前的教育环境，开展学校价值观培育要从四个方面入手。首先，要还原大学生学习主体的地位，激发大学生的学习热情，全面凸显大学生在学习过程中的主体角色，采用生活化的教学方式进行价值观培育。新时期的中国大学生在安逸的社会生活中平安长大，他们所接受的信息与享受的资源相比于父辈要更加优越，在这个面向世界的时代中，大学生的视野更加开阔，成长的起点更高，思维也更加活跃。因此，高校在开展大学生价值观培育时，不能仅仅将大学生视为教育的对象，而是全面、充分地在教育中体现出大学生的主体地位和作用，只有突出了大学生在学习过程中的主体性，才能更好、更深入地挖掘出大学生积极配合价值观教育的积极主动性，才能拥有稳定的受教育群体。从现实角度而言，大学生价值观培育是引导大学生不断适应社会、接触社会，增进大学生与社会进行沟通和交流的过程，主体性的激发是针对大学生内心深处施加的教育干预，通过对大学生在价值观培育中主体性的激发，可以使大学生在践行主流价值观的过程中实现知行一致，有助于实现大学生的内在自省，实现大学生的自我教育。其次，学校教育要想在大学生价值观教育方面建立与社会、家庭的联动机制，形成教育的合力，就必须要更加亲近社会，要在广阔的社会资源中寻找教育支持与帮助。当前，我国多数高校已经从以往完全封闭的状态逐步面向社会敞开，许多社会资源和力量正在为高等教育事业的发展和改革贡献源源不断的服务和支持，高校要加强与社会机构、单位与团体的紧密协作，汲取社会资源的教育养料，积极在校外建立教育的实践基地，为大学生价值观的培育创造更加广阔的空间，进一步增强大学生的价值体验，使大学生在参与社会活动的过程中了解到价值观是多样性的，而正确的价值观往往具有一定的共性，其必然是顺应社会发展，为社会的有序运行而服务的。再次，高校要高度重视社会教育与家庭教育对于学校教育的辅助作用，要成为大学生与社会教育、大学生与家庭教育连接的纽带，在日常的教育管理中，学校要建立家长信息平台，畅通学校与家庭教育沟通的渠道，与家长之间建立良好的信息反馈机制，争取家长的密切配合。各个高校不仅要持续推进价值观培育工作的创新，同时还要在交流平台中经常性地开展家长教育活动，要将社会主义核心价值观的内容在家长交流平台中广泛弘扬，鼓励家长能够不断地完善自身的价值观念，学校与家庭教育之间要实现科学互评，学校要对于家庭教育的反馈信息和成效进行评估打分，而家长也要对于高校开展大学生价值观培育工作进行必要的监督和敦促，从而提升大学生价值观培育的信度及效度。

（三）家庭教育

家庭教育首先要依托一定的家庭情景，大学生的价值观教育在一定程度上要受到家庭情境的深刻影响。家庭结构的变迁会对于大学生的价值观产生直接性的影响。因此，开展家庭教育首先必须要建立一个和谐的家庭情境，要实现稳定的家庭结构，促使家庭和睦，家庭成员之间相互友爱，为大学生价值观培育创造良好的情境氛围；其次要改变当前家庭教育的理念，学校要与家庭之间保持密切的联系，家长要积极地转变教育的观念，加强对家庭教育重要性的认识，从思想上对大学生价值观培育予以真正的重视。家长必须要认识到，在大学生价值观培育的过程中，家庭教育是责无旁贷的，教育子女是家长的责任和义务，不能完全将这一任务推脱给学校或者是社会，家长首先要肩负起培育大学生正确价值观的重要职责。教育的"大厦"仅有学校单方的"支柱"是远远不够的，学校教育必须要建立在家庭教育的"基石"之上，只有如此，才能使大学生价值观的培育不断地走向成熟。为此，家长必须要树立新型的家庭教育理念，要学会以身作则，要做到亲力亲为，更好地对于学校教育进行紧密的配合。从这一角度而言，家长对大学生的人格特征十分熟悉，对大学生的行事作风了如指掌，这更加有利于家长在开展大学生价值观培育的过程中实现"对症下药"，使家长能够通过日常生活及情感纽带对大学生施加积极的价值观影响，方便家长的"因材施教"。

从教育的目标来看，学校教育与家庭教育的目的是相同的，都是为了促进大学生更好地成长与成才，然而在大学生价值观培育的职能和内容方面，学校教育与家庭教育又存在一定的不同，学校教育往往重视智育，而家庭教育则更倾向于德育，然而从我国多年来的家庭教育来看，多数家长过于看重大学生的智育，对子女的学习成绩要求较高，但是却忽视了对子女人格特征、价值取向的考察和引导，而大学生在走进高校之后，这些在价值观方面的不足却需要学校进行弥补性的教育，这种教育的模式往往无法对于大学生正确价值观的形成产生高效的作用，因此我们经常可以发现，许多大学生的思维方式和价值理念并没有在进入高校之后产生更好的改变。因此，家庭教育要为学校教育做好前期的准备和铺垫，做好教育的"预热"，而要想从更深的层次上纠正这种状况，就必须要从学校和家庭两个维度进行。

从高校的角度来说，家庭教育是高校教育的补充，因而高校应该与家庭建立教育"联盟"，始终保持与家长之间的亲密沟通，通过微博、微信、QQ 群等新媒体平台，加强与家长之间的互动。及时向家长告知大学生在校期间价值观发展的动态，同时也应使家长了解到大学生的近期学习和生活情况，为家庭教育提供必要的依据，使远离高校的家长能够在千里之外把握大学生成长的实时动态，从而调整家庭教育的方向和策略，增强家庭价值观培育的针对性。与此同时，高校要在大学生收获成功时与家长一同分享喜悦的信息，而在大学生受到批评和处分时，则要与家长一同吸取教训，共同分析问题出现的深层次原因，达成教育上的一致性，积极地寻找科学的教育对策和解决办法，共同帮助大学生正确地认识自己的错误，树立良好的价值观。在沟通方式方面，学校除了传统的信件、电话等沟通方式之外，还要建立新型的新媒体沟通交流平台，建立家长交流群专用信箱、微信以及 QQ 群等，实现与家长的零距离对话，学校从家长处可获得大学生的发展动态，而家长则可以在学校处了解到大学生的成长和学习情况，学校要有效地激发家长参与大学生价值观培育的热情，使家长的教育意识、教育能力逐渐得到稳步的提高。

从家庭的角度而言，第一，家长必须要改变以往过分看重子女的智育而轻视德育的错误做法，必须高度重视大学生的综合全面发展。特别是在当前多元思潮影响下的社会环境中，大学生的价值取向问题必须要引起家长的高度重视。家长不能认为大学生考上大学后自己的责任便已经完全履行，终于可以"松一口气"。事实上，养育子女是一个漫长的过程，大学生的成长在不同的阶段会对于家长产生不同的需求。如果说在进入大学之前，大学生对于家长的依赖是经济和生活方面，那么在成年之后，大学生尤其需要家长在道德文化、人格素养等方面的人生指引。因此，家长不应放松对大学生的教育，而应该针对大学生发展的不同阶段以及其所面临的综合环境予以正确的价值指引。

第二，要在日常生活中加强对于大学生的家庭伦理教育，大学生的父母及其他家庭成员可用自身的人生经验、感悟及体会来帮助大学生剖析社会现象，解读当前大学生的学习和情感的困境，帮助其树立正确的人生观、价值观与世界观。现在的大学生几乎都由"95 后"组成，这一代的青年在和平的国家环境和优越的物质生活中长大，往往不曾遭遇真正的挫折和困境，因此在抗压能力和应变能力等方面还需要不断地培养，要想帮助大学生平稳地度过人生转折阶段，家长必须始终运用高尚的道德修养以及正确的价值观念为大学生的发展指明方向。良好价值观的形成并非一蹴而就，而是要在漫长的家庭生活中点滴熏陶，逐渐润泽而成，家长要抓住一切与子女相处的时间，在共同的娱乐、旅游、学习、探亲等活动中加强对于大学生的价值观教育，把握亲情这一得天独厚的教育资源，使大学生接受良好的价值观影响，真正让家庭教育使大学生终身受益。

第三，家长要重视对大学生开展家风教育。习近平总书记强调指出："重视家庭建设，注重家庭、注重家教、注重家风。"家长体现着一个家庭的整体风貌，是家庭成员所表现出的综合家庭素养，也蕴含着一个家族、一个家庭的道德风范与人格情操。家风教育是大学生价值观教育的重要方式，家长要注重树立家风，例如"过犹不及""勤俭节约""知行一致""遵纪守法"等。将良好的道德和正确的价值观融入家风传承之中。更要从历史上的世家大族、名人名家的家教家风中寻找启示，建立家庭规范，并注重把家庭祖辈优秀做人做事经验与大学生进行分享，使大学生接受家庭伦理教育，用家训精神指引自己的价值观发展。

第四，家长要主动加强与学校的沟通，时刻把握大学生的心理发展动态，捕捉子女的所思所想，及时地予以温暖和关怀，同时还要继续关注大学生的智育。引导子女在大学期间完成知识学习的任务，使子女了解充实的大学生活的诸多益处，全面调动子女的学习积极性，在生活中鼓励大学生积极创新，勇敢接受新鲜事物，要用包容、博爱的心态去感知世界，去对待他人。

第五，要加强对于大学生的心理健康教育。过去许多家长往往只看重子女的身体是否健康，而随着近些年来频繁发生的由大学生心理问题引发的恶性事件，使得许多家长开始关注大学生的心理健康。为了保障大学生的心理健康，家长要培育大学生正确的价值心理，使大学生拥有积极的情感和从容的人生态度。家长的以身作则至关重要，家长要发挥表率作用，在遭遇困难时家长要不气馁，要敢于拼搏，踏踏实实地解决问题，在面对社会多种现象时，要能够透过表现看到问题的本质，要用一种长远的眼光去引导大学生理性地看待社会现象，保持自己独立的思想和见解。在日常生活中要更多地陪伴子女，而不是将放假回家的孩子丢给手机和电脑。

第六，家长要引用案例教育使大学生了解是非善恶，了解什么是纯洁高尚的，什么是丑恶虚假的，使大学生明辨是非，帮助他们抵制不良的社会影响，使大学生养成正确的价值观念。总之，在新时期大学生价值观培育的过程中，社会教育、家庭教育以及学校教育是缺一不可的，不仅任何一方都不能缺位，还必须要实现三方的联合，形成社会、学校以及家庭教育的合力。因此，各个教育主体必须要依托优势，发挥所长，实现有机的衔接与合作。进一步优化社会教育，突出家庭教育的优势，为当代大学生价值观培育注入新鲜的活力。

第四章　新媒体环境下大学生中华传统文化认同

第一节　文化认同概述

一、文化认同理论

文化认同是一种群体文化认同的感觉，是一种个体被群体的文化所影响的感觉。美国学者塞缪尔·亨廷顿（Samuel P. Huntington）曾指出，不同民族的人们常以对他们来说最有意义的事物来回答"我们是谁"，即用"祖先、宗教、语言、历史、价值、习俗和体制来界定自己"，并以某种象征物作为标志来表示自己的文化认同。《中华文化辞典》中将"文化认同"解释为一种肯定的文化价值判断，即指文化群体或文化成员承认群内新文化或群外异文化因素的价值效用符合传统文化价值标准的认可态度与方式。有学者认为，"文化认同"是人类个体对于文化倾向的共识与体认，并由此产生的深层心理积淀，它以使用相同的文化符号、遵循共同的文化理念、秉承共有的思维模式和行为规范为依据。有学者认为，"文化认同"是个体或社会共同体，包括国家、民族、社会团体等，通过相互交往而在观念上对某一或某类价值的认可和共享，是人们对自身在社会生活中的价值定位和定向，并表现为共同价值观念的形成。有学者认为，"文化认同"是人们在一个民族共同体中长期生活所形成的对本民族最基本价值的肯定性体认。还有人认为，"文化认同"有广义和狭义之分：广义的文化认同应该包括人们对自己民族所属文化的认同和人们对外来文化的认同这两种类型；狭义的文化认同就是指人们对自己本民族所属文化的认同。

综合以上观点，本书从狭义上将"文化认同"定义为：个体或群体对本民族共同文化倾向性共识与认可，并由此产生对本民族共同文化的归属感，且以本民族共同文化所承载的价值观念作为自己行为的价值标准。

二、中华优秀传统文化认同

中华优秀传统文化是中国人民共同的精神支柱，是中华民族的根基和血脉，是中华民族得以从古至今保持强大生命力、凝聚力和创造力的重要源泉，实现中华民族伟大复兴的中国梦，离不开中华民族的寻根之旅，需要几代中国人民从中华优秀传统文化中汲取强大的精神力量，并在基因传承过程中凝聚共识，砥砺前行。中国地域辽阔、人口众多，共同的语言、共同的文字、共同的文化和共同的信仰成为人们的精神寄托，这也是中华民族与其他种族判别归属的唯一标准。

对中华优秀传统文化和文化认同概念进行界定后，本书将"中华优秀传统文化认同"界定为：中华儿女对中华优秀传统文化倾向性共识与认可，并以中华优秀传统文化所承载的价值观为介质形成自我肯定、自我统一和自我凝聚。

三、大学生中华优秀传统文化认同

在教育部出台的《完善中华优秀传统文化教育指导纲要》中明确指出，大学阶段，以提高学生对中华优秀传统文化的自主学习和探究能力为重点，培养学生的文化创新意识，增强学生传承弘扬中华优秀传统文化的责任感和使命感。

大学生包括研究生、本科生和专科生等群体，为保证本书更有针对性，本书所指的大学生是指正在接受大学教育高级专业人才群体中的本科生。在大学教育阶段，加强中华优秀传统文化教育是弘扬中华民族优秀传统文化和培育民族精神的重要途径。本书将"大学生中华优秀传统文化认同"界定为：以中华优秀传统文化为内容，以大学生为对象，通过高校有目的、有计划、有组织地引导大学生学习和掌握中华优秀传统文化知识和素养，培育其民族精神，提高大学生欣赏和学习中华优秀传统文化的基本素养和认同度，发展其弘扬中华优秀传统文化的能力，促进其综合素质的全面提高。

中华优秀传统文化在当代大学生群体中生根发芽，塑造着当代大学生正确的、积极的、向上的世界观、人生观和价值观。高校工作者要想顺利实现将中华优秀传统文化潜移默化地深入大学生的头脑，影响大学生的行为方式，不是照本宣科地复制展示中华优秀传统文化，而是需要对中华优秀传统文化进行"抽丝剥茧"，从浩如烟海的中华典籍中，挖掘、整理、加工中华优秀传统文化，提炼出适合当代大学生需要的精华资源，着重凝练、关注中华优秀传统文化的基本价值、基本精神，也就是说，新媒体时代实现大学生对中华优秀传统文化认同的基本内容就表现在认同中华优秀传统文化的基本价值与基本精神。中华优秀传统文化基本价值和基本精神是中华民族骨子里的基因，是历史发展源源不竭的思想源泉，是中华民族绵延不绝的精神动力，是中华民族永续发展的精神支柱，对于中华民族的伟大复兴，对于当代大学生的健康成长，对于助推当代大学生树立积极向上的人生理想、高尚的道德境界，起到极为重要的促进作用。

第二节　新媒体环境下大学生中华传统文化认同问题

一、新媒体环境下大学生中华传统文化认同的重要性

（一）促进中华优秀传统文化的发展

"文化是一种架构，包括各种内隐或外显的行为模式，通过符号系统习得或传递，文化的核心信息来自历史传统。"个体自出生那一刻起，就已经进入文化环境之中，就已经开始受到文化传统的熏陶。个体的成长过程，从文化角度而言，就是一种不断学习文化的过程。传统文化是社会存在的基因，优秀传统文化更是促进社会发展的基础，与社会的各个组成部分和社会的各个发展阶段都保持着紧密的联系，是具有统一性的东西，它从物质、精神、行为、价值等与社会须臾不可离的方面表现出来。所以，传统文化的一部分是作为文化活动的结果；另一部分就是结合新时期的具体要求，对传统文化的部分内容进行整合、校改、完善和发展，而这一部分就是传统文化的现代化。新媒体环境下，中华优秀传统文化的现代化具有更广泛的意义和更重要的作用。

1.新媒体环境下中华优秀传统文化发展面临的挑战

世界历史的发展史，以文明视角来看，在某种程度上更是文化的发展交流史。文明走到当代，国际竞争中文化软实力的作用越来越突出。意识形态和经济已经不再是主角，而文化将是割裂人类世界和导致世界冲突的主要根源。在一个国家、民族的文化发展进程中，在文化的吸收和传播过程中，都不可避免地会出现矛盾运动，这种矛盾运动表现在：一方面，自己的民族传统文化要维护，自己民族文化的特色不能丢失；另一方面，自己的民族文化又需要吸收、融合外来文化以丰富、充实、发展、壮大自己。这种矛盾运动，在文化学上被称为"认同与适应"。中华优秀传统文化是中华民族世世代代积累而成的宝贵精神财富，有了中华优秀传统文化，中华民族在遇到难以应付的历史和时代环境挑战时，就可能激发民族的自强与活力，就能够解决面临的错综复杂的问题，从而使得中华民族获得新生，进而实现伟大复兴。在当代中国，中华民族优秀传统文化所面临的挑战，最应该引起人们重视的是外来文化，特别是西方文化的侵蚀，这种侵蚀被学者称为"文化战争""和平演变""软实力较量"等。

"这是最好的时代，这是最坏的时代。"在新媒体环境下，这种矛盾运动就更加激烈。新媒体助推了这种矛盾运动日趋激烈化，新媒体具有的巨大优势在促使信息发生革命性变化的同时，也进一步导致了新媒体环境中失范现象的出现，失范现象越突出，中华民族优秀传统文化的传承发展面临的挑战就越严重，矛盾运动就越来越加剧。结合文化视角而论，新媒体失范主要表现在文化殖民主义、文化多元主义、历史虚无主义等，其矛头主要针对中华民族的传统文化和社会主义中国，其针对的对象主要是青年群体，

特别是关系到中华民族未来发展的大学生群体，大学生是新媒体的主要使用者，也是新媒体失范的主要受影响者。新媒体失范施加于大学生的过程，就是中华优秀传统文化认同危机加剧的过程。因此，如何防范新媒体失范，如何增强大学生对中华优秀传统文化的认同，是新媒体环境下高校思想政治教育工作队伍面临的严峻挑战，也是需要深入思考的问题。

2.新媒体环境给中华优秀传统文化发展带来了机遇

新媒体在给大学生带来传统文化认同挑战的同时，也带来了机遇。新媒体颠覆了传统的传播方式和传播思维，新媒体的表现形态更加立体化和全景化，从而改变了信息原有的制作方式、传递的内容、传播的渠道，甚至信息的受众群体也在悄然发生着重大变革，也使得社会群体大众在信息获取和交流时的行为方式、思维模式、心理观念、行为习惯等也发生了极大的改变。在某种程度上可以说，新媒体改变了人们的生存方式和生存样态。"自媒体""全媒体""微传播"受到人民大众的青睐，参与其中的数量呈几何级增长之势，这正在颠覆着传统传播媒介。因此，充分利用新媒体在广大民众，特别是在以大学生为主要代表的众多青年群体中广泛普及的优势，做好中华优秀传统文化在大学生中的普及与传播，是新媒体为广大思想政治教育者实现深入推进中华优秀传统文化入脑、入心提供的重要机遇，也是高校工作者在实际教学过程中不断探索和实践的重要课题。

新媒体平台超越了传统单一的通信功能，兼具跨媒体传播功能性和可移动性的传播平台。通过诸如手机、电视、微博、微信、QQ 等新媒体传播渠道，融合中华优秀传统文化于新媒体之中，运用新媒体传播中华优秀传统文化，是当前出现的一种文化趋势，也是一种传播潮流。为中华优秀传统文化换上新装，这是新媒体带给传统文化的机遇。无论是微博、微信，还是其他的新媒体形式，碎片化的文本特质传播已经被广大民众，特别是被大学生所接受，而且碎片化的传播与中华优秀传统文化结合后，会产生一种特殊的效果，比如元宵、端午、中秋、春节等传统节日与新媒体的联姻，2016 年春节联欢晚会中的"红包摇一摇"游戏，得到上亿人次的参与，就是很好的例证。借助新媒体语言形式，将形象化的优秀传统文化内容及民族精神意义进行普及和传播，形成线上、线下的良性互动，更能得到大学生拥护群体的喜爱。

大学生朝气蓬勃、意气风发，独立、个性、自由、求异、认知贯穿于大学生的成长过程中，传统媒体的单面、单向、单独传播在大学生群体中已经越来越"孤独"，改变其旧传统传播形式，解决传播困境，提高传播、普及影响的广度和深度，是传统媒体应对生存危机的必然选择，而新媒体的出现提供了旧媒体革故鼎新的机遇，这种机遇是推动大学生全面发展自己的机遇，这种机遇是符合当代大学生特点的机遇，这种机遇也是中华优秀传统文化焕发新生的机遇。

（二）促进大学生思想政治教育工作

中华民族历来重视道德修养和道德教育。历代中华圣贤都从哲学的高度，对道德和道德修养进行了深邃的思考。我国古代以"仁、义、礼、智、信"为德育的基本内容，在德育方法上主张克己、内省、存心、养性。我国古代的道德教育不仅重视"言"，还十分重视"行"，教育家们主张践履、躬行。虽然我国古代的道德教育带有强烈的阶级色彩，但是从道德理论的发展史上来看，它为我们现代德育工作提供了丰富的营养。另外，中华优秀传统文化所承载的民族精神本身就是思想政治教育的重要内容。当下，我国正在提倡培育和践行社会主义核心价值观，对大学生进行中华优秀传统文化认同教育，可以帮助大学生树立正确的人生观、世界观和价值观，促进大学生思想政治教育工作有效开展。

1.中华优秀传统文化与大学生思想政治教育的关系

加强高校大学生思想政治教育工作，强化大学生的思想道德观念，引导大学生明确科学的人生发展方向，这是高校思想政治教育工作的主旨要求。新媒体环境的到来，对凝聚大学生思想道德观念和价值追求的形成和发展产生了重大影响。毋庸置疑，通过中华优秀传统文化加强大学生思想政治教育是一种理想而可行的方式。对大学生而言，借助新媒体手段，能够提升自身的中华优秀传统文化素养，从而使自身的思想达到崇高的境界。

随着全面深化改革的深入，加强大学生中华优秀传统文化教育，对于实现大学生将个人理想信念与国家民族的前途命运有机融合，增强大学生的民族责任感和文化底蕴，强化自强不息、责任担当、吃苦耐劳、顽强拼搏的良好行为习惯具有重要的推动作用。同时，也有助于青年大学生自觉践行社会主义核心价值观，有效增强大学生思想政治教育工作的针对性和实效性。

2.新媒体对大学生思想政治教育工作的影响

（1）积极影响

新媒体技术的发展，丰富和创新了思想政治教育工作的方式和载体，为大学生思想政治教育工作带来了良好的机遇。首先，有利于推动大学生思想政治教育方法和手段的创新。相比之前单一的灌输说教式教育，大学生思想政治教育工作可以利用新媒体手段将枯燥的理论形象化、生动化，增强吸引力和感染力。同时，新媒体环境下，大学生可以借助网络媒体、手机媒体、电视媒体等形式，查阅到更多关于马克思主义经典理论、中华优秀传统文化的历史渊源和生动故事，从而加深大学生对知识的理解和印象。其次，拓展了大学生思想政治教育的阵地。借助新媒体技术，思想政治教育工作者可以在信息爆炸的今天，学习掌握到更新、更全面的信息，了解到更多学科门类的内容，优化自身的知识结构，帮助大学生开阔理论知识眼界，学习优秀的文化成果，实现大学生的全面发展。再次，有利于增强大学生思想政治教育的效果。依托新媒体信息量大、内容丰富、覆盖面广、形式多样的优势，可以为大学生思想政治教育工作提供更加广阔的理论和实践平台。思想政治教育工作可以借助新媒体学习掌握人类文明的一切成果，从而实现优秀传统文化大规模地、快速地影响到每一个人，切实提高思想政治教育工作的实效性。

（2）消极影响

新媒体的快速发展和广泛普及，多元文化的中心思想与现代主义的传统观念冲突日益加剧，不断冲击着当前大学生思想政治教育效果的实现，不仅影响了大学生最初的道德观念、价值观念，同时影响着他们原本规矩的行为，从而增加了大学生思想政治教育效果实现的难度。新媒体环境下，海量信息随时随地传播，不受时间和空间的限制，大量未经核实的虚假信息和不法信息通过新媒体广泛传播，大学生群体往往成为这些错误信息的受害者，虚假信息增加了他们辨别是非的难度，不法信息也极其容易引发他们思想的混乱。此外，新媒体环境下，西方的信息大量涌入我国，一些西方国家企图通过新媒体手段对大学生进行思想和文化的渗透，将他国的意识形态和思想价值观念强加于大学生群体，这为大学生思想政治教育增添了极大的隐患。

（三）促进大学生的全面发展

中国特色社会主义关于德、智、体、美全面发展的教育方针，印刻着深厚的中华优秀传统文化的烙印。社会主义中国脱胎于半殖民地半封建社会，这就决定了社会主义中国的教育方针不可能自然承接资本主义社会物质精神遗产，传统文化尤其是儒家思想反而深刻影响着现代中国。儒家以德为首的教育思想，经过两千多年的积淀，逐渐形成了人的德、智、体、美全面发展的教育传统。

1.人的全面发展理论

"整个所谓世界历史，不外是人通过人的劳动而诞生的过程。"人是社会发展的主体，人自己创造自己的历史，这是马克思主义唯物主义历史观的重要观点。社会发展的最终目的与最高价值取向是人的发展，人的发展不仅是体力劳动的发展，还包括脑力的发展，是人的体力和脑力的自由、充分、和谐的发展。前资本主义社会及其资本主义社会，人的全面发展是不可想象的，是片面的、残缺的、不完整的发展，特别是在资本主义社会资本逻辑的主宰下，人的劳动、人的发展被异化，人成为自己创造物的奴隶。马克思主义人的全面发展理论是在批判资本主义劳动异化、人的异化弊端中建构的。从必然王国向自由王国迈进要以人的自由全面发展为重要条件和重要方向，马克思主义人的全面发展理论的终结表现在于此。中国特色社会主义贯彻落实马克思主义关于人的全面发展理论是通过教育方针的制度而实现中国化的。"我们的教育方针，应该是使受教育者在德育、智育、体育几方面都得到发展，成为有社会主义觉悟的有文化的劳动者。"社会主义中国推进马克思主义人的全面发展理论中国化、本土化的理论结晶与实践成果就是党的教育方针与政策。这种把人的全面发展理论本土化、中国化集中体现在它深深根植于中国传统文化的土壤,特别是与中国优秀传统文化关于全面发展教育思想相融合,成为民族教育思想的有机组成部分。我们现在的教育方针是坚持马克思主义人的全面发展理论指导，继承和创新中华优秀传统文化关于教育思想的产物，是马克思主义与中华优秀传统文化"联姻"，实现马克思主义人的全面发展理论的中国化、本土化的重要创新和重大创举。

2.新媒体对大学生全面发展的利与弊

新事物终将代替旧事物，这是规律使然，是不以人的意志为转移的。新媒体代替旧媒体，同样是媒体介质形态发展变化的历史规律，是社会发展与前进不可阻挡的力量。但是新事物毕竟是从旧事物中脱胎而来，毕竟是新出现的事物，这就决定了新事物或多或少存在一些不足。因此，新事物具有两面性：一方面表现在优越性，一方面表现在不足性。新媒体和旧媒体相比，同样遵循新旧更替的规律，同样作为新事物形态的新媒体也具有两面性，具有优缺点，这种优缺点实际表现在新媒体给媒体传播形态带来的机遇和挑战。大学生使用新媒体，是新媒体的两面性不断作用于大学生思想行为的过程，大学生在享受着新媒体带来的便利的同时也深受一些新媒体负面的影响。特别值得注意的是，大学生正处于成长发展时期，是学习知识的关键时期，人的全面发展是主客体相互作用的过程，如果说大学生与新媒体是主客体的关系，那么新媒体的两面性对大学生的全面发展的影响就更加突出，也就是说，新媒体对大学生全面发展的影响突出表现在新媒体带来的机遇和挑战。

（1）新媒体对大学生全面发展的作用

新媒体的"触角"已经深入社会生活的各个领域，毋庸置疑的是高校已经是新媒体的主要领域和主要地盘，大学生是使用新媒体的主力军，这为大学生的发展提供了重要机遇，这种机遇主要表现在丰富了大学生全面发展的社会化途径。大学生全面发展是一个不断社会化的过程，从自然化走向社会化是大学生全面成长发展的必然历史，社会化的途径传统上表现为家庭、学校、社会三个主要领域，新媒体的出现实现了社会化的革命，新媒体构成大学生全面发展的第四个领域，并且这一新领域正在蓬勃发展，正在超越传统的领域，成为大学生全面发展的主导领域。总之，新媒体促进大学生全面发展社会化变为以大学生个人为单位的社会化，实现了大学生社会化发展的革命性变革，这是大学生实现全面发展的重要机遇。

（2）新媒体对大学生全面发展的挑战

新媒体为大学生的全面发展带来机遇的同时，也带来了严峻的挑战，新媒体给大学生全面发展带来的挑战主要体现在新媒体业态的复杂性。新媒体的开放性在为众多主体展示自己多姿多彩面貌的同时，也为纷繁复杂的信息、真假难辨的消息打开了方便之门，充斥其中的既有阳春白雪，又有下里巴人；既有真善美，又有假恶丑；既有正能量，又有负能量，这增加了去伪存真、去粗取精的难度。大学生正处于学习成长阶段，正是其世界观、人生观和价值观形成和确立的关键时期。关键时期的成长深受周边要素的影响，甚至周边环境与要素对大学生的价值观的最终确立起决定性作用。问题恰恰在于新媒体涵盖的复杂环境与多样要素正在潜移默化地感染和熏陶着正在成长的大学生。此外，就意识形态而言，当代中国大学生思想政治教育的主题是实现社会主义核心价值观进头脑，但是新媒体的开放性使得西方价值观不断扎根和衍生，正在抢占未来一代的思想高地，正在侵蚀着社会主义核心价值观传播的领地。这不得不引起我们的重视，这也是新媒体为大学生全面发展带来的最大挑战。

3.中华优秀传统文化对大学生全面发展的作用

实现大学生德、智、体、美、劳全面发展，培养合格的社会主义建设者和接班人是国家的既定目标。大学生的全面发展既是"硬发展"，又是"软发展"，硬发展和软发展是统一的，没有硬发展，软发展就会失去依托；反过来，没有软发展，硬发展就会丧失灵魂。没有灵魂的物体是一堆死物，大学生的发展没有灵魂内化是一种残缺不全的发展，因此，大学生的发展必须建立在软发展的支撑上，必须具有灵魂的内化。一个民族的灵魂不是别的什么东西，而是文化；同样，一个人的灵魂也是文化，特别是传统文化中的优秀文化，传统文化、优秀传统文化是一个民族、一个人的根，是流淌在每个人血液中的东西。

中华民族的传统文化，特别是优秀传统文化过去影响着、现在影响着并将继续影响着华夏子孙。大学生是当代中国发展的中坚力量，促进实现大学生全面发展，没有理由将中华民族的优秀传统文化排斥在外，否则大学生的发展必定是片面的，因此说大学生的全面发展离不开、中华民族优秀传统文化的重要作用，必须利用优秀传统文化的力量促进大学生的发展，时代越发向前，优秀传统文化的魅力愈发凸显，它在大学生全面成长发展中的功能就越重要。

二、新媒体环境下大学生中华传统文化认同问题

问题是时代的先导，也是研究的第一步。明确新媒体时代大学生中华优秀传统文化认同存在的问题，是推动研究深入的前提。

（一）中华民族文化自信的危机

在人类文明发展史中，中华传统文化是少有的延续不断的、绵延不绝的文化。但是，中华传统文化到近现代遇到了严峻的挑战，面临着转型的命运，实际上也存在着转型的事实。历史悠久的中华传统文化在历史发展长河中独具特殊魅力，就在于它以博大的胸怀包容人类一切优秀文化成果，每一次艰难挑战也是一次机遇。时至今日，中华优秀传统文化仍然走在复兴之路上，今日之中国，出现了很多新问题，不满意、批评、怨恨、不如人意的地方很多。找准问题所在，有的放矢，从文化视角分析产生这些问题的原因，认识这些问题的差异，是因为人们对这些问题失去了稳定的价值评判标准，在现代网络，尤其是新媒体潮流之势的影响下，人们的世界观、人生观、价值观呈现多样化、差异化、

个性化的特点，价值评判的标准各有差异，系统的、稳定的文化依据和文化诉求在人们心中已经消解。文化是一个民族的灵魂，文化体系的弊端总是与社会诸多问题的产生密切相关，而且文化体系的弊端隐藏得更深，原因也更为根本，因此要想解决问题，必须从文化入手。

中华优秀传统文化是富国兴魂的文化，换句话说，中华民族的复兴，必是中华优秀传统文化的复兴。中华民族优秀传统文化在全球越来越受推崇，然而在信息化、互联网化的当代社会，在知识经济爆炸的今天，中华优秀传统文化面临着严重的学习、继承、发扬、创新的危机，这种危机表现在：西方文化价值以强有力之势抢占中华优秀传统文化的战略制高点；网络化、立体化、碎片化的现代新媒体传播正在分解着中华优秀传统文化的历史性、整体性、连续性；包括大学生在内的社会大众缺乏对中华民族传统文化的自信，缺乏认识传统文化的正确态度和方法等。如果说中华民族传统文化是一座丰富的宝藏，那么我们需要的是深挖开掘，文化自信既是原因，又是途径。

（二）新媒体类型的多样性影响大学生学习方式的选择

新媒体之所以能够以势不可挡的力量拥有媒体行业的压倒性优势，就是因为新媒体类型的多样性完全契合了当代中国大学生的多样化、复杂化、个性化的特点。新媒体的类型，主要有以移动通信为载体的微博、微信、QQ空间、新媒体客户端等。每一种类型都具有自己的显著特点和独特优势，都具有吸引用户的鲜明特色。中华优秀传统文化与新媒体"联姻"的结果是传统优秀文化的新媒体化。在新媒体化影响下，中华传统文化的本质内容不变，但其形式发生了变化，各类新媒体均呈现出不同形式、不同特点，其目的不外是穷尽一切形式扩大新媒体的用户吸引面。大学生是新媒体的重点发展对象，问题是大学生正处于价值观、世界观、人生观的形成阶段，在面对各色、花样纷繁、类型多样的新媒体时，面对新媒体展示出的形式多样的中华传统文化时，有时甚至出现鱼龙混珠、错综复杂的情况，大学生不可避免地会产生选择困惑症。必须指出的是中华传统优秀文化在本质内容上是利国利民的，但新媒体为中华优秀传统文化披上了新装，其一般内容、变现形式被新媒体重点筛选出来，很容易导致大学生盲目信任。

（三）西方文化的冲击

受快餐文化、西方文化的冲击，尤其是西方节日中如圣诞节、情人节等盛行的风气影响，相对于传统的中华优秀文化及民俗民风的学习，当代大学生更热衷于对西方文化的学习。这是因为西方文化的感官性和冲击力都比较强，加之家庭、学校和社会缺失对学生中华优秀传统文化教育的引导，导致大学生对中华优秀传统文化的重要性认识不足，提不起学习的热情和兴趣，当前大学生对中华优秀传统文化的学习和传承都表现出淡漠化的趋向。如学生只是被动地接受知识而非主动探索，其学习效果可想而知。

（四）大学生自身存在的问题

随着利益主体的觉醒，商业化、物欲化观念已经深入到高校校园。尤其是新媒体时代，在金钱、权力以及人际关系的影响下，很多大学生已经迷失自我，这种迷失主要表现在校园傍款族、校园夜鸳鸯、校园寄生虫、理性的侏儒、政治冷漠与投机、缺乏艺术情趣、道德素质低下等，这种大学生更多的向往"三俗"文化，而漠视中华优秀传统文化，对中华优秀传统文化提倡的正确价值观嗤之以鼻，坚决奉行自以为正确的行为准则，种种迹象表明当代中国大学生整体素质较为堪忧。其中理性的侏儒是大学生自身存在的比较重要的问题，当今中国大学生缺乏基本的三大能力：辨别真假、是非的判断能力，辨别善恶、好坏的道德能力，以及辨别美丑的审美能力。他们不能辨别新闻的真假，不能分辨美丑，也有一些大学生玩起拾人牙慧的"后现代"深沉，对一切现行的思想、理论、行为皆采取虚无主义态度：什么都无所谓、什么都没有意思。当前大学生思想观念的不成熟，应该引起我们的足够重视，长期发展下去，不仅是大学生群体的成长危机，更为国家发展和社会进步的极大隐患。

（五）教师队伍存在的问题

首先，随着新媒体的发展，使少部分教师的马克思主义、共产主义理想信念开始淡化。借助新媒体技术，不法之徒在文化的传播过程中夹杂着大量的西方国家的价值观和政治观，从而对部分教师尤其是年轻的教师队伍影响较大，少部分人对中国共产党的理想信念和价值追求产生动摇，这种思想一旦带到课堂之上，非常容易对大学生的价值判断产生较大的负面影响。

其次，新媒体的发展对教师队伍的业务水平提出了更高的要求。新媒体的发展对教师队伍来说，既是机遇，也是挑战，新媒体时代教师在加强中华优秀传统文化学习时提供了极大便利，但在文化传播和教育过程中必然会遇到更多新的矛盾和困难，教师队伍在提升业务水平方面也面临着更大的压力。尤其是一些掌握丰富中华优秀传统文化知识的老教师，在新媒体学习过程中显得更加吃力，出现束手无策、不知所措的局面。

另外，新媒体的发展使得教师队伍的主体地位受到影响。在新媒体时代，信息的传播更加开放，传播的主体也更加多样。现阶段，大学生可以通过更多的手段学习了解掌握更加全面的中华优秀传统文化知识，从而使得教师队伍不再是知识传播的主导者，主体地位受到挑战，从而影响教师的工作积极性。

第三节　新媒体环境下提升大学生中华传统文化认同的路径

新媒体时代，以互联网技术和数字化为标志。中华优秀传统文化如何实现传播的现代化转变，在新型媒体中如何展现，以及如何利用新媒体手段被大学生所接受，在实际中践行显得尤为重要。发挥新媒体受众群体的主动性优势，最大限度地规避新媒体劣势带来的负面影响，不断实现中华优秀传统文化发挥大学生思想政治教育工作的重要作用，进一步促进中华优秀传统文化的再发展、促进大学生的全面发展是本章内容的核心目的。

一、创新新媒体形式，提高大学生中华优秀传统文化认同

现阶段，新媒体的技术支撑体系已经日趋成熟，终端设备的普及所提供的最基本的物质支持产生了一个具有相同文化背景的群体。新媒体和数字技术手段的日臻完善，也丰富了中华优秀传统文化的表现手段。新媒体技术在融合不同媒体特点的基础上，增加了虚拟空间、电子感应等技术手段，从而不断在网络媒体、手机媒体、电视媒体等方面呈现出立体、真实、实时互动的态势。

（一）创新网络媒体，提高大学生中华优秀传统文化认同

互联网时代，中华优秀传统文化的传承要跟上时代发展的要求，提高大学生群体对中华优秀传统文化的认同度。通过新媒体手段，将中华优秀传统文化转化为数字化存储方式并通过网络呈现出来是革命性的变化，例如国家图书馆启动的"中国基本古籍库"项目，目的是把纸质媒介存储转化为数字，建立数字化数据库，大学生群体可以通过网络媒介，加强对中华优秀传统文化的了解和学习，相比纸质媒介更加方便和一目了然，对在大学生群体中普及中华优秀传统文化可以说具有开创性意义。

中华优秀传统文化数字化工程是一项努力实现中华优秀传统文化资源网上运行传播的系统工程，馆藏模式体现着其核心理念。终端是建设一个数量规模宏大的、地域上分布广泛的、可以实现跨库检索的数字化文化信息资源网络媒体库。中华优秀传统文化数字化工程建设涵盖了中华优秀传统文化的方方面面，用网络媒体技术重现中华文明五千年的伟大成就，不断扩大中华优秀传统文化在大学生群体中的普及程度，可见，网络媒体传播是中华优秀传统文化建设的重要媒介和平台。

（二）创新手机媒体，提高大学生中华优秀传统文化认同

首先，手机媒体与大学生的生活、学习高度贴近。移动互联网的出现打破了报纸、广播、电视等传统的信息传递方式，并再生出很多新的新媒体应用。以移动 4G 和云计算的普及应用为基础，手机淘宝、微博、微信等具备时间碎片化特点的应用成为新的社会文化关键，深刻影响着社会的每一个群体，特别是在校大学生。很多大学生被冠名为"手机族"；其次，手机阅读也深受大学生青睐，在社会各群体中，大学生的手机使用量最高，在他们看来，手机已不再是最初的通信工具，而是获取信息和娱乐的工具。由于大学生的好奇心强，有较强的求知欲，再加上他们具有较高的阅读能力，手机自然而然的成为弘扬中华优秀传统文化最好的媒体工具。大学生们的大多数课外时间都是在手机上，所以如果学校通过手机媒体开设有关中华传统文化的课程内容，这样既能够很好地让大学生接受，又丰富了大学生的手机文化，进而也能够提高中华优秀传统文化的生

命力和感染力。

作为一个开放的系统，手机媒体传播符合大众传播的模式，即手机可以使每个人都成为社会媒体。手机媒体具有方便性、普遍性、互动性、隐私性、贴身性等特点，因此它打破了地域、时间和设备等限制，使人们可以随地随时接收各种信息，手机媒体也越来越成为人们所认同的传播文化的媒介。一方面，手机媒体的互动性较强。手机媒体作为一种开放的传播模式，传播者与被传播者可进行随时随地的互动式交流。手机媒体打破了空间和时间限制，满足了普通大众的需要，人们可以在碎片化、间断性的时间中获得个性需要，进而满足自身的需要；另一方面，传播与更新即时性。手机媒体作为一种移动的传播媒介，它能够实现用户双方的对等性，不受约束，可以把信息快速的传递给对方。只要有新媒体，手机就能够实现信息传播；另外，手机媒体传播内容具有多样性。随着通信领域的快速发展，手机媒体传播的内容包括了报纸、电视、新媒体等各个媒介的内容，手机涵盖的信息量比它们的都要多。手机用户能够得到诸多的媒体信息、多样的功能以及个性化的服务和大众化的平台。

（三）创新电视媒体，提高大学生中华优秀传统文化认同

以中华传统文化为内容的综艺节目满足了人们对中华优秀传统文化的心理需求，同时也让电视媒体在传播优秀传统文化和追求市场利益中找到了自己的位置。想要更好地传播中华优秀传统文化，电视媒体就必须结合当前的时代背景、市场环境以及受众心理，担负起传播中华优秀传统文化的责任和使命，培养作为一个媒体人对中华传统文化的理解，提高传统文化类节目的制作水准，对节目形式加以创新，以综艺类文化节目为突破，创造出更好更多的传播中华优秀传统文化的节目。

最近几年，在国学热的驱动下，电视媒体上出现了许多以中华优秀传统文化为主要内容的综艺类文化节目，同时又伴随一定的娱乐性质。如河南卫视《汉字英雄》《成语英雄》，河北卫视的《中华好诗词》以及中央电视台的《汉字听写大会》等等。这些节目普遍受到了广大观众的欢迎，尤其是在大学校园里受到热捧，并得到大学生的积极参与。这些节目适应了大众对中华优秀传统文化信仰的心理需求，展示出电视媒体在传承中华优秀传统文化中负有的责任感。节目的制作方兼顾到了社会责任和经济效益，做到了名利双收。综上所述，不难看出，电视媒体在市场的调节下不自觉地担负着传播中华优秀传统文化的重要责任。

二、加强平台建设，丰富大学生中华优秀传统文化学习路径

新媒体的特点和优势为中华优秀传统文化普及提供了新平台。文化部部长蔡武表示，对传统文化的传承存在"书斋气、经学气、玄谈气"，不够接地气，不够体现时代精神的短板现象。在人们对中华优秀传统文化的热情不断高涨的情况下，新媒体的特点和优势为中华优秀传统文化的普及提供了新的平台，利用新媒体将使中华优秀传统文化像空

气一样影响着人们，从而得到传承发展，成为引导人们积极向上的重要力量。

（一）加强中华优秀传统文化主题网站建设

随着互联网的发展，喜欢中华优秀传统文化的大学生，现在只要坐在电脑前，就能了解远古至今的中国文化，深深体会着中国历史的悠久和文化的博大精深。现在已经有很多关于普及中华优秀传统文化的主题网站，如中国历史博物馆、中国典籍网、中华万历年、中国历史、中国历史文化遗产保护网等等。

在大学校园里尤其需要重视主题网站的舆论引导，目前，大部分高校都建立了 BBS、贴吧等，发挥其舆论引导作用，这是新媒体时代下做好中华优秀传统文化教育工作的基础和关键。新媒体舆论主要由新媒体中的媒体言论与论坛及新闻跟帖共同反映与形成。基于新媒体传播的互动性、开放性和自由性，特别是在校园 BBS 论坛上，谁都能够在该论坛上发布信息，表明观点，进行讨论。这些都在一定程度上大大吸引了大学生的广泛参与，而且在个别有争议的问题上形成广泛讨论，从而反映出大学生大致的思想动态。因此，中华优秀传统文化的传播者要正确引导新媒体舆论，对一些经验不足的学生给予正确的引导，而这也是中华优秀传统文化教育对新媒体的内在需求，例如现在建立的尔雅、智慧树、高校邦等慕课平台就发挥了很好的作用。但是需要注意的是，网站选择的内容要做到与时俱进，大学生的中华优秀传统文化的课程要做到与时俱进。在教学中既要不断增加和整理教学内容，使其具有时代特色，又要结合实践，重点放在解决现实问题，只有符合"与时消息、与时偕行、与时俱进"的要求，这样才能够充分发挥大学生的学习积极性，进一步加强中华优秀传统文化传播的有效性和针对性。

（二）创建适应高校特点的校园媒体平台

校园文化作为高校校园建设的一个重要内容，利用新媒体加强校园文化建设已经刻不容缓。创建适应高校特点的校园新媒体，需要立足于校园文化，进行创新，实现与在校大学生们的良性互动。特别是在校园新媒体建设上，要改变以往强制、死板的灌输式教育，要进行教育教学的创新，尽量利用新媒体对学生进行互动式的教育教学。在新媒体下的教学内容，要尽量与学生的实际相结合，贴近学生主体，只有如此，校园文化建设才能顺利进行，校园新媒体才能充分发挥其作用，才能实现新媒体与大学生的良性互动。推进优秀传统文化对大学生的教育，让高校成为弘扬传播中华优秀传统文化的主要场所，成为中华优秀传统文化教育工作的主要阵地。

创建适应高校特点的校园新媒体，实现与大学生的良性互动，其中重要的一项内容就是创建传统文化素材库，素材尽量包括历史、文学、宗教等内容。高校可以通过系统将这些经典文化素材推送到大学生的客户端，通过学生将这些传统文化转发到朋友圈。这种新奇、实用、有趣的传播方式，不仅能够将高校的中华优秀传统文化教育工作体系和优秀传统文化很好地结合，更能够实现校园新媒体与大学生之间的良性互动。

（三）加强媒体监管，净化中华优秀传统文化环境

当前，新媒体传播的信息多种多样，既有主流的中华文化，又有外国的西方文化，其中不免还有迎合部分人的低俗文化。对大学生进行中华优秀传统文化教育，在以新媒体信息技术为支撑的同时，更要让中华优秀传统文化占领文化高地，在与不良的西方文化和低俗新媒体文化的较量中突出中华优秀传统文化的优势，净化新媒体环境。新媒体建设应从中华优秀传统文化的基本精神中挖掘出与新媒体特点相一致的、具有现代价值的思想，帮助大学生树立新媒体伦理意识，养成良好的个人品德。在净化新媒体环境中要有高度的社会责任感，这样才能够推进中华优秀传统文化的传播与发展。

对于高校而言，一方面要引导学生树立正确的新媒体观，要让大学生知道社会提倡、社会限制和法律禁止的内容，使大学生自觉形成正确的新媒体意识，接受社会提倡的文化，进而形成良好的新媒体道德，提高自律意识和抵御不良文化的能力，维护新媒体文化秩序；另一方面要加强网站建设，利用校园网站宣传积极的传统文化，采取大学生容易接受的方式，如QQ、微博、微信等。这样既能引导大学生自觉净化新媒体环境，发挥优秀传统文化的引导作用，又能够增强教育的针对性和吸引力；再者就是对中华优秀传统文化进行新媒体创新。现在的大学生在生活学习等方面都渐渐被新媒体化，因此可以利用新媒体创新对大学生进行优秀传统文化的教育，可以通过创新与大学生交流的方式，进而增强中华优秀传统文化对大学生教育的有效性。

三、创新中华优秀传统文化学习模式，实现与新媒体的有机融合

为更好地应对新媒体发展趋势对高校大学生培养工作提出的新变化和新要求，就必须大力改进、改革高校的中华优秀传统文化教育模式和工作方法，重视大学生个性教育，增强中华优秀传统文化在大学生教育工作中的时效性，不断创新中华优秀传统文化的学习模式，主动实现与新媒体的有机融合。

（一）创新中华优秀传统文化教育的方式

受西方文化及长期应试教育压力的影响，当前大学生对中华优秀传统文化知识学习的主动性和自觉性不高，同时还存在着一定程度的排斥心理。严峻的现实要求高校教育工作者转变从前灌输式的教育方式，开展以大学生为主导的教育模式，将从前大学生被动地接受，转变为自身主动的学习。围绕当前大学生的成长特点、接受心理和行为习惯，利用微博平台、微信订阅号、QQ空间等多种新媒体形式，传播中华优秀传统文化知识，借助新媒体平台实现中华优秀传统文化的时空转换，从而为大学生所接受，最终实现中华优秀传统文化的传承与发展。

（二）借助新媒体开展各类中华优秀传统文化主题活动

为加强大学生的思想引领，积极引导广大大学生坚定跟党走中国特色社会主义道路的信念，各级组织要在大学生群体中开展形式多样的中华优秀传统文化主题教育实践活

动。在开展此类活动时，借助新媒体手段，对于扩大活动的有效覆盖面和影响力具有重要的促进作用。将原来单一的说教和理论学习，通过新媒体平台将其生动化和形象化，以更具艺术性和时代特色的手法，鼓励大学生学习和掌握中华优秀传统文化，这样更容易被大学生群体所接受，从而真正增强中华优秀传统文化在大学生思想政治教育工作中的针对性、时效性和感召力、吸引力。

（三）建设中华优秀传统文化学习的新媒体课堂

中华优秀传统文化凝聚着中华民族自强不息的精神追求和历久弥新的精神财富。但因为其主体内容太过博大精深，所蕴含的哲理太过深奥，再加上时间跨度大，很多内容与现代社会脱节，在一定程度上很难被当代大学生所接受。所以，现阶段，要利用新媒体手段对优秀传统文化中的内容进行文字、图像、声音为一体的再加工，优化成为图文并茂、声像结合、情景交融的教育资源，增强中华优秀传统文化内容的形象感和互动性，充分激发青年大学生的求知欲和主动性，保证青年大学生学在其中、乐在其中，感悟中华优秀传统文化，增强其渗透性。

（四）加强中华优秀传统文化的现代阐释与充实

一提到传统文化，很多人便会想起"之乎者也"，难读、难懂。列宁曾说："最高限度的马克思主义二最高限度的通俗化"，对于中华优秀传统文化亦是如此。高校可以将中华优秀传统文化的精华部分有选择地植入到学生的日常教育活动中，并对其进行"通俗化"改造，使其在活动的组织形态上更便于参与，更具感召力和吸引力；在活动内容上更易吸收，更加通俗易懂。要做到学术型教育活动于普及型教育活动并举，满足不同受众群体对中华优秀传统文化的差异性需求。

加强对中华优秀传统文化的现代阐释与充实，首先，高校要在加强传统文化学科体系建设基础上，不仅要依托第一课堂开设系统讲授中华优秀传统文化的课程，以满足学术型与研究活动的需求。还有依托第二课堂开办面向全体大学生的优秀传统文化大讲堂，组建大学生优秀传统文化社团，开展丰富多彩的传统文化类校园文化活动，以满足普及型教育活动的需求；其次，可在中华优秀传统文化典籍中遴选与大学生在品德、学业、情感、就业等方面有交集的内容，按照理解的难易程度进行编辑整理，并依托新媒体手段进行传播，例如在贴吧、微博、微信公众平台上开展"每周学一首诗词""每月读一本经典"等活动，让中华优秀传统文化融入大学生日常学习生活之中。

四、加强大学生媒介素养教育，提高学习中华优秀传统文化的能动性

在信息时代，如何积极应对、有效利用、分辨鉴别媒介信息，是大学生应当具备的基本素质。由于长期媒介素养教育的缺位，导致大学生对新媒体的认识更多的出于自发状态，存在较大的盲目性。所以，需要高校通过科学理论的指导和具体的实践锻炼，培养大学生具备较高的媒介素养。只有如此，才能保证大学生拥有应对媒介类型多样性、

媒介信息内容不确定性带来的挑战的能力。

（一）加强大学生媒介素养教育，提高媒介分析、判断和运用能力

大学生媒介素养教育，就是指导大学生正确认识、参与和建设性地享用大众媒介资源的教育，就是使大学生了解媒介及其信息对自己的意义，认识自己的需求，学会创造性或建设性地利用大众媒介促进自身的发展。尤其是新媒体发展迅速的时代背景下，加强大学生媒介素养教育，提高大学生媒介素养水平，对于大学生通过媒介手段发展自我，提高自身综合素质，具有重要的促进作用。

（二）培养大学生参与互动传媒的意识和技巧

在大学生的互联网应用调查数据中可以看到，很大一部分学生较少参与到信息的制作与发布中，比如论坛发帖、更新博客等。结合新媒体的互动性这一特点，大学生需要有很强的参与互动传媒的意识和技巧，网络中的信息流通量大，传递速度快，较之传统媒体，网络信息的传递是双向甚至是多向的。互动的前提就是要具备信息传递及创造能力，这就要求大学生应学会将组织整理好的有序信息在网上传递与共享，利用即时通信或远程通信与同学、老师或其他学者专家进行交流探讨或者合作研究等；使用各种软件自己创制不同格式的信息，成为信息的提供者和创造者，从而实现交流信息，表达思想。

互联网最大的特点就是共享性，在网上通过正确的信息传递就能找到志趣相投的伙伴或同行，在共享信息、共同讨论的过程中，拓展自己的眼界和思路。引导大学生充分利用网络以获取和传递信息，解决学习中遇到的实际问题，并能够有所突破和创新。如利用网络调查进行数据统计和学术研究，大学生还可以通过网络找到合适的就业岗位，以及借助网络资源自己创业的例子比比皆是。在网络信息传递和创造的过程中，还要使学生具备一定的信息道德素质和责任意识，增强免疫力，养成一种对信息的思辨反应能力，并且坚决抵制传播和创制不良信息，以自觉的道德和责任意识，创造和维护健康的互联网文化环境。

（三）为大学生创造实践机会

媒介素养教育包括四个方面的内容：一是了解并熟悉新媒体的各种基础知识，学会使用各类新媒体的基本技能；二是学习并提高选择、理解、批判和质疑媒体传播信息的能力；三是掌握新媒体时代传播信息和创造信息的知识和技能；四是利用多种媒体形态发展自己、服务他人。

大学生的发展关系到国家和民族的未来，他们集中掌握着社会所给予的特殊知识关怀，同时又是充满活力和无限想象力的年轻一代，他们理应通过学习理解和掌握新的媒介知识和技能，进而提高他们的主动学习意识和为社会服务的能力。在校园里，就要充分利用校园广播站、新闻中心、新媒体工作部等大学生比较熟悉、可接触的媒介机构，鼓励同学间、师生间充分利用新媒体平台，开展丰富多样的新媒体学习活动。如积极参与校园新闻的采访与制作，校内重要节目的转播，各级微博、微信矩阵的管理和维护等，

不断提高大学生的新媒体实践能力。同时鼓励同学们走出校外，积极参加各类新媒体作品大赛，表达自身观点，增强实践水平。此外，学校还可定期邀请主持人、知名记者、新闻热点人物等走进校园，与大学生面对面进行互动交流，让大学生学习掌握来自媒体的第一手信息资料，了解身边的媒体状况，增加对媒介的感性认识，消除大学生对新媒体的神秘感。

五、紧跟新媒体发展步伐，加强师资队伍建设

加强大学生中华优秀传统文化知识教育师资队伍建设，是提高新媒体时代大学生中华优秀传统文化认同的重要保证。做好此项工作首先需要得到学校领导的高度重视，处理好教学与科研之间的关系，加强中华优秀传统文化教师队伍建设，重视大学生综合素质的全面提高。

（一）加强教师队伍的理论学习

加强理论学习是基础，教师队伍要有主动加强理论知识学习的自觉意识。这里所讲的理论知识，不仅仅包括中华优秀传统文化知识，同样包括马列主义、毛泽东思想、中国特色社会主义理论，以及各类自然科学知识和社会科学知识。另外教师队伍还要努力钻研和提高业务能力，认真学习掌握各类法律知识、社会主义市场经济知识等，同时注意学习现代信息科学技术，熟练操作各项新媒体技术。只有这样，才能减少和避免工作中出现片面性、绝对化和左右摇摆等问题。

（二）开展针对教师团队的技术培训

新媒体时代，为全面提高教师队伍的综合能力，需要着重加强教师在信息素质等方面的提升，主要是让教师熟悉各种新媒体类型和掌握其应用技能。教师团队的技术培训主要以实用性为主导，加强对使用频率高、能在实际工作中运用并有明显效果的技能培训，例如现在大学生比较感兴趣的贴吧、微信公众平台、QQ 空间等。同时根据每个教师使用新媒体技术的能力，采取灵活多样的差异性培训模式。通过加强新媒体技术培训，更新广大教师团队的思想观念，不断将对新媒体能力的掌握作为一种内在需求，从而不断提高整个教师团队的综合素质。

（三）注重教师队伍的实践锻炼

俗话说，要想知道梨子的味道，就要亲口尝一尝。提高教师团队的整体素质，不仅仅需要加强理论学习，更重要的是勇于实践。实践是检验真理的唯一的标准，实践在我国历来被视为提升素质的重要环节。毛泽东同志曾指出："读书是学习，使用也是学习，而且是更重要的学习。"教师队伍无论哪一方面素质的提高都离不开实践，对于新媒体技术的掌握也是一样的，所以教师队伍需要尽快熟悉使用各种新媒体，不断在实践中让自己成熟起来、时尚起来。

第五章　新媒体环境下优秀传统文化的传播策略研究

第一节　优秀传统文化在高校传播的重要意义

中华传统文化博大精深，是中华民族最为独特的精神标识。党的十八大以来，国家对传统文化的普及与传播工作越来越重视，习近平总书记先后对如何传承与弘扬中国优秀传统文化展开多次阐述。"培育和弘扬社会主义核心价值观必须认同中华优秀传统文化。牢固的核心价值观，都有其固有的根本。抛弃传统、丢掉根本，就等于割断了自己的精神命脉。博大精深的中华优秀传统文化是我们在世界文化激荡中站稳脚跟的根基。要认真汲取中华优秀传统文化的思想精华和道德精髓，大力弘扬以爱国主义为核心的民族精神和以改革创新为核心的时代精神，深入挖掘和阐发中华优秀传统文化讲仁爱、重民本、守诚信、崇正义、尚和合、求大同的时代价值，使中华优秀传统文化成为涵养社会主义核心价值观的重要源泉。"作为中华民族几千年来传承与积淀形成的宝贵精神财富，优秀传统文化所包含的深厚文化底蕴，对高校的思政教育工作及大学生的社会价值观引导具有重要意义。

一、新形势下加强高校传统文化传播的必要性

就高校校园文化建设而言，《中共中央关于进一步加强和改进学校德育工作若干意见》中指出：要重视校园文化建设。要大力开展学生喜闻乐见的、丰富多彩、积极向上的学术、科技、体育、艺术和娱乐活动，要建立以社会主义文化和优秀的民族文化为主体的健康生动的校园文化。2014年，习近平在北京大学师生座谈会上发表讲话，要求广大青年自觉践行社会主义核心价值观，并强调从中华优秀传统文化中吸取营养的必然性和重要性。真正将传统文化日常化、形象化、生活化。2017年春节前夕，中共中央办公厅、国务院办公厅印发了《关于实施中华优秀传统文化传承发展工程的意见》。《意见》指出：实施中华优秀传统文化传承发展工程，是建设社会主义文化强国的重大战略任务，对于传承中华文脉、全面提升人民群众文化素养、维护国家文化安全、增强国家文化软实力、推进国家治理体系和治理能力现代化，具有重要意义。

优秀传统文化在高等教育过程中起着重要的作用。一方面可以帮助大学生树立崇高的民族意识和爱国意识；另一方面，强化传统文化教育，有助于高校青年更好地协调和谐的人际关系。此外，培育和弘扬社会主义核心价值观，必须立足于中华优秀文化。通过传统文化所蕴含的真善美等多种传统美德的传播，能够进一步帮助大学生塑造良好的人格品性。

以往，传统文化在高校中的常见传播方式为授课、书籍、广播、报纸等载体。其传播与更新速度相对较慢，加之高校学生对其主动接收的频率日渐减少，导致传播效果大打折扣。新媒体背景下，随着文化多元化以及信息网络化的飞速发展，合理利用丰富多样的现代化传播手段，将更利于优秀传统文化在高校中的传播。新媒体平台自身拥有的传播速度快、传播形式丰富、良好交互性等特征，也为传统文化在高校中的传播注入新的活力。

加强新媒体环境下传统文化在高校中传播的必要性，还存在另一方面因素。近年来，随着智能手机、平板电脑等移动终端的出现，"手机一族"和"低头族"在年轻人中的数量也大幅上升。据 2018 年初，中国互联网络信息中心（CNNIC）在京公布的第 41 次《中国互联网络发展状况统计报告》显示，截止到 2017 年 12 月，中国的互联网用户规模已达 7.72 亿，普及率达到 55.8%，手机网民规模达 7.53 亿。学生群体仍然成为中国网民中最大的群体，该群体的互联网普及率也处于相对较高的位置。对于青年群体而言，长时间碎片化的信息接收方式，极易造成用户提笔忘字、语言滥用、传统文化内容趋向娱乐化媚俗化等现象，导致其对优秀传统文化的接触与认同感不断弱化。若任由发展，将影响高校学生正确价值观的形成与健康发展，甚至影响高校良好人文氛围的形成。因此，积极借助新媒体工具转变传播思路，丰富传播方式，不断从中华优秀文化中汲取营养，进而唤醒高校学生对其理解与认同，推动高校思想政治教育工作更好地开展，显得尤为必要。

二、新媒体环境：挖掘大学生对优秀传统文化认同的新方式

新媒体这一新兴的媒介形式凭借其独特的传播优势，迅速在高校传播中占据一席之地。高校新媒体平台主要基于微博、微信、客户端等，从传播效果的角度来看，新媒体工具可以为优秀传统文化的传播和现代化转型提供重要的平台。其一，新的媒介载体可打破传统传播思维，以新的内容呈现方式引起受众关注；其二，新的传播方式能够优化创新传播模式，提升传播内容的实际效果。从传播形式来看，经由新媒体平台播出的传统文化相关内容多以图文并茂的方式呈现，辅以微视频、网络动图等手段，这一做法避免了传统媒介单一形式的传播局限，更加生动立体地展示优秀的传统文化。此外，较强的扩散速度及开放的受众互动空间，能更好地调动高校学生主动参与及分享的积极性。

高校思政教育队伍应利用多种宣传方式，形成传统文化在高校中的全方位传播矩阵。

2013 年 8 月 19 日，习近平总书记在全国宣传思想工作会议上发表重要讲话时提到，"特别是要适应社会信息化持续推进的新情况，加快传统媒体和新兴媒体融合发展，充分运用新技术新应用创新媒体传播方式，占领信息传播制高点。"一个相对成熟的校园文化的形成，离不开多种传播形态的共同推进。传统的传播形式如授课、广播、校报、校园电视台等，传播内容具有相对权威的特征，以此为基础借助新媒体平台，充分利用网络资源进行二次宣传，能够提升整体传播效果，共同将传统文化在高校中的传播形成规模化。

高校相对宽松自由的学术氛围也更加鼓励多元创新的文化展现形式。优秀传统文化的良好传播，是促进校园文化建设的重要基石。新媒体环境下，高校校园文化建设应当重点加强学生的思想政治教育。思想教育工作者可有效借助传统媒体关于优秀文化的热点事件报道，利用知识竞赛、有奖互动等多种形式，调动高校学生的参与积极性，在参与过程中加深对传统文化的认同。比如，2017 年春节期间，央视播出的《中国诗词大会》第二季中，上海复旦附中高一女生武亦姝，一路过关斩将，"飞花令"的出口成章，让很多粉丝惊呼这位 00 后少女的诗词文化底蕴。节目最初经由电视媒介播出时，并未引起大众的广泛关注，随着比赛的持续，微博、微信、客户端等新媒体平台从不同角度展开较为深度的二次宣传，将受众的关注热度不断提升。各高校的官方微博、微信平台也纷纷结合该热点，围绕校名、校训、学校特色等抛出定制"飞花令"，推出古诗词填词专题，有效调动了高校师生的参与热情。

三、瓶颈：传统文化在高校传播中面临新媒体技术的挑战

新媒体技术的出现，不仅改变了人们传统的信息接收思维与方式，也拓宽了信息获取的渠道与广度。伴随着海量信息的涌现，传统文化在这一载体的传播也受到相应影响。从传播过程的各个具体环节出发，当前，优秀传统文化在高校传播中面临的挑战主要表现为以下几个方面：

（一）传者——新媒体人"翻译"不当，导致传统文化的片面传播

首先，在传统媒体广泛普及的时期，经由书籍、报纸、电视、广播等载体传播的内容，始终有"把关人"的层层审核与校对环节，而新媒体的传播隐匿性与瞬时性，极大的弱化了媒体人的把关作用。其次，无论是传统媒体时期的大众传播方式，还是新媒体环境的分众化传播模式，传播者往往根据最终的传播效果来调整制定传播内容的风格。对优秀传统文化的解析与传播容易具有娱乐化倾向，导致接收者对信息的片面解读与理解。

（二）传播媒介——受载体特性影响，传播容易陷入娱乐化与庸俗化倾向

新媒体所具备的即时性、便捷性、强扩散性等优势，使传播内容在网络环境下得以较快传播，甚至形成具有一定影响力的舆论场，引起受众关注。而能够形成热门的选题，往往包含娱乐化的特征，加上新媒体移动终端碎片化的解读传播，极有可能消解传统文

化的真正内涵。此外，新媒体环境下，青年也容易从新的传播平台中接触到西方文化，容易被西方的价值观念所影响，传统文化的素养和印记相对较难体现。

　　（三）受众——青年对于以新媒体为载体的传统文化接受意识薄弱

　　作为继承中华优秀传统文化重要力量的大学生群体，对优秀传统文化的自我认同意识相对薄弱，往往会将更多课余精力放在网游、追剧以及所谓的"热门话题"（明星、娱乐、八卦等）。对于以新媒体为载体的优秀传统文化内容，并未养成固定的接收习惯。如何有效地加强高校学生的优秀传统文化教育，帮助其树立更高的民族自信心，是高校思政工作者亟待解决的问题。

第二节　新媒体环境下优秀传统文化的传播特点

　　本节以中国传统书法文化为例，探讨新媒体环境下优秀传统文化的传播特点，具体分析如下：

一、传者的多元化

　　新媒体环境下书法的传播形式多样，基于互联网的传播渠道多，那么其传者也是呈现一种多元化的态势。

　　在传统媒体环境下，以书法为代表的中国传统文化之传播，其传者主要还是局集中在一些在权威机构组织、学者教师和以营利为目的的艺术品投资商。这些传者掌握着主流的大众媒体，占据着如博物馆、会展中心等展示所必需的场地，且拥有一定数额的资金支持，所以普通民众要想参与到这种文化传播之中，其身份大概也只能是以受众的形式出现。传播传统文化对于传者的要求和门槛是有一定要求和限制的。

　　到了以互联网为基础的新媒体时代，这种格局似乎有土崩瓦解之迹象。新媒体环境下的传统文化传播大到如权威机构、组织团体、从网络精英及学界大牛，同样也可以小到如独立艺评人、普通教师或学生，甚至是整日闭门不出的宅男都有可能成为艺术的传播者。这种现象和格局，笔者概括归纳为其传者的多元化。

　　所谓多元化，犹如发散性思维，可能会触及你猜不到的任何人、任何角落。所谓猜不到，是指受众有时候并不一定知道自己是从何人之处获取的信息。举个例子，比如你看到网上分享的一份有关书法碑帖的电子扫描版，你通过网盘或者迅雷等p2p下载方式获得了，然而你通常只能知道这位传者在该下载渠道上的用户名，你并不能获取除了用户名字母组成之外该传者的其他身份和信息（当然网络黑客之类的除外）。通常，除了一些如微博平台认证的机构和知名人士以外会在网上公开自己的传者真实身份之外，一般的用户通常不会让别人轻易通过自己的用户名获得自己的真实信息。此为其一。

其二，正如前一段所说的想不到，有时候传者会在不经意间成为信息的传播者。这句话该如何理解？还是举个比较简单的例子吧。目前流行的网络传输中P2P传输被我们广泛使用，从国外的电驴到国内的迅雷等，这种以一人发布资源链接（或者下载种子），下载者便可以通过网络从同样拥有该资源的用户中同时分段下载。这种传输模式，大大缓解了资源发布者所在地的网络传输负荷，故在网络上传速度普遍慢于下载速度的中国大陆异常受欢迎。也就是说，如果某人拥有一份书法类的相关文件，可能在无意识的状态下，你也成了传者将部分文件传输给了有需要的受众，这样的不经意间，你由原先的受众成了传者。这样的身份角色变化，正是以互联网为平台的新媒体时代给我们带来的奇妙之处。

二、内容的多样化

在传统媒体大行其道的时代，以书法为例，其传播内容主要不外乎以下几种：一是与其相关的原件和印刷出版物，这类物品大多以展示传播和出版传播的形式开展；其二是以书法文献和理论书籍的形式呈现，其发表通常通过传统的出版社公开发表；其三是以视频影像的形式在电视上播出，主要内容大多为一些从艺者访谈类节目和教学片。

进入新媒体时代，一些新的技术手段和设备逐步被原先的受众所拥有，例如电子扫描仪，可以进行复杂运算和程序汇编的计算机以及一些原本只在电视台才有的数字影像采集设备。这些都使得人们比先前更容易制作和生产新的与之相关的信息，即以新形式出现的传播内容。

普通民众可以通过数字化扫描仪对于一些原先用于欣赏或者临摹的书法字帖和拓本进行扫描，获得其数字化影像文件。精于计算机程序开发的可以将这些影像文件制作成应用程序，例如制作成App形式的移动终端应用，以方便受众在移动设备上翻阅。此外程序开发人员也可以将诸如书法字典等工具书制作成应用程序，这样不仅省去了字典检索查找对于时间的耗费，同时也将这些原本比较占空间的工具书虚拟化和迷你化，从而更大程度地方便读者。

此外网络平台还给予了普通人发表自己作品的空间和舞台。原本一些普通书法爱好者，由于与出版社和主流大众传媒的距离较远，自己平时的作品要想通过发表展现在其他人面前实为不易。如今，有了网络平台作为依托，普通大众不仅能摇身一变成为信息的传递者，而且也能成为信息的信源。人们可以通过网络发表带有自己观点和见解的博文，可以通过社交网站通过发布图片的形式晒自己的作品，也可以成为拍客或者博客去发布一些有关于书法展览活动的影像资料。

上述的这些例子都说明了在新媒体时代，不仅仅是受众和传者身份可以发生改变，而且还可以成为信息的信源通过编码的方式以网络为主要渠道呈现给其他受众。人们通常认为新的传播媒介往往会是传播渠道会发生改变，其实新的传播技术也会促成新的传播内容。

三、受众的普遍化

说到受众普遍化，人们不禁会产生质疑，就以书法艺术为例子，似乎给我们的印象是时至今日，似乎写书法的人越来越少，那么这个所谓的受众普遍化应该如何去理解？

首先，如果书法仅仅作为一种书写艺术技能，其普及程度似乎并不如先前。如果我们将受众划分为几个不同的阶层来看，或许可以自圆其说。

首先是低收入人群通过各种新媒体渠道接触书法的机会增多。一般来说，在新媒体技术未普及的年代，如果按照传统的艺术传播模式，人们或许会花费大量的人力和物力去获取一些与之相关的诸如字帖和理论书刊。如果人们想聆听大师们的讲座或者观看老师的教学示范，则可能要按照一定的时间或许还要支出一定的费用。这也就给以书法为代表的中国传统文化在普通群众特别是低收入群众中的普及带来了一定的障碍。到了新媒体时代，随着传播方式和形式的变化，原先高高在上的书法艺术变换成为影像或者电子文档的形式迅速普及开来。人们不必再为了一场讲座而去刻意地安排自己的时间，人们不必再为了观看教学示范而去参加一些培训机构。这也就是为什么说，新媒体时代，书法艺术的受众开始呈现普遍化的趋势。归根结底还是新媒体降低了受众接触艺术的门槛，特别是在中国这个整体国民收入水平并不高的国家，新媒体带来的不仅仅是接触上的便利，同时带来的是花费上的缩减。

其次是在不同地域的普及传播形成的受众普遍化趋势。中国有着辽阔的国土面积，且地势复杂，这种情况导致的经济发展不平衡是难以避免的。在以东部沿海为代表的地区，教育资源相比内地中西部地区有着较为明显的优势。无论是在教学设备还是师资力量上，一些欠发达地区还存在着种种不足。这也就使得书法等传统文化在当地的传播受到了一定的阻力。不仅是教学的硬实力和软实力上，欠发达地区的大众传媒整体实力也是有所差距的。以上两点问题制约了书法艺术在当地的普及和传播。进入新媒体时代，随着网络的覆盖面越来越广，一些中西部地区也能逐步享受到网络带来的便利。以网络为基本平台的各种传播方式的普及，大大便利了各种信息文化在欠发达地区的传播和普及。此外，目前中国各大院校正在逐步推进网络课堂的建设，相信不久的将来，有着相关专业背景的高校也会推出自己的课程内容，从而进一步方便部分欠发达地区的学习和交流。

再者，新媒体传播不仅仅使得书法艺术的受众面在中国得到了普及，而且方便了以书法为代表的中国传统文化推向世界的传播。随着地球村概念的深入人心，各地区之间的文化交流也日益频繁，在国家强调文化走出去的战略背景下，如何运用新的传播技术来配合这一战略的推进就显得尤为重要。

总的来说，新的传播技术使得以书法为代表的中国传统文化的传播触及面更多了，从不同收入阶层的普及，到不同地区特别是教育设施薄弱地区，乃至走出国门。这些变化，都是新媒体环境下，受众人群的普遍化的表现，其核心不在于受众的数量，而在于受众的阶层和地区更加普遍。

四、渠道的灵活化

在传统媒体时代，书法的传播有其自身的局限性，其中传播渠道的相对单一是比较明显的表现。这种渠道的单一，主要表现在其传播相对比较依赖大众传播以及人际和组织传播。比如展会的通知预告比较依赖报刊和电台，书刊的上市销售必须经过出版社和书店，书写技法的交流和学术研讨主要依赖师徒授业和学术研讨会。这种相对单一和刻板的传播渠道，无形中提高了传播的成本，拉升了其传播的门槛。

到了新媒体时代，传播的方式和渠道变得日趋多样。人们不必为了得知展会预告而特地购买一份报纸杂志，也不必为了翻阅一本字帖特地去一趟书店。新媒体环境下，我们获取展览信息可以被动地通过微信的消息推送或者相关邮件的订阅，也可以主动的通过网络搜索关键词从而获得相关的信息。如果我们想翻阅一本学术书籍或者欣赏历代名作，且又不想跑上一趟书店或者图书馆，那么我们可以先搜索网上有无相关内容的电子文件版。如果我们想自己的书法作品让老师评阅，大可不必亲自登门拜访，只需手机拍一张照片而且可以通过不同的软件发送给对方。而对方不仅可以通过文字回复你，也可以通过音频或者同步视频从而产生一种身临其境的感觉。

当然这种新媒体环境下传播渠道的灵活，也有其自身的特点，这些特点主要表现在：一是传播渠道依赖互联网。无论是有线网络还是无线网络，无论是 wifi 还是 3G 信号。新媒体环境下信息的传播通常离不开网络。网络是这些传播渠道的基础和平台，对于任何借助其为平台所变化和衍生出的传播方式和渠道都是不可或缺的，可谓万变不离其宗。

五、效果的不确定化

无论是传者、内容、受众还是渠道的变化，这些都会对最后的传播效果产生影响。通过正反两方面来对比，既要肯定书法的多媒体传播带来的优点，同时也不能回避其中的弊端以至于对于传播效果的影响。

首先是新媒体传播带来的显性的且积极正面的影响。

其一是新媒体的传播速度快，具有快速化的传播效果。由于互联网作为传播的基础平台，传者与受众之间的信息传递以及反馈都可以将空间距离置之度外。这种虚拟空间距离上的消除，也促使了信息传播速度的加快。

其二是信息复制、转发快，具有裂变式的传播效果。中国书法的传统传播环境下，往往作为受众的角色是难以改变的。纸质书刊的借阅或者说是授课形式的传播，往往都是单向传播且受众面较为狭小。然而到了新媒体传播的环境下，这种格局便开始消融。

电子文献、图片文档可以任意地被受众下载。此外当受众的身份转变为传者的时候，原始信息的信源得到了增加，犹如细胞分裂一般，这种裂变式的传播效果是以往先前的传播环境所无法比拟的。

其三是传播成本低廉，降低了受众的开支。由于在信息传播中免去了许多以往必不可少的费用，使得书法在新媒体环境下的传播成本降低。原本的购置书本被电子文献替代，原先的师生授课被网络教学视频取代。原先教育基础设施薄弱的地区可以通过网络教学资源来有限度地弥补设施上的不足。虽然书法艺术的新媒体传播有着诸多的优点和看起来不错的效果，可是它的弊端正如一个硬币拥有正反面一样，也是不容我们忽视。

第一是复制和传播中是否存在对于原著版权构成盗版侵权。虽然书法艺术中许多作品和文献的原著早已仙去。但是各种版本的相关书籍和图片仍然包含了各家出版社复制印刷和校对等大量的工作。如果将其任意转发是否有不妥之处？更有甚者将这些文献书籍的电子版置于网上出售来换取经济利益。这些做法，无疑会对出版商造成利益上的影响，买实体书的人少了，势必打击了出版商的热情。长此以往，不仅相关书法类著作和字帖的发行会受到影响，将来一些尚未整理校对好的古典文献或者新碑帖拓本的发行造成冲击。

第二是信息传播者的门槛过低，缺乏相应的把关人。正如当初讨论微博一样，有人说有了微博，便进入了人人皆记者的时代。新媒体传播技术的出现，的确使得传者和受众的界限不再明显。书法艺术博大精深，需日积月累的练习和相关学科的不断学习。新媒体时代，降低了传者的门槛，也难免鱼龙混杂。例如一些书法专业论坛中，某些自称为师者的人对于网友的作品评述是否合乎规范？一些通过流媒体上传的教学视频，其中之章法和笔法是否处理妥当？其中这些所谓的传者，是否会出现误人子弟的现象，其背后是否是以经济利益为目的？一些网盘和 P2P 下载链接里的所谓相关文件，其内容是否清晰，制作中是否存在诸如缺页之类的疏漏？供下载的文件是否存在恶意的电脑病毒。所以说，缺少了相关的把关人，这些情况都值得我们深思。

第三是新媒体环境下，掺杂着各种其他信息的干扰的影响。基于互联网的新媒体传播，其廉价快捷且进入门槛较低，互联网用户与日俱增。用户在享受网络获取信息的便捷的同时，也会对网络信息中伴随的广告等其他信息颇有微词。同样，一些网站运营商，一些软件制作人为了自身的利益和持续运作，也难免植入一些广告和推广。例如百度搜索引擎，在输入例如"书法"等相关关键词的时候，首页前两项一般都为相关培训机构的推广链接。这些推广链接所包含的培训机构培训质量好坏与否，百度是不予以考虑的，唯一决定你能否上首页推广的只是这些机构是否向百度支付了相关费用。此外，一些移动手持设备在提供受众阅读的同时，其丰富的拓展功能，也可能让读者在阅读的过程中产生注意力不集中的现象。例如 E-ink 电子书的功能比单纯的纸质版书籍要多，读者可能在阅读的时候心猿意马而去使用了其他一些功能。而平板电脑等移动设备，其功能又比电子书更为丰富。当然我们不难阻止这些多媒体设备拥有更丰富的功能，然而这些潜在的影响的确是我们所不能忽视的一个问题。

第三节　新媒体环境下优秀传统文化的传播策略

一、新媒体环境下优秀传统文化的传播困境

当今时代，高新技术催生媒介更新换代的频率越来越高，网络、手机、移动电视、PDA 等媒体争相迭起，虚拟社区、门户网站、微博、微信在数字技术的整合下成为新媒体的主要形式。在新媒体环境里，中国的传统文化正遭遇前所未有的传承困境：

（一）中国优秀传统文化自身特点与新媒体的隔阂

中国传统文化的直觉式体悟思维决定了其最显著的特点是意会，价值观念不易表达；同时，传统文化强调"非宁静无以致远，非淡泊无以明志"的静态固守思维，寻求自身的宁静与升华。中国几千年的文化韵味要想通过程序化的新媒体体现出来，并非易事。从这个层而看来，相对于新媒体来说，传播形式单一，传播速度较慢的传统媒体似乎与中国的优秀传统文化能更好地融合。而对发展势头迅猛，更新换代迅速的新媒体，中国优秀传统文化需要一个转型期来适应。

（二）追求娱乐至上的新媒体对中国优秀传统文化的冲击

当今社会，生活节奏加快，压力较大，人们更倾向于追求轻松，娱乐性较强的活动形式，新媒体在这其中发挥了无可比拟的力量，其发展的基本动力就是满足受众的娱乐性需求。因此通过新媒体传播传统文化不可避免地会掺入娱乐性的成分。单纯考虑迎合受众的传播效果的需求，改编历史、戏说典故，重塑人物形象，导致传统文化的严谨性大打折扣，也是对传统文化的一种扭曲。同时，出于娱乐性的追求，新媒体对优秀传统文化进行解构，简化，瞬间性、碎片性的传播，难以达到真正的传播效果。如现在新媒体推崇的"浅阅读"，可以采取跳跃式的阅读方法，不需要深度思考，一口十行、不求甚解，它所追求的是短暂的视觉快感和心理的怡悦，而对于阅读的内容只是浅尝辄止，并不能很好地消化与吸收，以至于会很快被抛弃与遗忘。

（三）新媒体加剧多元化文化对传统文化的侵袭

目前我们正处在一个文化不断交融碰撞的复杂时代，在与日俱增的文化交往中，文化的多元化以及外来文化正挑战着中国传统文化的地位。新媒体通过网络技术，数字技术，通信技术促进多元文化之间交流的频率、深度和广度。新媒体在新时代产生，能最大限度接纳新事物，以其传播快捷，传播范围广的特点将外来文化迅速带入人们的日常生活，最终影响到人们的伦理观、价值观的重塑与形成。中国长期以来缺乏主动输出意

识，尤其对西方文化存在敬畏心理，往往在外来文化的侵略下容易陷入否定自我、追逐外来文化的漩涡之中。

二、新媒体环境下优秀传统文化的机遇与挑战

（一）机遇

新媒体形式的传播是一种全新的传播形式。它的数字化技术和终端设备的发展，让文化传播打破了时间、空间的限制。新媒体传播开放性与丰富性，为中国传统文化的传播打开了一片崭新的天地，而技术保证上又为新媒体传播提供了空前的便利。新媒体的网络和手机客户端平台为我国传统文化的传播和发展提供了新的可能和广阔的发展空间。在人类文化和文明的发展史上，一种新的文化介质的出现必然会带来文化传播的革命性发展，其中也会产生一些新的文化特征。当代文化传播的态势和演进是以互联网技术和数字技术发展为基本的技术条件，随着人们阅读和生活方式的改变，渗入到人们生活的方方面面。全新传播媒介和手段对传统文化的传播和弘扬产生着深远的影响。

（二）挑战

任何事物都具有两面性，新媒体传播也是一把双刃剑，它既能够成为传统文化传播的利器，也可能由于形式对内容压塑成为泼向传统文化的污水。新媒体传播也要遵循传播规律，文化的传播要遵守现代传播技术的规律。在规律的规范下，弘扬传统文化才能做到有章可循。同时，新媒体传播为弘扬传统文化提供新的表现形式的同时，也承担着传统文化的历史责任。在实现传统文化传播的实践时，我们要摒弃现代技术对传统文化的简单的阐释和堆砌，利用数字技术语言的图文并茂的优势，寻求中国传统文化在新媒体时代纵深层面延展的可能。我们在利用新媒体传播中国传统文化时要充分认识"内容至上"的原则和坚持传播传统文化的基本底线，将中国灿烂辉煌的传统文化资源和当代文化成果制成数字化产品，以优秀的传统文化占据网络资源优势，实现世界文化交流。

三、新媒体环境下优秀传统文化传播的探索方向

（一）建设中国传统文化电子数据库是文化传播的新载体

互联网时代，中国传统文化的传承要跟上时代发展的步伐，要依赖新媒体进行传播、普及和弘扬。几千年来传统文化传播的方式都是以纸质媒介，通过传统购买和阅读完成为传播。新媒体时代，将中国传统文化转化为数字化存储方式是革命性的变化。国家图书馆启动的"中国基本古籍库"项目，目的是把纸质媒介存储转化为数字，建立数字化数据库，可以说是具有开创性意义的工程。中国传统文化数字化建设项目共分 20 个大类，细分 100 个子录，涵盖哲学、社科、史地、艺文等学科。先后，将自先秦时代开始，直至民国年间历朝历代经典文本典籍 1 万余册通过电子扫描，实现了纸质媒介存储方式到电子数据存储方式的转变。具不完全统计，文字资料可达 20 亿字，图像资料累计超过

2000 万页。电子存储内容总量是《四库全书》的 3 倍。中国传统文化数字化工程是一项努力实现中国优秀传统文化资源网上运行传播的系统工程,馆藏模式体现着其核心理念。终端是建设一定数量规模宏大的、地域上分布广泛的、可以实现跨库检索的数字化文化信息资源电子库。中国传统文化数字化工程建设涵盖了中国传统文化方方面面内容,用数字技术重现中华五千年的灿烂文化和当代文化建设的伟大成就。数字化数据库是网络传播中华传统文化的重要媒介和平台。

（二）数字化出版是中国传统文化传播的新方式

在中国优秀传统文化数字化存储的同时,磁介质的电子出版物兴盛发展起来。伴随数字出版技术的发展,新媒体的出现,数字化技术模糊了图书、报纸、杂志、电视、音乐等传统媒体之间的界线。中国传统文化的所有内容经过数字化转换,都能够图文并茂的在相应的终端电子设备上表现出来。方便、快捷便于携带和阅读的优势使以电子介质为载体的电子出版物成为传统文化传播的新宠。电子出版物在版权许可的范围可以在最广大范围内销售,也能够成为电视、计算机网络资源的原点。据有关方面预测,网络出版将会在未来 5～10 年内成为文化出版和传播的重要载体和模式,更新着文化传播的方式和范畴。通过网络购买和下载数字化的传统文化产品,加速传统文化传播的广度和幅度,便于传统文化价值的交流和推广

（三）通俗化传播成为传统文化传播的新手段

新媒体受众群体的阅读特点和接受习惯,要求传统文化的传播方式要有所改变。传统文化不再是高高在上的"阳春白雪",通俗化传播成为传统文化传播的新手段。通俗化传播就是采取通俗的方式来满足普通文化层次观众对传统文化的需要。通俗化传播是在充分考虑到现实社会中的传统文化生存环境和社会大众的接受水平,采用的大众所喜闻乐见的方式进行文化普及和传播。经过时代的发展,老庄思想、儒家学说、《三国演义》《红楼梦》这样的经典著作对于普通大众而言,晦涩难懂。通俗化传播就是将这些典籍翻译成通俗易懂的白话文,成为人人可懂的现代读本,实现手机终端网络阅读。电视、网络媒体播放则是采用学者真人秀的形式,通过学者幽默风趣的讲解,使晦涩难懂的古籍变得通俗易懂又趣味横生。抑或是以电视、网络为平台,采取诗词、典故比赛的形式,将古代历史事件和人物,演变成故事,通过网络或电视使原本束之高阁的历史传统文化惠及大众,让人们在竞赛的刺激中,在故事讲述中去了解历史。另外,传统的蒙学读物则是以动漫的方式,把瀚如烟海的古代励志的典故和劝诫故事展现出来,寓教于乐,从而实现蒙学教育的现代化转变。综观这些以弘扬传统文化为宗旨的电视节目,《百家讲坛》无疑是其中成功的典范。中国传统文化对于大多数普通大众,和新媒体使用者而言,是熟悉的陌生人。说熟悉是因为中国传统文化经过岁月的沉淀已经内化为民族文化心理,大家从小耳濡目染的都或多或少接触过中国传统文化的知识,对于传统文化有所了解,但又缺乏深入、系统的研究,与传统文化渐行渐远。《百家讲坛》节目将深埋

在历史长河暗处的中华文明瑰宝挖掘出来，接续了割断了一百多年的传统文化，并以大众能够接受的方式进行传播，激发最大数量的普通民众学习中国传统文化的兴趣。《百家讲坛》节目火爆，小仅是借助传统文化热之势，更是巧妙地运用电视、网络的平台，以通俗化的方式延续传统文化，成功地让传统文化在电视网络中的传播，实现传统文化现代化的转化。

中国优秀传统文化传承的意义不是让传统文化高阁在书斋中吸收年轮的气息，而是在于我们如何在更大范围内汲取中国优秀传统文化中的德育资源，构建社会主义道德大厦。

四、新媒体环境下优秀传统文化的传播策略

没有传播，就没有传承，中国的优秀传统文化也就不会发展和繁荣。不同的媒体环境下，中国传统文化的传播方式也是极不相同的。新媒体之所以与传统媒体不同，主要表现在传播内容的个性化与海量化、信息流通的互动性以及传播形式的图像化、媒体融合倾向等。

（一）加强新媒体与传统媒体的互动与融合

新媒体的覆盖域广，传播速度快捷，互动性好等特性是其他媒体无法比拟的，而传统媒体相对于新媒体，其规范的管理机制所树立的权威性和专业人才的培养与储备方面则更胜一筹。中国优秀传统文化的传播要加强传统媒体的优势与新媒体的互动与融合。可以依托传统媒体如电视，报纸杂志，广播等对传统文化的理论和资料进行整理、完善，明确优秀传统文化的发展方向，提升优秀传统文化的品牌知名度；同时通过手机报，网络电视，电子杂志拓宽传播的渠道和途径，实现信息发布渠道多样性，将中国优秀的传统文化与外来文化结合起来，扩大传统文化传播的覆盖面，提升优秀传统文化传播的广度和深度。

（二）充分利用新媒体技术传播中国优秀传统文化

快节奏的现代生活，没有多少人愿意像前人一样愿意灯下读书，月下谈古。要改变传统文化过分依赖人际传播的现状，扩大传统文化的生存空间，通过借助新媒体技术可以令传统文化老树发新芽。新媒体是建立在计算机和数字信息互联网等技术上发展起来的信息传播媒体，综合了多种技术，以图片、影像视频等通俗易懂的手段进行文化传播活动，通过新媒体技术对搜索引擎、论坛贴吧、手机、微信、微博等进行整合形成手机网络、互联网络和电视网络，构建起优秀传统文化传播的新媒体环境，可以更大程度上突破语言、文字的限制，受众能更好地获取信息，吸收所传播的文化知识，进一步扩大传播范围，促进其在新媒体上的传播。

（三）重视开发"体验式"传播形式传播中国优秀传统文化

中国优秀传统文化明显的人文文化倾向神秘隐晦，越来越容易与现代化社会产生脱

节，是导致大众对其产生疏离的重要原因。所谓体验式传播是指在信息传播的过程中重视受众对信息接收的情感、感官、行为等需求，从而设计相应的传播方式。体验式传播从受众出发，重视参与和情感体验，善于利用不同媒介进行互动，从而消除传播过程中存在的障碍，最大限度实现预期的传播效果。例如近几年大热的私塾教育和书院教育，通过读经和对传统礼仪的亲身实践，让受众在潜移默化中受到优秀传统文化的熏陶。通过打造中国优秀传统文化主题建筑，文化小镇，让大众融入浓厚的文化氛围中，感受优秀传统文化的魅力。同时通过这种轻松愉悦的体验形式，也可以提升民众自主学习传统文化的积极性和主动性。

（四）大力发展中国的优秀传统文化产业

中国传统文化资源十分丰富，但是优秀的传统文化资源并没有得到合理有效的利用，得不到市场的确认、投资和开发，没有最终转化为文化产业。同时文化资源的开放加剧了文化资源的争夺，强化了文化资源的有限性，客观上限制了中国文化产业对中华民族传统文化资源的利用程度。美国将中国的传统文化元素"功夫"和中国特有的憨态可掬的熊猫作为电影素材，拍摄出电影《功夫熊猫》，获得了极高的票房利润和巨大的成功，但是它限制了中国同类题材电影和动画的再创作。我们在加大对中国优秀传统文化发掘的同时，要把产业发展与文化传播相结合。如利用新媒体技术，开发关于中国优秀传统文化的动漫系列，以文化传播推动产业发展，以产业发展带动文化传播。

（五）加强青年一代大学生的中国优秀传统文化传播教育

中国优秀文化传统厚重的底蕴和深邃的哲理，能给青年一代大学生以深刻的思想道德启迪和人生价值参考。但是，当代大学生也是对中国优秀传统文化产生疏离较深的一个群体，同时也是接触和受新媒体影响较大的一个群体。在传播优秀传统文化时，要重视加强青年大学生的中国优秀传统文化教育。可以通过学校和老师的支持，成立优秀传统文化社团，进行传统文化的宣传教育工作；经常举办一些与中国优秀传统文化相关的讲座、活动，加深对传统文化的了解。同时，善于利用动画、音频等形式，通过微博、微信朋友圈、建立传统文化兴趣公众号，吸引大学生主动学习传统文化，激发大学生对传统文化的热爱，真正实现中国优秀传统文化的良好传承。

第六章　中国传统礼仪文化与大学生礼仪素养教育的融合

第一节　传统礼仪文化概述

一、礼仪

礼仪作为人类文明的产物，早在远古时期就孕育在我国氏族社会的祭祀活动中。西周时期，周公"制礼作乐"揭开了中国传统礼仪文化的序幕；后经先秦儒家的丰富与完善，到了秦汉之际，中国传统的礼仪文化已有了一套比较成熟的、完备的理论体系；经过数千年历史的积淀和东西方文化的碰撞交融，时至今日，中国传统的礼仪文化已逐渐演变为现代礼仪文化，并作为约束人们行为和思想的基本准则和道德规范，深深地融入人们生活的各个领域，承载着中华文明，传递着世界精神。

（一）礼仪的内涵

礼仪是一种人类社会普遍存在的文化现象，是人类区分野蛮与文明的界线，不同时期、不同国家、不同民族的礼仪具有不同的内容和特点，尤其是中国古代的礼仪内涵丰富，包罗万象。因此，要一语给礼仪下定义并不容易，需要研究不同时期、不同文化中礼仪的内涵。

在中国古代，"礼"和"仪"最初是分开使用的。礼是"天之经、地之义、民之行"，是仪的内在本质，仪是礼的外在形式。"礼""仪"最早连用源于《诗经·小雅·楚茨》"为宾为客，献酬交错，礼仪卒度。"，指的是行礼的仪式、礼节和规则。而礼作为中国传统文化中独有的概念是一个无所不包的系统，涉及礼仪、礼制、礼乐、礼义、礼数、礼教、礼节等诸多内容。在中国传统的文化中，礼是人类与禽兽相别的标志。《礼记·冠义》有云："凡人之所以为人者，礼义也"；礼又是儒学的核心，是维持社会秩序的道德规范和政治制度，也是君子修身的准则。从内容来看，礼有三层含义：一是礼仪，是人们在社会交往中所应遵循的行为准则和道德规范，用以维持和协调"君臣、父子、兄弟、夫妇、朋友"间的关系，序尊卑、别贵贱，维持社会的和谐有序；二是仪式，东汉经学家许慎在《说文解字·示部》这样释"礼"，"礼，履也，所以事神致福也，从示从登。"表明礼在当时是一种祭祀活动的重大仪式。随后，《周礼》中提出"五礼"，即吉礼、凶礼、军礼、宾礼、嘉礼，分别在祭祀、丧葬、朝勤、军旅、冠婚五种场合使用的仪式；三是礼制，具体表现在国家的章朝国典、政教刑法。如古代典籍中记载的夏礼、殷礼、周礼，是当朝政治统治的手段。总之，中国古代的礼是一个集社会准则、道德规范、政治制度于一身的统一体，是中国传统文化与世界其他文明相区别的标志。仪是依据礼的内容和要求，形成的一套完备系统的程序。礼仪是为了适应古代社会的需要，从贵贱差等、宗法典籍中衍生出来的，带有当时社会的特点及历史的局限性。

在西方，有人认为"礼仪"一词源于拉丁语的"rituals"，原意为数字，引申为秩序、算术，随后衍生为宗教的仪式、典礼、习俗惯例。也有学者认为，"礼仪"一词，源于中世纪法语的"etiquette"，原意指的是"法律上的通行证"。要求每一个进入法庭的人都必须遵守写在法庭通行证上的规则，以此来维护法庭的秩序。几经演变，"etiquette"作为一个英语单词，有了礼节、礼仪、规矩的含义。现代西方礼仪，概括起来说是一种与宗教有关的仪式、典礼，即英文中的"rite"；是约定俗成的礼节和规矩规则，即英文中的"etiquette"；是指礼貌、文雅的言行举止或风度，即英文中的"courtesy"；是用于外交、军事等特定领域的仪式或相处准则，即英文中的"protocol"。可见，西方的礼仪与中国古代的礼有很大的相似之处，都指礼节、礼貌、仪式、规则；也有明显的差异，中国古代的礼内容远远大于西方礼仪，还包括典章制度、人伦规范等。

随着时代的变化发展，现代礼仪无论从形式还是内容上，与以前相比都有了很大的变化，不但继承了中国古代礼仪的精华，还汲取了西方礼仪的营养，形式多样，涉及现代人生活的方方面面，包括礼节仪式、仪表举止、风俗习惯、行为准则、道德规范、社交法则、礼宾次序等内容。从个人角度说，现代礼仪是一个人内在素养和道德品质的外在表现，传递情感，表达尊重，是现代公民应具备的基本素质。从社会角度讲，现代礼仪是一个民族文明程度的标志，也显示一个国家的道德风尚和风俗习惯。简而言之，现代礼仪是人类文明进步的重大表现，是人类世界传递友好，交流信息的"语言"，是内心情感与外在形式的统一。

本节认为，礼仪指的是世界各民族或各地域的人们在生产和生活交往过程中，受本民族或地域文化传统、历史发展、风俗习惯、社会背景、宗教信仰等多种因素影响而形成的，是人们约定俗称的共同遵守的一系列的行为准则和道德规范，其目的是维持社会的和谐有序。随着全球化的发展，各民族、各地域、各国家之间经济、政治、文化交流日益加深，礼仪传播的途径越来越多，范围越来越广，不同民族、地域的礼仪不断交汇融合，促进了社会文明的进步和发展，现代礼仪也逐渐演变成一种世界性的文化，成为人与人、人与社会以及国家之间友好交往的准则和规范。

（二）礼仪的特征

礼仪作为一种文化现象，是人类历史文明的产物，并随着时代的发展而变化，符合大多数人的价值取向，具有规范性、实践性、共同性、差异性和传承性。

一是规范性。一般而言，维持社会和谐稳定的社会规范有三种：法律、道德和礼仪。法律依据政府的权力发挥作用，具有强制性；道德是依靠社会舆论、内心信念和道德习惯来维持社会秩序，是法律的补充；礼仪是一种社会规范，不同于法律的强制性，也不完全依赖道德发挥作用。礼仪渗透到社会生活中各个方面，能涉及法律未发挥或者难以发挥作用的地方，规范人们的文明行为，弥补法律之不足。同时，礼仪与道德互为表里，是形式与内容的统一。礼仪以道德作为内在支撑，又通过外在形式表现出内在的道德理念。礼仪是道德的践行，规范个人行为，提高礼仪修养，又起到了道德强化的作用，是对道德教育的补充。

二是实践性。礼仪作为一种行为文化，具有可操作性和实践性。礼仪是内容和形式的统一。学习礼仪知识是施礼行礼的前提，只有人们熟练地掌握了礼仪的要求、原则，才能在现实生活中做到举止高雅、待人热情、谈吐风趣、秀外慧中，展现个人魅力。同时，只有通过亲身实践才能体会到礼仪的重要性，发现个人言行上的不足，及时端正，逐渐养成良好的习惯，提高个人的礼仪修养。

三是共同性。礼仪是人们约定俗成的、共同认可的、普遍遵守的准则，代表一个地区、一个民族、一个国家的文化习俗特征。但礼仪又是人类社会生活中普遍存在的现象，无论在东方还是在西方，尽管宗教信仰、文化传统有很大的差异，但礼仪都是人们在社会交往中所应遵循的行为规范和准则，诸多礼仪内容是相通的。比如在东西方的礼仪文化里，都渗透着尊重、平等、友善的基本理念，礼仪的目的都在于促进人际的和谐、社会的有序。

四是差异性。俗话说："十里不同风、百里不同俗"，礼仪在不同的国家、民族、地域因文化背景、自然条件、历史传统不同导致礼仪的内容和形式也多种多样，具有鲜明的差异性。比如中国古代强调"礼不下庶人"，现在社会则强调人人平等，平等是礼仪的基本原则；中西方在餐饮、见面礼仪等方面在也有明显的区别，这都体现了不同时期、不同的文化背景下礼仪的差异。因此古人强调"使从俗"，尊重不同地区、不同民族、不同国家的风俗习惯。

五是传承性。"礼具有中华文化的原初性和普遍意义……成为绵延数千年的传统文化模式"。礼仪形成的本身是一个动态的、发展的过程，是在地域风俗和传统习惯的变化中系统化了的行为规范。在这种动态的变化过程中，表现为礼仪的继承和发展。中国古代礼仪中尊老爱幼、与人为善等思想精华在历史发展中积淀下来，成为中华文明独有的特色和传统美德。而那些代表少数剥削阶级的、腐朽的、落后的繁文缛节逐渐被摒弃和消失。随着中国参与国际交往范围的不断扩大，世界各国、各地区经济、文化、政治、思想等多种因素传入，中国传统的礼仪不断被赋予新的内容和思想，礼仪标准也逐渐与世界接轨，礼仪规范更加符合国际惯例。

二、礼仪文化

（一）礼仪文化的形成与发展

1.礼仪文化的形成

中华民族的礼仪文化源远流长，最早可以追溯到原始社会氏族公社时期的祭祀活动。学者王启发说"中国古代最原初的'礼'有原始宗教的性质，它起源于史前时期的各种神鬼崇拜和各种巫术、禁忌、祭祀、占卜等巫祝文化。"原始社会时期生产力低下，虽然原始人有了简单、形象的直观思维，与动物界相脱离，但面对神奇变幻的大自然仍无能为力，他们把诸多难以理解和解释的自然现象神秘化，认为日月星辰、风雨雷电、四季变化是神灵的力量，天地万物都受神灵的主宰。于是他们置身于自己编织的神话世界中，对冥冥之中"万物之灵"产生了敬畏感，为了求福避祸得到大自然更多的恩赐，他们用美酒美食祭祀心中的神灵，于是有了祭祀仪式。后来，将这种行为方式扩展到人类生活的各种活动中，逐渐成为大家公认的民风礼俗，并进一步形成比较系统的行为规范，也就是礼仪。正如郭沫若在《十书批判》中说，"大概礼之起，起于祀神，故其字后来从示，其后扩展而为对人，更其后扩展而为吉、凶、军、宾、嘉的各种仪制"。原始社会的祭祀活动成为中国礼仪文化形成的源头。

大约到了夏商周时期，中国古代的礼仪得到了快速的发展，礼仪涉及政治、经济、宗教等各个方面。西周时期，周公制礼作乐将原只是用于祭神敬祖的宗教仪式，转化为天子圣人统一王朝的政治性礼仪制度。周礼具有"礼仪三百，威仪三千"的空前规模，奠定了中国"礼仪之邦"的基础。春秋末期，礼崩乐坏，孔子面对动乱的社会局势，开始思考如何恢复礼治，摆脱社会危机。一方面，他提倡德政，恢复周朝的礼乐制度，治国使民要"道之以德，齐之以礼"。另一方面他以仁释礼，将礼制同道德仁义联系在一起，提出"克己复礼天下归仁"的思想，深化了礼的精神。此外，由孔子编写的《诗》《书》《礼》《乐》、《易》《春秋》"六经"，从不同角度阐发了"礼"和"仁"的思想，影响了中国两千多年封建社会的发展。自孔子以来，中国的礼仪文化得以形成，自孔子之后，中国数千年的礼仪文化得以发展。

2.礼仪文化的发展

《礼记·礼器》有云："礼，时为大，顺次之，体次之，宜次之，称次之。"礼仪文化在我国几千年的历史进程中不断地变化发展，推动着社会文明的不断进步。

战国时期，儒学思想家荀子在孔子礼学的基础上构建了中国传统礼仪文化的基本框架。荀子认为，节制人的欲望，平衡人的欲求和有限物质资料之间的矛盾是礼仪的基本功能。同时，区别社会成员的地位和身份，建立"君君、臣臣、父父、子子、兄兄、弟弟"之间尊卑贵贱、长幼有序的伦理秩序，也是礼的重要功能。另外，荀子还提出"以礼治国"，主张"隆礼重法""礼法并重"的政治思想，极大地促进了中国传统礼仪文化的发展，对中国古代的政治制度和政治思想产生了很深的影响。

西汉董仲舒，提出"唯天子受命于天，天下受命于天子"的"天人感应"说和"天人合一"的思想，将儒礼具体概括成"三纲五常"。"三纲"即"君为臣纲、父为子纲、夫为妻纲"，"五常"即"仁、义、礼、智、信"。统治者借用"三纲五常"来教化天下，维护人伦秩序、政治统治。与此同时，孔门后学编撰的《礼记》问世，与先前的《周礼》《仪礼》合称为"三礼"，并称为中国古代的礼制百科全书，也是礼仪文化发展成熟的标志。

宋代程朱二人将礼仪与理学相结合，把"天理"看作是礼仪文化的本质。程颐认为"礼者，理也，文也；理者，实也，本也；文者，华也，末也。"朱熹进一步解释说："礼者，天理之节文，人事之仪则也。"理学家们更是提出"存天理、灭人欲"，统治者应去掉骄淫奢侈的欲求，依照天道，治国安民。当然，这种思想也禁锢了人们的自由，礼仪也逐渐成为控制个人行为和思想的繁文缛节，几乎完全成为政治统治的手段，否定了个人的价值，失去了理性，走向极端。

清朝晚期，政权腐败，民不聊生，古代礼仪极盛而衰。随着资本主义的萌芽，西方资产阶级"自由、平等、民主、博爱"等思想传入，我国传统的礼仪文化不可避免地受到冲击。鸦片战争爆发，中国沦为半殖民地半封建社会，封建的礼制成为镇压、愚弄百姓的手段工具。同时，此时的礼夹杂着一些西方的仪式，成为一个东西方礼仪大杂烩。1911年辛亥革命爆发，清王朝灭亡，随着政治体制的变革，人们的生活方式、风俗礼仪也随之发生了深刻变化，古代的一些繁文缛节被彻底抛弃。取而代之的是反映资产阶级生活方式的西方文明，从而正式拉开了现代礼仪的序幕。

从新中国成立到现在，中国的礼仪文化在社会主义现代化和经济全球化两大背景下，既要重新审视中国传统礼仪文化的内容，取其精华、去其糟粕，又要利用全球化的机遇走出去，了解世界各国的风情礼俗，汲取西方礼仪中的营养，逐渐与国际礼仪接轨，更好地发展社会主义现代礼仪文化，弘扬民族精神和时代精神，不断推进我国精神文明建设。

（二）礼仪文化的基本原则

1.尊重平等的原则

《礼记·典礼》开宗明义的第一句就用"毋不敬"点出礼的核心。"敬"是一种严肃庄重的心理，也是真诚对待人际关系和社会交往的态度，折射的是行礼者内心真实的感情。与此同时，对他人的尊重也体现了人格上的平等。在社会交往中，只有以相互尊重、相互平等为前提，才能保持和谐愉快的关系。不论年龄、性别、贫富、强弱，个人、群体及国家之间都应一律平等。如果在社交过程中违背了尊重、平等这一原则，不仅伤害了他人、违背了现代礼仪的精神，而且也都丢掉了国格和人格。

2.适度自律的原则

《礼记·曲礼》中说："敖不可长，欲不可从，志不可满，乐不可及"。凡事要把握好度。礼仪行为要与具体情境、具体场合、个人身份及社会地位相适应，在表达个人情感时要适中有度。"敬而不中礼，谓之野；恭而不中礼，谓之给；勇而不中礼，谓之逆。"。也就是说，凡事不能走极端，为人处事时要适度得体，把握分寸，否则过犹不及。同时，践行礼仪要遵守自律的原则。中国传统的礼仪文化讲究"慎独"，《礼记·大学》有云："所谓诚其意者：毋自欺也，如恶恶臭，如好好色，此之谓自谦，故君子必慎其独也"。意思是说，一个人在独处无人监督的情况下，仍能严格按照社会的道德标准要求自己。一个文明的现代公民，在生活中应知礼、守礼、自我约束，时时处处遵守社会规范，努力树立和保持良好的个人形象，提高个人的礼仪修养。

3.诚实守信的原则

诚实守信是中华民族的传统美德。诚实指的是真实无欺，不自欺也不欺人。守信指的是讲信誉、重诺言，能够做到言必信，信必行，行必果。中国传统礼仪文化非常注重诚实守信，《礼记·礼器》有云："中信，礼之本也；义理，礼之文也。无本不立，无文不行。"诚信被看作是个人"进德修业之本"，国家"举政之本"。在西方的礼仪风俗中，真诚、坦率、守时也被视为一个人应具备的美德。在全球化迅速发展的时代，诚实守信仍然是衡量一个人道德水准的尺度，也是判断一家企业信誉程度的标准，还是国家文明风尚的体现。当前我国大力构建社会主义和谐社会，需要继承和弘扬诚实守信的民族美德，在自己的岗位上、社会交往中、公共生活领域里，都要做到实事求是、恪守诚信，杜绝弄虚作假，营造良好的社会风气。

4.仁爱宽容的原则

古代的儒家思想主张"仁者爱人"，孔子说"己所不欲、勿施于人"。在人人相处的过程中，要换位思考，为他人着想，帮助他人，建立互信互爱的人际关系。古人还强调"礼之用，和为贵"，追求"天人合一"，人际和谐和社会和谐。现代礼仪提倡与人为善，弘扬尊老爱幼、亲仁善邻的美德，在互相尊重的基础上建立融洽的人际关系和友好的民族关系。宽容也是创造和谐人际关系的法宝，《大英百科全书》对"宽容"的解释是"容许别人有行动和判断的自由，对于不同于自己和传统观点的见解有耐心公正的容忍"。在生活中我们应该学会宽容他人，切忌斤斤计较、求全责备。另外，宽容作为现代礼仪的核心原则，也充分体现了现代礼仪文化的博大、包容精神，使不同文化背景、不同民族、不同国家的人都可以感受到平等自由和轻松愉悦。

（三）礼仪文化的价值

1.礼仪文化的价值界定

价值的内涵非常丰富，在不同语境中具有不同的含义。在经济学中，价值表示凝结在商品中无差别的人类劳动，是商品交换的内在尺度。在马克思主义哲学领域，"'价值'这个普遍的概念是从人们对待满足他们需要的外界物的关系中产生的"。其中，外界物被视为价值的客体，人被视为价值主体，价值客体的属性是价值的基础。正是由于价值客体的属性满足了主体人的需要，价值才得以产生。因此，马克思主义哲学领域中的价值，指的是客体的属性对于主体需要的意义，具有主观性、客观性、实践性和历史性。

文化价值指的是"一定的价值对象显现出来的有益于人规范和优化自身的生命存在的功能、意义或意向"。"文化根本是'手段性的现实'，为满足人类需要而存在"。本节论述的礼仪文化的价值，是马克思主义哲学领域中的价值概念。礼仪文化作为一种制度、礼节、准则，具有修饰、教化、渗透、改造、调控、约束等属性，这些属性符合个人、社会、国家的需要，显示了礼仪文化在社会实践中对于提高个人修养、促进社会和谐、维护国家稳定的意义和作用。值得注意的是，礼仪文化的价值不是一成不变的，随着社会历史的发展和进步，它对于个人、社会和国家的意义也随着发生变化，推动着社会的文明进程。

2.礼仪文化的主要价值

人类社会发展的历史和人们的社会交往实践已经证明，无论是优秀的传统礼仪文化还是现代礼仪文化，对于个人的发展和社会的进步都具有重要的功能和作用，显示着其独特的价值：

一是修身价值。《礼记·大学》有云："自天子以至于庶民，壹是皆以修身为本。"礼仪可以通过规范和约束人们的行为，引导人们做到孝悌忠信、恭敬礼让、慎独自律、爱人爱己，从而进化到更高、更加理想的状态，不断提高个人修养。现代社会，文明守礼是衡量一个人道德水准及教养程度的指标。讲礼施礼，才能做到"知书达理"，友善待人，修养道德，提高素质，塑造良好的个人形象。

二是教育价值。礼仪是人类社会发展的产物，历史积淀深厚的文化行为，也是人的立身进德之本。自古以来，礼仪文化就具有很强的教化、教育功能。《礼记·绪衣》有云："夫民，教之以德，齐之以礼，则民有格心。"在古代，礼是教化民众、塑造君子人格的重要手段。现代社会，礼仪起着规范、端正个人行为的作用，在实践活动中将社会道德内化为人们的道德准则，陶冶个人的情操，提高人们的素养，具有教育价值。

三是政治价值。从古到今，礼仪文化一直具有治国安邦的功能。儒家思想崇尚"以礼治国"。《礼记·礼运》有云："治国不以礼，犹无耜而耕也"，对待人民要"道之以德，齐之以礼。"现代社会倡导"以德治国"和"依法治国"相辅相成。礼仪文化作为规范社会秩序的"软性手段"，联系着法律与道德，是他律与自律的结合，有助于巩固社会政治制度，安定百姓。

四是社会价值。《荀子·富国》有云："礼者，人之所履也，失其履，必颠撅陷溺"。

即古代的礼是维持正常社会秩序最基本的准则。同时古人又提出仁、义、忠、孝、惠等基本的道德规范指导和约束人们的言行，使其按照各自的身份和地位行事，不可越礼，保证社会有序运转。随着我国市场经济的快速发展和人们物质生活水平的不断提高，人们的道德观念、思想意识、精神生活也发生了深刻的变化。现代人更加注重生活质量和精神追求，对礼仪也有了新的认识，时时处处都注意守礼、行礼，遵守社会公德、职业道德和家庭美德，有利于社会主义精神文明建设。

三、礼仪文化与大学生素质教育的联动

文化作为一个历史的范畴，它与教育相伴而生、相随而长。文化是本质性的，教育是文化的表现形式，"文化给教育以社会价值和存在意义，教育给文化以生存依据和生机活力，两者缺一不可。"教育过程既受文化传统的制约，又可以保存、传播、孕育和创新文化。素质教育是一种全面提高受教育者基本素质的教育模式。大学生素质教育，指的是全面提高当代大学生的思想道德素质、科学文化素质、身体素质、心理素质、人文素质、人际交往素质和审美素质的教育，其目的是培养适应社会发展的综合型人才。现代礼仪文化既吸取了中国传统礼仪文化中的精华，又融合了世界其他国家的礼俗文明，是培养和提高个人礼仪素养、道德情操、行为规范的重要基础。基于此，以个人、社会和国家发展的需求为出发点，分析礼仪文化与大学生素质教育的内在联系，挖掘礼仪文化中优秀的教育资源，有利于传承中华文明，提高大学生的综合素质。

（一）学习礼仪文化是大学生素质教育的客观要求

1.继承和弘扬优秀的传统礼仪文化是大学生的使命

马克思主义哲学认为：任何事物都是对立统一的，具有两面性。中国传统的礼仪文化是中华民族在数千年的历史发展中，对人们的价值观念、行为方式、风俗习惯和文化心理的深刻反映，既有积极、进步、顺应时代潮流的一面，也有消极、保守、落后的一面。一方面，传统礼仪文化中蕴含了天人合一、谦敬礼让、仁爱孝悌、大公无私、慎独自律、尊老爱幼、和为贵等宝贵思想，这些思想既体现了古人高尚的品质，也是个人修身的准则，还是中华民族传统道德的优秀内容，对于促进自身和谐、人与自然和谐、人人和谐、社会和谐有积极的作用，应为我们学习和继承。另一方面，受生产力低下的制约和时代的局限性，中国传统礼仪文化在发展过程中不可避免的掺入了愚昧、落后的封建思想。比如强调三纲五常的人伦规范，扼杀了人性的自由，压抑了个性。对女性要求三从四德，剥夺女性自由、平等的权利。尤其是明清时期，传统的礼仪礼节彻底沦为统治者专制的工具，虐杀人性、束缚个体的自由、禁锢个人思维，严重阻碍了民主观念和公民意识的发展，扼杀了个体的创造能力，成为社会进步发展的绊脚石。当前，我们进行社会主义现代化建设，需要的是与社会主义市场经济相适应，反映民主法治的先进文化，那些腐朽的、落后的礼教、礼治思想应为我们所摒弃。因此，大学生素质教育应以

中国优秀的传统礼仪文化为底蕴，通过文化的渗透和熏陶，提高大学生的道德修养，自觉承担起传承中华民族美德的重任。

2.礼仪修养是大学生应具备的基本素质

大学生正处于世界观、人生观和价值观形成和发展的关键阶段，提高大学生的国民素质，就是要促进大学生德智体美的全面发展，培养他们的社会实践能力，为国家和民族的发展培养高学历、高素质人才。《论语·季氏》有云："不学礼，无以礼"。古人以"恭、宽、信、敏、惠"作为个人的修身准则，在人际交往过程中坚持做到谦敬礼让。对于大学生来说，具备礼仪修养是身为一个现代文明人的标志，也是一个人思想道德素质、人文素质、社会交际能力的外在体现。尤其是在全球化和信息化迅速发展的今天，大学生的礼仪素养不仅仅代表个人素质的高低，更代表的是整个民族和国家的文明形象。因此，要加强当代大学生礼仪文化教育，既要引导他们从古人高尚的道德品质中汲取营养，又要指导他们掌握现代礼仪的基本准则，在学习和生活中能够做到举止文明、尊敬师长、谦虚上进、遵守公德、爱护校园、爱祖国爱人民，不断提高他们的道德素质和礼仪修养。

3.礼仪文化是完善大学生角色转换的基础

马克思主义认为，人是一切社会关系的产物。一个人的角色、社会地位受制于他所处的历史条件和他所从事的社会实践活动。从社会学的角度来说，一个人的角色是在社会实践活动中形成的，与人们在群体关系中所处的地位一致，与社会对人们的期望相符。大学生在校园里扮演着学生的角色，与教师的身份相对应。社会对大学生这个角色的普遍的期望是：尊敬师长、文明礼貌、勤奋好学、诚实守信、国家未来的人才。当大学生离开校园走向社会，社会对于他们的期望随之也发生转变，期望他们有和谐的人际关系、团结协作的精神、独立负责的态度、较强的创新能力、内外兼修的品德。然而这一转换过程不是瞬间的，需要一个磨炼和内化的过程。学习和使用现代礼仪，有助于陶冶大学生的文化情趣和道德情操，培养大学生优雅的气质，展现他们良好的精神面貌，以符合社会对其角色的期望。另外，恰当有效地使用社交礼仪，还可以建立大学生和谐的人际关系，有助于他们身心的健康发展，加快他们社会角色的转化，达到社会的期望。可见，礼仪文化具有内化和教育的功能，有助于大学生顺利完成社会角色的转换。

4.礼仪文化是构建社会主义和谐文化的重要内容

社会和谐是中国特色社会主义的本质属性，是国家富强、民族振兴、人民幸福的重要保证。构建社会主义和谐社会不是孤立的，必须与社会主义物质文明、精神文明、政治文明有机统一。其中精神文明建设之一就是建设和发展和谐文化，在全社会范围内形成尚和的价值理念、和谐的社会风气、宽厚包容的人文精神、平和理性的社会心态和天人合一的自然观。和谐文化的建设离不开对中国优秀传统文化的继承，更是建立在传统礼仪文化中"天人合一""和为贵""和而不同"等宝贵思想的基础之上。在春秋末期，孔子就将礼看作是社会治理和维持政权的手段，提出"礼之所兴，众之所治也；礼之所废，众之所乱也"渗透着以礼治国的思想，对后世产生了深远的影响。自此以后，历朝历代的统治者都注重采用礼治巩固政权，维持社会秩序。当前，现代礼仪文化融合了古代礼治的思想，将"自律"与"他律"有机结合，倡导人们在生活中时时处处讲礼貌、重诚信，告别不文明、不道德的行为，对于营造良好的社会风气，促进社会文明进步和国家的和谐发展有积极的作用，也是社会主义和谐文化构建的重要内容。

（二）传统礼仪文化资源对大学生素质教育的启示

1.礼学经典的借鉴

中国自古有"礼乐文明"之称，早在秦汉之际就已形成了博大精深的理论体系。通常所说的"三礼"即《周礼》《仪礼》《礼记》，既是礼学经典，也是中国传统礼仪文化的理论形态，影响深远。其中，《周礼》原名《周官》，为三礼之首，记载的是周朝的典章制度及各诸侯的设官分职，是一部通过官制来表达治国方略的书。《仪礼》主要是对冠、婚、丧、祭、乡、射、朝、聘等礼仪制度的记载，描写春秋战国时期的礼仪制度，反映了当时的伦理思想、等级差别、治国思想。《礼记》则是一部记述了先秦以前儒家有关各种礼制、礼义及儒学思想的论著，也是对《仪礼》的解释。总的来说，《周礼》偏重于政治制度；《仪礼》则偏重于行为规范；《礼记》是偏重于理论说明。"三礼"作为礼学经典，是中国古代各种礼制的蓝本，有助于大学生了解历史，学习传统文化。

除了"三礼"以外，对后世影响较大的礼学经典还有《大戴礼记》《弟子规》《朱子家训》。其中，《大戴礼记》形成于东汉中期，多篇记述了战国到汉朝的儒家思想和言论，是研究儒家思想和上古文化的重要史料。《弟子规》出自清朝李毓秀之手，后经贾存仁改编而成，具体阐述了孩子们在家、外出、学习以及待人接物等几个方面应严格遵守的礼节规范，有助于培养孩子们高尚的道德品格，对于今天大学生德育也有重要借鉴意义。《朱子家训》成于明末学者朱柏庐之手，精辟地阐明了修身治家之道，力勉世人勤俭持家，成为家喻户晓的治家格言，仍是今人学习的经典。

《礼记·大学》开篇就讲："大学之道，在明明德，在新民，在止于至善。"育人是大学素质教育的根本使命，中国古代的礼学经典中蕴含的诸多育人修身的思想和方法值得我们去思考、去继承、去借鉴，将大学生素质教育根植于博大精深的传统文化，潜移默化地影响大学生的道德价值，提高大学生的文化修养。

2.礼乐教化的启迪

周公制礼作乐存续达八百多年，其目的在于将原来只是用于祭祀的宗教仪式及其内容转化为统治社会的政治性礼制，建立以宗法政治为核心的礼乐制度。面对春秋乱世，孔子极力主张恢复周礼，力图通过礼乐教化"揖让而治天下者"实现社会的和谐。儒家所提倡的礼乐，并非是停留在表面的种种仪式和管弦歌唱。礼强调的是君臣、父子、长幼差等有序，"经国家、定社程、序民人，利后嗣"，实现最高的政治理想——仁政。乐则是真情的流露，抒发意志，引起共鸣，在冲突中求和，在差异中求统一，通过乐的教化提高世人道德修养，追求至善，天地和谐。故而，《礼记·乐记》有云："礼者，天地之序也；乐者，天地之和也。和故百物皆化，序故群物皆别。"

几千年以来，礼宜乐和的思想经过不断地继承和发展，已经深深地融入中华民族的血脉之中，成为中国传统文化的精髓，并通过礼乐教化的方式协调人际关系，稳定社会秩序，推动着东方这个"礼仪之邦"生生不息。当前大学生素质教育可以从古人礼乐教化的教育模式中受到启发，用古典高雅的音乐来陶冶学生的性情和道德情操，用礼义的"理性与节制"来规范学生遵从现代文明社会的公共秩序，礼乐结合，将外化的礼仪内化为学生内心的道德，塑造当代大学生的完美人格。

3.民俗礼仪的熏陶

据社会学研究，最早的礼并非由某位圣人或者君王所指定，它往往与民间的习俗、习惯联系在一起，是人群为了应付生活条件而约定成俗的一种规则，这种规则经过代代相传逐渐演变为民俗，随着这些民俗被规范化、系统化，才形成了后来的礼仪。这些礼仪中既有治国安邦的礼制，也有规范人们行为的礼节，还有反应社会生活方式的礼俗。它们对不同的社会阶层、社会角色和人际关系有着不同的要求，按照这种要求，处在一定社会关系中的成员应保持一种互相尊重、互相关爱、互利互惠的和谐状态。经过数千年的洗礼，很多家庭礼仪、社会风俗有了新的变化和内容，但是基本精神都传承下来。比如"成人礼""冠礼""婚礼""丧服礼"，在今天仍是人生中的重大仪式，代表着个人成长过程的每一个重要阶段。

因此，通过学习礼仪文化知识，可以让学生浸润于传统礼仪文化中，了解不同时期的民俗礼仪，追寻民族礼仪的渊源，对比古今礼仪间的差异，感受到中国传统文化的博大精深，增强身为炎黄子孙的自豪感。当然，大学生接受民俗礼仪的熏陶的同时，还要做到知行统一，通过亲自的实践才能深刻体会到传统礼仪文化所蕴含的价值。比如，成人礼意味着个体由孩童向成人的过渡，年满18周岁的大学生通过参加成人仪式，从中体会到成人所应享有的权利和应承担的义务。

4.礼教功能的思考

与世界其他国家和地区的文明相比，中华文明独特之处在于几千年来它的发展从未中断过且积淀丰厚。中国传统的礼仪文化也不例外，经历过无数次的民族分裂与融合，中原的礼仪风俗不但没有消亡，而且融合了少数民族的文化元素，造就了独一无二的"礼仪之邦"。中国传统礼仪文化之所以能够延续下来，古代教育的作用不可小觑，通过礼教这样的教育方式将先前的礼制礼俗代代保存下来。礼教是古代学校教育的主要方法，也是社会教化的重要手段。它通过普及、传播、承继古代礼仪的精神、原则、内容来规范和约束人的行为，塑造君子人格，以化成人性。与此同时，它又与"礼治"结合，主张"隆礼重法"，统治百姓，以化成天下。

礼教以向学生传授"礼、乐、射、御、书、数""六艺"为主要内容，其中"礼"在"六艺"教育中位居首位，知书达理是个人成才的基础，是学习音乐、射箭、驾车、书法、算数的前提。通过"六艺"的学习，为当时的统治者和国家培养道德高尚、文武双全的人才。当前大学生素质教育旨在培养德智体美全面发展的人才，可以从古代"六艺"教育中受到启发，不仅向大学生传授科学文化知识，而且要开设多种课程，广泛培养他们的兴趣，塑造大学生和谐的人格。当然礼教思想中的等级观念、男尊女卑、宗法人伦、三纲五常，是束缚人性的腐朽思想和约束个人自由发展的繁文缛节，已经不适合时代的要求，需要我们加以辨别，在反省中自觉地树立人人平等的观念、民主自由的思想，摒弃礼教中的糟粕。

（三）现代礼仪文化与大学生素质教育具有共同的指导思想

现代礼仪文化继承了中国传统礼仪文化中的精华，汲取了西方礼仪文化的营养，既有民族特色又有世界风采，是现代社会人与人、人与社会、人与国家乃至国际友好交往应遵循的道德准则和行为规范，是中国特色社会主义先进文化的重要组成部分。中国特色社会主义先进文化建设以社会主义核心价值体系为核心，坚持马克思主义的指导思想，为人民服务，为社会主义现代化建设服务。现代礼仪文化作为社会主义先进文化的一部分，同样要坚持以马克思主义为指导思想，把握现代礼仪文化建设的方向和性质。值得注意的是，随着改革开放的深入，中国受其他中国文化的影响不断加深，各种礼仪风俗交织在一起，尤其是西方文化中的利己主义思想的传入，严重影响了人们的价值判断和青少年价值观的形成。面对这种情况，我们在发展现代礼仪文化时，必须坚持指导思想的一元化，坚持以我为主、为我所用的原则，既要吸收世界上其他民族和国家的文化成果，又要坚决抵制西方礼仪文化中渗透的个人主义、利己思想，巩固马克思主义的指导地位。只有这样才能增强中华民族的凝聚力，树立全社会和谐的理念，营造良好的道德氛围，促进社会主义精神文明建设和国家的和谐发展。

大学生的培养关系着国家的未来，民族的复兴。全面实施大学生素质教育既是教育改革发展的战略主题，也是贯彻党的教育方针的时代要求。大学生素质教育首要解决的是培养什么样的人，怎样培养人的问题。为国家培养一批有理想、有道德、有文化、有纪律的社会主义接班人，为社会主义现代化建设提供智力支持和人才支撑，是大学生素质教育的目的。因此，大学生素质教育要坚持社会主义发展方向，坚持以马克思主义为指导思想，将培养人才与社会主义建设、民族振兴结合起来，为国家政治、经济和文化建设提供德智体美全面发展的人才。总之，现代礼仪文化与大学生素质教育不仅有内在的联系，而且都坚持马克思主义的指导思想，旨在为我国社会主义现代化建设服务。

第二节 高校礼仪素养教育现状

一、当代大学生的礼仪素养现状

中国素来就有"文明古国"和"礼仪之邦"之称，中国的大学生也具备了一定中华的传统美德，表现出谦虚、诚恳、尊老爱幼等一些优秀的品质。然而，当代的一部分大学生的礼仪道德观念却比较淡薄，不容乐观，这与他们所接受得素质和文化教育不对等。在日常社会交往与生活中，大学生的行为状态与礼仪相违背的现象也比比皆是，体现出了礼仪修养的缺失，主要表现在他们在社会交往和生活中的一些细节方面，比如以自我为中心的观念比较严重，与周围环境和人的相处不太融合；言谈举止不文雅，有时还经常发现口吐脏话、随地乱扔垃圾等不文明现象；不懂得谦让，不尊敬他人，无视校规校纪，行为放荡不羁，只顾自己不顾他人的感受；只希望自己得到尊重，却不知去尊重他人，没有良好的协作精神……这些情况是与道德和精神文明相违背的，是与礼仪修养不协调的。因此，大学生的礼仪现状应该引起人们的高度重视和关注。

（一）当代大学生存在礼仪修养的缺失

当代大学生存在礼仪修养的缺失具体表现在个人道德修养的淡薄、审美倾向异化、不良的价值观以及社会交往、生活细节等方面，这直接造成了当今大学生礼仪的失落。

1.道德意识观念的淡薄

礼仪是一种具有特殊性的"仪"，它是离不开"礼"的，因而具有道德的本质。道德是人们在社会生活中形成的道德观念、道德品质和用于制约相互关系的原则和规范。而礼仪正是规范了人们的行为，促使人们形成良好的道德观念，维护和谐的社会和人际关系。

现代大学生有积极向上的人生观和价值观，他们渴望成才，同样积极向上，准备为事业奋斗，为祖国建设奉献自己的力量，认真思考自己的命运，有强烈的危机感和使命感。但同时，我们也清楚地看到，由于各种消极因素的影响和冲击，一些大学生迷失了方向，在道德观念上发生了错位和倾斜。在现代社会经济和知识飞速发展的年代，社会对青年一代给予了厚望，但一些大学生的礼仪素养和道德观念却很令人担忧。一部分大学生个人主义观念比较强，时刻以自我为中心，社会和集体利益感相对差些；过分的关注眼前地利益和机会，没有远大的目标和理想，这些人喜欢追求高收入和相对安稳的生活，把享乐放在了第一位，社会的责任感淡薄，有的甚至严重到陷入了极端的个人主义泥坑中不能自拔；有点一味地强调索取，奉献的精神比较少，他们认为个人的贡献应与得到的实惠是等同的；还有部分学生在价值观偏离正确的方向，急于谋取功利，敬业意识薄弱，理想追求淡化。

当代的大学生希望能尽早地摆脱社会和家长对他们的监护，表现出来的自我意识非常的强烈，认为自身已经成熟独立。但是事实上，他们的自我控制力还是相对较差，分析辨别能力还是不强，因而，没有很好引导的情况下，不能正确把握是与非、荣与辱、诚实与虚伪、公正与偏私等界限，往往会使自身的行为失范，表现出个人道德意识的淡薄。另外，由于现在的家庭中一般都只有一个孩子，使得一些学生从小就养成了唯我独尊的心态，不尊重长辈，不敬重老师，这种情况在大学生中也早已司空见惯，个个自我感觉良好，自命不凡，崇尚个性张扬。一遇到不顺心的事情或与其他人发生矛盾，就以个人为中心，缺乏谦虚的态度。

2.审美标准的异化

礼仪注重的是一个人的仪态、仪表、言谈和举止，好的礼仪素养应该体现出内在的是一种美。大学时代应当是人生一个极为重要的阶段，从中学开始他们许多习惯行为就已养成，也逐渐形成了一定的审美观。而不同的是，进入大学后每个同学的审美观也不尽相同。审美作为一种精神生活与生产过程，是一个比道德、文化等更远离经济和物质基础的社会现象；审美素质作为一种国民素质，是一个比文化道德的素质更综合、更高的文明进步的标志。当代很多的大学生对于审美观念并不是很了解，不知道如何提高自身的审美能力。美是合乎人的本性存在的，审美可以陶冶自身情操、美化人格、规范行为，是对事物的美与丑做出一种正确评判的过程。在礼仪活动中，自始至终贯穿着审美体验，体现着对美的追求，礼仪本身就是美的体现，也是一个人的审美情趣和文化品位的窗口。世界上存在着许许多多我们认为要舍去的方面和要追寻的美好事物，在面对这些美好的事物时，一些大学生却分不清那些美、那些丑，也整不清为什么美和为什么愁，对美与丑做不出正确的评判。

在日常生活中，一些大学生平淡和庸俗地看待美的方面，凭借自己单纯和简单的快感来取代美感，对美的认识仅仅停留在表面上，没有看到事物美的实质，从而也不能从审美的角度去评价事物，忽略了事物本质的美。

礼仪活动中的每个参与者既是审美的主体，又是审美的客体；既是对方欣赏的对象，又是以审美目光欣赏对方的，交往的对方互相感悟，从审美的视角认识、把握对方的言行、思想，以使情感得到一定的交流。当代很大一部分大学生并不能遵循礼规，难以做到以礼待人，在行为和谈吐中不能将美好的事物准确地表达出来，有时很难融入和谐的人际关系当中，对判断对象的美与丑的尺度把握不够准确，紧靠自己的主观感觉去评价一个事物的美与丑，不能很好地把握美的本质。

3.价值观念的不良取向

所谓人生的价值观，是指在人的生长过程中对人一生当中的意义、人生的目的、如何去衡量和实现人生价值的标准等问题的基本看法。价值观是世界观和人生观的核心，影响着人们对于职业、政治、公德以及感情等观念的形成和发展。

随着我国改革开放以来，社会市场经济体制的发展，许多大学生的价值观和价值取向在不断地发生变化，可以说，现代的大学生价值取向主流是好的，绝大部分的大学生能很好地把个人融入社会当中去，为社会的发展和建设贡献自己的力量。将这种贡献作为衡量个人人生价值的标准和尺度，能给自己树立远大的理想和目标，为之奋斗，努力学习和钻研用于奉献社会的知识和技能，把个人的命运与国家的发展紧密地联系在一起。同时，现代大学生也具有更新观念、与时俱进，开拓创新和积极进取的精神风貌。但是我们也感觉到一部分的学生的价值取向令人担忧。这与社会、家庭造就的大环境是分不开的。随着社会主义市场经济的发展，很多消极观念和不良风气，都在不同程度地影响着学生的价值观念的形成和发展。当代的大学生价值取向的确也还存在一些不良因素，主要表现在以下几个方面：

第一，当代大学生以"自我中心"比较严重。

我国随着社会经济的飞速发展，逐渐在强化大学生竞争的意识，但同时大学生以"自我为中心"的倾向表现的比较突出。大学生在积极向上、开拓进取的同时，以自我为中心的意识普遍的增强，有的大学生在强调实现自我价值的同时，往往只重视个人发展和利益，不重视社会和集体的利益和价值，更甚者将这两个方面对立起来，主张人生的价值主要是在于自我完善等极端的利己主义。在以自我为中心的价值取向支配下，一些大学生在面对学习、交友、爱情和工作等方面都以个人为中心，将自身享受、金钱物质和争夺权力放在了价值取向的首位。现实表明，在当代大学生中，个体本位倾向的价值取向还是有相当的市场。

第二，大学生的价值取向表现得更功利化和世俗化。

新中国成立以来，"少谈物质利益，重在奉献社会"一直是中国的价值观念导向的主要观念，但是随着社会市场经济的发展，社会生活中的经济作用在不断地加强，人们的物质生活水平提高了，一些精神价值方面的东西在逐渐降低。大学生的价值取向逐渐的功利化，并且日趋增强，主要表现在看重金钱与实惠。当代一些大学生平时主要的话题都围绕在金钱和发财等方面，他们向往今后能到高收入的单位就职，拥有像大款一样风光的社会地位。一部分学生把"钱不是万能的，但没钱是万万不可以的"的话语作为他们的至理名言，对于自身成才和为社会努力奉献的意识比较淡薄，追寻名利的意识却在加强，并且表现在很多方面。

第三，部分大学生价值期望值过高，对于理想和现实的矛盾不知如何处理。

当代大学生通过艰辛的高考进入了大学校园，他们自认为是社会的栋梁和民族的希望，对自己的期望值较高，认为理应受到社会对他们的认可和尊重。在他们的眼中，政治、商业以及做学术问题只是很简单的事情，在处理社会问题和企业管理方面也仅仅是小菜一碟。这种高期望值，一方面是来自社会与家庭对他们的宠爱，另一个方面是来自他们自身特殊的经历，"天之骄子""文明的使者"等称呼给予了现代大学生很多美好的称呼，从而形成一种潜在的观点：大学生应该受到社会的尊重，应该拥有很好的社会地位和较好的工资待遇。但是，当他们在现实中遇到的情况却与他们过高的期望值有着明显的矛盾，在面对这些矛盾中他们却无力适从，对于现实人生理想没有一个理性的分析能力，即便是意识到了，但也想付出更多的努力，只能是沉溺在对未来的空想中，而不能自拔。

4.理想信念的盲目

理想信念，指的是人们对于未来的追求与向往，是一个人的人生观、价值观和世界观的集中表现。理想信念一旦形成，就成为支配人们行动的持久性精神动力。理想信念是大学生成长的精神支柱和力量源泉，他们是民族的希望与祖国的未来。大学生的理想信念状况如何，直接关系着党的事业成败和中国特色社会主义事业的命运与前途。

一些研究成果表明，健康、积极向上是当代大学生理想信念的主流，具有一定的时代特征，但作为社会主义的建设者和接班人，在现代社会境况下，大学生的生活方式已经发生了很大的变化，已从过去相对封闭的生活走向了较为开放的且极具个性化的生活。伴随着大学生社会化程度的不断提高，社会上各种现象对大学生的影响也是越来越大的。一些大学生由于世界观、价值观和人生观尚未成熟和确立，在各种客观因素的影响下，已呈现出理想信念相对化、欲望化和虚无化的盲目倾向。

在当代，一部分大学生理想信念存在着缺失，具体表现在：（1）思想政治观念淡化，主张以自我发展为中心的去看待政治问题，对学校的政治理论课程表现出十分冷漠的态度，对于共产党的信任、马列主义的信仰和对社会主义的信心，在不同程度上存在着危机；（2）在道德理想方面，部分学生注重实用、实惠和物质享受，不太注重理想主义的奉献精神。生活中讲究吃穿，追求物质享受，不愿意艰苦奋斗；（3）在职业理想上，认为社会只是个人发展的现实存在条件，能实现权利价值和经济价值才是最主要的，社会的责任感和团结协作观念相对薄弱些等等。

"生于礼仪之邦，当为礼仪之民；身处书香之院，本应知书达礼"。作为一名当代大学生，文明礼仪是思想道德、交际能力、文化修养、精神风貌的外在表现形式，具有高素养的礼仪风范是大学应有的精神内涵与素质。爱护生命、尊敬师长、团结同学、珍惜资源、落落大方、衣着得体、彬彬有礼、举止文明、谈吐优雅、以诚待人是大学生良好形象的所在。

5.大学生社会交往和日常生活细节中的礼仪缺失

在长期的教育工作过程中，深刻地体会到，尽管学校思想教育工作不断取得新的进展，但大学生礼仪修养的现状和时代对大学生的要求形成了强烈反差，在诸多方面均表现出礼仪规范的缺失。

（1）日常言行举止礼仪不良表现

在校园环境中，我们经常会发现一些与学生行为规范不相符的现象：有的学生用不文明的脏话跟对方打招呼，在网络的虚实世界中，他们更是脏话连篇；有的学生未征得他人的同意就擅自使用他人物品；男女生不顾校园文明勾肩搭背；有的学生吸烟、酗酒。有的学生一味追新求异，染黄发，剪奇异发型，穿着拖鞋进出图书馆、教室等公共场所。有些学生不顾道德诚信，考试作弊，不顾校纪校风乃至法律，蓄意破坏公物等等，在许多学生眼中，这些都是司空见惯的事情，早已见怪不怪了。

（2）对父母的礼仪缺失

可怜天下父母心，有些家长放心不下孩子，千里迢迢地来到学校看望孩子，作为子女应该感激不尽，然而有的学生很少从这方面考虑，他们却认为父母的到来使自己丢尽了面子，不但不心存感恩，反而冷言冷语。有的学生只有在用得着父母时，才会主动联系他们，平时则少有联系，缺乏应有的问候。更有甚者欺骗家长，将从家里骗来的钱用于不正当的消费，如购买高档用品或者是结交异性朋友。有些学生在家里一副大少爷、大小姐的派头，不但不做任何家务，反而对父母的苦口婆心置若罔闻。

（3）校园内的礼仪缺失

上课前对老师的问候，是对老师付出辛勤劳动的尊重亦是礼貌的表现，它是我们的传统观美德。当前在某些学校，简单的一句"老师好"却难觅踪迹。偶尔有老师喊"起立"时，不少同学居然"不知所措"，经过迟钝的反应之后，才慢慢腾腾地站起来，有气无力的向老师问好，问好当中透露出对这种礼节的不以为然，诸如此类的传统礼节渐渐的"淡"出课堂。课堂上，部分学生的表现更是匪夷所思：看报纸的、读小说的、玩手机的、走神发愣的、趴在课桌上睡觉的；甚至有的学生交头接耳、窃窃私语，尤其是上合班时，学生们发出的嘈杂声几乎高过教师讲课的声音，严重影响了正常的课堂秩序。一些学生在路上遇到自己的老师，有的形同路人、有的退避三舍，连最起码的问候、打招呼这些基本的礼仪也很难做到。种种现象表明，校内礼仪缺失的现象已经到了令人吃惊的地步。

（二）造成当代大学生礼仪素质不高的原因

总体上来讲，当代的大学生在面对多重压力时，能够做到排除忧虑并沉着应对，他们具有聪明才智，有着远大的理想和抱负。但是，我们也应该清醒地看到，他们当中的一部分，在礼仪素质、精神文明等方面同现代社会所需要人才的素质要求相比依依旧存在着相当大的差距。

1.传统礼仪观传承的断裂

礼在封建传统的儒家文化中占有着非常重要的地位，早在周朝时代的"国学"中，就是以"礼"构成儒家弟子学习的最基本的内容之一，并且礼仪教育被列在了首位，可见其重要性。周朝的教育算是贵族教育，仅限于对贵族及其子弟的教育。到了春秋时代，孔子大力并积极倡导普及礼仪教育，这种在为后世儒家所传承和发展中的礼制文化，具有丰富的内涵。

现在大学中，大部分的学生几乎是 90 后，由于没有很好的接受关于传统礼仪的教育，对中国传统化中的"礼"并不是很了解和理解，只认为传统的礼教束缚了个性，缺乏丰富多彩性，所以在人际交往中不想规范和约束自己的行为，不懂得谦让和礼让，不知道什么是对个人、家庭和所在社会团体中所应尽的责任，时刻以自我为中心。

2.社会因素造成的各种不良影响

社会主义市场经济体制在我国的建立和发展，极大地推动了社会进步和经济发展。但不应讳言的是市场经济体制还不够完善，利益驱使下的人们在行为与观念方面，还缺乏相应的约束，作为社会主体的大学生失去了一些礼仪道德基础。一些"新思潮""新事物"正在挑战着传统的思想道德观念，一时泥沙俱下，鱼目混珠，道德伦理方面显现了某些紊乱。许多道德失范的现象存在于社会当中，一些人将人际关系商品化、利益化和金钱化，唯利是图、拜金主义、利己主义横行，把诚信、奉献、服务等看作是落伍的道德规范，自我欲望在无限膨胀，无限的向他人、家庭和社会索取，从而造成了日益紧张的人际关系，道德观念的滑坡给正处在初步形成世界观、人生观、价值观的大学生会带来了负面的影响，使他们对传统社会的道德观念和价值标准的认同度降低了，表现出不合社会规范的行为，如酗酒打架司空见惯，违纪行为的屡见不鲜，对顺手牵羊的小偷小摸行为不以为然等等。有的大学生甚至公开主张：在张扬个人欲望的今天，利益才是动力。"理想、理想，有利就想；前途、前途，有钱就图"，"有用即是真理"。于是出现了一些重专业轻基础，重智育轻德育，重视取得有形证书、忽视无形综合素质的提高等诸多现象，礼仪方面也难免缺失也就在所难免。

此外，某些不正常的社会现象也在左右和改变着学生的道德观、价值观。因为历史的原因，也有许多人的社会价值和思想舆论价值虽然在当前社会得到了认可，但个人价值却没有相应的体现。在我们周围和媒体宣传中，也常常会看到，许多人为社会付出了极大的贡献，而个人生活境遇却没有根本的改观，依旧非常艰辛，个人价值并没有在社会回报中得到公平的对待。就此现象，长时期将社会公有的利益和个人私有的利益相对立的传统思想政治教育似乎已经使不少中老年人习惯了，但是在提倡注重个人利益合理诉求、注重个体主观能动作用的现代社会环境中成长起来的年轻一代就很难认同。虽然说每个社会都会有甘于奉献者默默地为社会做出贡献，但现有的宣传和舆论，仍然是只重视社会价值观念，而淡化社会个体利益，这是和当代人的意识相反的，也不能适应在社会市场经济条件下形成新的价值观体系。这种教育对青少年没有起到积极的、正确的引导作用，反而使他们认为自己的未来可能会艰辛万苦，遭遇十分心酸的处境，从他们的内心就会感到害怕，乃至产生抵触情绪，对社会奉献价值的观念和行为不予认同。人的价值观念的转变不是仅仅凭借个别几门理论课程就能改变的，需要通过全社会的共同努力，从社会关系、人际交往、行为规范以及团队意识和尊重教育等多方面进行研究和培养，使学生从思想意识和实际行动上能真正的摆正社会与个人的价值关系。

3.家庭教育的消极影响

现在的大学生大多是 90 后，国家的计划生育政策使得他们多为独生子女，这场新的变革对他们的父母们来讲，有些突兀，导致家长们思想上茫然，再加上自身文化知识不高，对孩子的教育方式和意识知之甚少，有好多甚至是比较错误和失败的，过分的关心孩子的物质生活，不惜一切代价的给予子女最好的物质条件，却未能在心理、人格、责任心、价值观上进行必要的、很好的锻炼与教育，使得学生从小就以自我为中心，缺乏责任心、责任感，以逃避和消极的态度对待自己所承担的社会义务和责任；不知道如何尊重、适应社会、不会尊重别人；有些人贪图个人欲望，崇尚享乐，把满足个人需求的享受主义作为人生的最高境界。

长期以来，我们形式上强调教育是社会、家庭、学校共同的事业，但实质上往往将教育归之于社会和学校，而且强调家庭教育，也多是着眼于中小学时期。实际上大学生的家庭教育同样不能忽视，同样重要。家庭教育是人类教育实践的主要形式之一，是家庭互动过程中父母对子女有目的、有意识施加的教育影响。自古以来，中国家庭教育就是子女的第一课堂，对其口后的发展有着极为深远的影响，正确的教养观念和良好的家庭风气是家庭教育的重要组成部分。只有具备了和谐、健康、高尚的家庭教育风气，才有可能使孩子心理健康、品德健全、行为规范。良好的家庭教育取决于家长本身的文化因素，也与为人父母、教育孩子的做法和准则有着密不可分的关系。然而，让人担忧的是，目前社会中的家庭教育普遍存在着一些问题：有些家长仅仅关心孩子的学习成绩和日常生活，忽视乃至无视礼仪方面的教育和引导；有些家长只想听到有关自己孩子的赞誉，听不进旁人说自己孩子的客观评价，更不会容忍对自己孩子的批评。这样，孩子往往会以自我为中心，爱听溢美之词，而不会把任何人放在眼里；有些家长将孩子奉为掌上明珠，百般呵护，平时什么也不会让孩子干，过分的溺爱孩子。他们一味地迁就孩子，对其提出的无理要求也不加抵制，养成了孩子的不善团结、自私任性等不良性格。

4.学校教育的欠缺

在中国，基础教育还主要处在片面的追求升学率上，学校的教育主要围绕着如何提高学生的应试水平。这种环境下，必然会导致德育教育和审美教育不太被重视，尤其是礼仪教育。甚至在中小学当中，学生将大部分课余时间都用在学习书本理论知识上面，缺少充分和必要的了解社会、与他人交往和沟通，并不能提高学生在实际生活中的人际交往能力，从而表现出一些礼仪修养方面的不足。因为年幼，礼仪修养方面的不足也不易引起人们的注意。当他们进入到大学学习和生活时期，社会中一些不良风气诱导和影响着他们，因而他们就会在现实中表现的言谈举止失礼，有的甚至容易失足留下终身的悔恨。

长期以来，高校重"知"轻"行"，对于礼仪教育缺乏足够的重视。在德育实施过程中，经常是在概括性的道德理论方面传授的多，却较少强调行为的养成；大道理讲得多，操作技巧、技能讲得少；道德理论知识传授较多，而扎实的行为训练较少。结果导致多数学生虽然了解较多的社会道德规范知识，但是不知道怎么将社会公德具体的变为自身的道德行为、缺乏自觉的道德约束力和良好的行为能力，使得基础文明方面的问题十分突出。另外，某些老师也缺乏责任心，只为简单地完成其教学的任务而教学，上完课就走人，不与学生进行必要的交流和沟通。这种重教书轻育人的现象致使老师与学生的关系疏远，学生心目中老师的地位在不断下降，从内心学生就不太容易去尊重和重视老师。

二、高校礼仪素养教育的现状

高等学校肩负着培养 21 世纪接班人和建设者的重任，高等教育的目的就是培养具有一定的理论知识和较强的实践操作能力的、能在生产建设管理以及服务第一线从事管理工作和高技术工作的专门人才。大学生是青年中间的佼佼者，是新时期具有较高文化程度的拓展者，其特殊的身份和位置更有必要成为社会主义精神文明的建设者和传播者，随着我国国际地位的不断提高，随着国际交往活动的日益频繁。当代大学生作为社会生产建设发展的生力军，将比任何一个时期都有可能面临着一个和各种不同文化背景的人去进行交际的课题。而在这种国内外的社会交际过程中，他们除了应具备必要的专业知识和技能外，还必须掌握怎样与他人顺利交往、和谐相处的规范和法则。

当前，高等教育中传统礼仪观念的淡化及人文教育的削弱已成为一个世界性的教育问题。部分大学生礼仪知识欠缺，礼仪修养程度不高，表现出自我为中心、自我封闭的状态，有的甚至会出现寂寞、孤独等情绪障碍。在与他们交往过程中，有的同学表现出"利用他人、依附于人、个人中心"等倾向，从而使自己的人际交往范围变的狭窄。一些学生不懂得如何在相应场合中使用社交礼仪，在他人面前缺乏一定的礼仪形态，表现出仪容仪表不适合相应的场合及自身的气质个性，言谈举止方面也存在着很多问题。这些表现，很大程度上是由于学生本身缺乏传统的道德伦理意识和礼仪常识，没有在日常生活中形成良好的行为规范，不了解和理解中国传统的礼教文化。而礼仪教育应当是从小抓起，逐渐地由低到高的过程。由于没有彻底的改革中国的应试教育，礼仪教育仍旧得不到重视。再者，现在的学生多数为独生子女，家庭往往溺爱和娇惯子女，没有对孩子的价值观、责任心和人格等方面的教育引起重视，因此，有些学生在进入大学或走向社会时只知道去追求个人的利益，逃避应尽社会的责任和义务，不懂得去尊重社会和他人。为此，高校应该重视礼仪教育，使其成为大学生不可缺少的一门课程。

（一）高校礼仪素养教育现状

近几年，部分高校陆续已经开设了关于礼仪方面的课程，将礼仪知识带入到课堂当中，并且在礼仪教育方面取得了一些成绩，并且一些院校还专门聘请专职教师讲授礼仪，学生对此学习也热情高涨。但是毕竟只是属于起步阶段，还存在着不少的问题。第一，部分高校对礼仪素养教育缺乏一定的重视，未能及时抓住教育合格人才的有利时机，并且缺乏系统的规范和管理，还处于边缘地带，这种现状直接地影响了礼仪教育的发展和大学生礼仪素质的提高。第二，我国高校礼仪教育课程还处于游散状态，部门院校开设的礼仪课程分为旅游礼仪、秘书礼仪、求职面试礼仪、人际交往礼仪和公关礼仪之类；也有的高校将礼仪课程设置为公共选修课，学生是自愿选修，但是有的学校在这方面甚至至今仍是一片空白。第三，礼仪方面的专业师资缺乏，影响教学水平提高。现有的礼仪教师大多是凭兴趣自学成才的，礼仪教学的能力也参差不齐。第四，教学目的功利性强，教学目标不明确。学生学习礼仪为利于求职就业，只学到一些技巧方法，使礼仪教学仅仅停留在实用的表层，缺少对内涵和本质的把握。第五，教学内容不完整、不系统，随意性很大。教学方法仅仅限于讲解规范要求，缺乏理论指导，有时最多是加些实训，没有形成良好的社会实践环境。

（二）高校礼仪素养教育的问题分析

在现实的教育教学工作当中，高校的德育教育内容往往偏高，侧重点主要放在是培养学生有正确的价值观、人生观和塑造他们高尚理想信念的教育上，忽视了能集中反映道德关系、道德意识和道德活动等方面的礼仪素养这种表现形式。

1.普遍忽视传统礼仪文化教育

中华民族历来重视礼仪，在几千年历史发展中形成了许多具有广泛社会性与强大号召力的优良道德规范、礼节仪式及生活准则。然而，这些礼仪精华在经历了多次变革后，已经逐渐消失在人们的理念之中了。因此必须针对礼仪教育的强时代性，赋予传统"礼"文化中的"忠、孝、仁、义、善、和"等精华部分新的内涵，增加适合中国国情和中国当代大学生的性格心理特征内容。

高校是学生步入社会的"预热"机构，大学生在"象牙之塔"里除了专业知识的修养外，道德修养的提升更是重要的一课。由于近代来历次运动对传统文化的激进摈弃，再加上社会经济快速发展对生活方式的改变，传统礼仪正在逐渐远离我们的生活。在高校教育中，对关乎学生生活实际、社会交往的礼仪教育多少有些忽视。大学生的道德现状令人担忧，道德失范的情况越来越严重。长期以来，高校德育教育基本上都是注重理论说教，对礼仪教育多少有些忽视，特别是传统礼仪文化教育少之又少。一些高校仅仅将传统礼仪知识作为学生的选修课程来掌握，忽视了对做人应当懂得的基本礼仪规范的学习，没有明确的规范。现代礼仪教育中更多的是带有现代社会发展的印记，体现出礼仪传播的便捷化与社会发展的多样化为一体，但内容方面不太成熟和稳定，没有与传统礼仪很好地结合起来，不能满足大学生成长的需要：既能继承优秀的传统礼仪美德又体现出现代礼仪的特色。这种兼容型的礼仪教育体系是具有丰富的实践内涵和鲜明的实践特征。譬如，大学生个人的礼仪技能涉及范围非常广泛，涵盖了服饰搭配、仪容修饰、语言谈吐、身体姿态、礼仪文书、交往礼仪等多项具体的技能。所以传统礼仪教育在高校教育中也显得尤为重要。

2.重专业理论技能，轻人文素养培养

对大学生知识与能力的要求是针对其处在大学教育这一特定时期而定的。作为大学生毕业后就要步入社会的群体，他们也将面临社会生活中各种问题的挑战，因而应当做好应对的准备。现代科技的飞速发展，生活水平在逐步提高，人们在追逐和享受物质生活的同时也在逐渐忽视了良好的人文精神，面对市场经济下的社会道德水准的下滑与人们价值观念的变迁，接受了高等教育的人群应该具有更多的社会正义感和责任感的追求，这也给当代毕业生在比较狭隘的专业理论知识学习之外提出了更高的要求，同样也给高等教育的发展提出了新的课题。

中国教育目前还处在应试教育体制阶段，从基础教育的中小学开始，教育内容和形式上就没有在构建、培养学生人文精神、心理教育、人格修养、审美教育上下功夫。长期以来，高校教育陷入实用主义当中，只是重视培养专业的人才，减弱了教育陶冶人的最根本的功能。这就使现代的大学生，尤其是普通工科院校的学生，只重视书本的知识，没有丰富的精神世界，缺乏一定的哲学思维能力，在各学科联系联想能力方面较弱，没有很好的创新能力；在人格修养方面，缺乏团结协作能力，没有内部的凝聚力；在心态和励志方面，学生不能正确地认识自己，给自己定位，心情浮躁、消极；在审美方面，分不清美与丑，在具体的道德实践中，缺乏强有力的自我约束能力。一个民族，如果没有高度的科学素质就是愚昧的民族，必然会落后挨打，但没有高度的人文素质将会丧失民族精神，必然亡国。在一些普通工科院校当中，重视和培养学生的礼仪素养教育，不但可以提高学生的综合能力，同样还可以使学生具有一个坚毅的自控能力和积极进取的心态，从言行举止上体现出更好的修养和自信。

面对社会发展需要和教育本身共同提出的问题，需加强高等教育中人文素质培育应是不可争辩的事实。现实的教育体制中，对当代学生人文素养的教育广泛的集中于政治公共理论课。而其内容又偏重于政策的宣传贯彻与知识的传授。在高等院校必修的政治理论课程中，其内容的工具价值远远超过了自身价值，又由于课堂教学时间的局限性，教师很难在课堂内部完成一些基本理性思维方式的传授，结果是"授人以鱼"而不能做到"授人以渔"。

3.教育方式僵化，未能与时俱进

礼仪素养教育的最根本目标是要让学生"学会做人"。完成这个目标，德育拥有不容推辞的责任。现在学校德育工作都有了很大的加强与改进，但在德育的研究方法上仍有欠缺，所谓"老办法不灵，蛮办法不行，新办法不明"，德育的实效性差与其有着直接的关系。方法是过河的"船"和"桥"，如果这个问题解决得好，德育才能会有活力。

在高校礼仪教育教学过程中，大多数的教学方式是以传统的讲授为主，轻视行为和实践的训练，不能使礼仪规范很好的运用到实践的行为当中。在教师的讲课当中，往往听起来非常简单，并且学生理解起来很容易，似乎就是一些大众熟知的日常行为规范，并不是很生动形象，学生感觉没啥可听的。但是在实际的生活当中，学生却不能很好地去运用所听来的知识，依旧是延续着自己的行为习惯，与许多正确的礼仪规范相违背。在高校礼仪教育的很多相关教材中，理论阐述得非常详尽，出生动形象的范例却不多见，教师在教授过程中也没有太多的行为演示，同时也不能将礼仪理论知识提供给学生用于实践的机会，学习理论和实际操作在一定程度上相分离，是以原本生动的应用课程变的教条和枯燥乏味了。

第三节　强化大学生礼仪素养教育的有效路径

礼仪教育本身是一种非强制性、非功利性、内涵丰富的教育。在日趋务实甚至功利的背后，当代大学生参与社会的意识和服务社会的愿望也日渐强烈。现在的大学生比以前更加务实，更加注重自身的发展，迫切地希望在课堂外能够提高自身综合素质，甚至更多的愿意与社会接轨。而在他们在自身谋求更大发展空间的同时，一个很重要的问题往往容易被忽略，那就是礼仪修养，作为展现毕业求职者综合素质的一个方面，文明礼仪实质上体现出了求职者的多种素养和能力，始终贯穿于求职的整个过程，对求职是否能成功起着至关重要的作用，很多大学生往往就是因为忽略了一些礼仪上的细节从而被用人单位拒之门外。因此，对大学生加强礼仪素养的教育就显得尤为的重要。

一、大学生礼仪素养教育总的指导思想

为能够顺利地开展大学生礼仪素养教育，提高大学生的礼仪素养，将礼仪的观念和知识深入到大学生的思想品德当中，礼仪教育应该深入到大学生中去，不但要通过全社会、学校和家庭的共同努力，培养大学生的思想政治素质、道德文化素质和情感人格素质，同时，在礼仪教育过程中还应该把握大学生实践行动这个总的指导思想。

（一）发掘传统礼仪精华，吸收外来有益经验

首先，由于受到西方文化潮流的冲击和影响，近一个世纪来中国一次次的革命运动，在摒弃许多封建不好因素的同时，也将中国一些传统中的精华部分抛弃了，好多优良的礼仪文化已经不复存在了。虽然一些传统的礼仪规范在现在已经看不到了，但是其思维方式依然会影响着社会生活的方方面面。传统社会里的人际关系主要是以家庭为中心向外辐射的，国就应是家的放大，家就应是国的基本单位。"三纲五常"包含和覆盖了社会的诸多关系网络，在这个网络中，尽管个人所处位置的各不相同，但是，每个人都有着自己的为人处世之道，父慈、子孝、兄良等都所为各自的名分而去行事。这种以家族为本位、以家长制为原则的伦理，实际上代行了宗教的职能，形成了人们的心理归宿。

"修身、齐家、治国、平天下"是儒家倡导的理想人格，中国传统社会很重视家礼，有敬老尊贤礼、拜访礼、尊师重教礼、接口往来礼等。作为学校、社会和家庭三个方面，都应该向学生积极地去弘扬这些优秀的传统礼仪美德。

其次，许多传统礼仪的缺失，现代礼仪大多是仿照了西方的许多礼仪模式，这就很容易将西方和原有的东方传统礼仪文化发生摩擦，产生冲突。因此，在我们日常生活和工作中，能看到许多不伦不类，中西掺杂在一起的现象。从小处说，有时表现在穿衣打扮、与人交流言谈，大的方面变现在一些大型的宴会和公益活动上，由于没有合适的礼仪法章可以借鉴，缺乏系统的整理以及规范，在实际实践当中就会出现许多不合乎情理的地方，随意性很强。因此，应建议有关的部门下设一个专门的机构或委员会，撰写一部适合中国国情的礼仪大典方面的书籍，并负责制定出各项礼仪规范，将中国传统文化精髓和社会文明礼仪当作现代大学生的礼仪行为标准和指导规范。

虽然现在有很多地方都在撰写礼仪方面的书籍与教材，但撰写的水平高低不同，层次不一，引用一些西方的礼仪文化来代替中国传统的礼仪文化，表现出许多不太规范的问题。我们可以将礼仪观念中封建思想制度去除，但传统文化中的积极健康的精神内涵等，至今在现在社会中没有全然的消失，也不能让这些内容消失。我们要的是将传统文化中积极、健康和有益的礼仪内容整合，全面的发展和健全自身。因此，我们应加强学习和研究中国传统的礼仪文化，将其内同进行合理的挖掘，对传统文化中的礼仪知识中所内含的合理因素进行提炼和分析，寻找到中国传统礼仪文化与当代大学生礼仪素养教育的结合部分，研究传统礼仪知识能很好地融入现代礼仪教学的一些新方法，造就成能继承中国传统文化的现代文明礼仪的社会，将传统礼仪中的精华得到延伸。

此外，社会全球化在当今已成为发展的趋势，将国外一些礼仪教育的经验借鉴过来，不仅能够提高大学生的礼仪素养，同时也对大学生的国际交往有所帮助。在日本，一个员工的礼仪素养好坏直接影响到企业的兴衰与存亡，员工好的礼仪素养与公司的发展至关重要；在韩国，非常重视培养公民的礼仪修养，彬彬有礼、温良谦恭的韩国人形象给外人留下了很深的印象。社会发展得越快，对礼仪文明的要求也就会越高，当今高校中的大学生应不断加强自身的礼仪素养，古为今用，洋为中用，吸收传统礼仪和现代礼仪的精华，才能很好地当今的社会，与时俱进。

（二）用道德观指引大学生礼仪文明素养

礼仪与道德的关系是极为密切的。马克思主义道德观中指出：道德是一种社会意识形态，是调整个人和社会之间以及人们之间关系的行为规范和准则的总和。礼仪具有道德功能，道德也具有礼仪的功能，二者具有内在的同一性。一方面"德"决定着"礼"。礼仪是衡量一个人文明程度的准绳。有教养才能文明，有道德才能高尚。日常生活中，得理不饶人、失理不道歉、无理搅三分的现象总是屡见不鲜，其缘由都在心中无"德"。一个有道德追求的人，他总会处处为他人着想，尊敬他人，那是因为他懂得"敬人者，人恒敬之"。所以说，道德是礼仪的基础，礼仪由道德来决定，没有内在修养，外在形式就会失去了根基。另一方面"礼"可导"德"。礼仪是道德的外在表现形式。礼仪作为一种基础性的行为准则和规范，可以引导人们去很好的提高道德修养，在"仁、义、礼、智、信"这些基本的道德规范中，礼是非常重要的范畴；在人们的行为规范之中，礼仪是基础性的、最起码的规范。"不学礼，无以立"就是说的这个道理。所以，礼仪使无形的、抽象的道德变得真实的存在，文明礼貌的言行折射出道德的"真""善""美"，礼仪素养可以说是评价一个人道德水平的重要标准。

由于大学生的思想往往处于定型期，加之我国正处于转型期，社会各种矛盾冲突不断变化、纷繁复杂，经济全球化过程中各种文化的碰撞，价值观多样化发展的趋势，也从外部层面上推进了当代国内大学生道德观的异化、分化，导致一些大学生把"有利当理想"，"有钱当前途"，不问政治、不讲立场，不辨方向、盲目迷信，向往他们心目中的"自由""民主"的生活方式。

当前大学生思想政治的状况，决定了必须以马克思主义道德观为指导的理论进行教育。而一些高等院校对已经开设的马克思主义思想政治理论课程和政治学习方面重视不够，有的只是走过场，对这些课程的考察也较为松散，学生受到社会上的一些不良风气的影响也轻视和盲目的排斥政治理论课。这种状况告诉我们，应当切实的改进思想政治工作，抓好大学生的世界观、价值观、人生观教育，只有这样，才能使大学生把坚持马克思主义的政治观点和方向作为自觉的意识和行为，引导大学生去找到符合社会发展方向和需求的个人定位，从而提高大学生的礼仪素养。

（三）加强拓展训练，注重理论与实践的结合

大学生正是处于人生的黄金时代，随着需要自我意识的日益强化和层次的不断提高，他们渴望建立起良好的人际关系，从中得到许多激励、自信和归属感。但是，由于每个人对礼仪和认识和态度不同，个人性格、人际知觉、自信心、人际关系倾向、社交技能及社交环境的不同，对人际关系的处理便会有好坏之分，礼仪知识与实际行为不能很好地结合在一起。

人的认识时来源于实践的，认识的正确与否，只能通过实践来检验。礼仪教育要想取得成效必须要与实践相结合。礼仪是培养大学生良好的文明行为习惯。日常言语行为的习惯不但是他们基本素质以及道德方面的集中体现，同时具有良好的习惯还是学校对于加强学生基础道德和文明素养的有效手段。在大学德育教育工作中，将礼仪教育作为其中一项重要的内容，以最基本的礼仪行为规范为根本，正确引导大学生培养高尚的道德情操，规范和约束自身的行为，有效地加强礼仪教育的可操作性和实践性，从而解决知与行不统一的问题。

礼仪知识只有被学生灵活地运用到实际中去，才能真正达到礼仪教育教学的目的。所以，除了课堂上简单的教学和学习，还应该创造机会在课外进行实训。这样既能检验

出效果，又能丰富了教学的内容，使教学的意义更为深刻。

（四）全方位提高大学生内在人文素质修养

文明礼仪是一个人尊重他人的基本要求和道德修养的外在体现。弘扬文明礼仪是培养人的德性、提高人文素养的基点。因此，文明礼仪教育，必须要注重人的内在道德的涵养，以内养外，以外促内。中国自古以来就主张"道问学"与"尊德性"并重，"学者所以学做人也"。高校培养人才的目的，不仅仅是培养出具有专业知识的技术人员，更应该是塑造出具备高尚的人格、崇高的精神追求和价值取向的社会成员。要通过积极调动学生内在的精神层面，引导他们去认真思考甚或的意义和目的等最根本的问题，进而建立起自己的更高精神境界，最终成为高素质、高品质的人才，也就是所谓和谐的人。

具有人文精神的高素质人才所应该具有的基本特征是：崇高的理想道德、坚定的政治信仰、完整的知识技能和勤奋的生活态度。大学要实现学生的全面发展这个目标，就要转变教育的观念，要坚持以理想信念教育为核心，以道德规范为基础，以爱国主义教育为重点，将教书和与人紧密地结合起来，全面提高大学生的综合素质。为此，大学应重点推进包括校园文化、教育教学等多个方面的内涵建设，在培养大学生的诚信友爱意识、民主法制意识、人与自然和谐共处意识、公平正义意识和开拓创新意识等方面下功夫，面向构建社会主义和谐社会的宏伟目标，培养出大批综合素质较高的社会主义事业合格的建设者和可靠的接班人。

二、高校开展礼仪素养教育的具体措施

（一）大学生礼仪素养教育应当规范化

要在大学生当中加强礼仪素养教育，就应该规范大学生的礼仪行为标准。"没有规矩就不成方圆"，礼仪教育本身就具有规范化的特点。《高等学校学生行为准则》对大学生"注重个人品德修养。服饰整洁，讲究卫生；诚实守信，谦虚谨慎，说话和气，待人有礼，男女交往，举止得体；尊敬师长，尊重他人；敬老爱幼，乐于助人"等方面提出了的具体要求，涉及道德、礼仪、法律等几大规范。《公民道德建设实施纲要》指出："开展必要的礼仪、礼节、礼貌的活动，对规范人们的言行举止，有着重要的作用。"在高校中开展必要的礼仪规范教育，有助于推进我国大学生精神风貌的建设，普及大学生礼仪教育，将规范化应列在首位。"明礼"在《公民道德建设实施纲要》被列为基本道德范畴，全社会包括高校应该更加重视礼仪教育。现在的重要任务是把大学生的思想政治教育建设同重视礼仪教育有机地结合起来。在进行大学生礼仪教育的同时要同大学生的实际需求相适应，坚持科学的态度和方法，建议教育主管部门在适宜的时候制订出专门的《大学生礼仪规范》，并在全国高校发行推广。将礼仪的要求纳入高校各项管理规章制度中，并根据学校实际情况制定出包括礼仪内容在内的大学生各项日常行为规范，帮助学生真正了解日常生活中最基本的礼仪常识，在新生入学之初，组织学生认真的学

习，形成学生对礼仪的初步认识，并可将礼仪表现的情况作为诸如奖学金等各项评定的一个内容。

（二）大学生礼仪教学的改革创新

在现在高校教育的过程中，大学生表现出具有选择性、主动性和互动性的学习特点，他们对一些应用性广泛的和实用性比较强的知识产生出浓厚的兴趣，不在盲目的相信书本中的内容。在开展大学生礼仪教育过程中，要想使大学生对礼仪产生高度的重视，不但要在社会和学校中形成一个良好的环境氛围，还应对高校礼仪教育教学方面进行必要的改革，采用一些行之有效的教学模式。

1.礼仪教材内容编制的创新

良好的传统礼仪不能断根，优秀的礼仪教学课程也应该将传承民族的优良传统道德作为准则之一。加上大部分人的交际范围还是在国内，因此在礼仪教材中涉及符合中国国情的礼仪的习俗和规范部分也应体现在其中。这些内容要注意结合现实的生活，赋予崭新的时代特征，不能采取说教、教条的形式。在介绍国外礼仪惯例和中国传统礼仪的同时，还应包含礼仪的历史起源等介绍，以及与礼仪相关的配套书籍，加以典故来加深学生的印象。在接受规范的同时，了解了很多的典故，从而对学习也更有兴趣。

2.学校要注重对礼仪课程的创新

大学生的礼仪素养教育必须在高校教育中得到重视，应当将礼仪教育作为学生的必修科目，而且要选定在这方面有研究的专业教师任教，选定专门的教材，为礼仪课堂教学和实践培训创造良好的条件。首先，将礼仪课程应由目前的自选课设为基础必修课让增加其学分。其次，拨出专门经费，同一些专门开设该课程的学校建立长期的联系这方面的青年专业教师定期进行各种形式的进修、培训或专门的研讨会。再次，教学的形式要灵活一些，专业教师可带队参与礼仪实践活动并进行现场讲解和示范，并请知名人士为学生举办讲座，使用一些配套的教学软件，来增加学生的上课的互动等等。除此之外，可以积极发动学生做宣传栏或海报，定期的介绍一些礼仪常识，并组织校际和校内的礼仪知识竞赛等课外活动带动学生对礼仪学习的兴趣。最后，学校要努力建立学生和社会沟通的桥梁。设立专门的机构了解社会信息，积极和一些商业机构建立起合作的关系，进而推荐组织学生到这些地方进行实践。另外，本着服务地方的宗旨也可让掌握礼仪规范较好的学生到社区进行宣讲，来增加学生的责任心。

3.礼仪教学模式的创新

第一，利用现代化的多教学手段，增强课堂教学的趣味性与直观性。传统的教育手法往往是依靠黑板、粉笔这些进行的一种讲授形式，很容易使学生产生疲惫的心里，厌倦学习，对学习失去兴趣，从而很难实现教学的真正意义。而礼仪教育却应该是一种比较特殊的素养教育，在整个教学进行当中，老师可以运用多媒体等形式，结合礼仪教学的内容加以利用声音、图像和视频等形式，一起将礼仪知识形象、生动地展示给学生，从而调动学生学习的兴趣，并加深对礼仪知识的理解和掌握。例如，在讲授礼仪知识之仪容仪表的时候，老师可以利用不同形式的人物和服饰的图片，配备以注释讲解，使学生对容貌和人物着装的规范性产生很直观的印象，从而把握仪容仪表的修饰尺度；在仪态方面，老师可以加以教学视频录像，将规范的仪态形象的展示在学生面前，让学生能很好地效仿，从而加深和提高他们对规范仪态的掌握程度。

第二，采用多种多样的教学模式，强调实践性的训练，提高课堂的互动性和活跃性。礼仪自身的特征决定了老师在教学当中不应仅仅局限在对礼仪理论知识的讲授上，除了学生对理论知识的理解与掌握，更应使学生能在实践当中学以致用。大学生应该成为礼仪课堂教学中的主体。教师可以通过轻松幽默的方式将学生引入礼仪内容的学习上，开展互动性的教学，在课堂进行理论讲解时，可以采用"案例教学法""模拟教学法"等。

第三，发挥网络优势，培养学生礼仪意识。

信息时代的到来使互联网成为人们社会交往和生活中不可缺少的一部分，现代网络技术的飞速发展使人们的日常生活发生了许多微妙的变化，随着计算机越来越多地进入高等学校的实验室、课堂，甚至学生宿舍，不难看出，计算机网络的触角，正逐渐延伸到大学生生活每一个角落，对他们也产生着复杂而深远的影响。

开展礼仪素养教育和实践活动，可以充分发挥网络的优势，使得礼仪的教育教学更富有丰富的内容和内涵。网络具有信息的丰富性、开放性和及时性，礼仪教育通过网络能更好地同时代接轨。礼仪教育在网络的环境下，更容易贴近现实社会，贴近学生，使学生产生浓厚的学习兴趣。在高校礼仪教育中，可以在校内网站上建立相关的礼仪道德方面的主页和论坛，同时也鼓励高校德育工作者设立个人的主页，将生动直观的礼仪教学软件加载到网络中用于教学，采用网上聊天、辩论或咨询等方式进行更广泛的礼仪和德育教育，使学生能在接受礼仪教育的同时获得更多的快乐体验。除此之外，仅仅依靠学校的力量是远远不够的，需要社会、家庭的大力配合才可以，在公众网站和家庭教育中使学生通过网络了解更多的礼仪规范和道德范畴，这样礼仪教育才能取的良好的效果。

（三）努力开展礼仪研究，教师注意言传身教

当前大学生礼仪素养的表现现状，就要求教育研究者和工作者要努力探索和开展礼仪素养方面的研究，尤其是一些教育研究机构及教育教学部门应大力开展学生的礼仪素养教育各个方面的课题研究，从中寻找礼仪教育的长久机制。然而，现在的礼仪素养教育方面的书籍和教材甚少，即使存在的书籍和教材也仅仅局限在部分行业当中，尤其是服务类、商务类和公关类的领域居多，广泛性不是很强。应该在广大教师队伍中倡导并开展礼仪素养教育的研究，将礼仪的理论知识研究系统的贯穿到所有的教学专业中，使广大学生能够从中很好的掌握礼仪的传统知识及现代理论，提升学生的礼仪素养。

古人云："其身正，不令而行；其身不正，虽令不从。"教师的言语身教，以身示范，对学生礼仪素养水平的提高无疑具有潜移默化的作用。教师的一言一行，都是自身

素质及修养的体现，对学生个人的影响很大。老师良好的仪容仪表仪态，良好的言谈举止，应该贯穿与整个教育教学的工程当中，使学生耳濡目染，对学生进行最直观的影响，起到陶冶的作用。因此，从特殊的职业角度出发，从事教育的工作者应该以身作则，把自身的礼仪素养中美的方面展示给学生，为学生提供标准的礼仪示范教育。

（四）营造良好校园氛围，开展礼仪文化活动

当今，树立正确的舆论导向，创造出良好的校园环境，树立健康的学习榜样，对大学生规范自身的行为、逐步提高自我的约束能力是十分必要的。学校应当从硬件、软件两方面着手。在教学楼、图书馆、活动中心、食堂等公共场所张贴提示性的标语等等，随时能提醒全校师生注意自己的言行。发给学生一些礼仪规则和准则手册，并列入始业教育，定期进行检查和考核。

由于礼仪具有很强的操作性和实践性，因此在教育中就不能只是局限在学校单一的课程的讲授和指导中，要让学生在各种社会实践活动中去理解礼仪知识和规范，充分发挥和展示大学生的自我教育优势，提高学生的自我礼仪修养。加强礼仪教育，还可以通过校园许多文化活动为载体，组织开展礼仪知识竞赛或实践展示等活动来丰富多彩的校园礼仪文化，在校园中营造良好的文明氛围。如高校可利用电视、广播、多媒体、宣传栏等宣传工具，开展"明礼诚信"来倡导礼仪，制订修身计划，发动全校师生共同抵制不文明的现象。高校团委、学生会及其他社团干部可以以宣讲和辩论等形式来弘扬文明礼貌之风，利用组织表演小品等节目的形式来抵制不文明的现象和行为；通过学校广播电台、新闻报刊和宣传栏等媒介，来展示一些名人的礼仪修养轶事，在学生中树立良好的榜样；在社会或学校中可以聘请礼仪专家和学者为同学做礼仪专题讲座；可以利用校园网络论坛、聊天、咨询等形式，充分发挥网络优势进行网上礼仪修养教育。与此同时，教师还应正确引导和鼓励大学生积极参加校内外的各种社会活动，在活动中培养学生的人际交往和沟通能力，不断积累丰富的礼仪实践经验，展示大学生自身的礼仪魅力和时代风范，通过实践来形成大学生良好的礼仪素养。

第七章　中国传统敬业观与大学生职业素质教育的融合

第一节　中国传统敬业观概述

在中国传统社会，已经出现了职业分工的思想，《周礼·考工记》便提出了国有六职，并对不同的职业规定其职责。随着职业体系的发展和完善，职业分工也更为系统，相应地也形成了一套符合社会特征的职业道德体系，而我国传统职业道德体系中的核心内容即敬业观。

一、中国传统敬业观的内涵解析

中国传统敬业观包含十分丰富的内容，涉及的领域很多，如果从思想内涵进行分类，可以分为以下两个方面。

（一）尽职尽责

尽职尽责是指尽全力完成应做的工作，在我国传统社会尽职尽责是一项十分重要的职业素养。尽职尽责要求人们不仅要拥有良好的工作能力与工作素养，同时要对工作做到尽力尽责。我国从古至今都将尽职尽责作为重要的敬业思想，有着十分丰厚的历史文化积累。

1.尽职尽责就要勤于本职

我国传统思想认为，勤于本职是尽职尽责的根本，只有在工作中保持勤勉才能将事业长久地进行下去。《尚书·周书》中就提到，"功崇惟志，业广惟勤"，意思就是想要取得伟大功绩就要有伟大的志向，想要在事业上获得成就就要勤勉不懈地工作；《左传·宣公十二年》中提到，"民生在勤，勤则不匮"，就是说人民的生活在于辛勤的劳作，保证辛勤的工作物资便不会匮乏；<墨子·非乐上>也曾提到，"赖其力者生，不赖其力者不生"，这是指只有依靠自己的能力的人才能生存下去，反之则无法生存。可以看出，对于勤于本职，我国传统思想中有非常浓厚的文化积累，该思想认为只有勤勉的工作才能带来事业上的建树。同时，古代先贤认为懒惰是极为不可取的，懒惰是人们在事业上取得成功的障碍。《国语·鲁语》就提到了"夫民劳则思，思则善心生。逸则淫，淫则忘善，忘善则恶心生"。可以理解为人们通过劳动开始思考，通过思考便可以心生善意；贪图安逸就会心生贪念，贪念会使人们忘记善意而产生不良的思想。我国历代先贤都将勤勉当作自己的行为标准，将懒惰视为成功的绊脚石，"业精于勤荒于嬉，行成于思毁于随"也渗透了这种思想。朱熹也极为反对懒惰，他认为一个人做事一定不可懒惰，即使身体抱恙也应该一心向往事业，不可以怠慢，不可以荒废学业，只有坚持不懈地勤勉工作，才是对待事业和生活的正确态度，他严格要求自己和他的学生，直至离世前他还在修改《四书章句集注》，其一生都处于勤勉之中。

2.尽职尽责更要尽心竭力

尽心竭力是指对待工作要尽心尽力，做到全身心的投入。虽然对于不同的工作，尽心尽力的表现方式不尽相同，但是其根本都是一致的，尽心竭力是一种具有共性的职业境界，也是我国传统思想中的一项重要内容。"古者四民异业同道，其尽心焉，一也。士以修治，农以具养，工以利器，商以通货，各就其资之所近、力之所及而来焉，以求尽其心。其归要在于有益于生人之道，则一而已。士农以其尽心于修治具养者，而利器通货尤其士与农也。工商以其尽心于利器通货者，而修治具养尤其士与农也。……自王道熄而学术乖，人失其心，交骛于利，以相驱轶，于是始有散士而卑农，荣宦游而耻工贾。"这一论述便说明了虽然不同职业有不同的尽心竭力的方式，但是本质是相同的。在中国传统道德思想中，"忠"是一种核心的职业道德，即对待自己的工作要忠诚，也就是要人们认真而诚恳地对待自己的工作。对于我国传统职业道德思想中的"忠"，首先是一个带有政治色彩的概念，指官吏应该忠于自己的国家和君主，这是官吏忠于其工作的根本。《论语》中提到"居之无倦，行之以忠"，是说身为国家官吏应该不懈怠，应该忠诚地执行君主的命令。曾子也曾说，"吾日三省吾身：为人谋而不忠乎？与朋友交而不信乎？传不习乎？"，其中"为人谋而不忠乎"也反映了尽心竭力的思想。随着时代的不停发展，古代传统思想中"忠"的含义也有所变化，从最初的指代官吏忠诚转变为更为广义的内容，一些贤者将其总结为尽心尽力则为忠。可以看出，"忠"也就是要求人们对待自己的事业要真诚、要尽心尽力，不论处于什么地位，也不论从事的是何种职业，都应该做到尽心竭力。

3.尽职尽责要有奉献精神

对待工作尽职尽责、尽心竭力，就会产生奉献精神。奉献精神是一种更高层次的职业道德思想，是一种强烈的责任感与义务感。首先，应该做到对本职工作有奉献精神，也就是要对本职工作尽职尽责、尽心竭力。这种奉献精神是最基本的。在我国传统职业道德思想中，没有奉献精神是一种令人不齿的行为。《左传·襄公二十七年》中提到，"仕而废其事，罪也"，就是说为官者不尽心于工作，是一种罪过。这种思想就表示，应该居其位谋其职，既然从事一项工作就应该尽心尽力奉献自我，如果做不到这一点就不应该从事一项工作。

其次，奉献精神不仅仅指对自己的工作，还包括更广的范畴，也就是对社会、对国家的奉献精神，这表现为对社会的责任感以及爱国主义精神。我国传统道德文化中极为重视这种奉献精神，无数仁人志士秉承着这种奉献精神奉献自我，将自己的一生奉献给国家、民族、全人类，这是一种深层次的思想觉悟。明代理学家吕坤提出士君子应该以"世道、人心、民生、国计"作为自己的责任，可以看出我国传统道德思想中对于社会责任感与使命感的重视。因为这种强烈的责任感，在国家遇到困难与危机时，总会有仁人志士为救国奔走，也为人们留下了不少佳话。

最后，奉献精神还体现在维护真理层面。为了维护人类的真理与正义，许多仁人志士奉献自我，穷尽一生为了贯彻真理与正义而奋斗，就像司马迁忍辱负重也要著成《史记》。正因为这种高层次的敬业精神的支撑，古代先贤才可以为人类留下宝贵的精神文化财富。

（二）诚信无欺

诚信是一种十分重要的品德，诚即真诚，不欺骗自己，不欺骗别人；信即信誉，答应的事情一定要做到，不可反悔。在我国传统职业道德思想中，诚信是重要的组成部分，尤其在商业活动中诚信尤为重要。人们应该做到真实、诚实、守约。

1.货真价实、诚实不欺

货真价实是指商品和价格都是实实在在的，诚实不欺是指以诚信为本不存在欺诈行为，从古至今商家都极为重视这两条原则，这是一种基本的职业道德与职业态度。"诚实不欺"就是商家用来招徕生意的商业用语，意为价钱实实在在，一点不假，代表着一种诚实守信的职业道德和职业态度。孔子曾说可以追求富贵，只要是合乎于道的富贵那就是可以追求的，但如果是不合乎于道的富贵就不应该去追求。管子也十分重视诚信，他认为不讲诚信的商人不可以经商，不诚信的工匠不可为工，不诚信的农民不可务农，他认为诚信是基本的职业道德，也是社会可以有序发展的基础。荀子也认为诚信是基本的经商理念，商人应该诚实守信，诚信的商业活动可以促进商业活动的发展，国家便可以越加兴旺，也就是说诚信可以促进国家的发展。荀子曰："商贾敦悫无诈，则商旅安，货财通，而国求给矣。"意思是说，诚信是经商之法，不讲诚信的商人不能从事商业，诚信可促使商业兴旺。具体而言，就是要货真价实、言不二价、童叟无欺。《礼记·王制》中提到，"布帛粗细不中数，幅广狭不中量，不鬻于市"；《商贾一览醒迷》中说，"货之粗精好歹，实告经纪……若昧之不言，希为侥幸出脱，恐自误也"。这都可以看出诚信在商业活动中的重要性。诚信也是帮助人们积累财富的工具，保证诚信待人，就可以促进生意兴隆，也就可以帮助商家积累财富，从古至今诚信都可以帮助商人招揽客人，正如"诚招天下客，信聚八方商"一说。从长久的历史看来，诚信在商业活动中的重要性可见一斑，这也反映了人们对诚信的重视。

我国古代的"儒商"便将货真价实、诚实不欺贯彻到了其商业活动中，他们将儒家道德理念贯彻到各个方面，包括职业道德、经营管理、价值观念等，这些儒商具有足够的才智与良好的品德，同时具有很好的商业头脑可以经商赚取财富。儒商之所以可以取得成功，其中很重要的一个原因就是他们讲究诚信，以儒家思想作为他们的经商指导思想，使他们重视为人诚信、童叟无欺。在许多相关记载中，都提到了各个朝代的儒商是如何经商的，其中许多记载都提到了诚信待客这一点，可以看出诚信从古至今都是商人敬业思想的重要部分。

2.遵守契约、有诺必承

诚信无欺还表现在遵守契约、有诺必承。遵守承诺是商业发展的生命，只有保证这一点商业活动才可以开展，我国传统思想一直将守信作为十分重要的道德准则，所谓"一诺千金"，就是指只要应下的承诺就必须落实。

（1）对服务对象要信守承诺

孔子一直主张为人要讲究诚信，他认为诚信是根本，不论是以个人为主体还是以国家为主体，都要重视守信，他认为治理国家的一项重要任务就是树立良好的政治信用。子夏曾说，"君子信而后劳其民，未信则以为厉己也；信而后谏，未信则以为谤己也。"意思就是想要百姓劳作首先应该取得他们的信任，不然百姓会认为这是一种虐待；想要劝谏君主首先应该取得君主的信任，不然他会认为你的劝谏是对他的诽谤。信在商业领域也很重要，信守承诺是商人从商的基本准则，商人应该对商品的质量、价格等方面信守承诺，不可食言。我国古代许多成功的商人都信奉诚实守信这一原则，例如晋商创立的山西票号对店内徒弟有这样的训诫，"重信义，除虚伪，节情欲，敦品行，贵忠诚，鄙利己，奉博爱，薄嫉恨，喜辛苦，戒奢华"，到了清咸丰、光绪年间，山西票号发展势头迅猛，而为其带来这种发展的重要因素正是他们秉承的诚实守信的从商准则。

（2）对合作伙伴要信守承诺

除了对服务对象要讲究诚信，对伙伴也要信守承诺。我国传统商业经营活动中，合作伙伴间的信任也被看得十分重要，合作伙伴间彼此信任，讲究诚信待人。在明代中期，出现了一种称为"伙计"制度的商业管理模式，是指出资人聘请值得信赖且善于经营的人进行商业运营管理，被聘请的人不需要出资，同时还可以获得分红。这种"伙计"制度在当时十分流行，因为彼此互相信任，所以商业活动进行得井然有序，出资人和被聘请人都可以获得财富。

（3）要遵守契约关系

遵守契约关系主要指借贷诚信，要做到"赊须诚实，约议还期，切莫食言"。在我国传统社会，遵守契约关系十分重要，一些商家为了保全信誉甚至不惜造成亏损。例如清代胡开文墨的第二代传人胡余德，他研制出了一种浸水不化的墨品，但一次客人买了这一产品后，墨品落入水后融化了。胡余德知道后立即停止出售不合格的产品，并高价回收已售的不合格品并销毁。经过此事，胡开文墨的名誉非但没有受损，反而因为这种诚实守信赢得了顾客的信赖。

可以看出，我国传统的职业道德思想中很重视诚信无欺，并根据这一道德思想形成了一系列的道德规范。只要做出承诺，就必须要兑现，也就是"言必信，行必果"。我国古代商业能够蒸蒸日上也正是因为这种诚信为主的敬业理念，诚信是从事一项事业的基础。由此看出，诚信是事业生存和发展的关键，不注重诚信只会自取灭亡。

二、中国传统敬业观的基本特征

通过各种资料可以大致描绘出我国传统敬业思想的形态，大致勾勒出传统敬业思想的内容。在此基础上，就这些敬业思想的内涵对其主要特征进行分析。

（一）德业双修的人本关怀

中国传统敬业观的首要特征就是德业双修的人本关怀。其中"德业双修"是指事业与道德的有机结合，职业生活与个人修养的有机结合。儒家思想是我国传统文化中一种主要的道德思想，其尊崇德性，在这种文化氛围中我国传统敬业观也带有浓厚的崇德色彩。"敬业"是"敬"与"业"的组合，"敬"是一种道德修养的表现，"业"是指职业、事业，"敬业"本身就是将道德修养与职业生活融合在一起的词汇，它反映了人们对待事业应该秉承的态度。"敬业"是传统道德思想的重要组成部分，它是衡量一个人在事业上是否可以取得成功，是否可以有所建树的关键指标，只有具备优秀的道德修养的人才可能在事业上取得成功。中国传统敬业观是以人的意念、行动为中心建构起来的一套完整的职业规范和职业操守，它帮助人们明确职业活动对于个人生活的重要性，它要求人们将道德教育融入职业活动中，使人们不仅仅在表面上进行工作，而是更深层次地进行职业活动，从中发现自身价值，真正实现自己的职业目标。

"德业双修"将传统文化中"以人为本"的道德关怀折射出来，此处的"以人为本"是指传统思想中的"爱人"与"仁爱"等思想。在中国传统敬业观中，"爱人"与"仁爱"是职业道德的重要体现。其中"爱人"思想是敬业的出发点，同时传统敬业观要求在职业活动中体现"仁爱"。在政治领域，中国传统思想家很早便意识到人民在政治中的作用，人民即是国之根本，孟子提出的"民为贵，社稷次之，君为轻"就是这一思想的代表，强调了人民在国家中的重要性。从教师授业的角度看，教师的敬业表现在要为人师表，为学生起到楷模作用；要学而不厌，通过不断学习提升自身的能力，从而提高教育能力；要诲人不倦，不停地开展教育，将自己所学知识传递给更多人；要因材施教，根据学生的不同特质选择适合他们的教育内容与教育方法，以达到更好的教育效果等，教师应该尽职尽责为教育事业努力奋斗。从医德角度来说，为医者应该谨记"人命至重，有贵于金"，要怀着仁爱之心对待病患，要认真对待工作，努力提高自己的医术，怀揣济世救人的思想抱负。在商业领域，商人应该保证货真价实、童叟无欺、讲究信誉，对待客人和合作伙伴都要真诚。由此可见，中国传统敬业观要求从业者从被服务者的角度看待问题、思考问题，这体现了从业者的道德修养，同时也是人本思想在职业领域的具体体现。

（二）业以载道的重义追求

人们为了维持生活必须要获得金钱，而工作便是获得利益的一种方式，正如司马迁所说，"天下熙熙，皆为利来；天下攘攘，皆为利往"，获得利益是人们工作不可或缺的一项内涵。在中国传统敬业思想中，工作不仅仅是为了获取利益，更重要的则是实现抱负，它具有鲜明的道义内涵。中国传统敬业观追求的道义是重义，可以从以下两个方面分析。

1.不能以利害义

孔子曾说，"富与贵，是人之所欲也；不以其道得之，不处也"，孔子的意思是人们都想追求富贵，但是不用正当的方法取得利益是不可以的。中国传统思想看重仁义道德，这一点在传统敬业观中也有所表现。中国传统敬业观十分重视诚信无欺，要求人们通过正当方式获取利益，不可以为了利益不择手段而不讲道义。在传统社会，对政府官吏的要求是公私分明，不可以以权谋私，要保证清正廉洁，以关怀百姓的角度处理问题；从商者，不可以为了获取利益而有所欺瞒，要秉承诚信无欺的原则做生意，不要贪图不义之财；为师者，要为人师表，不断提升自己，以教书育人作为自身的理想；为医者，要以救死扶伤为己任，公平对待伤患，不可以患者的身份地位与财富多少而区别对待。正所谓，君子爱财，取之有道，传统敬业观认为道义为先，不可以依靠不义的手段谋取利益，要对自己的职业怀有崇敬之心，在获得劳动成果的同时要将道义放在最前。

2.注重以义致利

中国传统敬业观中的重义，不仅是指不可以以利害义，同时还提倡以义致利。传统敬业观要求从业者要努力工作、恪守道义，在对从业者提出诸多要求的同时也没有忽略他们应当获得的利益，利益是对他们诚恳工作的反馈，传统敬业观提倡合理的获利方式，营造良好的职业氛围。在中国传统社会中，有许多以义致利的实例，尤其是一些儒商将这一观点很好地运用在他们的从商经历中。古代儒商认为，"义"与"利"是共存的，他们可以相互影响、相互促进，秉承道义从事商业活动可以获得更多利益。明代晋商王文显说，"夫商与士，异术而同心。故善商者，处财货之场，而修高明之行，是故虽利而不污。……故利以义制，名以清修，各守其业，天之鉴也。"，这个观点认为商人与官吏虽然从事的职业不同，但是内在本质是一样的，商人不断地提高自身修养，虽然追逐利益也不肮脏，遵循道义获取利益，通过修行提高声誉，认真对待自己的工作，才是正确的行事之法。中国古代许多商人推崇以义致利，并通过这种方式获得利益，这就是中国传统敬业观的一大特征。

第二节 当代职业素质构成与要求

职业素质是一个综合性概念,其中包括很多内容。从不同的角度分析,可以将职业素质进行不同细分,但值得注意的是,职业素质是一个整体概念,不可以通过其中一项单独的素质对个体的整体职业素质进行判断。同时,根据不同的职业,也会产生不同的职业素质要求。高校应该根据实际情况,开展职业素质教育,帮助大学生提高自身职场竞争力。

一、大学生的职业素质

(一)职业素质的界定

1.素质

素质是在先天基础上,通过后天的学习与教育形成的一种生活习惯,它反映了一个人个人品质的高低。素质是衡量一个人的道德品质的指标,是一个人多方面水平的集中体现。素质可以通过人们的社会实践活动得以体现,并通过人们的言行举止表现出来。

一般而言,人的素质包括身体素质、心理素质与社会文化素质三大方面。身体素质是指人体在活动中表现出来的力量、速度、耐力等人体机能,它是一个人的体质强弱的外在表现。身体素质包括基本的生理机能以及生理系统的正常发育以及健康发展,还包括个体运动与适应的能力。身体素质是人们开展社会活动的基础,良好的身体素质可以使人们更好地开展社会活动。心理素质是在先天的基础上,通过后天教育、环境、社会实践活动等诸多因素影响而形成的。心理素质是整体素质的核心。社会文化素质主要包括思想观念、道德品质、知识水平、生活技能以及审美能力等。身体素质是社会文化素质的基础,心理素质是文化素质的中介,同时社会文化素质也会对身体素质和心理素质产生一定影响。社会文化素质属于较为现实的一种表现,直接关系到人们在社会实践活动中的表现。

2.职业素质

职业素质是指从事一项职业活动所需要具备的一系列素质,可以通过社会职业需求和个体生命发展两个角度进行分析。

(1)社会职业需求角度

首先,人们从事职业活动是为了维持生存,为了符合职业需求个体需要拥有多种素质,其中包括身体素质、品德素质、智能素质等。需要通过对一个人的各种素质进行综合考评,才能判断一个人整体职业素质的高低。

第一,身体素质。身体素质是指个体的基本生理机能与生理系统是否发育正常且健康,是否拥有良好的体质和强健的体魄。

第二，品德素质。通过品德素质判断个体是否拥有较好的道德修养，其中包括民主政治素质、公共生活素质、自我管理素质以及健康的心理素质等。

第三，智能素质。智能素质可以考察个体的基本智力水平以及运用知识的能力。智能素质要求个体要不断地学习、积累科学文化知识、灵活运用所学知识。

第四，审美素质。审美是人们观察世界理解世界的一种方式，审美素质就是指个体感受世界、理解世界、表达和创造美的一种素质。

第五，劳动素质。包括从事某类职业和专业的知识技能素质、参与市场经济生活的素质如消费素质、经营管理素质等。

（2）个体生命发展角度

第一，思想观念是素质的核心要素。思想观念是人们对世界的理解的表现，其中包括世界观、人生观和价值观，不同的环境、教育等会使人们产生不同的思想观念，不同的思想观念就会导致人们看待世界的方式不同。思想道德素质是人们在开展行动时的先导因素，它对其他素质具有制约与引导的作用。

第二，知识是素质的基本要素。知识在一定程度上影响个体的素质水平，具有丰富的知识可以提高一个人的个人修养。知识的内容涵盖理论知识与技术知识所构成的知识体系。

第三，能力是素质的关键要素。个人能力是通过社会实践活动体现出来的，想要判断一个人的个人能力就需要观察他在各项社会实践活动中的表现。个人能力包括很多方面，要考虑各个方面的表现进行综合评定。

第四，情欲态度是素质的动力要素。个体在进行某项活动时，最开始是因为对某项活动产生情欲并想要得到满足。个体的情欲多种多样，十分复杂，不同的欲望会促使人们开展相应的行为活动。人的求知欲会促使人们学习与探究；人们对人际交往的欲望促使人们与人结交，同时人际关系受到道德感的约束；人对于情感表达的欲望促使他们对世间万物进行态度体验。人们的情感欲望推动人们追求真理、追求美，促进人类向真善美发展。

不论是通过社会职业需求的角度，还是从个体生命发展的角度进行分析，都是科学合理的，但职业素质是一个整体概念，不能只从一个角度进行分析，我们应该从两个角度综合地进行考虑与分析，从而得到更为全面的结果。通过上述分析可以看出，职业素质是一个社会个体从事职业活动所应具备的身心健康素质、文化科学知识和社会生活经验、职业技能和能力以及相关的情感、态度、价值观等全部素质的总和。

（二）职业素质的特征

1.从社会层面分析

（1）社会历史性

社会职业素质是随着社会的发展而不断变化的，社会发展就会导致社会分工产生变化以及职业分化，这就导致了社会职业素质的改变。职业是社会进步与劳动分工的产物，通过生产力的发展、科学技术水平的提高、社会结构的变化形成了职业。职业具有鲜明的社会性与时代性，社会性是指职业也会随着社会的发展产生或消失，时代性是指职业会根据不同的时代衍生出不同的特征。国家的经济体制、产业结构以及科技发展水平，决定了一个国家的职业结构，也就是说通过社会职业结构的变化可以看到一个国家的变化和发展。职业结构处于动态中，相应的社会职业素养也会随着职业结构的变化而产生相应的变化与要求。

（2）专业提升性

社会职业素质的要求会根据劳动熟练程度的提高而提高。随着科学技术的不断发展，很多先进的科学技术投入到生产活动中，相关职业便不断地发展和成熟，这就导致了社会职业素质要求的提高。科学技术的大量投入加大了职业专业化，虽然不是所有职业都会受到影响，但大部分职业都会有所影响，尤其是在当今这个高速发展的信息化时代，信息化、全球化、知识化已经成了这个时代的代言词。全球化市场经济和高科技的发展推动了很多职业走向成熟和专业，从业者为了适应当前时代的职业新要求就需要不断地改进与提高。很多职业对从业者的素质要求发生了变化，越来越多的职业对从业人员的知识水平、专业技能水平以及综合素质能力的要求不断提高。

（3）职业素质的类别差异性

职业素质出现类别差异是因为产业划分与行业分工不同。处于不同产业或行业的职业会出现职业素质构成的差异性，主要体现在专业知识、技术和技能上。根据不同的社会分工和职业划分，不同职业的素质要求有很大的不同，例如行政领导类行业、生产服务类行业、科学教育类行业以及文化娱乐类等行业中的职业素质要求就明显不同。不仅从大层面的划分可以看出职业素质要求的差异，从职业细分中也可以看出差异性，同一职业类别不同岗位有时都会出现职业素质要求的差别。但职业素质的差异性是在共性素质的基础上体现的。

2.从个体角度分析

（1）生成性

生成性是指个体职业素质是在先天遗传素质基础上，经过后天环境、教育以及社会实践活动等的影响而形成的。人的本性，人的本质，以及人的一切社会生存素质都具有生成性的特点。

（2）整体性

整体性是指职业素质是一个整体概念，不可以通过单独的素质个体概括个体的整体职业素质。在当今社会，人的生存实质上是职业生存，所以职业素质可以反映一个人的整体素质。职业素质是个体智力与体力的结合体现，也是人类文化在个体心理上的内化和积淀。为了对职业素质进行研究，可以对不同个体的整体素质进行分析和比较，但是不可以将单个职业素质因素进行比较，职业素质是一个整体概念不可拆分。

（3）发展变化性

发展变化性是指职业素质会随着社会的发展而不断变化，这是一个动态的过程。尤其当今社会科技发展迅猛，大量的高科技技术投入到生产之中，职业不断走向专业化，这就导致很多职业对从业者的职业素质要求进一步提高了。为了适应这种高速发展的社会现状，高校的职业素质教育一定要注意全面提高教育水平，帮助高校学生可以更好地适应这个全球化、专业化、信息化的新时代，这也正是目前高校在进行职业素质教育时的新挑战。

二、当代大学生职业素质的构成

（一）大学生职业素质的构成要素

大学生的职业素质是指大学生从事某种职业所应具备的素质总和。大学生的职业素质同样可以从社会职业需求角度和个体生命发展角度进行分析。但在对大学生的职业素质进行分析时，往往忽视职业素质的整体性，这就导致对大学生职业生存素质的分析不够全面和专业。所以，应该从整体角度对大学生的职业素质构成进行分析。大学生的职业素质可以分为身体素质、心理素质和社会素质，这其中每个方面又包含了诸多细分素质因素。

1.大学生的身体素质

大学生的身体素质主要包括身体结构和身体机能两个方面。身体素质包括很多内容，其中包括：保持身体健康、积极自觉地参与体育锻炼加强体质、培养建立良好的卫生习惯；了解和掌握人体机能和系统的基本知识、了解基本的疾病预防方式与基本药物使用方式等。

2.大学生的心理素质

心理活动受到外界环境的影响，心理素质是通过个体与环境的相互作用产生的。大学生心理素质主要包括：注意保持心理健康，主动学习，发展智力与能力水平，培养意志、情感等因素，了解心理知识，懂得如何进行心理调节。

3.大学生的社会素质

社会素质包含的内容十分广泛，其中包括政治、道德、文化、科学、审美等多种因素。其具体内容包括：建立健康的人生观、价值观和世界观；树立良好的理想信念；养成良好的道德习惯；了解和学习文化科学知识，并掌握相关基本技能；建立良好的审美情操，培养自己欣赏美、表达美与创造美的能力；树立健康正确的劳动观念，掌握基本和专业劳动技能，积极投入到事业当中。

（二）大学生职业素质结构

从功能论的角度进行分析，职业素质在个体生存与社会发展上的地位和作用有所不同，可以按照以下框架进行分析。

1.职业基础素质

职业基础素质包括，身体素质、心理素质、文化科学知识与技能、道德素养等。随着社会的不断发展，职业素质的要求越来越高，这些基础职业素质一定要加以重视，在此基础上培养其他素质。高校进行大学生职业素质教育时，一定要加强职业基础素质的教育，为他们发展其他素质打下基础。

2.职业核心素质

职业核心素质是提高职场竞争力的重点，这些素质可以帮助人们在职场中获得更高的评价和更好的发展，它是建立在职业基本素质基础上的，也是高校进行大学生职业素质教育的重点。职业核心素质包括，职业生涯的规划能力、职业相关专业知识的学习能力、职业技能的掌握程度等。这些素质可以进一步提升人们职业素质的专业化水平，帮助他们更好地开展事业。

3.职业拓展素质

职业拓展素质是职业素质中最活跃的一部分内容，它是大学生面对职业转变时应该具备的素质，这些素质可以帮助大学生更好地应对职业变动。职业拓展素质包括，创业素质、经营管理能力、创新能力、终身学习能力以及信息处理能力等。

4.职业辅助素质

职业辅助素质是大学生在社会生活中必须具备的素质，同时这些素质可以帮助他们更好地适应社会和工作，是他们发展事业的保障。职业辅助素质包括，基本生活能力、理财能力、合作交流能力、诚实守信素质、了解和掌握法律的能力等。

我们可以将职业基础素质、职业核心素质、职业拓展素质与职业辅助素质看作一棵树，那么基础素质即为根，核心素质即为干，拓展素质即为枝，辅助素质即为冠。为职业素质树提供土壤、阳光、空气与水分的即为社会生活生产实践，其中最主要的养分提供者是社会劳动与产业分工系统以及社会制度，包括经济体制、产业政策以及社会文化等因素。

三、当代社会对大学生职业素质的要求

（一）对职业素养的要求

职业素养，是指一系列与职业有直接关系的基础能力的综合素质，包括专业知识掌握能力、专业技能应用能力等。为了适应当前这个竞争激烈的就业市场，从业人员必须拥有各种职业素质，良好的职业素质可以为从业者带来更多更好的机会。职业素养包括思想道德素质、科学文化素质、生理素质和心理素质等，在各方面素质上表现良好可以获得更好的职业发展。对于大学生来说，长期在校园环境中生活和学习，没有或是很少有机会真正地接触社会，当他们离开校园进入社会并投入到工作中时，很难立刻调整身

份面对社会生活以及工作。所以，为了使大学生毕业后可以以良好的职业面貌融入社会和工作中，高校应该积极开展职业素质教育，培养大学生的综合职业素质，帮助他们在激烈的就业市场中获得较强的竞争力。

可以看出，加强大学生职业素质教育具有重大意义，这也是目前社会实践活动与大学生自身诉求的实际需求。主要的职业素养包括职业道德素养、人际沟通能力、合作与竞争意识和组织领导能力。

1.职业道德素养

社会的发展，需要科学技术等硬件设施的保障与推进，同时需要精神文化建设的内在支撑。良好的道德素养可以成为一个民族的内在力量，它可以营造良好的社会氛围，还可以转化为内在生产力，以此推进社会的健康发展。大学生离开校园进入社会时，需要各种能力和素养帮助他们更好地适应全新的环境，其中就包括良好的道德素养。大学生应该具备诚实守信、团结友爱、勇于创新等基本道德素质，同时还应该具备良好的职业道德素养，应该做到认真对待工作、信守承诺、遵守行业规范、爱岗敬业等。高校应该加强对大学生职业道德素质的教育，帮助他们成为有社会责任感、对待工作认真负责的人。

第一，培养职业责任感。职业责任感是指个体对所从事职业的工作态度。首先，应该保证对待工作认真负责、遵守行业规范和规则、保证完成工作任务、积极主动地对待工作。其次，要在端正态度的基础上积极创新，开动脑筋寻求新思路和新方法，进一步提高自己的工作能力，实现自我突破。第二，讲究职业信誉。职业信誉是职业道德素养中十分重要的一部分，它可以帮助个体营造良好的个人形象。信誉是个体在长期的自我约束与自我激励中形成的良好品质，同时是提升职业道德素质的重要途径。进入社会，在求职和工作中都要保持良好的信誉，真诚待人，诚实守信，树立良好的个人形象，这是在社会实践活动中十分重要的一项品质。

第三，还有其他一些优秀品质可以体现一个人的职业素养，例如勇于奉献、大局为重等。要全面发展自己，提高各方面的道德素养，才可以提升个人整体职业素质。

可以看出，职业道德素养是个体进行社会实践活动中十分重要的因素，提高道德素养可以增加个人竞争力，同时可以提高工作能力。

2.人际沟通能力

社会不断进步，科技水平也不断提高，各个行业对从业者的专业化水平也逐渐提高，但想要很好地完成一项工作，除了专业的技术水平还需要良好的人际沟通能力。社会实践活动不是单凭一人就可以完成的，大多数工作都是需要人与人之间的良好合作才能完成的，在完成这些工作时就需要从业者具备良好的沟通能力，要与工作相关的人员进行良好的交流与沟通，以便高质高效地完成工作。所以，为了提升大学生的就业能力，必须要提高他们的人际交往能力，帮助他们可以与人进行良好的沟通交流、正确处理人际关系、懂得利用人际资源等。培养大学生的人际沟通能力可以从以下几个方面入手。

第一，知识与内涵对于提升人际沟通能力有很重要的作用，拥有较高知识水平与良好内涵是进行良好人际沟通的基本。丰富的知识储备是进行沟通的内在要求，良好的内涵是可以通过交流沟通得以体现的，所以对大学生进行知识与内涵的培养极为重要。

第二，良好的人际沟通能力不是一朝一夕就可以形成的，而是需要通过长年累月的积累而慢慢形成的。大学生在日常生活与学习中应该多与同学和老师进行沟通交流，在这个过程中实现量的积累，日积月累地锻炼自己的人际沟通能力，以取得更好的效果。

第三，高校应该利用各种资源开展各种校园活动，例如社会实践、校际交流、校园比赛等，通过这些活动为学生提供更多交流沟通的机会。这些活动可以提供学生间、师生间、学生与社会人士间沟通交流的机会，以此提高学生的人际沟通能力。

可以看出，培养大学生的人际沟通能力需要高校与学生的共同努力，双方各尽其职地有效配合才可以实现良好的培养效果。

3.合作与竞争意识

社会高速发展，社会分工越来越细化，想要实现社会发展目标必须靠集体努力，随着全球化的脚步，我国的发展与现代化建设进程也在与世界接轨。人是推动社会发展的主要动力，只有现代化的人推动社会发展，才可以实现社会现代化目标。当代社会的性质决定人们在进行社会实践活动时，需要进行合作，也就要求人们具备合作意识。高校在进行教育时，应该培养适应当今社会的高素质人才，所以培养大学生的合作意识是实现高素质培养必要的一部分。每个人都有优势与相对不擅长的领域，通过人员间的分工合作可以实现人力资源最佳配置，从而提高工作效率。

竞争意识也是现代化社会不可缺少的一种素质，良性竞争可以促进生产力的提高。竞争意识可以促进人们进一步提升自己，可以激发人们的创新意识，从而推进整体生产力的提升。高校在进行大学生职业素质教育时也应该注重学生竞争意识的培养，可以通过开展各项具有竞争性质的活动培养学生的竞争意识。

4.组织领导能力

组织领导能力是指对各种资源进行科学合理的安排，以便工作可以高效运行，更为重要的是在进行资源配置的同时提升自己的核心领导力，组织领导能力在求职与工作中是十分重要的能力。良好的组织领导能力可以使个体在工作中更为出众，也就可以获得更好的工作机会，从而取得事业上的成功。

高校在进行大学生的组织领导能力培养时，应该通过以下几个方面进行。首先，大学生应该积极主动地参与到活动的组织中去，在实践中锻炼自己的组织领导能力，要善于发现机会、把握机会，充分利用身边的锻炼机会来提升自己的组织领导能力；其次，高校应该积极主动地为学生提供锻炼机会，搭建适合学生进行组织领导能力锻炼的平台，加强学生的自我管理能力。同时，高校可以邀请社会人士到校进行演讲和培训，并开设组织领导能力方面的专业课程，专业地系统地帮助学生学习相关知识。

为了培养符合社会需求的高素质大学生，高校加强大学生职业素质教育是必不可少的工作。想要高质高效地完成大学生职业素质教育，需要校方与学生的积极配合，共同努力。

（二）对专业技术能力的要求

专业技术能力是从事某一职业的基本素质，是综合职业素质的重要组成部分。大学生离开校园走向社会时，专业技术能力是他们在就职市场上重要的竞争力，为了提高学生的就业能力，高校应该重视对他们的专业技术能力的培养。

1.从社会角度分析

随着社会的发展，职业细分也逐渐加强，专业化的职业细分就导致很多职业对从业者的技术能力水平要求不断提高。为了明确各个职业的职业技能培养方向，不同行业和职业应该明确和公开其所需的技能种类和水平等，加强要求的指向性，这样才可以使高校更为目的明确地进行专业技术培训。

2.从高校角度分析

目前职业专业化越来越强，高校应该也必须加强对大学生的专业技术能力的教育与培养。保证在培养大学生综合能力的前提下，适当加强对专业技术能力的培训，高校应该投入更多的资源帮助学生提高这方面的能力，以提高他们在求职时的竞争力。高校可以开展各种社会实践活动和专业课程，从实践角度落实理论知识，培养学生的实际动手能力。

3.从大学生角度分析

大学生自身应该重视提高自己的专业技术能力，为了提升自己的专业竞争力应该重视这一项能力的培养。大学生应该进行职业规划，明确自己想要从事的职业，再根据职业进行具有专业性的专业技能训练，以便得到更好的发展。

关于专业技术能力的培养，应该从理论和实践两个方面进行。根据不同专业的特点设计具有针对性地理论课程，让学生熟练掌握理论知识，打好基础；针对理论知识设计不同的实践课程或是实践活动，帮助学生通过实践落实理论，在强化理论知识的同时提高实践能力。在进行专业技术培训的过程中，应该鼓励学生积极思考、勇于创新，通过思考进一步提高专业水平。学生还可以根据自身需求和兴趣进一步进行学习和研究，进一步提高自己的专业技术能力。

（三）对职业适应性的要求

大学生离开校园进入社会，会经历环境的巨大转变，在各个方面都需要重新适应，这就可能造成在择业时可能会犹豫不决，在职场中可能无法适应激烈的竞争环境，在工作中可能会出现能力与职业不匹配等问题。所以良好的职业适应性也是当代职业素质要求中一个重要的组成部分。校园是大学生培养和提高自身职业适应能力的重要场所，大学生在校期间得到的锻炼对于他们今后的社会生活具有重要意义，大学生在校园内的学习生活可帮助他们树立健康良好的人生观、价值观和世界观，并帮助他们塑造健康的就业心态。所以对大学生职业适应性的提高，需要大学生自身、企业和社会、高校共同努力。大学生应该积极转变自己的就业理念，社会和企业应该营造良好的就业气氛，高校应该开展各项课程和实践活动，从实际上提高学生的职业适应性。往往高校将就业率当作衡量对学生就业工作完成程度的唯一标准，而这种标准已经不符合当今社会的新标准了，高校应该结合实际开展针对性的就业指导，例如，加大宣传教育、设置职业规划相关的专业课程、进行应聘模拟训练、开展个性化就业指导等。通过各种方式提高大学生的职业适应性，帮助他们更好地融入社会，开展工作。

第三节　大学生职业素质的培养与教育路径

一、大学生职业素质教育的方法

职业素质教育是一项系统工程，教育方法涵盖了教育学的所有方法，但职业素质教育的方法比一般教育的方法更为丰富，更加具体。下面介绍几种典型的教育方法。

1.灌输教育法

灌输教育法是外界向受教育者系统地或由受教育者自身系统地学习某种思想理论体系的方法。灌输教育法重视对科学理论的学习和吸收，有利于先进思想和理论的传播、推广。在大学生职业素质教育的过程中，采用灌输教育法的目的就是让大学生接受职业素质教育的理论，以便从根本上提高大学生职业素质教育的自觉性。灌输教育法作为职业素质教育的具体方法，在职业素质教育中是一种常用的方法。灌输教育法在理论界还是有些争议，但是，在实践中对其掌握得好，是非常有效的。实际上，在职业素质教育过程中不是要不要灌输教育的问题，而是如何进行灌输教育的问题。学校为了提高灌输教育在职业素质教育中的质量与效果，首先要确定灌输教育的项目目标，并根据目标进行策划。在策划时，首先必须识别灌输教育项目的过程，确定这些过程的顺序和相互作用，确定为确保这些过程有效运作和控制所需要的准则和方法，确保可获得必要的资源与信息，以支持这些过程的有效运行和监控，通过测量、监控和分析这些过程，并采取必要的措施，以实现灌输教育策划的目标。最后，还应持续改进灌输教育的方法，并进行循环提高。这样运用灌输教育的方法，一定能够取得理想的职业素质教育的效果。如高等院校开设的关于大学生职业规划课程、报告、讲座等就是以灌输教育法为主的。

2.自我教育法

自我教育法是指受教育者根据职业素质教育的目标和要求，在自我意识的基础上通过自我认识、自我体验、自我控制产生积极的进取心，主动接受一流的技能和高尚的思想，形成良好的职业习惯。自我教育是受教育者为完善品行习惯而进行的思想转化和控制活动。其特点是主动性和自觉性。自我教育的主要依据是唯物辩证法关于外因要通过内因起作用的原理。运用自我教育法进行职业素质教育，应遵循以下基本要求：首先，职业素质的自我教育并非放任自流，也非降低标准，而是引导受教育者明确教育的要求。其次，要善于激发受教育者自我教育的动机，动机源于受教育者的需要和追求，对职业素质形成的内化过程起直接作用。再次，要在实践过程中不断强化自我教育的功能，逐步培养自我约束、自我激发、自我调节的职业能力。如大学生在个人职业发展的过程中，通过不同阶段自我的纵向对比和与他人的横向比较，总结剖析自己，找出自己与他人的差距，修正自己的职业规划，通过不断进行职业实践来逐步实现自身职业理想。

3.熏陶感染法

熏陶感染法是指教育者充分利用社会环境因素和教育者自身所创设的教育情景，对受教育者进行感染和熏陶，经过潜移默化，培养其人格品质并使之得以升华和提高的方法。其寓理于情，以情动人，表现出非强制性、愉悦性、隐蔽性、无意识性的特点，更容易为人接受，使人们在不知不觉中接受熏陶感染和潜移默化的受教育。熏陶感染法是渗透性原则的重要体现，也是其他因素制约职业素质教育的表现。在职业素质教育中，不是孤立的，而是渗透在素质教育的各个方面，渗透在各学科的教学活动之中。在高等教育发展过程中，一方面将职业素质教育渗透在正规课程之中，强调职业素质对人发展的作用，另一方面将职业素质教育渗透到学生的各类活动和学校管理之中，使之潜移默化。

4.实践锻炼法

实践锻炼法是指在教育者的指导下，通过有目的、有计划、有组织的实践活动，训练和培养受教育者的优良职业素质和良好职业习惯。实践锻炼法是一种受教育者在改造客观世界的同时改造主观世界的方法。实践锻炼法的理论依据是马克思主义实践论。实践锻炼的过程，是受教育者把理论与实践结合起来的过程，能使受教育者增强认识世界和改造世界的能力，进而提高职业能力、职业品质，形成良好的职业习惯。同时，实践锻炼法把教育对象的理性认识逐步转化为处理问题的立场、观点和方法，促进个体的社会化，加快教育对象适应社会，成为职业人。运用实践锻炼法，应遵循以下基本要求：第一，要有目的，注意总结；第二，不断创新实践锻炼的形式、内容和方法；第三，进行实践锻炼时必须进行精心组织和计划；第四，要持之以恒，坚持不懈。如大学生参与校内外的勤工助学活动和社会兼职等活动，在劳动实践中体会职业的辛劳，培养适应岗位的职业素质和能力。

二、大学生身体素质的培养现状及路径

（一）我国大学生体育锻炼现状

大学生身体健康状况和特点与体育锻炼有很大关系，下面就大学生体育锻炼进行分析。根据研究数据显示，高校学生绝大部分都对体育锻炼持积极态度，只有少数人表现出冷淡或是厌恶的态度。并且对体育锻炼的态度还出现性别差异，男生对参加体育锻炼的积极性明显高于女生。男生和女生参与体育锻炼的目的都有增强体质和调节心理两方面，但男生参加体育还为了消遣娱乐，而女生参加体育锻炼则是为了减重塑形。但可以看出，不论男生还是女生，对于体育锻炼的增强体质和调节心理的能力都有所认识。大学生在选择参与的体育项目时也会出现一定的偏好，男生更倾向于对抗性强、竞争性强的较为激烈的体育运动；女生更喜欢较为温和的、难度较低的运动项目。同时，大学生在选择运动项目时，倾向于选择易于开展、受限比较小、所需场地和器材比较方便获取的运动，因为这样比较符合他们的生活环境和特征。例如跑步、足球、羽毛球、健美操等运动是大学生比较偏好的运动项目。体育锻炼的频率是评定体育锻炼情况的一项重要指标。从总体上来看，男生在体格、身体素质等方面优于女生，锻炼持续时间长。

（二）提高大学生身体素质的路径

在思想层面，高校体育应该将重点放在加强大学生的身体素质上，不论是理论课程还是实践课程，都应该注重大学生的身体素质提高。在开展高校体育教育时，应该将全面发展人的身体素质、提高健康水平作为根本任务，在提高大学生身体素质的过程中提高学生其他方面的素质，例如思想道德素质、审美素质等。为了适应当前社会的要求，高校在进行体育教育时相较原来更注重对学生实践能力的培养，从而提高了大学生的身体活动能力。但目前学生的身体素质逐年下降也是事实，所以为了改善这一现象，高校加强体育教育，进一步提高学生的身体素质是必要任务，这也是为大学生今后进入社会开展工作打下身体素质基础。

在操作层面，应处理好以下几个问题。

第一，课程内容要克服单调刻板的设置方法，应该按照学生的喜好和要求灵活安排课程内容，同时要重视基础素质训练。基础素质训练是提高学生身体素质的基础，应该讲究全面发展配合重点提高，根据学生的情况开展有针对性的身体锻炼，促进学生的身体素质可以全面提高。同时，通过进行体育训练，可以加强学生的意志品质，培养他们吃苦耐劳的精神。

第二，除了在课堂上进行体育锻炼外，大学生应该加强课外体育锻炼，在业余时间根据自身身体情况和喜好开展体育活动，并在强度、时间、次数上有一定规划，以提高身体素质为目的要求自己，进行训练。

第三，教师作为对学生进行体育教育的实施者，应该全面且准确地了解学生的身体

素质情况，充分发挥教育者和组织者的身份，对学生的体育锻炼进行正确指导。在对高校体育老师进行评价时，不应该只看学生的考试成绩，而应该将学生的身体素质提高情况纳入考虑范围，因为提高身体素质是对大学生进行体育教育的重要目标。

第四，高校不断扩招导致学生越来越多，很多学校校内的体育设施跟不上学校扩招的步伐，限制了大学生的体育活动，这就使大学生体育锻炼的效果下降。同时，增多的学生人数为老师带来了更大的工作量，也给他们造成了更大的工作压力，这就影响了教学效果。因此，高校应该积极建设和完善体育场地、设施和设备等，在硬件上保证学生体育锻炼的质量。同时，合理安排教师与课程人数，以便达到最佳教育效果。

第五，身体素质情况是一个动态情况，所以为了更好地了解学生的身体素质情况，高校应该定期进行监测和评价，根据结果进行分析，制定下一步的教学目标，这种持续性的监控可以帮助教师更充分地了解学生体质情况，帮助他们更好地促进学生身体素质的健康发展。

三、大学生心理素质的培养现状及路径

（一）大学生心理健康现状

心理素质是大学生必须具备的一项职业素质，而良好的心理素质就要求大学生具有良好的心理状态，保持心理健康是提高大学生职业素质的重要内容。为了满足社会对当今大学生的要求，大学生应该具备健康的心理和健全的人格，这是大学生进入社会投入工作的前提，因为健康的心理状态和健全的人格可以帮助他们更好地适应社会，帮助他们更好地迎接挑战。当今社会充满竞争，不仅社会中充满竞争，高校内也存在很多竞争，在这种竞争激烈的环境中，大学生承受了较大的压力，如果疏导不及时不到位就可能引起一系列的心理问题，所以对当代大学生的心理健康应该加以重视。大学生处于不成熟与成熟的中间地带，他们在心理发展的过程中容易受到影响，从而产生内心的矛盾与冲突，尤其目前处于信息化时代，大量的信息充斥人们的生活，在接收不同的信息时大学生容易收到这些信息的影响，所以当代大学生容易出现心理问题。据相关的统计数据表明，大学生已经成为心理疾病高发人群，很多大学生出现了不同程度的心理问题。可以看出，我国大学生的心理健康状况并不乐观，这个问题亟须得到重视，为了缓解这一现状，全社会都应该提供相应的帮助。

大学生产生心理问题的原因有很多。首先，一些大学生感觉学习压力大，长期的高压环境会对他们造成较大的心理负担，这就可能引起他们的心理问题，进而影响他们的学习和生活质量。其次，大学比较考验学生的自理能力，而一些学生不能适应这种转变，就使得他们感觉无所适从，适应能力差的学生就可能出现心理问题。再次，一部分学生无法处理好人际关系，而在学习和生活中需要与人沟通交流的地方很多，这种挫败感会逐渐累积并对他们的心理造成影响，进而引发一系列的心理问题。除了这些原因，还有

其他因素影响大学生的心理状态，无法积极对待生活中的困难，无法承受生活中的压力，就会导致大学生心理出现一定问题，甚至会引发严重后果。同时，对成功的期待过高也会引起心理落差，没有成熟的心智面对生活和生命中的变故与挫折会带给他们痛苦。目前，已经有很多心理和教育方面的专家对大学生心理健康问题进行研究，致力于探索出缓解和消除大学生心理问题的方法。对于大学生心理健康，首先应该进行预防，积极了解他们的心理状况，预防心理问题的出现；其次，出现问题应该及时疏导、及时治疗，要控制他们的疾病进一步发展。提高大学生的心理素质不论对他们的大学生活，还是对他们以后的职业生活，乃至今后的人生，都有着重大作用。

（二）提高大学生心理素质的路径

1.注重促进大学生的心理和谐

营造良好的社会环境，全社会对大学生的心理健康进行关怀。首先，让全社会了解心理健康对大学生的重要性并予以重视，不能只关注身体健康不关注心理健康。将心理健康建设纳入社会文明和精神文明建设的范畴之中，引导大家在健康的社会环境中生活和工作，建设良好的社会环境。广泛利用各种媒体手段进行心理健康宣传，向全社会普及和推广心理健康知识，促进社会全体成员的心理健康建设，提高全民心理健康意识，为大学生

营造良好的社会气氛。其次，目前的社会状态决定了就业形势，这不是大学生自身可以改变的，所以家庭和社会应该对大学生就业困难的问题放宽态度，不要对他们提出过高要求，要认清客观事实，不要对他们施加过多压力，同时尊重他们的个人选择，给予他们自由发展的空间。再次，对大学生应该进行爱护与宽容，尤其是对心理已经出现问题的学生应该给予他们足够的爱护与关怀，让他们感受到来自外界的爱，积极对他们进行心理疏导，引导他们正确地对待人生中的挫折与困难。同时，应该加强心理健康和保健，建设和完善心理咨询网络，帮助大学生树立自尊、自信、自强、积极的良好心态。教育应该重视学生的自律能力、自发性和创造性方面的同时发挥。促进学生的全面发展，引导他们进行良好的人际沟通，帮助他们进行自我实现。

2.协助大学生开展职业生涯规划

大学生的职业生涯规划没有固定模板，根据不同的学生是不同的，这体现了个体的独特性，但职业规划中有几个方面是共通的，即人生理想、生活目标、职业生涯。大学阶段是职业生涯发展的起步阶段，大学生可以逐步进行计划和实践，为今后的职业生涯发展打下基础。

大一时，学生刚刚步入大学校，对于未来的职业还没有具体的概念。在这个阶段，可以帮助他们了解职业生涯的概念与内容，让他们对此有一个整体概念，让他们可以对职业有大致的方向和定位。这个阶段的规划是粗略的，学生还不具备专业的知识和能力，他们只需要对未来职业有一个大致的方向和概念就可以了。大一学生可以通过校内活动

和课外实践，掌握交流技巧和一些基本社会技能，并可以通过网络进行广泛的学习。

大二时，经过了一年的大学生活，对于未来的发展方向应该已经有了概念，这个阶段学生应该确定自己毕业后的方向，是就业还是继续深造，并根据自己的目标制定计划。老师应该向学生介绍各个职业的要求和需要，帮助学生更好地了解职业，以便他们有针对性地进行学习和训练。这个阶段，根据自己的发展目标，学生应该调整学习内容和结构，并进行一些专业性的能力练习。

大三时，这个阶段学生大致已经有了具体的发展目标，决定深造的学生要进一步加深学习为升学考试做准备，决定就业的学生应该在掌握理论知识的同时积极提高专业技能。学生应该培养自己独立解决问题的能力，并积极参与社会实践活动积累社会经验，争取在这个阶段磨炼专业技能，为今后发展做准备。

大四时，这个阶段属于分化期，大多数学生的目标锁定在工作申请及成功就业上。老师应该向学生提供各种就业信息，并传授相应的求职技巧，帮助他们找到心仪的工作。对学生的就业指导应该具有针对性和专业性，根据不同学生提出不同建议，根据求职市场情况和职业要求进行了解和分析，为学生提供合理建议，只有让学生充分了解市场才能让他们更符合职位要求，才可以帮助他们在竞争中取胜。

3.加强大学生心理健康教育

大学应该采取相应的教育对策，帮助大学生树立心理健康意识，优化心理品质，增强心理调适能力和社会生活的适应能力，预防和缓解心理问题。首先，以学生为中心进行情感教育。教师的首要任务就是教育学生，大学就是进行教育的场所，高校应该从制度上强化育人意识，建立良好的学习环境促进大学生的健康成长。其次，高校应该开设专门的心理课程，并开展相关的讨论会研究会，同时可以邀请心理教育专家举办讲座。通过这些形式，帮助学生了解心理健康知识，帮助他们加强心理健康建设。再次，优化教育环境，积极开展各项校园活动，丰富学生的课余生活，为学生创造舒适、优美的校园环境，促进他们建立积极向上的生活和学习态度。最后，高校要定期进行心理健康调查，要时刻把握学生的心理状态，通过对他们心理状态的全面了解制定接下来的活动计划。对大学生心理状态的调查，应该按照不同年级、不同性别、不同学生来源进行分类，有针对性地进行研究，根据研究结果进行归纳和整理，以此为根据寻求有效的措施和方法。同时，高校应该开展心理咨询服务，帮助学生及时进行心理疏导，发现心理出现问题的学生要及时给予帮助，帮助他们疏通心理问题，解决心理问题，以免发生不良后果。高校应该为心理咨询提供条件，要配备专业的设备和人员，并建立和完善相关信息服务网络，合理有效地帮助学生解决心理问题。

4.引导大学生关注心理健康

要解决大学生心理问题需要他们自身进行心理建设，应该让他们主动地关心自己的心理健康，培养健康的心态和健全的人格。引导学生要有豁达的心态，在遇到问题和困难时要积极面对，学会自我调节，并学会用正确的方式发泄情绪，在发现心理可能出现问题时及时寻求帮助。想要锻炼情商需要靠实践实现，因为只学习理论知识不能确实地提高情商。首先要对自己的情商进行评估，也就是将个体放人不同环境，分析外界对其的评价得出结论。要根据自身的情况和目标进行有针对性的培养，广交朋友，在平时的生活中多多分析和反省自己，向那些做事得体的人学习。

随着社会各界对大学生心理健康问题的重视，很多高校已经陆续开展了心理健康教育，建设了专门的心理教育和咨询中心，并建立起专业的心理教育和咨询队伍。同时，大学生本身也注意到了心理健康问题的重要性，自发组织了一些社团和活动，甚至还有一些学生参与心理健康方面的演讲或是话剧等。除了学生自己与高校的努力外，社会各界都为了大学生的心理健康建设做出了努力，政府也积极制定相关政策，采取相应办法，尽量帮助大学生创造更多的就业机会，帮他们解决毕业后求职的后顾之忧。

通过社会各界的共同努力，大学生的心理健康问题肯定会得到一定的改善，他们会带着良好的心理素质进入社会，开始他们的职业生涯。

第八章　中国传统儒家思想与大学生人文素质教育的融合

第一节　儒家人文思想概述

"人文精神是对人性、人的主体地位和价值的关注的精神，是关于人的一种终极关怀和价值取向"。在素质教育中之所以要大力弘扬儒家的人文精神，笔者认为，是由儒家及其人文思想在中国历史上的地位与作用决定的。

一、儒家思想及其人文内涵

（一）儒家思想

"儒"原意是专门为人襄礼、祭祀的有文化的人；儒家思想，简言之，即中国学术中崇奉孔子为代表的倡导仁义道德的思想流派；儒家文化，泛指以孔子为代表的儒学及研究儒家而衍生的所有物质与精神产品。

在中国传统文化形成与发展史上，儒家文化通过融会诸家思想和外来文化，形成了以仁义道德为核心的多元文化的结合体，体现了中华民族主体意识，成为中国传统文化的核心，因此，中国传统文化也被狭义地称为儒家文化。

儒家思想产生于"邪说横行、处士横议"的春秋末期，经过二千年演绎发展内容十分丰富，涉及对人的本质及其生活世界的认识。儒家"祖述尧舜，宪章文武"，崇尚"礼乐"和"仁义"，提倡"忠恕"和"中庸"之道，主张德治仁政，重视伦理道德教育。

孔子认为，"仁是人皆有之的以天赋的同情心和爱心为基础的内在的道德情感和道德理性"。"仁"的内涵十分丰富，如"孝梯"——"仁"的基础，"忠恕"——"仁"的原则，"爱人"——"仁"的精神。因此，道德内在的自主性是"仁"的基本特征。"仁"是最高的道德标准，要求人人做到"己欲立而立人，己欲达而达人""己所不欲，勿施于人"。

"仁"的表现分为内在与外在两个方面，内在表现即以博大宽厚的胸怀来爱护民众，即"泛爱众而亲仁"；外在表现即以高尚的情感对任何人，以及"见贤思齐，见不贤而内省也"等达到仁的方法。"仁"是人的精神自觉，其功用在于"一方面调和上层统治阶级内部的矛盾，另一方面又为全体社会成员提供了安身立命的准则"。

"义"即"宜"，当然之意，是指社会中的每个人都有一定的应该做的事，即义务，因为做这些事在道德上是对的。有"义"，即有辨别是非、自觉履行道德规范的意识。"义"的本质是"爱人"，也即"仁"。"礼"的起源和核心是尊敬和祭祀祖先，后来，"礼"作为实现"仁"的工具，成为孔子实现"仁"的价值规范和约束方法。"礼"在治理国家、处理政务方面也有着重要的作用，"道之以政，齐之以刑，民免且无耻。道之以德，齐之以礼，有耻且格"。"礼""限定了统治阶级的内部秩序和结构，另一方面又可制约人民的种种行为"，从而成为治国幸邦的规范和工具。

实现"仁""义"的方法是"忠""恕"之道。"夫仁者，己欲立而立人，己欲达而达人。能近取譬，可谓仁之方也已"，"己所不欲，勿施于人"。在此，孔子在推行"仁"的同时，给出了实行"仁"的方法，孔子称之为"忠""恕"之道。"忠"是人之天赋，是一种真实无妄的道德心态；"恕"是自我道德情感的外在体现，即自觉地以个人之心体贴同情他人的际遇与心情，并自觉成就他人的愿望。

"忠""恕"之道其实就是"仁道"，所以行"忠""恕"就是行"仁"。行"仁"就必然履行在社会中的责任和义务，这就包括了"义"的性质。因而，"忠""恕"之道就是人的道德生活的开端和终结，"忠""恕"之道也是人与人交往的方法。

"中庸"是儒家哲学的基本观念，"中庸之为德也，其至矣乎，民鲜久矣"。"中庸"即"用中"之意，程颐"不偏之谓中，不易之谓庸。中者天下之正道，庸者天下之定理"是对"中庸"最贴切的释义。"中庸"为人们认识处理问题时选择一个正确的立足点，从而"中庸"也是实现"仁"的方法。

"乐"在儒家思想中也有十分重要的地位。儒家十分重视"乐"的教育功能，在孔子的"六艺"教育思想体系中，"乐"排第二位，孔子甚至把"乐"看成是人的修养最后完成的阶段，如"兴于诗、立于礼、成于乐"。孔子的"移风易俗，莫善于乐"更说明"乐"对改造社会风气的作用。

概括来说，儒家思想为中华民族的形成与发展构筑了以个人伦理、家庭伦理、国家伦理乃至宇宙伦理的道德规范体系，从内在的情感信念，到外在的行为方式，为中华民族处理人与人、人与自然、人与社会的关系提出了完备的理论体系和行为标准。

（二）儒家思想的人文内涵

由儒家思想的核心内容可知，儒家关注的核心是人，而非同时代西方关注的神灵，因此，儒家思想的核心是其人文思想。

"儒家的注意力一开始就集中在现实世界—人的世界"，因此，人文思想在儒家思想中占有特别重要的位置。儒家人文思想是在人们对自然界认识不断加深的基础上引发的对人、鬼、神等思考后逐渐发展起来的。从众神泛滥的夏朝到尊神的殷商时代，神的地位逐步降低。西周推翻了殷商的残酷统治，周文王重德尚文的民本思想加深了人们对人自我的认识，丰富了儒家人文思想。

随着科技进步和社会财富的积聚，以及早期商品经济的发展，周朝原有的礼乐、宗法等级制度受到挑战，在诸侯争霸中对人才的需求又不断增加，人的地位越来越高，天人的距离进一步加大。虽然孔子人学思想的产生没有离开从神鬼独尊到民神并举，从天人相分到重人事、轻鬼神直至以民为本的思想路径，但是孔子把更多的目光投向了人。孔子"未知生，焉知死？"表达了孔子重生不论死的人本思想倾向。同时，他进一步发展了这种人本思想，提出了"性相近也，习相远也"的著名论断，为其修身学说提供了理论基础。

儒家以特有的方式关注着人及其发展，它以伦理化的人文世界和人生观看待世界和人生。《大学》《中庸》《易传》三部儒家经典作品全面提炼和阐述了儒家人文思想的内涵，与《论语》《孟子》《荀子》等共同构筑起了儒家人文思想的基本内容和理论框架，形成了以"仁""礼"为核心内容的伦理性人文思想。

《大学》中的"三纲领"（即"大学之道，在明明德，在新民，在止于至善"）、"八条目"（即"格物、致知、诚意、正心、修身，齐家，治国，平天下"）以简练而内涵丰富的语言总结了早期儒家人文思想的精神实质，为儒家理想人格目标的实现提供了修为的方法与翔实步骤。

《中庸》以"人道"为核心原则，揭示了儒家关于个体人格的修养方法和德行的实施手段。"中庸"不仅在理想上支持了儒家理想人格理论，也从实践上给人的道德修为以指导，从而对中华民族的民族文化与民族性格产生重要影响，造就了我们崇尚道德情操的民族特性。

《易传》是孔子在诠释《易经》、阐述自然界、人类社会普遍原理的基础上形成的儒家经典，它吸收和借鉴了道家、阴阳家等学派的思想，由"天道"引申至人道，且在天、地、人三者关系中，特别突出了人的价值，即人能通过主观能动性作用于天地万物。同时，它还以"天道"作为人道之本体，使儒家人文思想更加系统化。《易传》还为我们描述了具有理想人格的"圣人"与"君子"的特征，指出"君子"是"圣人"必经的阶段，只有"圣人"才能真正实现人的最高境界"天人合一"，每个人至少要成为"君子"。另外，《易传》还要求人们追求真善美利，追求天人和谐的社会理想境界，为人类不懈追求提供了一个宏大目标，引导人类自强不息，为着理想而不断进取。

上述三部经典集中反映了孔子的修身学说和层层递进的人文内涵。"自天子以至于庶人，壹是皆以修身为本"，在孔子看来，人的生存与发展首先要通过修身，实现身心的和谐；其次是个人要与群体进行健康的互动，即"孝、梯、忠、恕"；第三是人类群体和自然的和谐相处，维持人和自然的可持续发展；最后是人的最高境界，人与天道的"天人合一"。这四个方面的人文内涵是层层递进的：从个人到群体（即社会）、从自然到天道。在儒家看来，人因有义而成为万物之灵，但人是自然界的产物，人在自然界万物中只不过是沧海之一粟，人的崇高只是从人有"义"上说的，"义"是人区别于万物的特殊规定性。所以，人的行为并不能从根本上改变宇宙万物的共性，"天人合一"才是人努力的最终目标和最高境界。

与西方人文主义相比较，儒家人文思想更有利于实现人与人、人与自然的和谐。

儒家人文思想是与天道自然观相贯通的，是人性的规则与宇宙秩序的契合，儒家人文思想重直觉体验，追求和谐，这种人文思想有利于保持人与人的和谐共处，有利于社会的安宁，也有利于人自身不断追求更高层次的和谐，直至"天人合一"的最高境界。西方的人文主义是追求征服世界，强调自由意志和个性的充分发挥，有利的一面是促进了科技进步，但同时带来了环境危机、精神的失落。

苏州大学哲学系蒋国保教授做的"现代民众对儒学了解程度"的问卷调查得出这样的结论："儒学所能打动民众情感的……是它那浓浓的人文情怀"。儒学中的人文思想揭示了儒学的人文精神，并提出了理想人格的标准，引导人们对如何做人做深入的思考。由此可见，儒家人文思想的根本要旨是教人如何做人，如何做一个与人、与自然、与社会、与天道协调发展的人。

二、儒家思想的核心地位

著名哲学家梁漱溟先生在《中国文化要义》中认定中国文化的支柱是儒家思想。著名哲学家冯契认为，仁是孔子人道观的核心，孔子的"敬鬼神而远之"的态度是理性主义的表现，儒家推崇人的主观能动作用，对中国历史产生了深远的影响。

（一）儒家思想核心地位的成因

一是积极入世的态度。孔子克服了春秋末极端破坏派和极端厌世派两者过急的思想倾向，表达了积极救世的愿望，这种学说背景决定其对现实具有指导意义。汉武帝之所以独尊儒学，正是因为儒学追求社会安定团结，强调社会稳定的重要，与国家的统治政策相配合，符合中国宗法社会长治久安的政治要求。其他学说虽各有其合理的因素，甚至在现在看来有着极高的前瞻性，但不同程度上都与当时的社会现实不相融，从而决定其不能成为中国传统文化核心内容的命运。

如以墨子为代表的墨家"兼爱"理论比儒家更彻底、更富于理想性，但它脱离中国宗法社会的实际，只能是很难实现的美好理想。道家的创始人老子、庄子以"道"为其哲学的核心范畴，在价值观念上主张因循自然、顺应物性，做到无为而治：在人生观上主张顺应自然，不追求功名利禄，以达到真正的逍遥的境界。然而，这种境界有逃避现实的倾向，是儒家积极入世所不齿的。

法家韩非提出了以法为教、以史为师的主张，在价值取向上明显具有利欲至上的特点，否认伦理道德的价值，把人与人的关系归结为赤裸裸的利害关系，不利于引人向善，也不利于调和统治阶级内部的关系，因此，不可能成为有着深厚仁义道德传统的中华民族文化的核心。来自印度的佛教文化关心的是人来世的学问，这与中国传统重视生的意义是不相融的，也决定其不能左右中国传统文化朝儒学方向发展的结局。

二是儒家思想有兼收并蓄的开放精神。"和而不同"是儒家对待其他文化的基本原则。儒家"接受西周的德治思想和春秋时民本主义思潮中的人文理性因素"，并以开放精神，兼容并包的姿态不断汲取、融汇阴阳、道、墨、名、法以及道教等本土文化，这也是儒家文化在中国传统文化中确立核心地位的主要原因。

自汉以来，儒家文化成为中国传统文化的主体与核心，特别是宋明理学在吸收、借鉴佛、道思辨哲学等基础上形成后，强化了儒家文化在中国文化中的主导地位，并主导着中国的政治、伦理、哲学、教育和宗教等。因此，儒家文化成为千百年来中国封建社会之文化主流，绝非主观意志决定，而是历史的必然选择。

以儒家文化为核心的中华文明是唯一没有中断过的古代文明。在过去两千多年时间里，儒家文化的发展道路虽然相当曲折和坎坷，但其强大的生命力始终没有减弱和停息过。孔子儒学在演化中出于维持统治阶级利益的目的，常有"言不尽意"的情况，有时甚至被严重歪曲，但儒家关于为人、做事的道理已经成为中国传统文化和中华民族精神的重要组成部分，对维护民族统一、稳定社会秩序、保存和发展中华传统文化都起着重大的作用。那些关于做人、处事和立国的名言早已深入人心，并成为构建中华民族，乃至东南亚地区道德体系的重要内容，对欧、美各国也产生了影响。

（二）儒家思想对中国的影响

中国人大哲学系方立天教授指出，儒家思想之成为中华文化支柱，主要是因为"儒家人本主义传统以其巨大的作用和影响而成为中华文化的主流"。因此，儒家思想中对中华民族的生存与发展产生巨大影响的，最主要的是其人文思想。

首先是确立了人的地位。孔子"发现了普遍的人间，亦即打破了一切人与人的合理的封域"，不仅打破了过去的神本思想，而且其人人平等的理念，也打破了传统的阶级上的君子与小人之分，转化为品德上的君子与小人之分，要求君子"为政以德"。孟子的仁政说、两汉儒家董仲舒的德治仁政主张、宋明时期的道统思想都是儒家以德王天下思想的体现和发展。儒家人文思想一方面促进了政治上的稳定，另一方面也强化了自身在中国传统文化中的核心地位。

其次是塑造了优良的中华民族人文精神。儒家理想人格理论、"中庸"的是非判断原则和标准、"究天人之际"的探索精神、自强不息的进取意识、经世致用的责任精神和追求和谐与统一的崇高境界是中华民族的智慧源泉，是中华民族人文精神的主要内容。在孔子看来，求知识只是立德的一个手段，"子以四教，文，行，忠，信"。其中，"行"就是孝、梯、忠、恕，是为德，忠信就是当今所说的诚实守信。孔子特别强调人的品德修行。孔子关于人、自然、社会和谐统一的"天人合一"思想仍是消解当今世界面临困境的良方。

另外，儒家人文思想还深深地影响着中国古代的教育、经济与文化等。

教育上受儒家人文思想的影响最大。孔子对人的态度决定其教育思想。孔子在教育上的影响主要有三个方面：辩证的教育思想如学思结合、举一反三、温故而知新、知行合一等；以德为先全面发展的教育内容；孔子开辟了内在的人格世界，提出了经由人文化成而达到人格的不断完善，培养既有"仁"心，又有"义"行，且有礼貌的彬彬君子。另外，孔子特别注重个性教育，主张采用"因材施教"的方法，充分拓展人之善端。孔子还倡导学术、教育与政治三者统一的教育模式。孔子教育理论中明道、明人伦的教育目的，治理社会的教育目标，"有教无类""因材施教"的教育思想，学思结合、启发式教育与温故而知新的教学方法对当今中国教育仍起着积极而深刻的影响。

儒家的义利观与经济建设。孔子说"富与贵，是人之所欲也"，可见孔子并不排斥对利益的追求，只是要求"以其道得之"。重义轻利是在利益涉及与他人关系的时候做出的选择。改革开放二十多年来，中国经济取得成功，不仅是吸收西方企业文化的结果，也是中国儒家文化与西方现代管理模式有机结合的成功典范。东方管理学派代表人物、复旦大学首席教授苏东水提出东方管理文化本质属性或基本理论框架为："以人为本、以德为先、人为为人"，也昭示了儒家人学思想在管理学上的发展趋势。

不仅如此，儒家人文思想也影响了中华民族文化的其他各个方面。哲学大师贺麟说"只要能对儒家思想加以善意同情的理解，得其真精神与真意义所在，许多现代生活上、政治上、文化上的重要问题，均不难得到合理、合情、合时的解答"。

（三）儒家思想对世界的影响

由于儒家文化统治下的古代中国具有经济、文化上的优势，使得以儒家文化为核心的中国文化赢得周边乃至世界其他国家的仰慕，儒家文化早在汉唐时期便越过国界，走向世界，并对世界产生着重要影响。

东南亚的华人社会和中国一样，也是儒家文化的传承之地。虽然孔子"重农轻商"等思想早已被东南亚华商们摒弃，但是重节俭与高储蓄，重修身与教育，强调人与社会的友爱和谐等儒家人文思想精华，仍然是华商信奉的祖训，并构成亚洲经济实现持久发展的动力。如诚信观念已经成为东南亚华商的生意信条；雇员对企业的忠诚是华人企业的一项传统；宽容博爱和适时应变，是适应当前多元化社会的需要等。许多海外华人如霍英东、郭鹤年等都深受儒家人学思想的熏陶，"论语"加算盘是他们成功的秘诀。

新加坡前总理李光耀先生用儒家文化中的伦理道德观念建构新加坡的国民道德体系，成功地解决了其发展初期广泛存在的社会问题。在新加坡火车站、地铁站等公共场所的一些标语牌上常写着"己所不欲，勿施于人""克己复礼"等儒家名言。李光耀先生认为，儒家传统中崇尚节俭、努力工作、子女对家族的忠孝等风尚都是促使东亚经济成功的原因。他还特别谈到东方传统中秩序与家庭的观念对经济发展的意义。总之，李光耀先生把成功归功于儒家人文思想的现代价值。

韩国是"一个儒化极深的国度"。韩国小学与中学教育课程中有"国民伦理"课，教育内容是儒家的传统教育方法与目标。韩国政府推行汉字教育就是为推行儒家理念的政策。韩国目前还有儒教办的大学—成均馆大学，"建校目的也是配合大韩民国教育理念，以儒家精神实施高等教育培养能为国家做出贡献的人才"。在韩国，"大学教授和学术界专家所组成推崇儒家、宣扬儒家思想的学术团体为数不少"，"这些学会都研究儒家思想与韩国传统学术文化，以便发掘值得继承的儒家与传统思想"。在韩国，儒学的兴盛是使之成为经济飞速发展的亚洲四小龙之一的一个重要原因。

日本对儒家传统也特别重视，它从小学起就教育孩子诵读儒家经典。儒家思想对日本人的影响可谓是"百姓日用而不知"，"日本吸收儒家伦理道德，通过职业道德教育，使企业成为'爱和集团'，在企业雇员中间，在雇员与经理之间，流行着一种可以称之为具有血缘关系的团结感情"。可见，儒家人文思想对其企业文化的形成与发展有着十分重要的作用。

儒家人学思想在十七世纪初由传教士利玛窦传入欧洲后，受到众多思想家的关注和推崇。德国哲学家沃尔弗十分推崇孔子的道德观，曾因在哈尔大学讲授《中国的实践哲学》，宣传孔子思想，反对正统神学而被哈尔大学驱逐。德国哲学家费尔巴哈试图把儒家的道德推广到家庭、社会、民族与国家中去，以做到对自我合理节制，对他人施以关爱。法国的启蒙思想家霍尔巴赫赞美中国是唯一把政治的根本法与道德结合的国家，并主张以儒家的道德来代替基督教。法国启蒙运动的领导人伏尔泰对孔子的道德观念更是赞美有加，他甚至被称为"是一个欧洲人中最大的赞美者"，他极力主张废除迷信的、虚伪的宗教，提倡接受中国儒家的道德观。

儒家人学思想对美国等一些国家的影响虽没有欧洲那么深远，但在政治领域已经受到重视。杜维明先生在美国大学的一项调查表明，美国社会对本国过分的自由民主带来的负面影响越来越不安，他们对中国的儒家思想已有了初步的认同感。美国等西方国家的政府研究机构也在对儒家思想进行研究，以期为其政治服务。

总之，儒家文化以其积极入世的态度、兼收并蓄的开放精神成为中华传统文化的核心。儒家关注的核心是人，儒家思想的核心是其人文思想，儒家人文思想的根本要旨是教人如何做人。事实证明，儒家以其丰富的人文内涵对中国以及世界都产生了重大影响。当前，素质教育要弘扬人文精神，作为中华民族，首先要弘扬的是以伦理道德为核心的儒家人文精神。

第二节　儒家思想与大学生人文素质教育的的联动

当代大学生肩负着民族复兴的重任，民族复兴从根本上来说是民族文化的复兴。儒家文化是中国传统文化的核心，其人文思想是人文素质教育的宝贵资源。因此，应大力弘扬儒家人文思想精华，加强对学生的人文素质教育。

一、用儒家人文精华加强人文素质教育的意义

（一）有利于中华民族传统文化的发扬光大

《教育法》第一章第七条明确规定："教育应当继承和弘扬中华民族优秀的历史文化传统，吸收人类文明发展的一切优秀成果"。作为大学"必然是对民族和国家命运有所担当，对特定的文化传统和历史传承有所承诺的精神殿堂，而不只是一般知识和技能的超级工厂和传授所"，因此，大学教育是培养人的过程，也是传承人类文明的过程。培养更多的"公共知识分子"，传承人类文明是高校义不容辞的责任。所谓"公共知识分子"，是指关心政治、参与社会，而且醉心文化，也就是对文化有兴趣，也有研究的读书人。大学是民族文化继承、发扬、传播最重要的阵地，一个民族能否在世界民族之林中有一席之地，不仅要求高校加强科学技术的传授，还要求高校担负起传承文明的责任。传承文明不仅是传承科学技术，也要传承人文精神、民族精神。民族文明传统具有很强的继承性，尽管时代变化日新月异，但民族精神和民族传统是一脉相承的，无论你身在何处，作为中华民族的一员，你的身上始终打上了民族的烙印。没有民族自身的优势，这个民族迟早要被世界民族的洪流所吞噬。儒家文化及其人文思想的精华是中华民族优秀文化的集中体现，将其渗透到人文素质教育之中，有利于高校担负起传承人类文明的历史重任，担负起传承中华民族传统文化并使之发扬光大的重任。

（二）有利于培养社会主义事业的接班人

高校肩负着培养社会主义建设事业建设者和接班人的重任。社会主义事业能否薪火相传，关键看年轻一代是否具有较高的政治素质、丰富的文化知识和较强的创新能力。社会主义事业接班人需要爱国、敬业、求实、奉献，有爱国主义情感的青年学生，才能刻苦学习，立志成才，成为既有血有肉、充满感情，又有丰富科学知识的人才；才能不论在什么情况下始终心系祖国和人民，始终有一颗报效祖国的心，国家的发展才有希望，社会主义建设才能后继有人，儒家文化及其人文思想是中国社会、历史的产物，凝结着中华民族做人、处事、立国的理论精华，用其教育广大青年学生，有利于弘扬中华民族优良传统，培养学生民族自豪感和自信心，增强为国家发展、民族振兴献身的自觉性。

（三）有利于促进科技人性化发展

所谓科技人性化，就是科学技术的发展必须以人为本，必须在遵守人类共同拥有的

伦理道德规范的基础上发展。科学技术的发展不能以牺牲人类的根本利益为代价，应该同人的、自然的、社会的可持续发展高度统一。这种在以人为本的前提下发展的科学技术，即人性化的科学技术。简言之，正如李约瑟先生论及西方科学发展带来的困境时所提出的："在发展科学的同时倾注更多的人文关怀，尊重人类文化的多样性，保持人与自然的和谐"。

科技发展需要人性化。工业革命以来的实践证明，盲目发展与滥用科学技术，会导致人与自然、人与人冲突的加剧；对自然界过度索取必然造成自然环境的恶化，从而遭到自然的惩罚。如原子能技术的发展，使地球可以随时被毁灭无数次；信息时代的黑客犯罪可以使千万个行业的计算机瘫痪；还有克隆技术与伦理等。这一切不能不说是科技给人类带来的威胁。人们在用科技征服世界的同时，最担心的是科技成果征服了人类，即人"异化"为科技的"后备队"。虽然科技本身没有价值观，但应用科技涉及道德伦理问题，不处理好科学发展中的伦理问题，就很难说科技会给人类带来幸福，就像诺贝尔发明炸药并不是全部用来开山采矿一样。二十一世纪是生命科学的世纪，"生命科学革命不同于以往的科学革命，它必须审慎地对待生命及其相关的伦理问题。在生命面前，科技必须寻求更加人性化的发展方式，必须符合人类的长远利益"。对于当代科技文明的发展带来的社会问题，早在 1920 年，美国科学史家 G·萨顿就发出了科学要人性化的呼吁，提出未来科学必定要以伦理道德为最高目标；二战后，欧美科学家和教育家对科学被用于法西斯发动战争的武器进行反思；著名未来学家约翰·奈斯比物在《高科技、高思维——科技与人性意义的追寻》中也表达了在高科技时代寻求人性的强烈愿望。

事实上，科学技术发展带来的诸多问题还需要靠人文科学来解决。1988 年 75 位诺贝尔奖获得者在一次集会发表的宣言中就指出，如果人类要在二十一世纪继续生存下去，避免世界性的混乱，就必须回首二千五百年前孔子的道德智慧，行孔子之道的朝代，才是世界上最幸福的时代，最令人神往的时代。

当今社会正走向全球化，全球化使得人的根源意识更强。因而，科技的发展不仅应考虑对世界经济乃至全球的安全影响，也应考虑与民族传统文化的有机结合，对这一类问题的深入思考是无法回避人文社会科学知识的。有了人性化的相互合作，科学技术进步就会更快。科学满足了我们的理智，人文满足了我们的情感，只有将科学精神与人文精神相结合，才能建设一个"合情合理"的美好世界。儒家人文思想充满着浓浓的人文情怀，用其教育广大青年学生——未来的科技人才，有利于增强他们对科技发展的人文关怀，促进人与人、人与自然的和谐与可持续发展。

（四）有助于克服西方人本思想的弊端

儒家文化是中国传统文化的核心，儒家文化倡导的以仁爱为核心的人本主义思想，是我们中华民族宝贵的精神财富，与西方人本主义相比，对于克服单纯科技教育带来的人文精神缺失的弊端会更为有效。

西方社会把人性分为肉体、情感、意志、理性、灵魂和社会性等，人们在不同的时代为不同的理想而活着。如古希腊时代为自由，中世纪为上帝，文艺复兴为肉欲和情欲，后来又崇尚自由、平等，到了现代，有的为意志，有的为本能，有的只为存在而存在。西方人文主义冲破宗教神学等的禁锢，为科学技术发展开辟了道路，但是，由于过于强调人的自由与个人能力的发挥，割裂人与人、人与自然的关系，必然使科学技术对人类终极关怀的功能被淡忘，使人类的理想信念、价值观念、生态环境等受到前所未有的挑战。因此，虽然发达的西方社会比中国地较早解决了物质上的富足问题，但他们并没有感到越来越幸福。科学呼唤人文的回归，已成为全人类的共同心声。

要达到心灵上的至善境界，中国传统文化特别是儒家人文思想有其独特的优势。"儒学基本的精神方向，是以人为主的，它所代表的是一种涵盖性很强的人文主义，这种人文主义，和西方那种反自然、反神学的人文主义有很大不同，它提倡天人合一、万物一体"。西方人文主义是与神本相对应的，它突出了人的主体性、理性、创造性，重视人的主导地位、个体权益、人格独立与自我超越，但它抑制价值理性，造成精神世界的坍塌。儒学的人文精神是相对于禽兽来说的，着重于现实人生领域，强调人与人、人与自然、社会及国家的协调发展。

二千多年来，以儒家人文精神为核心的中国传统文化不仅始终从身体上、心灵上关注着人和人的价值，还理智地关注着人与自然和社会，并以道德伦理的形式协调相互之间的关系，道德成了衡量人生价值的标准。正是这一人文精神，引领着中华民族稳定发展，形成了中华民族灿烂的文化和优良的民族传统。因此，在人文素质教育中，弘扬儒家人文精华，是提高大学生人文素质的必然选择。

当然，提倡用儒家的人文主义精神加强对学生的人文素质教育，并不是说照搬两千年前的古训，也不是说拒绝其他民族的优秀文化。事实上，以儒家文化为核心的中国传统文化从来就没有拒绝过外来的进步文化。兼收并蓄的开放思想是儒家文化的重要特点，也是其长葆生命力的关键所在。因此，弘扬儒家人文思想，有利于我们在保持本民族文化特色的基础上，实现对外来先进文化的吸收与借鉴。中国民族作为世界大家庭的一员，不能割裂也不可能割裂与世界、与其他民族文化的联系，特别是在全球化的大背景下，中西方文化的融合是必然趋势。而且，只有吸收、借鉴外来先进文化，才能实现对本民族传统文化的弘扬与超越。因为只有站在世界的高度，才能以宽广的视角，去重新审视中国传统文化，才能辩证地分析儒家文化的精华与历史局限，以便更好地汲取其精华，弃其糟粕。

二、儒家人文思想是人文素质教育的丰富资源

（一）"天人合一"与可持续发展意识的培养

天人关系是中国哲学的基本问题，"天人合一"是中国的基本精神，它不仅承认自

然界自身具有生命意义，而且是"人类价值之源"，即"天不仅是宇宙万物的生命本体，而且是人伦道德性命的价值真源或终极依托"。可持续发展是 21 世纪人们普遍重视的一个综合性、全球性的问题，面对生态环境的破坏、资源匮乏等一系列问题不能不涉及经济政治与国际合作、涉及科学技术与社会伦理，而这一切又不得不从人文价值及哲学基础入手。因此，儒家文化重视人与自然相和谐的人文精神无疑有着十分重要的当代价值。这与可持续发展观所要求的，人与自然的和谐发展、人类自身的持续发展是完全一致的。

在实现人与自然和谐发展方面，儒家认为，不能为了人类自身的利益破坏自然界，应该消除那种仅把自然界当作人类"征服""改造"对象的"人类中心主义"的影响，培养"天人合一"、万物一体的可持续发展意识，避免盲目追求眼前利益而恣意掠夺自然资源、环境的行为。否则，只会带来自然界和人类自身的灾难。

在实现人与人的和谐方面，儒家主张"穷则独善其身，达则兼济天下"。这是儒家文化熏陶下士大夫的人生追求，也反映了中华民族对全人类的一种珍视与关爱，在重视自身身心和谐的同时，重视自然界、人类社会的可持续发展，倡导人们积极入世，参与现实社会的工作。马克思指出，共产主义是以每个人全面而自由的发展为基本原则的社会形式，这里的全面发展包括唤醒自然与社会赋予人的各种潜能和人与人、人与社会高度的和谐统一。儒家"济天下"的主张是有益于人与人、人与社会的和谐的。而如法国存在主义哲学家萨特"他人就是地狱"的观点，过分强调自我，是不利于实现人与人的和谐的，必须予以抛弃。

（二）儒家伦理道德与精神文明建设

在当代，人们的物质生活水平比以往任何一个时代都要高，但是，人们并没有因此而感到无比幸福，相反，人们常面对许多社会问题，道德滑坡就是其中之一。人们一方面拒绝儒家的伦理道德传统，把儒家伦理道德传统看作是封建遗毒，另一方面又慨叹社会伦理道德的缺乏。

其实，儒家思想伦理道德资源十分丰富，有些内容虽已为时代所淘汰，但是，更多的可以通过创造性转化，成为今天道德建设的资源。1993 年芝加哥《世界伦理宣言》把孔子"己所不欲，勿施于人"作为人类伦理的一个基本原则。

人文素质教育要弘扬人文精神，人文精神包括公共伦理与个体信仰，公共伦理即人们常说的"社会公德"，儒家伦理型人文思想是我们构建当代人文精神和精神文明建设的宝贵资源。事实证明，儒家的伦理道德，在社会政治交往、经济交往、人际交往、家庭关系等方面仍发挥着积极的作用，如提倡确立政治交往尊重人权、经济交易注重公平、人际交往以诚相待、家庭成员相互信任、相互尊重的理念等。

当前社会人们正义感缺乏，特别是在看到社会不正之风、不良行为时很少有人站出来主持公道，经常出现遇到紧急情况见死不救作旁观者的尴尬。现代社会要提倡正义，见义勇为，要与人为善，助人为乐，而这些正是儒家伦理道德中倡导的"义"。

礼，在过去是君臣、父子、夫妻等封建礼制，为帝王确立社会结构、整齐风俗之用；在今天应该成为社会稳定发展、人民安居乐业的生产与生活秩序。"礼乐教化的人文精神是人与人、族与族、文与文相接相处的精神，是协和万邦、民族共存、文化交流融合并形成统一的中华民族、中华文化的动力"。我们应当充分发掘、弘扬儒家文化的人文价值，为促进社会和谐与发展服务。如在"君臣"观念中，"君"过去是代表一国之君，而在今天代表国家与民族，我们要从过去的事"君"转入为国家为民族兴盛而努力工作。又如，当前，我国已经进入老龄化社会，老年问题已经引起社会的广泛关注，弘扬儒家"孝悌"传统，扬弃尊卑观念，培养年轻一代尊老爱幼的传统美德，有助于完善家庭伦理，建立一个人人平等享受美好生活的大同世界。

儒家文化有爱国主义、忧国忧民的传统和国家兴亡，匹夫有责的民族责任感；有以集体利益为重，个人服从全局的意识。汲取儒家人文精华，有利于加强爱国主义教育，激发学生自强不息，强盛国家的社会责任感，有利于丰富学生对中华民族的感情，增强民族自豪感和民族凝聚力，为祖国的发展做出贡献。

儒家强烈的人文主义精神有效地淡化了人们对神的崇拜，深化了对人的关怀，这不仅有利于学生确立以人为本的思想理念，自觉地关心民生、民本，为人民大众谋利益，而且，也有利于青年学生树立唯物史观，崇尚科学，破除迷信，自觉地抵制类似"法轮功"等邪教的侵袭。

（三）法德并举与德治、法治意识的培养

依法治国，是治国的基本方略，但如果只注重法制建设，不注重道德教育，依法治国的目标也难以实现。另外，历史经验表明，法治和德治从来都是相辅相成、缺一不可的两个方面。只有同时发挥法律和道德的作用，做到法制与道德相互渗透、相互补充、相互支持，才能有效地维护社会稳定，确保国家长治久安。

有人认为，儒家以仁义道德治世，与西方以法治立国相对立，这种认识是片面的。儒家主张"道之以政，齐之以刑，民免而无耻；道之以德，齐之以礼，有耻且格"，就是说明在法与德之间，有很大的空间，即社会礼俗等不成文的规范，而"礼"对治国有着深厚的资源和价值导向作用。孔子倡导"礼"，就是想从根本上解决刑罚所要解决的问题。但同时，他并没有反对刑罚，如"礼乐不兴，则刑罚不中；刑罚不中，则民无所措手足"等。所以，在中国古代，儒家虽注重礼治，但礼与法是结合在一起的，随着法的日益加强，许多"礼"还演变为法。正如一些学者所指出的那样，"传统法的组成可以说就是礼与法的组成。所以礼不但是中国古代法的渊源，更是古代法的精神和价值的体现，是法的灵魂所在"。

南京大学哲学与法学教授顾肃先生认为，在建立我国法制社会过程中，符合时代精神的新民法理论从意识形态而言，经历了四大变化，其中的一点就是，民法体现了强烈的人文精神，它是对以神为中心的世界观和以物为中心的世界观的否定，要求把人提到更重要的位置上来，清除过去的重物轻人的物文主义思想。弘扬以道德伦理为核心的中国传统文化，既有利于提高学生思想道德水平，增强学生的道德约束力，减少国家长治久安中的消极因素，又有利于增强学生的法制观念，提高法制意识，从而有助于推进以法治国与以德治国的统一。

（四）诚信为本与现代市场理性构筑

诚信是市场经济内在的精神理念，不讲信用自然会导致市场运转的低效率和人际关系的恶化。市场经济既是法制经济又是信用经济，要求人们有高度的自律意识。靠市场调节的经济要求人们学会市场经营、学会抓住机遇，更需要学会讲究道德、恪守诚信、公平竞争。诚信是人的立身之本，也是社会主义市场经济的经营之本。在商海中，经营者的诚信意识越来越成为被大力弘扬的企业文化的重要内容。即将走向社会的高校学生是社会主义市场经济的生力军，用儒家的诚信观，如"人而无信，不知其可也""民无信不立"等教育他们，有助于其树立诚信意识，规范未来的经济行为，促进社会主义市场经济的健康发展。

市场经济也是道德经济，缺乏道德的市场经济，必然带来铜臭充斥的恶果。如冒牌产品拖垮名牌企业、以次充好损害消费者利益、恶性竞争两败俱伤，甚至出现假酒、毒米、毒奶粉等危害人的生命安全的恶性事件。这都是经营者伦理道德观念淡漠、义利观念不清的结果。用儒家正确的义利观，如见利思义、君子爱财，取之有道等教育学生，有助于其确立符合现代市场经济的伦理道德观念，自觉地维护市场经济的公平与秩序。

（五）"内圣外王"与现代理想人格的塑造

人格，在拉丁语中是面具的意思，从哲学的层面来理解，人格是人的自然生命与精神生命在人的活动中呈现的感性特征。所谓理想人格，是指各个时代塑造的，让人们学习、追求的最完美的人格模型，是人格所要达到的最高境界。每个历史时代都有它特定的理想人格形象，反映该时代的文化主题和价值取向。理想人格是时代精神的凝聚，也是民族精神的表现。如西方社会理想人格是乐观进取、重能力、追求利益、重法制等。儒家传统的理想人格是"内圣外王"的君子型人格，提倡"仁者爱人"的博爱情怀；"忠恕"的道德品格；"独善其身"与"兼济天下"的高尚情操和志向；"中庸"的气质和风貌；志于道、志于仁的理想和信念：以义为上、见利思义的义利观等。当今时代，理想人格是指具有坚强的性格、崇高的尊严、良好的品德、务实的作风和奉献的精神，其中，良好的道德品质是做人的基准。

当代中国社会发展的根本目的是实现人的全面发展，而实现人的全面发展的实质与核心是塑造当今时代的理想人格。人文素质教育有利于学生理想人格的设计、培养和塑造。要塑造当代的理想人格，必须以马克思主义、毛泽东思想、邓小平理论和"三个代表"重要思想为指导，并吸收人类一切优秀文化成果，包括吸收儒家人文思想精华。因为无论从培养学生的社会责任感、创新意识、竞争意识、科学民主法制观念、可持续发展意识、适应激烈竞争的心理品质来看，还是从培养出既能继承弘扬中华民族传统文化，又能汲取融合西方先进文化的现代高素质人才来看，都离不开儒家文化的熏陶。

大学期间是塑造理想人格的关键阶段。因此，在人文素质教育中，灌输儒家所倡导的献身精神、群体意识、责任观念、仁爱之心和诚信意识；遵循儒家所揭示的自然界、人自身及社会和谐发展的规律，有助于塑造符合现代中国文化精神的理想人格，使大学生在德、智、体等方面获得全面发展。

第三节　儒家思想与大学生人文素质教育的融合路径

人文素质教育是一项复杂的系统工程，人文素质教育的成效，不能不受外部社会环境因素的影响，但更重要的是取决于高校教育内部各组成要素的相互联系与相互作用；人文素质教育的内容，不仅需要一般意义上的文、史、哲、艺术等人文社科知识，而且从中国的实际出发，还需中华传统文化，特别是儒家文化的熏陶。因此，本文着重探讨如何在高校教育的各主要环节上，即教育思想、课程设置、教学方法，以及教师、学生、校园文化等各方面大力弘扬儒家文化，丰富人文素质教育内容，提高素质教育的总体效果。

一、更新教育观念，确立素质教育理念

要使人文素质教育取得成效，首先必须更新教育理念，确立素质教育理念。知识经济时代要求教育是以文化科学教育、思想品德教育、能力教育为主要内容的综合性教育，目的是促进人的全面发展。华中科技大学文辅助教授曾就我国高校教育发展导向存在的问题提出批评："过弱的文化陶冶，使学生的人文素质和思想底蕴不够；过窄的专业教育，使学生的学科视野和学术氛围受到局限；过重的功利导向，使学生的全面素质培养和扎实的基础训练受到影响；过强的共性制约，使学生的个性发展受到抑制"。这实际上反映出我国高等教育理念上的诸多缺陷：重科学，轻人文；重专业，轻基础；重功利，轻素质；重共性，轻个性。在这种理念指导下培养出来的学生是难以适应 21 世纪社会发展要求的。

高等教育应是更加注重人才素质提高的专业教育，因此，必须更新教育观念，确立素质教育的理念。这是一种更加注重人才人文精神的养成和提高，更加重视人才人格的不断健全和完善，也即更加重视使学生"学会做人"的教育理念。这种教育理念的形成和确立，需要从人类优秀文化中，包括从儒家文化，特别是其蕴含的人文思想、人文精神中去寻找支撑。

二、深化教育改革，促进儒家文化的传授

为了在素质教育中弘扬儒家文化，笔者认为应深化两方面的教学改革：

一是调整课程设置方案，加大儒家文化的传授力度。要提高学生人文素质，就必须调整原有的偏重科学教育的课程设置方案，建立素质教育课程体系。该课程体系设置的目的就是要帮助学生树立正确的世界观、人生观、价值观，使学生学会做人，学会做事；帮助学生掌握分析问题、解决问题的科学方法；提高学生文化品位，开阔视野，陶冶情操，激发创新思维。在素质教育课程体系中，应加大中国传统文化的传授力度。目前，我校与其他许多高校一样已开设了《中国文化概论》课（文科为必修，理科为选修），同时，还把《论语》《中庸》《周易》等经典名著列为选读课，并要求每位学生必须选读包括其他一些文化素质教育课程在内的六个学分课程。笔者认为，要提高学生对以儒家思想为核心的中国传统文化的认知度，就必须增设学习儒家经典的选修课、选读课，让学生更多地学习了解儒家思想，特别是儒家人文思想精华。在文科专业，应创造条件，开设更多的学习中华传统文化的必修课。

二是改革教育教学方法，促进儒家人文精神的内化。当前，我国高校学生掌握知识的能力不亚于西方国家，但创新能力却远不及人家。究其原因，与我们长期以来采用的教师讲、学生听的"填鸭式"教育教学方法密切相关。为了培养出宽知识、厚基础、能力强、素质高的创新型人才，我们必须改革千人一面、单纯灌输式的教育方法，采用儒家倡导的因材施教、启发式教育方法，加强实践能力、思辨能力的培养，加强个性化教育，充分发掘每一个学生的潜能，使之成为全面发展的创新型人才。

同样的道理，在人文素质教育中，不能只是人文知识的填鸭式灌输，更不能是空洞的说教，而应紧密联系社会实际，联系学生思想实际，运用丰富多样的教学形式，特别是组织学生积极参与的讨论、辩论、演讲等形式，充分发掘人文知识所蕴含的人文精神，并使之内化为学生的人文素质。"人文教育不等于人文知识的教育，人文知识如果不与真正的人文精神联系在一起，只是死背教条，脱离实际的感性生活，那只能导致一种后果：学生把知识的因素都接受，但人性的因素却越来越被遮蔽了，这不是人文教育的理想结果"。为了达到人文教育的理想效果，高校的人文素质教育不仅要传授包括儒家文化在内的人文知识，更要引导学生领会这些人文知识传递的人文精神，把儒家人文精神内化为学生的人文素质。

三、引导学生主动汲取儒家人文精华

"中华民族是有着悠久历史、有着深厚文化教养的民族，重视民族文化经典的教育也是当务之急"。儒家文化的精华，主要是由其人文经典来传承的。儒家有许多人文经典精辟而深刻，其中最重要的道理，就是教人如何做人。因此，在人文素质教育中，要

引导学生多读儒家经典，汲取精华。这不仅是通过开设相关课程来学习，而且，应将其列入大学必读的经典书目中，交由学生自主阅读，这既能克服课时安排困难的限制，又能让学生在自主学习中，主动地汲取儒家文化的精华。中央艺术研究所刘梦溪先生在2003年11月东南大学"经典阅读与人文教育"高层论坛中就提出要读《四书》《五经》等"中国传统社会识字人必读的基本经典"。儒家文化经典如《论语》《易传》《中庸》等人文资源十分丰富，在大学生中开展儒家经典诵读活动，培养学生珍惜文化、重视为人学问的良好意识，既是提升校园儒家文化氛围的好办法，也是让学生在诵读过程中潜移默化地吸收儒家文化精华的好形式。杨叔子先生要求自己的博士生必须背诵《老子》《论语》等，否则不接受博士论文答辩的做法值得我们借鉴。

要引导学生主动汲取儒家文化的精华，必须发挥教师的示范、引导作用。孔子是举世公认的伟大的教育家、思想家，孔子倡导的仁义道德及其精神品格深深地影响着学生，造就了一批在中国哲学史上有影响的人才。教师不仅应结合专业教学进行人文素质教育，而且，自己也必须学习儒家人文经典，提高自身素质，用高尚的人格情操、丰富的人文内涵，来影响学生、带动学生。

在学生学习儒家文化时，教师要帮助学生了解儒家文化与当代主流文化、与西方文化的关系；要指导学生用科学的态度分析以儒家文化为核心的中国文化和西方文化，正确认识儒家文化在中华民族历史上的地位与作用，正确对待儒家文化中的精华与糟粕，并把汲取儒家思想精华同自身世界观、人生观、价值观的形成和综合素质的提高结合起来。

四、用儒家人文精华提升校园文化品位

校园文化是校园内教师、学生在校园特殊的环境中相互作用形成的亚文化，它包括教学科研和生活设施、校园人文景观、校园环境等物质文化和精神文化以及制度文化等行为文化。校园文化是物质文明与精神文明建设在学校的具体体现，是德育教育、素质教育的载体，是学校长期办学过程中积淀的一种文化氛围，它对学校师生员工的理想信念、价值取向、行为准则等都会产生潜移默化的影响，特别是对促进学生的健康成长有着独特的作用。

正因为如此，我们应将儒家文化渗透到校园文化的各个构成环节之中，提升校园文化的人文品位。如积极开展以儒家文化为主题的校园文化活动，包括儒家文化专题讲座、儒家人文知识竞赛、中外古典名曲音乐会、中华传统服饰展示会等，让学生感受优秀传统文化无穷的魅力。还可充分利用媒体开展对中华民族悠久历史与文化的宣传，如连线中央电视台，将展示中国古老文明的节目《中华文明之光》等在学生中播放，引导学生热爱中华民族，热爱中华传统文化，培育学生的民族精神。同时，可经常性地请校内外著名专家学者举办中国传统文化讲座，让学生更深层次地了解中国传统文化和外来文化，

拓宽文化视野，升华精神追求。除此之外，还可利用学校的标语、路牌、宣传栏、主题场馆等大力宣扬儒家文化，让学生在校园浓郁的人文氛围中感悟人生、净化心灵、陶冶情操、健全人格。

需要强调的是，加强人文素质教育并不是忽视学生科学精神的培养，素质教育与科学教育并不是两种割裂的教育，它们是大学教育的两个部分，是相辅相成的，都是使大学生能够适应复杂多元的社会所必需的教育。"我们提倡的人文精神应该是具有现代科学意识的人文精神，我们提倡的科学精神应该是充满高度人文关怀的科学精神"。我们要重视学生的科学精神培育，但不能唯科学主义；我们要弘扬儒家人文精神，但并不是以此替代科学精神的培育，而是要借鉴儒家以人为本的思维方式处理好人与人、人与社会及人与自然的关系，消除科学教育畸形发展带来的人文精神危机。以求在人文视野中构建科学理性。

加强人文素质教育要重视儒家文化的教育，但并不是说照搬古训，而是根据时代发展的要求，对传统文化进行分析、解剖，去粗取精，去伪存真，为现代所用；加强人文素质教育也并不仅仅是儒家文化教育，其内容还应该包括中西方人文思想精华以及文学、艺术、美术、历史、哲学等。本文只是针对当前我国高校中还存在的人文教育不足，且对包括儒家文化在内的中华传统文化弘扬不力而言。如果说一个学生能够主动汲取儒家文化的精华，他绝不会拒绝吸收其他中外文化有价值的成分；他不仅会重视专业知识的学习，同时会注重自身人文素质的提高，把吸收儒家文化精华与学习专业知识和西方先进的文化结合起来，学会做人、学会做事，使自己成为一个有理想、有道德、有文化、守纪律的一代新人，做一个对社会有用，且个人又能自由与自觉发展的人。

第九章　新媒体环境下传统文化与大学生思想政治教育的融合

第一节　传统文化与大学生思想政治教育的融合现状

一、传统文化与大学生思想政治教育融合中存在的问题

从近十余年国内高校思想政治教育发展情况看，对思想政治教育与传统文化的融合模式，传统文化在思想政治教育中的价值，各高校的认识不尽一致，存在许多较为突出的问题。

首先，多数高校缺少传统文化教育内容。目前，高校中开设"中国传统文化概论"之类的选修课较少，课堂上传统文化内容涉猎的不多。

从思想政治理论课的教育内容中，道德性、文化性的内容偏少，传统文化教育没有占到一席之地。多数高校基本上没有建立起传统文化教育平台，没有找到思想政治理论课与传统文化融合的有效模式。近年来一些高校虽然也举办过一些有关传统文化方面的论坛、讲座，但其思想政治教育和人文素质教育的效果意义十分有限。

其次，严重缺乏从事传统文化教育的师资。部分高校虽然也有一些传统文化方面的专业人员，但这些人员多是长于传统文化学术研究而疏于普及性教育，即使从事教学也是从事传统文化的专业性、学术性教学，不太熟谙传统文化教育的特有规律，不具备从事传统文化与思想政治理论课融合的知识结构。

再次，各高校现有图书资料远不能适应传统文化教育的需要。各高校图书馆书架上摆放的有关传统文化方面的图书多是令学生望而生畏、敬而远之的专深学术著作，而为学生喜闻乐见且具有一定思想深度的普及性读物所占比例较小。事实上，整个社会都缺乏高质量的传统文化教育读本。

总之，从 20 世纪 90 年代国家重视大学生人文素质与传统文化教育以来，相当一部分高校开展了关于加强思想政治教育与传统文化融合的有益探索，取得了一些可喜的成绩。然而从整体来看，高校传统文化教育需进一步提升教育实效性。传统文化在思想政治教育中表现出底气不足的问题。其产生因主要包含以下两点：

一是整个高等教育人文教育现状不容乐观，文化素质教育有待加强。在我国高等教育内容设置中，伦理教育或价值教育在大学课程中的地位较弱，以价值为中心的人文教育在大学的知识殿堂中的位置受到了挑战，因而作为思想政治教育的传统文化教育赖以生存的土壤也就随之消失。

二是多元文化并存，传统文化遭遇到前所未有的挑战。在中国社会转型、中华民族伟大复兴的时代，在经济全球化，东西方思想汇集、碰撞、激荡的浪潮里，在网络文化、娱乐文化、视觉文化的覆盖中，传统文化在现代大学教育中受到了巨大冲击。中国大学生们不知道西方大学把学习包括东方传统文化在内的经典阅读作为大学的必修课，把传统文化看作是过时的、保守的、落后的东西扔在了一旁。面对潮水般袭来的西方文化，缺乏理智分析与冷静思考的年轻的大学生们没有完全具备抵制不良影响的能力，不能正确区分西方文化的精华与糟粕。

二、传统文化在大学生思想教育中缺失的现状

中国传统文化源远流长而又博大精深，是中华民族的精神纽带、心理支撑和发展的基本动力。而我国的思想政治教育在传统文化教育这一层面却出现了断层和缺失，这既是历史的疏失，也是时代的悲哀。因此，我们在新的时期有必要、更有责任把中国优秀传统文化对思想政治教育的价值阐释清楚。目前对于传统文化的研究已经比较细致，并已形成各具特色的学术团队，产生了一批很有影响力的学术成果。而思想政治教育的研究目前还处于学科化向科学化的过渡时期。思想政治教育理念、载体、资源、机制、体系等方面的研究还处于探索阶段，目前还没有形成一定的系统。对于思想政治教育环境的研究，特别是对于思想政治教育文化环境的研究还刚刚起步，所取得的成果也很少。

当代大学生大都亲眼看见了当代中国在改革开放后日渐崛起强大的发展史，亲身体会到了经济发展给人民带来的实惠，所以能够积极拥护党的路线、方针、政策，能够认真学习邓小平理论和"三个代表"重要思想以及习近平新时代中国特色社会主义思想。与此同时，极易接受新鲜事物的大学生面对经济全球化、文化多元化的冲击，思想观念呈现出多元化、价值取向多样化的局面。尤其是在市场经济的冲击下，大学生们陷入了困惑与迷茫之中，价值趋向、行为方式、思维方式等方面产生新的嬗变——自我意识膨胀，理想淡化，生活行为失范，价值取向出现了偏移，优秀的中国传统文化精神在大学生群体中缺失。

（一）大学生对传统文化认知程度不高

传统文化是历史上出现过的，积淀、保存、延续下来的，具有生命力和重要价值的文化。传统文化是稳定的，因为它有相对的不变性，能够超越时代的限制而延续不断。文化的传承需要物质的载体，而传统的节日、文学名著、音乐、戏剧是传承文化的重要而且有效的途径。了解这些灿烂辉煌的传统文化，能够培养大学生的民族自豪感和自信

心。但是从现实情况来看，大学生对传统文化的认知程度不是很令人满意。在某市三所大学9个班级进行的以"传统文化与青少年成长"为题的调研报告中，仅有4.8%的大学生对四大名著阅读过多遍，9.0%的大学生阅读过一半，而只阅读过一两本的大学生占到了70.1%，从未读过的人也高达16.2%。

除了文学名著外，大学生对经史子集的冷漠更令人担忧。北京大学开展了"当代大学生与中国传统文化"的问卷调查，结果表明："大多数学生对孟子、荀子、墨子、王充、董仲舒、朱熹、王阳明等古人的生平事迹和主要思想不太了解"。而且据调查人员反映："即使表示自己了解某些古人和古典名著的学生中，细究其了解程度的水分也有不少"，可见当代青年大学生传统文化知识的贫乏程度。当然，对传统文化的认知程度，各校并不一致，各高校学生的认识情况也不尽相同。总体上说，当代大学生对中国传统文化的认识依然不够，特别是在以工科为主的院校。改革开放促进社会生产力发展和经济增长的同时，导致了实用主义和功利主义的盛行。在大学生看来，传统文化与一些应用性强的知识（如电脑、外语、驾照等）相比，一般难以直接创造经济价值，看似无用。从对当今大学毕业生的调查反馈意见也可以看出："现在的大学毕业生计算机、外语、数学等业务基础理论和能力并不差，但社会责任感和工作责任感却不够。用人单位对他们的评价是文化水平不低而素质却不高"。人文素质是指由知识、能力、观念、情感、意志等多种因素综合而成的一个人的内在的品质，表现为一个人的人格、气质和修养。而传统文化是提高大学生个人修养的重要途径，可以陶冶人的情操，提高人的素养，使其内化为相对稳定的气质、修养和人格，是"无用之大用，也是人文无用之大用"。

台湾当代著名作家白先勇先生曾经说过："不论社会的政治、经济如何发展，最终的根本都是文化。"大学生作为年轻的一代，他们到底对中国优秀传统文化怎么样看待？总体来讲，大部分的学生对于中国优秀传统文化有较强的认同感，痛心的是同时也有近三分之一的学生表示对中国优秀传统文化缺乏热情。对大学生了解中国优秀传统文化的调查情况来看，64%的大学生知道中国传统节日的由来和意义，剩余的36%的大学生则只是一知半解。从对大学生看书情况的调查来看，只有29.1%的大学生表示自己对于中国优秀传统文化的书籍感兴趣，有70%的大学生认为自己并不是专门研究这个，没必要了解，问及其感兴趣的事物时，有47%的大学生表示关心娱乐新闻。

由以上可以看出，当代的大学生缺乏对中国优秀传统文化的认知和热情。

（二）大学生对传统文化的情感认同

1.对传统节日的认同度

社会的和谐，首先是制度完善，其次是人际和谐，只有个人的价值与合理需求得到社会的认可，人与人之间的和谐关系才能为整个社会体系的稳定提供个体保障，从而和谐社会的创造才能得到社会关系的保障。中国传统文化中的精髓，不仅仅是中国人对制度和道德的独特理解，更是在漫长历史过程中形成的人与人之间的和谐共处的良方。这种和谐在清明、端午，中秋这些中国传统节日中都得到了充分的体现。而传统的节日、音乐、戏剧，恰好为构建这种和谐提供了沟通和交流的驿站和载体。在对传统文化具体内涵的了解方面，我们得到了喜忧参半的答案。

对于我国现在把清明、端午、中秋等传统节日列为法定节日，你对此有何看法。74%的人持非常支持和比较支持的态度，但是这74%的大学生中还有相当一部分人单纯为了利用这些节日放假，并不是因为它是传统文化的一部分而重视这些节日；9%的人持不赞成或反对的意见；当问到"你平时是否主动欣赏传统音乐如京剧或者其他地方戏？"表示可以去看看的有40%，只有11%的人表示非常喜欢。

中国传统文化有着特定的文化内涵，对于传承、传播中华文明，促进社会和谐起着重要的作用。随着国际间文化的不断交流，越来越多的西方节日传入中国，受到越来越多的大学生的追捧。在一项"除了春节以外的传统节日与西方节日最重要的一个"的调查中，选择圣诞节一类西方节日的占47%，而选择中秋节等传统节日的占45.6%，而且当今中国传统节日七夕节的热度远远比不上西方的情人节。改革开放才流传开来的情人节，在三十年的时间里就获得了如此高的认同度，不得不引起人们的深思。

2.对传统文化因素的认同度

"四书五经"中的一些观点，虽是几千年前的文化，但与现代文明并不矛盾，而且对我们现实的工作有重要的指导意义。学习国学知识、使大学生了解我国历史悠久、光辉灿烂的传统文化，能激发起大学生强烈的民族自豪感和自信心。

随着西方文化的不断涌入，"我有我个性""我行我素"等西方思想左右着大学生的头脑，而传统文化中的"己所不欲，勿施于人""修身、齐家、治国、平天下"的思想与大学生渐行渐远。这种局面使得中国传统文化得不到足够的集成和发扬，也使当代大学生的思想教育面临着严重的困惑。在对大学生对"先天下之忧而忧，后天下之乐而乐"这一传诵千古的处事精神的调查中，有近一半的大学生表示"说不清"，对"人不为己，天诛地灭""人不犯我，我不犯人；人若犯我，我必犯人"这两种消极处世哲学，也有超过四成的大学生表示"说不清"。"说不清"就是不知道是对是错，是一种精神迷茫的表现，这应该引起我们思想政治教育的高度重视。

最近几年随着我国大学生就业压力的增大，多数大学生十分注重自身业务能力的提高，但这也促使大学生过于关注对实际应用知识的学习与掌握，而忽视了对文化素质的养成与提高。许多用人单位的反馈结果表明，现在的大学生技术水平较高，外语、计算机、数学的应用能力很强，但社会责任感、工作责任感却不够，概括成一句话即：文化水平不低素质却不高。而素质就是来自一定的文化修养和这种文化修养内化所形成的世界观、人生观和价值观等。这种情况的存在，客观地提醒我们高等学校，在加强对大学生理论知识的传授和实际应用能力培养的同时，也应加强对大学生文化素养教育，其中加强对大学生的传统文化教育，是提高大学生文化素养的一个重要的途径。

（三）中华民族的传统美德在大学生身上体现得不够

中国的传统教育历来重视道德教育，历代的思想家、教育家都强调，教育的目的不仅仅是增加知识，还要教人成为有德行的人。我国处于社会的转型期，加上多元文化的影响，大学生的价值观在发生着变化，有相当一部分学生对于价值观的变化有着认识，但是也有些学生在被悄然地改变，自己却浑然不知。当代大学生缺乏责任感已然成为社会讨论的话题，对一些社会上出现的不道德的现象置若罔闻，并没有意识到自己是社会群体中的一分子。有些学生受个人主义和功利主义影响较大，不能够为社会和国家承担责任。他们有的只是索取，只关心自己和自身的利益，缺乏对社会责任感的认识，殊不知自己是集体利益的直接受益者，如果集体利益出现损失，直接影响到的必然是个人。

中华传统美德是宝贵的历史遗产和财富，我们应吸取和发扬光大，然而目前高校中存在的一些与传统美德不相符合的现象，确实令人忧心。尤其是作为传统文化最重要的部分——师道和孝道在当今的很多大学生身上体现得不够充分。大学生集体主义和社会公德意识淡薄，心理素质较差。一些大学生以自我价值的实现为核心，强调个人本位，社会、集体次之；在物质和精神关系上，过分关注眼前的机会和发展，忽视远大理想和目标，不少人把实现较高经济收入和安稳生活放在人生追求的首位，重实惠、求实用，从而淡化社会责任感，甚至陷入极端个人主义的泥淖；在索取与奉献关系上，则一味地强调索取，认为个人贡献应与社会索取相等价。还有部分学生在价值观取向上过于急功近利，敬业意识薄弱，理想追求淡化。

身处当今社会中的大学生，是伴随着科学技术的迅猛发展成长起来的，他们接收信息量大、范围广、速度快，但是由于缺乏辨别能力，在一些大学生中"极端个人主义"的消极思想也有所抬头，对事业献身和对集体奉献的精神有所减弱。在一些大学生中存在"信义失范"的现象，如考试作弊、请人代考、抄袭论文、谎报特困生申请补助、银行助学贷款不按时归还等，这些都违背了"明礼诚信"的传统道德规范，可是大学生们却认为这没什么不妥，认为这是很平常的事。另外，当今的很多大学生在尊敬师长、孝敬父母方面做得也很不到位。和老师、父母发生冲突的现象时有发生，但他们根本认识不到自己本身有什么不对，很多时候他们认为起冲突的责任不是在于自己，而是老师和父母做得不对（尽管老师和父母做得对）。发生这种不愉快的事情的原因值得我们深思！

总体来说，一些大学生缺乏远大的理想抱负，重物质利益轻无私奉献，重金钱实惠轻理想追求，重等价交换而不愿付出爱心，重个人利益轻国家集体。传统道德中的"师"道和"孝"道淡漠，甚至有的凡事以自我为中心，不尊重长辈，不敬重老师的现象时有发生。

（四）当代大学生对传统文化价值的认识不足

中国优秀传统文化既然能够传承到现在，那么说明它具有超时代的价值，是具有生命力的。唯物史观认为，能够大力推进社会的发展，促进人的全面发展，含有科学性、人民性、进步性因素的，可以批判地继承的传统都是精华。中国传统文化经过几千年的历史沉淀，有其精华也有糟粕，这就要求我们对中国传统文化的价值有充分的认识，辩证的利用。不能只看到糟粕就全盘否定，这样做是片面的、不客观的，这种以偏概全的想法在当代大学生中较为常见。在调查中，有28.6%的学生认为，中国传统文化代表着封建，一些民俗则是迷信思想，30%的学生认为中国传统文化的思想较为固化，不能够变通，所以不主张弘扬。甚至一些学界的学者也持这种偏激的观点，这和马克思主义哲学的要求是相违背的，没有客观的评价，这不是一个严谨的学术态度，这就造成中国传统文化在当代大学生群体的"夹缝"。20世纪全盘西化的思想曾风靡一时，但是在实践的检验下不攻自破，一种思想的流行，是要适应时代的要求的，现今的文化融合日趋加快，受中国传统文化影响较大的东亚国家，现在已将保护和传承文化作为重中之重，而国内的气氛并不是很浓，这种外界的推动，要求我们的大学生紧跟时代的脚步，认识和肯定中国优秀传统文化的价值，重拾中国优秀传统文化。只有先肯定其价值，进而学习和传承它，才能彰显中华民族的特色，让中国优秀传统文化重新盘立在世界文化之林。

一个无法回避的现状是中国传统文化的声音在当代中国乃至世界的发展过程中十分微弱。在我们的现实生活中已经很难感受到传统文化的气息。有观点认为，中国传统文化对于呼唤民主与科学的中国发展无大益处。持这种观点的人不乏一些知名的教授学者。回顾历史，遍览周遭，我们的传统文化屡遭尴尬。19~20世纪的中国社会现实和世界发展潮流使大部分中国人对本民族文化丧失了自信，只有少数思想家仍然能在新旧体制交错的夹缝中读到中国传统文化的希望。新中国成立后，我们的传统文化事业百废待兴，然而其发展道路十分坎坷，在很大程度上使传统文化丧失了民众基础。今天，有些外国人对于中国文化的兴趣和造诣已经达到相当水平，甚至超过我们大部分国人。很多中国传统文化典籍在国内早已被锁入旧纸堆无人问津，反而是在日、韩还有一些西方国家中掀起热潮，然后外国人的关注学习热情反过来刺激了中国人，使我们回过头来重新发掘被我们遗忘的角落。

无数年轻时尚男女的生活、思想内容里除了一些"国骂"，其余已相当"西化"，可即便是他们，对西方文化又能了解多少呢？可能只是一些表面的东西，他们对于中国传统文化的精髓与智慧又能有多深的体会呢？现在很多大学生心中的偶像是一些影视明星，而不是历史上做出突出贡献的伟大人物。可是这些影视明星他们自身又对传统文化了解多少呢？有位歌星不知道岳飞是谁？还要请岳飞给她写歌词；有位节目主持人不知道董存瑞，认为是电视剧里虚构的人物，像这样的现象还有很多。这已经不再是一个简单的社会娱乐事实，更是一个凸显了中国当今文化走势的文化现象。

中国传统文化是我们这个拥有五千年文明历史的古老国家的灵魂所在，它在铸造中华民族的国民性以及中华儿女的民族魂、在中华民族历经磨难仍自立于世界民族之林的过程中，发挥了巨大的作用，可以说是中国传统文化形成了中华民族的稳定性与巨大凝聚力，它的精华部分有着独特的价值和永恒的魅力，对于今天我国的现代化建设仍将发挥重要作用。文化是有连续性和继承性的。当代大学生作为21世纪中国文化的建设者和创造者，首先应继承和弘扬传统文化，因为没有民族化就没有世界化。中华民族的崛起离不开传统文化。

三、大学生传统文化的心理缺失探因

时代的进步和社会的发展，使得传统的道德受到了前所未有的冲击，加上多元文化的流行，严重影响了大学生的成长和发展。中国优秀传统文化在大学生思想政治教育中缺失的原因的探讨也就成了每一个思想教育工作者的任务。

新中国思想政治教育的理论基础是以马克思主义理论为指导，进行马克思主义信仰教育和"共产主义教育"。改革开放以来，也仅强调"坚持党的四项基本原则和基本方针"，思想政治课学习偏重"两课"的理论学习，我们国家在这方面投入了巨大的人力物力，但是教育的效果并不理想，在实践中还存在着这样那样的缺陷。这样的思想政治教育显然不全面。政治信仰固然重要，但毕竟不能代替人的文明修养和文化品位。而传统文化经过几千年的积淀已经融化在中国人民的思想意识和行为规范里，积淀为一种遗传基因，成为民族心理的一部分，对它没有一定的理解和认识，就很难有较高的思想境界和胸怀。我们应将马克思主义思想理论与传统文化教育相结合，互补共进，这有助于调整当代大学生的知识结构，塑造良好的人格、气质和修养，树立起富有时代风貌的思想道德情操。

（一）西方文化的猛烈冲击及社会思潮的多样化

在世界经济全球化、一体化的大背景下，世界各种文化加速撞击、交融，文化呈现出多元化的趋势，这是文化的必然趋势。近年来，西方国家向全世界全方位、全时空推销自己的价值标准、意识形态、社会文化。西方国家利用文化的意识和意图非常明晰，企图把"强权政治"逐渐演变成一种"文化霸权""文化殖民"。西方文化产品，包括印刷制品、音像制品、游戏、动画、漫画等在我国得到了广泛普及。90后大学生具有好奇心强、接受新鲜事物快的特点，容易受到多元文化和西方文化的影响，使一些人"无意识"的认同和接受西方的价值观，进而怀疑和否定自己民族的传统文化。

身处现代社会中的大学生，容易受到多元文化和西方文化的影响，并接受西方文化，这一点已成为事实。相反谁要对传统文化感兴趣，则有可能被认为是迂腐、保守、固执、不现代，甚至被讥笑。这给高校大学生进行优秀传统文化教育带来了不利因素。另外，当今社会正处于社会转变过程，各种思想泛滥，各种非主流的思想蔓延在高校，毒害了大学生。随着科技的发展，信息传播的手段越来越多，大学生能够接收到各种各样的信息，这是把"双刃剑"，道德的与不道德的，传统的与现代的，积极的与消极的各种思潮涌入高校，从各个方面影响大学生的成长，社会的思潮多样化正在为他们带来越来越多的困惑。

（二）网络的全面渗透

在信息社会，互联网日益成为大学生传播信息和获取知识的重要途径。网络是一个信息的集合，是把双刃剑，有精华也有糟粕，既能给大学生带来"学习的革命"，提供便捷的学习和交流机会，也能传播非健康资讯，存在让人痴迷的危险，严重威胁着大学生的健康成长。当今中国的经济、政治、社会结构与思想等领域在进行着深刻的变革，传统文化受到来自各方面的冲击和挑战，网络的普及加剧了这种冲击和挑战，带来了一系列的社会问题。当前网络文化中的网络伦理和网上行为失范主要存在这样一些问题：

首先是互联网强化了青年地球村村民意识，弱化了他们的民族意识。所谓网络"新人类"的身上本来就带有很强的国际化色彩，而互联网的使用跨越了时空的界限，增强了他们作为地球村村民的意识。与这种"一体化"意识相伴的是种族、民族意识的弱化，民族认同感的减弱，民族身份的逐步消解。在某种意义上不利于传统文化的传播。

其次是互联网还对现有的道德观念、价值观念产生了或可能产生影响和冲击。针对诚信，多数学生认为在网络这一虚拟空间里没有必要讲诚信。只有少数学生认为网络能提高社会道德水平。可以说，互联网的发展对传统文化倡导的诚信从某种程度上是一个冲击。

最后是互联网的全球性特征将导致青少年的思想混乱。网络是无国界的全球性媒介。在网上，由于各方面的原因，使得有用与无用的、正确与错误的、先进与落后的信息充斥网络，淫秽、色情、暴力、丑恶、反动等内容也在网上广为传播。腐蚀大学生的灵魂，对良好的道德品质的形成教育产生强大的冲击。使大学生形成西化的倾向，民族观念淡薄，传统文化被边缘化。

（三）市场经济的迅速发展

随着我国对外开放不断扩大，社会主义市场经济深入发展。我国的社会主义市场经济的建立是我们的党和政府在长期的实践中摸索出来的，是符合我国国情的。但是随着市场经济的发展，负面影响也随之出现，尤其是对于年轻一代，首当其冲就是大学生，我们的市场经济的方方面面都需要完善和改革。现今社会的不良现象逐渐增多，人际关系功利化，权力腐败，社会所谓的"富二代""官二代"的出现，社会分配的不均衡等，都对学生的人生观、价值观产生冲击。上述现象，现今媒体曝光的越来越多，大学生对自己心中一直坚持的信念有了疑惑，这就很容易让一部分学生认为这就是对的，这就是社会主流。目前，高校周围的网吧几乎都是座无虚席，从开始的消遣到后来沉溺其中，甚至达到旷课的程度。还有越来越多的学生变成了"低头族"，手机不离手，眼睛不离屏。网络游戏、网络快餐文化以势不可挡的趋势蔓延开来。市场经济强调物质利益和追求利润最大化，对大学生的思想产生重要的影响。当今大学生的治学态度明显地显示出急功近利的感情色彩，从实用出发把知识划分为"有用"和"无用"，在学习的时间和精力上加以区别对待。考级、考证等就业实用主义的现实需要，使得大学生无暇估计人文素养的培育。

（四）高校思想政治教育的教学体制及师资力量有待加强

在一个人成长的过程中，教育的作用是至关重要的，当前高校的思想政治教育水平与客观现实并不完全适应，教学方式、教学内容都需要创新，既要满足社会的需求还要考虑学生的接受状况。在此次调查中，许多学生认为思想政治教育的课本内容缺少趣味性，认为思想政治教育老师的授课方式过于老套，不能适应当代学生的要求。但是毫无疑问，思想政治教育中的内容都有不同程度的理论性，这就要求我们要在传达理论的同时还要注意方式方法，采用较易让学生接受的教学方式。

普通高等学校开设的思想政治理论课，是对大学生进行系统思想政治教育的主渠道和主阵地，在帮助大学生确立正确的世界观、人生观、价值观方面起着极其重要的作用。当今大学生对思想政治理论课教学不感兴趣，其中一个主要的原因是中华民族传统文化在高校思想政治理论课中渗透得不够，思想政治理论课没有充实的内涵，苍白空洞。同时，高校在对大学生进行思想政治教育工作时，也忽视了对学生进行传统文化的教育。高校思想政治理论课教学中存在的八个问题，教学内容重复匮乏，教学方法单一就是其中之一。就内容方面来讲，高校"两课"在内容上单一，许多内容都是对初中高中内容的简单重复，学生提不起兴趣。就教学方法来讲，目前大部分院校思想政治理论课教学的主要方法仍然是灌输式的方法，而采用互动式、研讨式和其他的教学方式进行教学的只占很少一部分。大学里有些老师往往采取照本宣科，丰富多彩的传统文化并没有在思想政治理论课中得到有效的应用。包括在思想道德上，他们渴望得到疏导，但思想政治理论课却很难得到令人心悦诚服的答案。

造成当代大学生思想道德教育存在如此复杂问题的原因是多方面的。一个时期以来，随着我国改革开放的展开，市场经济的全面建设，大学生的思想政治教育从学校到学生自身都有很多需要改善的地方。

1.高校重专业、轻道德培养

近年来，高校从思想上比较偏重学科专业的建设，重点突出大学生专业素质的培养，全方位地保证教学和科研需要，把教学与科研作为高校发展的重中之重，视其为生命，当然这是无可厚非的。但是与此同时，却忽视了对大学生的思想政治素质的培养，大学生思想政治教育被专业学习、考研挤到了一个从属的地位，这就有待商榷了。在今天全力提高国家文化软实力的形势下，思想政治道德修养理所当然地成为大学教育的重要内容。在我们国家来看，这就是传统文化教育，传统文化中蕴含着丰富的道德内容，大学应有义不容辞、任重道远的责任意识，抓好大学生的传统文化教学。然而，实际情况不容乐观，主要表现在：一是绝大多数高校都缺少传统文化教育内容。各高校基本上都没有建立起传统文化教育体系，没有找到开展传统文化教育的有效模式。二是缺乏有关部门的有力推动和指导。目前兴起的国学热，是一种自发的行为，是一种无序的状态。三是图书资料不能适应传统文化教育需求。现在市场上关于传统文化的书籍很多，但是很难找到有深度、有见解的著作，肤浅的、快餐式的倒是多见。

2.两课教师及辅导员队伍建设需加强

辅导员是大学开展思想政治教育的骨干力量，是高等学校学生日常思想政治教育和管理工作的组织者、实施者、指导者。然而，目前辅导员队伍的数量仍处于不足状态，思政教育的质量也有待提升。习近平总书记在学校思政课教师座谈会上强调，办中国特色社会主义教育，就是要理直气壮开好思政课，用新时代中国特色社会主义思想铸魂育人。辅导员作为大学生的思想政治教育的不可或缺的一方面，应保证其数量，提升其质量。现在很多大学里面，辅导员管理着几百个学生，如此庞大的队伍，使得他们力不从心；再加上超负荷的事务性工作，势必会影响思想政治教育工作的开展。《普通高等学校辅导员队伍建设规定（教育部43号令）》中要求辅导员应具有从事思想政治教育工作相关学科的宽口径知识储备，掌握思想政治教育工作相关学科的基本原理和基础知识，掌握思想政治教育专业基本理论、知识和方法，掌握马克思主义中国化相关理论和知识，掌握大学生思想政治教育工作实务相关知识，掌握有关法律法规知识。而目前的各高校辅导员来源于各个专业，对于思想政治教育相关学科知识储备情况参差不齐，一定程度上也带来了教育效果的水平不一。

（五）大学生自身缺乏对"修养"的深刻认识

大学生上大学究竟读什么，这是时下很多人都在思考的问题。我认为大学期间无非就是"专业知识"加"道德修养"。专业知识学习的重要性，学生们都已深刻认识到，这通过课堂出勤率可以证明。专业课堂出勤率是非常高的，而一些公共课则少得可怜，这凸显对基本修养的不重视。对基本素养的不认可显现在他们的人生观上，倾向于现实、享乐、个人。主要表现在：一是享乐主义人生观、价值观、导致他们及时享乐、爱慕虚荣。当代大学生都是90后、00后，他们在国家改革开放后经济迅速发展的时期成长起来，家庭条件优越，没经历过风雨，缺乏挫折教育，不知道什么是失败、什么是挫折，只知道一味享受与虚荣。二是集体主义观念弱化，追求个性张扬，陷入个人主义误区。改革开放以来，以经济建设为中心在各行各业取得了举世瞩目的成就，人民的物质文化生活水平有了很大提高。但是，随之而来的是人们的观念、思想意识形态发生了很大变化。这些问题的出现也必然会反映到大学生的思想中来。部分大学生集体主义观念淡薄，以自我为中心，强调个人奋斗，把个人利益放在第一位。对集体活动表现出懈怠、消沉、无兴趣，没有集体荣誉感。谈到修养，又回到我们的话题——传统文化上来，目前大学生对传统文化缺乏深刻的认识，也就是对修养内容不甚了解，他们认为是"老古董"，学而无用。这是一种极端错误的观点，思想政治教育首先要更正他们的这种观点，以优秀的传统文化来塑造人。

大学生是一个特殊的群体，他们的思想较为前卫，有很高的可塑性。但是我们高等教育的现状是，我们的大学生不能够很好地与社会相衔接，学生毕业普遍存在阅历少，经验不足等状况，而且我国社会正处于一个转型的时期，社会诱惑大等一系列原因导致大学生自我评价不够成熟，不少的学生出现道德认知的偏差和道德行为的不正当。

（1）意志脆弱。对于当代大学生而言，他们出生于 90 年代后期和 00 年代初期，这段时间正是我国狠抓计划生育政策的时期，这也就客观地造成现在大学生中独生子的比例相当高。独生子带来的负面影响就是家庭对于子女的过分保护，甚至出现"包办"现象，子女要做的就是在父母安排的"保险道"上行走。这就造成当代大学生承受力低，一旦遇到问题，心中出现苦闷情绪，不会去主动找人帮忙或者倾诉。这样就更容易因遭遇挫折而出现自暴自弃，甚至出现自杀等现象；另一方面，大学生正值思想感情较为成熟的时期，是出现学习、感情等问题的高发期，这也需要大学生有坚强的意志来应付不断出现的问题。但是如今的大学生正是缺少这样一种坚强的意志，这种内在需求迫切地需要思想政治教育来帮他们达成。

（2）部分学生对思想政治教育要求不是很强烈。思想政治教育不是单纯的灌输，我们只是把灌输作为一种重要手段。早期的思想政治教育总是单方面地从教育者的角度考虑思想政治教育的目的等，如党和国家的需要，社会的需要等。但是这样做的弊端也日益凸显，我们忽略了受教育者的需求，造成的结果就是我们教与学的脱节。学生把思想政治教育简单地作为一种义务，而非权利，造成学生的厌学情绪。认为上思想政治教育课纯粹就是义务性质的，并不是自己主动要求的。学生对日前开设的六门思想政治教育课程中，认可度最高的是法律知识基础，最低的则是马克思主义原理。学生并没有认识到思想政治教育的重要性，甚至认为思想政治教育课程没有必要开设，这就让我们看出在思想政治教育中出现的问题。

（3）学生思想认识模糊。个体道德认识是思想品德形成发展的基础，在认识发生学中认为：个体的道德认识是在反复递进中形成的，而不像智育接受过程那样，教学与接受呈现出线性关系。道德认识是道德规范、道德观念、价值取向的前提和依据，没有正确的个体道德认识就不可能养成良好的道德行为习惯。因此，学生存在道德问题就是因为他们对于道德的认知不够深入，造成他们的道德行为不正当。此外，当代大学生思想特点也是造成思想认识出现偏差的原因，时常出于好奇和探索的心理去寻求刺激和冒险，做出有悖于社会主流道德的事。

（4）社会环境和舆论的宣传也是造成学生思想认识的客观原因之一。错误的舆论引导造成了学生思想的困惑以至于道德要求下降，加上个别学生分析辨析能力较差，在面对电视、网络等新型传播媒体的宣传时，不加思考，盲目接收。另外一方面，学生在看到或者经历了当前社会上的一些不良现象与学校宣传和教育的反差太大，容易出现道德认知的混乱。例如：行贿受贿、权钱交易等这些都与我们学校教育形成反差，官员腐败的不断升级与为人民服务教育形成反差。往往出现不道德行为的都是所谓高学历高素质的人才，这都让学生对教育，尤其是思想政治教育产生了疑惑。这种道德认知的混乱容易受到异种思想的诱惑，使得大学生的道德水平日益衰退。

作为大学生思想形成的外部条件，社会和家庭都是围墙，而作为内部条件，学生自身的状况则是思想政治教育的本体。因此，思想政治教育不仅仅是社会的责任或是学校的责任，这是社会，学校和家庭，以及自身协同发展的结果，我们只要认识到了这点，大学生的思想政治教育问题也就迎刃而解了。

第二节 传统文化与大学生思想政治教育融合的可行性与必要性

一、传统文化与大学生思想政治教育融合的可行性

中华传统文化（以下简称"传统文化"）是高等学校思想政治教育的重要内容之一。传统文化与马克思主义、社会主义及现代大学教育的契合，它们之间所存在的共性、普遍性，使大学生思想政治教育与传统文化的融合不仅是必要的，而且是可能的，具有很大的现实性和可行性；传统文化所倡导的自强不息等民族精神和严于律己、宽厚待人、与人为善等道德原则都是我们进行思想政治教育的重要资源，对推进高等学校思想政治工作，增强思想政治教育的实效性，培育四有新人都有重要的借鉴意义。

（一）传统文化与大学生思想政治教育相融合契合马克思主义思想

1.马克思主义与传统文化发展的共同需要

以马克思主义为指导思想和核心内容的思想政治教育与传统文化的融合是两者发展的共同需要。首先，马克思主义是一个世界性学说。在马克思主义产生以前，民族性是文化的主要特征，像老子、孔子、康德、黑格尔等伟大的思想家，对其民族均产生过一定的影响，但由于历史的和阶级的局限性，他们的思想影响仍属于文化交流和传播的范围。而马克思主义揭示了人类社会发展的一般规律，是一种超越民族和地域局限的世界性革命学说。但是，马克思主义的世界性必须借助一个个具体的民族文化才能实现。黑格尔曾经说过：只有当一个民族用自己的语言掌握了一门科学的时候，我们才能说这门科学属于这个民族了。这一点，对于哲学来说最有必要。就当代中国而言，要做到马克思主义与中国具体实践相结合，也必须使马克思主义取得中华民族的形式，使之在其每一表现中带有必须有的中国特性，取得为中国老百姓所喜闻乐见的中国作风和中国气派。也就是说，把马克思主义与中国革命的具体实践相结合的过程，同时也是把马克思主义

同中国传统文化相结合的过程。因此，毛泽东指出：马克思主义的中国化是一个迫切需要解决的重大问题，从孔夫子到孙中山，我们应当给予总结，继承这一份珍贵的遗产。

其次，自近代以来，各国文化都面临着如何实现从传统向现代转型的问题。本书所说的传统文化，是指中华民族从周秦到五四运动这三千多年之间形成的文化，它是中华民族对自然和人类社会认识的结晶。秦汉以后，中华大地上的各民族大致可以分为三个文化类型：北方草原游牧文化、南方山地游耕文化、中原定居农业文化。在长达三千年的历史进程中，上述三种文化类型以中原定居文化为中心，多方面交汇融合，正是在他们相互冲突又相互融合的过程中，传统文化最终得以形成。由于传统文化在相当长的历史时期内表现为建立在小农经济基础上的封建文化，很难直接开发和培养出适合现代社会和现代化需要的现代文化精神，而在20世纪初传来的建立在高度工业化基础上的马克思主义，本质上是一种具有现代性，乃至后现代性的文化，对传统文化来说，毫无疑问是一种具有极大互补性的优势文化。传统文化正是通过与马克思主义的有机结合，才发展和弘扬了自身的精华，抛弃了自身的糟粕，实现了自我提升与现代转型。

2.马克思主义与传统文化的契合

张岱年认为，中国人接受马克思主义，与中国传统文化有密切关系。马克思主义的基本理论来源与传统文化有着不可分割的内在联系。一方面，作为马克思共产主义思想源的空想社会主义和德国古典哲学不仅与传统文化有着内在的传承关系，而且正如马克思明确指出的那样，它们显然都与中国思想传统具有共同之点。马克思主义的另一理论来源于英国古典经济学，其主要代表人物亚当·斯密也受到过传统文化的影响，如他在《国富论》中多处引用中国的资料，对中国重农的经济思想表示赞赏，并认为"中国一向是世界上最富的国家"。另一方面，马克思主义在"五四"前后传入中国的各种西学说中之所以能独领风骚，成为先进知识分子的自觉选择并逐步成为中国文化的主导力量，不仅在于它满足了中国社会政治变革的需要，也是因为马克思主义与中国传统文化存在着许多相通之处。

首先，马克思主义哲学与中国古典哲学具有共同之处。在唯物论方面，中国历史上存在一个唯物论的传统。荀子、王充、范缜、张载、王夫之等都有许多精湛的唯物论观点。在辩证法方面，老子、张载、程颐、王夫之等的学说中都含有比较丰富的辩证法。所以中国学者接触到西方哲学的辩证法时并不感到陌生难解。在唯物史观方面，中国思想史上有许多思想家谈到物质生活与精神生活的关系，肯定物质生活是精神生活的基础。这些观点虽还不能称为唯物史观，但与唯物史观有相通之处。在社会理想方面，中国封建时代还不具备产生空想社会主义的条件。但是，先秦道家老庄学说中保存着对于原始社会的怀念，提出了对于阶级剥削的抗议；儒家学者则宣扬大同理想，讲求天下为公。所以，西方共产主义学说传入之时，进步人士欣然接受。

其次，马克思主义的科学社会主义与传统文化存在着相契合的基本要素与基本理念。

在社会理想方面，有天下大同与社会主义目标的契合。在传统文化中，"大同"理想可谓源远流长，《礼记·礼运》中就有对于这种社会的详细描述："大道之行也，天下为公，选贤与能，讲信修睦。故人不独亲其亲，不独子其子，使老有所终，壮有所用，幼有所长，鳏寡孤独废疾者皆有所养。男有分，女有归。货恶其弃于地也，不必藏于己；力恶其不出于身也，不必为己。是故谋闭而不兴，盗窃乱贼而不作，故外户不闭。是谓大同。"由此可见，大同社会的根本原则是天下为公，是建立在公有制的基础上的人人劳动的平等、友爱、和谐的社会，与建立在私有制基础上的"小康"社会是根本不同的。大约同时期的《春秋公羊传》进一步阐释了人类社会进化理论，认为大同世界是人类历史上一个必经的阶段。尽管"大同社会"与社会主义目标截然不同，但通过推翻以私有制为基础的资本主义统治，不断发展生产力和改革生产关系，最后建立"自由人的联合体"——共产主义社会，其实质也是要改变人性异化、人为物役的不合理社会，实现每个人的全面自由与高度发展，与"大同社会"的追求，存在某些共同之处。

在政治思想方面，有"民为邦本"与"以人为本"，整体主义与集体主义的契合。中华传统民本思想是"以人为本"思想的文化基因。传统民本思想，可追溯到殷商之际。春秋时期，周公提出"保民"的治国理念；孔子提出"节用而爱民，使民以时"（《论语》）；孟子也提出"民为贵，社稷次之，君为轻"（《孟子》）；荀子则把君民关系比喻为水和舟的关系，"君者，舟也，庶人者，水也，水则载舟，水则覆舟"（《荀子·王制》）。及至西汉，贾谊更明确地提出"民为国本"的观点（《贾谊·新书》）。这些历史文献充分说明，民本思想在中国源远流长、内涵丰富。尽管他们与社会主义的以人为本思想存在着本质上的区别。但中国共产党提出的"为人民服务""立党为公、执政为民"、坚持群众路线等主张，无疑是传统民本思想在新时代的复活，并被赋予了新的政治内涵。

中华传统的整体主义原则是社会主义集体主义的文化基因。整体主义原则是贯穿于中国封建社会的最重要的道德准则，其基本精神是封建统治集体整体的利益绝对高于个人的利益。表现在政治领域，它是春秋大一统、普天之下莫非王土的观念和王道；表现在社会领域为家庭、宗族、国家不可分割的情感纽带和社会组织；表现在意识领域为兼收并蓄、和而不同的宽容精神；表现在伦理领域为顾全大局、牺牲个人或局部利益的价值取向。尽管它在很大程度上压抑了个性、维持了封建秩序，与科学社会主义提倡的集体主义相去甚远，但是，却与社会主义的集体主义原则有着天然的亲和关系，为中国人选择集体主义提供了肥沃的土壤。

在经济观念方面，有"天下为公"与公有制，"均贫富"与平等观念的契合。中华传统的"天下为公"思想是社会主义公有制思想的文化基因。在数千年的历史长河中，"公"始终是中华民族的崇高追求和价值标准，是判断善恶的重要标尺。这里的"公"有公产、公利等几层含义。在公产方面，由于历史的局限，中国古代不可能提出生产资料公有制的理论体系，但是很多人认识到了私有制的众多弊端，强调财产公有。在公利方面，在中国历史上，统治者总是从自身的地位和利益出发，不约而同地反对"人不为己，天诛地灭"的极端自私言论，主张制私利而富公利，宣称为天下人谋福利。尽管这些公有主张与社会主义公有制之间有巨大的差别，但是，对于一般人来说，往往是等同而视之的，即使是文化程度较高的文人学者，在马克思主义传入初期，也是把社会主义公有制等同于中国古代的公有主张，甚至有人认为中国古代的井田制就是社会主义。把"公"作为最高的伦理道德，它不仅已经融入当代中国社会主义的道德建设之中，也融入了中国特色社会主义文化理论建设之中。

众所周知，平等是社会主义的基本原则和核心价值。而在《论语》中，孔子就主张："不患寡而患不均，不患贫而患不安。盖均无贫，和无寡，安无倾。"历史上，中国民间乃至许多知识分子最强烈的、最高的诉求就是均贫富，多次农民起义几乎都是以此为口号。中华人民共和国成立之后、改革开放以前，中国社会意识形态的基本取向仍然是反对收入差距，主张经济平等，分配平均。尽管古人不可能像今天的学者们那样准确、科学地界定平等，不可能认识到权利平等、机会平等、结果平等的系列平等观，但是，中华传统的平等观念，确实为中国人理解马克思主义，接受科学社会主义打下了坚实的基础。

在文化理念方面，有"贵和思想""天人合一"与和谐文化的契合。追求和谐是中华民族传统文化的主题。传统文化中"贵和"思想理念和"求同存异"的宽容精神，形成了中华民族重要的价值取向，形成了严于律己、宽厚待人、与人为善，先人后己、舍己救人等民族精神。这种"天地与我并生，万物与我为一"的和谐思想，铸就了中华民族热爱和平、追求和谐的民族性格，教育引导着世世代代的中华儿女，是构建社会主义和谐社会的基本理念，是科学发展观、社会与自然和谐可持续发展思想的重要思想基因。

总之，马克思主义的科学社会主义与传统文化存在相通之处。传统文化以仁为核心的人际关系准则，以义为基准的义与利的选择，以诚信为本的伦理道德观念；天人合一思想中尊重自然、顺应自然的观点；厚德载物，民胞物与的道德主张中尊重一切生命和自然的观念，对于发展社会主义市场经济，正确处理经济发展与生态保护环境，增强民族凝聚力，都具有非常重要的意义。传统文化与中国特色社会主义一同生长发展。离开传统文化的土壤，社会主义在中国大地就很难生根、开花、结果。

除以上两个方面，中国化马克思主义与传统文化在许多方面都有相通之处，如经世致用、实事求是与实践唯物主义，"礼法结合，德刑相参"与正确处理两类不同性质矛盾和两手抓；"选贤任能"思想与党的干部路线；"知行统一"观与理论联系实际原则；"修身"思想与批评自我批评原则；群体价值观与集体主义、爱国主义；重教化传统与社会主义精神文明；和谐观与安定团结；变革维新思想与改革开放；富民思想与共同富裕；广开言路思想与人民民主；为政清廉、节用裕民思想与大公无私、艰苦奋斗；强本抑末思想与发展社会主义生产力；崇文重教思想与科教兴国等。正因为如此，马克思主义的传入，不仅没有造成传统文化的断裂，而且为传统文化走向现代化提供了契机。

当然，传统文化与马克思主义也有相异相别之处。就时代性而言，马克思主义先进于传统文化，但中国化的马克思主义的丰富和发展离不开传统文化。对马克思主义与传统文化，既要看到它们的同，也要看到它们的异，更重要的是要看到这同是异中之同，这异是同中之异。可以肯定地讲，二者的结合具有双重历史效应，一方面使马克思主义在中国扎根、开花、结果；另一方面则使古老的传统文化由此获得新生而走向世界。

（二）传统文化与大学生思想政治教育相辅相成

传统文化具有思想政治教育功能，同时，传统文化和思想政治教育在教育目标、共生性和形成机制方面有着跨越时间和空间的亲缘性，这些都为思想政治教育借鉴并应用传统文化提供了机遇和可能。

1.文化的思想政治教育功能

文化具有重要的思想政治教育功能。文化是人类经过几千年的历史创造的，但文化反过来还有塑造人、培养人的功能。从根本上说，人类所受的教育，也就是文化的教育。中国传统文化也不例外。我国古代向来重视文化教人育人的功能，《论语》中就有"孔子指点孔鲤学诗学礼"的典故，由此形成了中华民族重视文化教育功能的传统。思想政治教育与宽广深厚的历史文化背景相联系，深受它所赖以存在和展开的民族文化传统的制约。大学生是中国传统文化的现实接受者，其思想无时无刻不受到传统文化的影响。在思想政治教育中，采取一定的文化方式，通过文化武装人的头脑，陶冶人的情操，从而提高人的素质的全面提高，达到人的"全面而自由"的发展，这就是文化的思想政治教育功能。

2.思想政治教育与传统文化的一致性

（1）思想政治教育的目的性与传统文化传承的目标具有一致性。中国传统文化重在培养健康的人格，提高人们的思想道德修养，丰富人们的精神世界，增强人们的精神力量。这些都符合今天人们所追求的道德理想，而且和思想政治教育中培育有理想、有文化、有道德、有纪律的"四有新人"的目标是一致的。

（2）思想政治素质与文化素质的共生性。大学生的基本素质包括思想政治素质、文化素质、专业素质和身心素质，其中文化素质是基础，思想道德素质是根本、灵魂。每一种素质都不能独立存在，都和其他素质相辅相成，思想素质与文化素质更是密不可分，二者具有共生的特点。

（3）思想政治素质和文化素质形成机制的相似性。思想政治素质和文化素质形成机制基本相似，就是教育者根据一定的社会思想道德要求，对受教育者施加有目的、有计划、有组织的教育影响，通过将相关知识内化，形成学生的主观体验，进而形成社会所期望的思想政治品德的过程。中国优秀传统文化光辉璀璨，是我国人民智慧的结晶，在我国的各个历史时期和阶段都发挥着不同的作用和价值，中国优秀传统文化与大学生思想政治教育结合的可能性，主要是由于优秀传统文化中蕴含着丰富的教育资源和教育功能决定的。

3.优秀传统文化中丰富的教育资源

优秀传统文化中丰富的教育资源给大学生思想政治教育带来了新的途径和可能性，极大地丰富了大学生思想教育的内容和角度。

（1）爱国主义情怀。爱国主义自古就是我国民族精神的核心和精华，正是有了爱国主义，中华民族在漫长的历史发展过程中，才能战胜外敌、求得统一、争得强大。我国自古就有爱国的传统，屈原的上下求索虽九死犹未悔、范仲淹的"先天下之忧而忧，后天下之乐而乐"、顾宪成的"家事、国事、天下事，事事关心"，还有历代仁人义士、爱国志士为国家的前途赴汤蹈火，甚至牺牲生命、为国捐躯，这些都是爱国主义情怀的深刻写照。在当代，爱国主义是我国传统文化的重要内涵，也是我国当代大学生思想政治教育重要的教育资源。

（2）集体主义观念。我国的传统思想是以儒家思想为核心的，儒家思想讲究的是"修身、齐家、治国、平天下"，讲究的是人际关系的和谐。在对待父母兄弟的态度，讲究孝道亲情，而且这种亲情关系会向社会扩展，"四海皆一家""海内存知己""四海之内皆兄弟""老吾老以及人之老，幼吾幼以及人之幼"，这种社会和谐统一的观念一直影响到现在。所以，中国传统文化非常注重人和人之间的关系，主张用"仁爱"的思想来处理任何关系，秉承集体主义的观念，注重团队精神。集体主义的观念对当代大学生非常有教育意义，当代大学生多是独生子女，以自我为中心，缺少合作意识，而传统的集体主义观念则可以引导大学生更好地处理好人际关系。

（3）克己修身意识。"克己修身"的意思就是加强自律，提高自身修养。"修身"是"齐家、治国、平天下"的基础，所以君子必须要努力提高自我修养。要想提高自我修养，古人有两种方式：一是慎独。慎独是指在一个人的时候，即使没有人看到，也不能做任何违背道德的事情，做到"君子坦荡荡"，这是我国传统文化中一个重要的提高个人修养和素质的方法，体现了一种严于律己的道德操守。另一种重要的提高修养的方法是自省，古人常说：吾当一日三省吾身。自省也是提高自身修养的重要途径，人通过自省，可以及时纠正自己的思想和行为，扫除内心的邪恶思想。目前，我党开展的批评与自我批评也是一种自省的方式，有利于纠正我党在发展过程中的错误，及时改正，更好地进行社会主义现代化建设。克己修身是大学生思想政治教育的重要教育资源，可以帮助大学生提高个人修养，养成良好的习惯，促进其成长成才。

（4）自强不息精神。《周易·乾》中说"天行健，君子以自强不息"，意思是君子要像天那样刚直和自强不息，为人处世，要积极进取。温家宝总理访问新西兰时曾说过："我们中华民族自古就有自强不息、团结包容、吃苦耐劳、勤奋努力的高尚品质，不仅能够在自己的国家创业，还能够在世界各地努力奋斗，创造丰硕的成果。"自强不息是中华民族的一种精神力量，已经融入中华民族的血脉，是一代代中国人奋斗的动力、成长的养料，是中华民族立于民族之林的重要的精神和力量之源。可见，自强不息的精神对于中华民族的发展和强盛具有重要的意义。清华大学的校训就是"自强不息，厚德载物"，莘莘学子更要学习传统文化中的精华来充实自我，高校也要充分挖掘传统文化中的教育资源，来不断提高学校的文化氛围和教学质量，为大学生思想政治教育提供更多途径。

4.优秀传统文化对大学生重要的教育功能

优秀传统文化本身就具有教化功能，优秀传统文化的教化性和大学生思想政治教育具有异曲同工之处，所以，大学生思想政治教育应用优秀传统文化具有可能性。中国自古就有重视教育功能的传统，如《弟子规》《论语》，都具有教育意义。

可见，经过几千年沉淀的中国优秀传统文化，从根本上说都存在教育人、培养人、塑造人的特点。可以说，人所受到的教育，归根结底是文化的教育。大学生思想政治教育中也必然会有中国优秀传统文化的渗透，大学生作为优秀传统文化的接受者而接受教育，所以将优秀传统文化应用于大学生思想政治教育可以起到事半功倍的作用，通过一定的文化教育方式，将二者的教育作用重合，更好地充实大学生的头脑，影响大学生的言行，丰富大学生的知识，提高大学生的素养，促进大学生的全面发展。

二、传统文化与大学生思想政治教育融合的必要性

我国正处在社会的转型期，大学生也在转型中塑造着自己的思维、人生观以及价值观。伴随着世界一体化、信息化浪潮同步进行，社会转型中的各种社会问题几乎同时呈现出来，理想与现实、传统与现代、本土文化与西方文明多重因素交织在一起，使大学生面临空前的困惑与迷惘，大学生就像迷失在黑夜的海面上，望不到成功的彼岸，而复杂的社会形势又如同汹涌的波涛一般加剧了这些学生的恐惧与迷茫。中共中央、国务院2004年10月印发的《关于进一步加强和改进大学生思想政治教育的意见》指出，加强和改进大学生思想政治教育是一项重大而紧迫的战略任务，要努力拓展新形势下大学生思想政治教育的有效途径。当前思想政治教育的主要任务之一就是调动人的积极性和创造性，而积极性和创造性发挥离不开人的需要，因为需要是人们能动性的源泉。因此，分析思想教育活动中人们的需要问题对于加强和有效地进行思想教育具有一定的理论和实践意义。党的十四大确立邓小平同志的建设中国特色社会主义理论作为全党的思想，也是党在新时期一切工作的指针。以培养社会主义事业建设者和接班人为根本任务的高等学校必须遵循这一指针，加强学生的思想政治教育，实现思想政治教育科学化。中国传统文化源远流长，博大精深，它是指以华夏民族为主流的多元化在长期的历史发展过程中融合、形成、发展起来，具有稳定形态的中国文化，包括思想观念、思维方式、价

值取向、道德情操、生活方式、礼仪制度、风俗习惯、宗教信仰、教育科技等诸多层面的丰富内容。

我们可以从国外引进某种教育模式，但作为一个有着厚重文化背景的文明古国，我们完全可以从自身挖掘出适合自己的解决办法。笔者认为，活用传统文化，充分挖掘传统文化的深厚底蕴，是进行大学生思想政治教育的一个很好的办法。中华民族是一个历史悠久的古老民族，经历了几千年的积累和沉淀，我们的祖先给我们留下了一笔极其丰富的文化遗产和精神财富，这些都是取之不尽的、鲜活的思想教育资源。此外。通过加强大学生传统文化的学习，还可以培养他们的道德自觉性，使他们能够修身自省。从而为他们处理好与他人、与社会的关系奠定基础。为了进一步加强和改进大学生思想政治教育，我们需要重新审视我国传统文化在当代思想政治教育中的功能，合理解析传统文化中的精华与糟粕，取其精华，去其糟粕，努力寻求传统文化加强和改进大学生思想政治教育的有效途径，这样可以更加有的放矢地对某一特定群体的大学生进行思想政治教育，达到预期的教育效果。

在改革开放和市场经济条件下，汲取中国传统文化中的精华资源，使其发挥中国传统文化的现代价值，对中国特色社会主义现代化建设有重大意义。面对新形势新情况，思想政治工作同样需要借助中国传统文化的力量作为精神动力，以增强新时期思想政治工作的实效性。

（一）继承和发扬传统文化是弘扬党的思想政治工作优良传统的需要

从我们党的思想政治工作发展历史看，思想政治工作的优良传统根植于中国优秀的文化传统。在革命和建设发展的不同历史时期，我们对中国传统文化进行批判性地继承和发扬，对思想政治工作内容和方法丰富和发展，推动了党和国家各项事业的发展。

在新民主主义革命时期，毛泽东"非常崇尚我国传统文化，甚至可以说他对中国典籍的熟悉程度远远超过他对马克思、恩格斯著作的熟悉程度"。"实事求是、群众路线和独立自主"成为毛泽东思想体系的"活的灵魂"，而这三方面也是中华文化中的三大优秀文化传统。社会主义建设时期，我们党强调要深入挖掘和利用中国传统文化的优秀资源，更好地发挥其积极的推动作用。在改革开放和社会主义现代化建设的新时期，江泽民指出："我国几千年历史留下了丰富的文化遗产，我们应该取其精华、去其糟粕，结合时代精神加以继承和发展，做到古为今用。"在一定意义上说，我们党的思想政治工作的优良传统就是生长于中国优秀的文化传统中，离开了中国优秀文化传统的滋养，我们党的思想政治工作就成为无源之水、无本之木。今天我们进行的中国特色的社会主义文化建设，同样要根植于传统文化，汲取其中的优秀成分，充分利用传统文化这一人文资源载体服务于思想政治教育。

（二）当代大学生的问题的解决需要注入传统文化的因素

当前，中国社会正经历着错综复杂的社会转型期——由计划经济体制向社会主义市场经济体制转变，由传统社会向现代社会转变时期。这种转变的实现，不仅使社会生产力水平提高，综合国力增强，而且引发了人们生活方式、价值观念的深刻变化。青年的行为习惯、心理状态、思维方式、价值观念和生活态度等方面也发生了重大变化，并出现了不同程度的人格偏差。正如《关于进一步加强和改进大学生思想政治教育的意见》指出的：大学生不同程度地存在政治信仰迷茫、理想信念模糊、价值趋向扭曲、诚信意识淡薄、社会责任感缺乏、艰苦奋斗精神淡化、团结协作较差、心理素质欠佳等问题。

中共中央高度重视文化因素对思想政治教育的重大作用，为此颁布了一系列的文件，中国传统文化正逐步从遗忘的边缘回归。如 1994 年中共中央颁布《关于进一步加强和改进学校德育工作的若干意见》，1996 年原国家教委《中国普通高校德育大纲》，1999年党中央专门召开了以深化教育改革，以全面推进素质教育为主题的第三次全国教育工作会议，颁布了《中共中央、国务院关于深化教育改革全面推进素质教育的决定》，2004年，党中央、国务院又颁布了《关于进一步加强和改进大学生思想政治教育的意见》等。它们都指出传统文化是解决大学生思想道德现状需要借助的道德力量，应当成为当代大学生思想政治教育的基本内容。

（三）弘扬和发展中国传统文化是社会主义先进文化的必然要求

社会主义先进文化，集中反映了历史潮流，体现着时代精神，代表人类文化的未来，是社会文明进步的重要航标。从文化价值观的角度看，社会主义先进文化，其先进性突出地表现为："代表了人们的最高精神需求；表达了时代的最新价值走向；融会了世界的多种文化精髓；凸显了独具的民族文化特色。"在当今中国特色社会主义建设的大背景下，社会主义先进的文化指的是社会主义核心价值体系。其主要内容有：马克思主义指导思想、中国特色社会主义共同理想、以爱国主义为核心的民族精神和以改革创新为核心的时代精神、社会主义荣辱观，其中民族精神和时代精神是社会主义核心价值体系的精髓。

马克思主义认为，任何时代的社会意识，都和以前时代的社会意识有着联系，它的产生和发展都要以前人所积累的思想材料作为前提。一个民族的民族精神就具有这样的历史传承性，在继承和创新中适应着时代的需要，焕发出新的生命活力。优秀传统文化是发展社会主义核心价值体系的根基。社会主义核心价值体系正是植根于中国传统文化的沃土中，吸收了中国传统文化的合理成分，才形成和发展起来的。因此，继承和发扬中国传统文化，既是中国特色的社会主义现代化建设的题中应有之义，又是建设中国特色社会主义现代化的客观要求。也只有"从中国传统文化中汲取力量和智慧，才能使中国特色社会主义文化根深叶茂，健康发展。否则，丢掉了自己民族的文化传统和民族精神，发展先进文化就成了无源之水、无本之木。

在市场经济快速发展和改革开放的新形势下，大学生思想政治教育工作与中国优秀传统文化的结合具有必要性，充分挖掘优秀传统文化的教育意义，可以为大学生思想政治教育提供新的路径，促进我国社会主义现代化的建设，并以此为精神动力提高思想政治教育工作的时效性。

从我党发展的角度看，我党思想政治工作是离不开中国优秀的文化传统的，无论在革命的哪一个时期，都有对传统文化的批判与继承。从新民主主义到改革开放社会主义建设，都离不开对传统文化精华的吸收和借鉴，毛泽东同志提出的"实事求是、群众路线、独立自主"的三大法宝，也是传统文化精髓的体现，胡锦涛、习近平等新时期党的领导人，更是屡次引用古语来阐明建党建国的道理，激励广大人民共同奋进，优秀传统文化是中华民族的取之不尽用之不竭的精神养料，随着时代不断发展和更新，为我国建设所用。所以新时期的大学生思想政治教育更不能离开优秀传统文化的教育，二者是密不可分的，必须将优秀传统文化融入大学生思想政治教育，才能真正提高大学生思想政治教育的深广度和大学生的自身修养。

从社会主义核心价值观的角度，新时期，我国提出了加强精神文明建设的内容，并指出要构建社会主义核心价值观，主要内容就是马克思主义的思想、中国特色社会主义的共同理想、爱国主义为核心的民族精神和以改革创新为核心的时代精神、社会主义荣辱观。其中的爱国主义和社会主义荣辱观都是传统文化中的重要内容，正是在爱国主义情怀的影响下，一代代仁人志士为国家抛头颅、洒热血，造就了今天的辉煌，这种爱国主义的民族精神植根于传统文化的土壤，生生不息。社会主义荣辱观是引导人们树立正确价值观、人生观、世界观的有力导向，告诫人们何为荣、何为耻，这也是优秀传统文化的内涵的深刻体现，所以讲优秀传统文化与大学生思想政治教育结合很有必要性，这也是传承我国传统美德的需要。从当今的社会现实情况来看，社会发展迅速，新事物、新思想、新情况层出不穷，改革开放为我国发展带来极大动力的同时，也带来了多元化的观念，其中不乏负面的观念和信息，大学生正处于人生的关键时期，肩负着建设祖国的重任，但是由于在思想方面还不够成熟，极易受到外界不良风气的影响，产生迷茫状态。为此，我国不断出台新政策，要求改进学校的德育工作，进一步加强学生的德育教育，而优秀传统文化对于大学生的教育功能不容小觑，是进行大学生思想政治教育的有力武器，对提高大学生的文化素养和综合素质具有积极意义。所以，将二者结合起来探索大学生思想教育的新途径、新方法是十分必要的。

第三节　新媒体环境下传统文化与大学生思想政治教育的融合路径

一、传统文化与大学生思想政治教育的融合原则

（一）批判继承与发展创新的原则

中国传统文化是中华民族几千年兴衰变迁积淀的结果，在形成过程中难免带有时代的烙印，具有时代的局限性。当前在全球信息化、一体化和市场经济的大背景下，传统文化的有些思想难免与当代思想政治教育产生矛盾和冲突。对此，我们在应用传统文化对大学生进行思想政治教育时，要用辩证唯物主义和历史唯物主义的态度对待传统文化，分析、判断和选择，做到"批判继承，弃糟取精，综合创新，古为今用"。

关于传统文化在大学生思想政治教育中的应用中的发展创新，中共中央《关于进一步加强和改进大学生思想政治教育的意见》指出："在继承党的思想政治教育优秀传统的基础上，积极探索新形势下大学生思想政治教育的新途径、新办法，努力体现时代性，把握规律性，富有创造性，增强时效性。"创新不仅是一个民族的灵魂，也是思想政治教育应对形势变化的要求，是增强实效性的前提和重要保证。在中国优秀传统文化资源的开发与利用中，要善于挖掘课内课外中国优秀传统文化的各种资源，不断在增强时代感，加强针对性、时效性、吸引力和感染力上下功夫，使思想政治教育保持旺盛的生机和活力。

贯彻此项原则就是要处理好继承和创造性发展的关系。唯物辩证法认为，事物是不断发展变化的，而发展的本质是实践基础上的继承与创新的对立统一。继承和创新是一个问题的两个方面，继承是创新的基础，创新是最好的继承。对于历史悠久、源远流长的中华传统文化而言更是如此。离开对前人历史文化的坚持和发扬，故意标新立异、敌视传统，中华文化的发展就会丧失根基和血脉。同样，如果不能随着历史条件和现实环境的变化而不断向前发展，传统文化必将缺乏生机与活力。由此可知，坚持批判性继承与创造性转化相结合，是发挥中华传统文化当代价值的一个前提性要求。一方面，我们要用批判的眼光传承中华传统文化的思想精华和道德精髓。习近平总书记指出："不忘本来才能开辟未来，善于继承才能更好创新。对历史文化特别是先人传承下来的价值理念和道德规范，要坚持古为今用、推陈出新，有鉴别地加以对待，有扬弃地予以继承，努力用中华民族创造的一切精神财富来以文化人、以文育人。"另一方面，又要顺应时代条件和人民期盼的变化在新的实践中推动传统文化的创造性转化、创新性发展。对此，习近平进一步要求："要使中华民族最基本的文化基因与当代文化相适应、与现代社会

相协调，以人们喜闻乐见、具有广泛参与性的方式推广开来，把跨越时空、超越国度、富有永恒魅力、具有当代价值的文化精神弘扬起来。""要坚持古为今用、以古鉴今，坚持有鉴别地对待、有扬弃地继承，而不能搞厚古薄今、以古非今，努力实现传统文化的创造性转化、创新性发展，使之与现实文化相融相通。"如何做好传统继承与现代转换的有机结合，是坚持和发展传统文化必须解决的关键问题。

（二）方向性原则

方向性原则是指当前社会主义的思想政治教育工作要以马列主义、毛泽东思想、邓小平理论和"三个代表"重要思想以及科学发展观为指导，这是我国的思想政治教育者在工作中应该始终坚持的政治方向和指导思想。思想政治教育的根本任务就是使统治阶级的思想意识为社会所共识和普遍接受，成为社会主导的思想意识，同时削弱乃至肃清敌对意识形态的影响。而在经济全球化和政治多极化条件下，一方面世界各国之间的经济、政治、文化、技术等多方面的联系日益加强，逐渐在全球范围内形成了一个整体。各国的统治阶级为了争取更大的国际利益，从各个方面日益加强对别国的干涉和渗透，将自己国家的意志强加给其他的国家，对别国实行各方面的控制和管束。而不同的国家有着自己独特的文化和意识形态，外来干涉必然与本位文化产生严重的冲突。另一方面，外来干涉也给本国带来了新的思想、新的方法，思想更为自由，这也给本国在思想上有了选择的余地。在这样的条件下进行大学生思想政治教育必然面临严峻的挑战。面对世界经济、文化多元化的冲击，我们一方面要面对我国社会出现的价值取向多元化的趋势，另一方面，必须明确地强调价值导向的一元化。所以，我们开发和利用中国优秀传统文化资源，必须切实把握好开发与利用各个环节的政治方向，服务和服从于这个原则。

贯彻此项原则就是要处理好中华文化与外来文化的关系。要正确对待传统文化，不仅需要处理好继承和创造性发展的关系，还应当处理好民族文化与世界文化的关系。从历史上看，开放、包容的民族特性使得中华文化能够不断在与其他民族文化的交流、借鉴和融合中得以发展繁荣。正如习近平总书记所言："中华民族是一个兼容并蓄、海纳百川的民族，在漫长历史进程中，不断学习他人的好东西，把他人的好东西化成我们自己的东西，这才形成我们的民族特色。"而从当今世界来看，随着经济全球化和政治多极化向纵深发展，不同思想文化的交流交融交锋呈现出更加激烈的新态势。面向世界、博采众长，是时代发展对传统文化提出的现实要求。习近平总书记深刻阐释道："我们不仅要了解中国的历史文化，还要睁眼看世界，了解世界上不同民族的历史文化，去其糟粕，取其精华，从中获得启发，为我所用。"对于人类社会创造的各种文明，"我们都应该采取学习借鉴的态度，都应该积极吸纳其中的有益成分，使人类创造的一切文明中的优秀文化基因与当代文化相适应、与现代社会相协调"。总而言之，我们一方面要树立高度的民族文化自信，克服"民族虚无主义"和"历史虚无主义"的错误倾向；另一方面，又要善于学习、借鉴其他民族文化的优秀成果，避免陷入"守旧主义"和"封闭主义"泥潭。既立足中国又面向世界，在保持文化的民族特色的基础上，不断对外来文化进行理性的反思和批判，这是中国共产党发展传统文化的一条重要经验，也反映了习近平总书记对如何实现传统文化当代价值问题的科学概括和说明。

（三）针对性原则

大学生由于先天因素、主要是后天的影响及各自努力程度等因素导致的品德和文化素质的差异是客观存在的。随着改革开放的深入和社会主义市场经济体制的形成，大学生的价值观念日益多元化，人们的思想状况也呈现出多层次性的状况。在现代市场经济条件下，受教育主体意识已经发生了改变，现代大学生所接受的思想更加广泛和自由，已经与以往的思想有了很大的区别，二者有时表现为截然相反的两种价值观，而且往往会发生各种形式的冲突。以往的那种教育形式已经不能适应现代教育发展的需要了。与此同时，随着时代的发展，思想政治教育的内容也不可能一成不变地执行以往的模式。在新的历史条件下，进行大学生思想政治教育、其内容必须要与时代紧密地结合在一起，紧扣时代的脉搏。只用改变原有的教育形式和内容，与时俱进，开拓创新，大学生思想政治教育才能在实践中取得良好的效果。出此，我们在用传统文化对大学生进行思想政治教育时，不能搞"一刀切"，用传统道德的"君子"的统一标准要求大学生，而要从大学生的实际出发，针对差异，区别对待，把"广泛性"和"先进性"结合起来，才能增强思想政治教育的针对性和时效性。

二、传统文化与大学生思想政治教育的融合路径

将优秀传统文化用于大学生思想政治教育的关键，就是要将传统文化的传统性与新时期发展的现代性结合起来，找到融合点，适应现代教学方式、教学特点，在教育工作者的素质上、社会各方面力量上、传统文化的活动上下功夫，创新大学生思想政治教育的途径和方法，更好地发挥优秀传统文化在大学生思想政治教育方面的作用。

（一）加强传统文化与课堂教学的融合

要逐步实现传统文化进教材、进课堂、进头脑。目前，全国高校都普遍将两课设为公共必修课程，并给予高度重视，但中国传统文化教育——国学却一直发展滞后。很多有识之士已经意识到这一问题，20世纪90年代，随着文化热在全国的兴起，《中国文化概论》课程在全国高校纷纷开设，成为国内高校普遍设置的大学生通识课程，在一些高校被设置为公共必修课程，与外语、计算机、体育、两课等课程要求一样，每个学生都必须学习并通过考试。因此，在全国范围内将中国传统文化教育设置为公共必修课程可以讲势在必行。这是因为，多一分厚重的文化积淀，就会少一分轻浮的言行举止；多一分对于优秀传统文化的认知，就会少一分对于多元价值体系的迷茫与困惑；多一分对于传统文化中惰性因素的清醒认识，就会添一分在改革创新中寻求突破和超越的勇气。

在高校教育的基础课程中，针对人文学科的大学生，应该设置全面传统文化的基础课程，比如文学院的学生，应该设置历史、哲学、伦理学、社会学、政治学等课程，除此之外，在传统文化的教育中还应该渗透一定的自然科学的教育，因为对于文科生而言，他们处在当下的社会，会觉得自己的专业无论如何也不能给自己带来最为直接的利益，所以他们容易走向虚无，觉得这种传统文化的教育没有意义，因此对于他们，自然科学的渗透可以增加他们的科学精神，使得他们认识问题的能力更加全面。只有用科学的精神才能吸收中国传统文化中最为精髓的人文精神。针对理工科的学生应该渗透传统文化的教育，设置相关的人文学科，而不是只限于文学的学习，增加他们知识的广博度，有利于他们健康人格的塑造，并且在知识传导的过程中更多一些人文的关怀，会增加他们的人际沟通能力。对于这点高校现在课程设置上都不再忽视，但是不够全面。无论是对文科生的自然科学教育还是对理工科学生的传统文化教育，尚未触及他们吸收知识的最为敏感的状态，力度不够。并且这种文化的渗透不应该只表现在课程设置上。

与此同时，我们也应看到，在高校中对儒家文化的研究随着近年来"国学热"的发展不断得到推进，人民大学首先在 2002 年成立孔子研究院，此后大学的儒学中心遍地开花，这的确是令人欣喜的现象。一些大学还开设专门的《论语》等儒家经典的通识教育课程，通过读经的形式弘扬优秀传统文化。一方面，老师可以引领学生从辞章考据方面来解决儒家经典中的理解问题，使学生可以更加深入透彻地对经典内容加以理解，也可以使传统文化能够薪火相传。当然这作为现代教育的一部分，是把经典教育看成纯粹的知识和技能来掌握，这远远不够。更重要的是另外一个方面，在教育过程中，汲取传统教育的精华，使学生在学习经典的过程中能够通过人道教化，生命实践，而反求诸己，推己及人。学习的不仅仅是道德训诫，还包括批判性思维和道德判断的能力。

用传统的教育方式进行传统文化的教育。教育的研究者也好，高校也好，大家认为传统文化很重要，要取其精华，去其糟粕，但是大家对传统的教育方式弃置一边，探讨创新的教学方法，这本身恰恰反映了对传统文化的不重视。现在强调素质教育，所以大家不顾一切地呼喊传统的方法应该抛弃，对于基础知识的掌握仿佛成了众矢之的，认为是一种抹杀学生理解力的教学方法。但是，没有了对知识的最基本的掌握如何谈创新与批判。比如对于历史人物进行评价时，有的同学并没有全面掌握材料，而只是简单地从主观出发进行评述，是起不到锻炼和培养思维的效果的。当然，这种对于传统方式进行传统文化的传授并不是要否定新方法的应用和探索，只是要针对具体的情况分别对待。

《百家讲坛》式的解读传统文化的方式应该是一种引导，比如有的学校开设全校性的人文讲坛，这是必要的。《百家讲坛》在老百姓中引起经典热的传授方式，值得借鉴。让学生在听这些讲座的同时，最主要的是激起他们去辨别去探讨的兴趣。如果他们只是对"讲"本身感兴趣，这种引导就是绝对失败的。

（二）强化高校思想政治教师队伍建设

《中共中央国务院关于进一步加强和改进大学生思想政治教育的意见》明确提出："所有从事大学生思想政治教育的人员，都要坚持正确的政治方向，加强思想道德修养，增强社会责任感，成为大学生健康成长的指导者和引路人。"所以优化思想政治教师队伍是十分必要的。作为思想政治教师更应该提高自身素养和能力，做好"传道、授业、解惑"的重要任务，但是目前，在思想政治教师队伍中很多教师缺少相应的职业素养，自身也不重视思想政治教育课，对优秀传统文化缺少了解，自认为思想政治教育课程很简单，对课程敷衍了事，这就使课程的效果大打折扣，起不到应有的作用。优化教师队伍，要采用多种有效途径，打造合格的指导者和带头人。

一是要端正教师教学态度，坚定其信仰。要通过培训，端正教师的教学态度，要求教育工作者首先要有共产主义信仰，在理论功底上过硬。同时，将思想政治教育课当作极其重要的学科对待，自觉改进教学方法和教学手段，严于律己、忠于职守，提高教育成效。教师以身作则，才能够带动学生学习的积极性。信仰的建立依靠科学理论的学习和把握，信仰的坚定取决于队伍理论素养的提高。教育工作者要有共产主义的信仰，在打好扎实的理论功底的基础上，采取批判继承的态度对待传统文化，汲取传统文化中的精华资源，才能树立坚定的社会主义信念，自觉为社会主义现代化建设服务。

二是要丰富教师的优秀传统文化知识。我国传统文化内容丰富，博大精深，所以，作为传统文化教育工作者首先必须全面掌握、领会传统文化的深刻内涵。同时，思想教育工作者还要有意识地学习和传统文化相关的历史学、美学、古代文学、艺术等方面的知识。在此基础上，提高分析研究能力、调查观察能力、决策计划能力、宣传表达能力、组织协调能力、自我调控能力。这样，思想教育工作者既懂专业知识又懂相关传统文化知识，同教育对象的语言多，容易沟通思想，所进行的教育和批评，也比较容易使人心悦诚服，增强说服力和感染力。博学的教师往往能够取得学生的拥戴，所以要丰富教师的知识，全面细致领会传统文化的内涵。要有意识地学习文学、书法、艺术、历史等方面的知识，让丰富的传统知识武装教师队伍，让教师散发个人魅力，只有这样才能够赢得学生的喜欢，让传统文化课"活"起来，让学生对传统文化产生兴趣。

三是要加强教师的教学能力。教师端正态度，丰富知识的同时，也要提高自身的专业技能，提高教学能力。新时期，新兴媒体的兴起很大程度上改变了大学生的生活、学习方式，所以教师也要与时俱进，学习先进的教学手段，熟练操作多媒体设备，丰富大学生思想政治教育课堂内容和形式，用更符合时代的、易于大学生接受的教学方式来授课。

四是要求教师言行一致。"其身正，不令而从，其身不正，虽令不从"，思想教育工作者要用优秀的中华传统美德规范自身的言行，重视以自己的道德表率和模范作用来影响教育对象。教育工作者要忠于职守，严于律己，在理论和实践上提高自身的修养。

这样以身教和言教并举，言行一致，就具有很大的感召力和号召力。如果没有与宣传一致的行为，宣传就会成为空洞的说教。

搞好中国传统文化教育还要从培训教师、加强教师队伍建设入手。作为教师，也应该通过传统文化的讲授不断提高自身的修养和素质。教师的作用为"传道、授业、解惑"，但现在很多高校教师不同程度地把自己的职业仅仅看成是谋生手段，不注重自身言行。教师没有以身作则，学生又怎会信服？所以教师也应该在教学过程中，从儒家文化中得到熏陶，"教学相长"。由此传统儒家文化可以在现代教育中发挥传统文化的作用，并可以完成向现代性的创造性转化。

（三）改进大学生思想政治教育方法

当代大学生多为"90后"，这一代大学生身上有深刻的时代印记，易于接受新鲜事物，所以当代大学生的思想政治教育一定要采用新方法、新途径，因材施教，利用高科技手段，扩展优秀传统文化应用于思想政治教育的途径。在教育的方式上可以采用多种手段，发挥创新思维，丰富大学生思想教育的形式，如灌输法、榜样法、奖励法等，多管齐下，提高大学生思想政治教育的质量和效果。

1.榜样激励法

马斯洛在 1943 年提出了需要层次理论，他将人的需要分为：自我实现需要、尊重需要、社交需要、安全需要、生理需要。该理论揭示了人的行为于内心的需求，而这诸多的需求之中，最高的乃是自我实现，这就为榜样激励研究奠定了理论基础。

"榜样的力量是无穷的"，具有很强的号召力和影响力。榜样能够给大学生带来力量源泉，激发学生的潜能，让学生树立人生目标；能够触发人们内心深处的仰慕，不断激发人的上进心，为了实现自我，人们便会自觉地去效仿，朝着理想的价值目标去奋斗。在中国传统文化中有许多鲜活的榜样，容易被人接受。如果能充分发挥榜样的示范作用和激励作用，可使思想政治教育的内容变得更具有信服力，教育效果也会大大提高。树典型、推典型对大学生素质教育具有重要意义。中国优秀传统文化中，有很多榜样人物，涉及各个方面。大学生可以以此为激励自我的方式，充分发挥榜样的力量，使思想政治教育的内容更加令人信服，提高教育的效果。

2.灌输教化法

灌输教化法就是通过学校的传统文化理论教育，以增进学生对传统文化的认知和认同，这是一种传统的教育方法，是最传统的教学手段，也是不可缺少的手段。只有经过最直接的理论学习，才能形成系统性、条理性的理论素养，政治理论知识对于大学生的思想政治教育也是十分重要的，优秀传统文化的教学，也离不开知识和内容的灌输，没有内容的灌输，就不可能引导学生融会贯通，内化为自身的素养。所以，必须将中国传统知识融入日常的教学之中，讲授课本知识，让学生对优秀传统文化形成系统的认识。

孔子主张"以德化民""道之以政，齐之以刑，民免而无耻；道之以德，齐之以礼，有耻且格。"道民以德，齐民以礼，就是"教化"。孔子喻其教化过程为风吹草偃："君子之德风，小人之德草，草上之风，必偃。"要利用多种途径，加强对学生进行传统文化的灌输，并切实落实到现实生活中去。当代的学生对中国传统文化了解甚少，传统文化意识十分淡漠，因此，应该充分挖掘利用传统文化的内涵，在社会中大力提倡"孝道"、礼仪、传统节日，不能让"圣诞节""情人节"来挤占我们的"春节""元宵节""中秋节""端午节"。当代的大学生太需要传统文化的滋润了，他们注重诸如"圣诞节""情人节"这样的洋节日，而对中国传统的节日没有兴趣。之所以没有兴趣，是因为他们中国传统文化这一"课"欠缺太多，而我们又没有给他们补充，使得他们身上缺少了中国传统文化的根基。鉴于这种情况，我们必须要将中国传统文化的理论知识，渗透进日常的教育教学之中，也就是要在学生吸收必需的课本文化知识的同时，用中国传统文化浸染和熏陶他们，让他们了解中国传统文化中关于修身、处世、立志、勉学等方面的经典章句，了解中国传统文化中所蕴含的正确的人生观、价值观，从而让他们自觉地接受传统中积极的道德规范和行为习惯。

现在，对大学生的思想政治教育的灌输与教化应与时俱进，而非传统的满堂灌。应贴近学生的实际需求，了解他们的心理动向，更有针对性地开展工作。

3.言传身教法

对传统文化的教育，不仅要通过言教灌输思想理论，更重要的是以身立教。古人云"其身正，不令而行；其身不正，虽令不从"。教育者的一言一行都会对受教育者产生潜移默化的影响。如果思想政治工作者按所教授的传统文化去做，履行自己所传授的知识，大学生就会产生一种佩服的感觉。就会形成巨大的说服力、感染力和号召力。思想政治工作者应是学习榜样的带头人，只有自己精通中国传统文化知识，才能积极引导大学生把教育者宣传的知识作为自己行为的标准。

途径和方法是为教育内容、教育目的服务的。不同的时代，不同的思想政治教育内容，决定了不同的教育途径和方法。毛泽东反对用千篇一律、单调的方法看待思想政治工作，主张用群众喜闻乐见的多种形式吸引群众、宣传群众，达到思想政治教育工作的目的。所以，在当代大学开展思想政治教育工作，传授传统文化，就要灵活运用多种教育方法，才能达到最佳的教育教学效果。传统文化是我们中华民族的文化遗产，高校是培育未来社会发展中流砥柱的重要场所。所以作为高校，应该责无旁贷地选择最为有效的教育途径和教育方法，使大学生在中国特色社会主义建设中能够终身拥有这种优秀传统文化的精神。

4.奖励法

奖励法是学生获得成就感的一种方式，能够提高学生学习的积极性，获得自我的满足。一般来说，奖励分为精神奖励和物质奖励，我国政府机关、事业单位年底都会有精神文明奖，学校也可以设立"精神文明奖"，颁发给表现优秀的院系和学生，并对其事迹进行宣传推广，营造良好的优秀传统文化教育的校园风气。奖励法，有助于大学生体会到自我价值，帮助大学生树立正确的世界观、人生观、价值观，帮助大学生更好成长。

（四）加强各方力量整合，构建"四位一体"教育模式

思想政治教育环境对人的思想的影响是无形的、潜移默化的。重视环境对人品德的影响作用，倡导选择良好的环境培育人的美德，是我国传统道德教育的一大特色。我国古代的思想家都十分重视环境对人的潜移默化的作用，"近朱者赤，近墨者黑""蓬生麻中，不扶自直""孟母三迁""择邻而居"，都说明环境的影响作用。所以，我们应该重视"合力育人"的传统，把学校、家庭、社会三方面教育领域结合起来，构建教育一体化网络，形成目标一致、功能互补的教育合力，才能取得最佳的教育效果。大学生思想政治教育不单单是学校和教师的责任，还需要全社会的共同努力，来为大学生营造良好的环境，形成多方合力，为大学生成长成才开辟道路，建立"四位一体"的思想政治教育模式。

一是社会层面。社会环境是复杂的，融合了周围的各种因素，潜移默化地对大学生产生影响，也给思想政治教育带来影响。良好的文化环境就要求社会有正确的舆论引导，通过优秀的文化产品和文化活动来满足人们的精神需求。首先，政府要大力弘扬优秀传统文化，多制定有利于大学生学习优秀传统文化的政策，为大学生接触优秀传统文化提供更多的平台，在政策和经费上大力支持。其次，传播媒体要发挥自身功能和作用，特别是广播、电视、报纸等媒体，要进行正确的舆论引导，大力宣传优秀传统文化知识，营造优秀传统文化传播的氛围。再次，社会团体和公共部门要尽可能地为大学生了解优秀传统文化提供机会，特别是加强图书馆、博物馆、文化馆的建设。社会文化环境通过融合在人们周围的各种教育因素，间接地潜移默化地影响人的精神面貌和价值取向，影响思想政治教育的内容和方式。在我们的国家，营造良好的文化环境，要求以科学的理论武装人，以正确的舆论引导人，以高尚的精神塑造人，以优秀的作品鼓舞人。这种文化环境不仅能够满足人们的精神文化需求，而且可以使人们的思想政治品德得到健康发展。具体来说，首先，政府部门是进行传统文化教育的领导者和推动者。政府部门只有在思想上重视、在经费上落实、在行动上支持，传统文化教育才能开展开来并能持续下去。其次，大众传播媒介主要的功能是传播信息，通过报纸、杂志、广播、电影、电视等大众媒体向人们发布大量的信息，传递中国传统文化信息，引导社会舆论，以保持与社会的沟通。最后，广大社会团体、公共部门应该最大可能地为大学生开放相关资源，让越来越多的大学生走进历史文化场所、走向文化舞台、亲近传统文化。

二是校园层面。校园物质环境既是学校生存的基本条件，又是精神环境中各种因素的载体，学校环境直接影响着学生的思想发展，学校的思想政治教育不能离开特定的校园环境而进行，所以学校一定要发挥应有的作用，为学生创造良好的校园文化环境。一

方面要在校园硬件上传播优秀传统文化，如在橱窗、板报、条幅等加入优秀传统文化的内容，使大学生能够接收到良好的思想教育。另一方面也要在校园的软件上下功夫，比如开展一些校园文化活动，吸引更多的大学生参与进来，营造良好的校风、学风和校园文化氛围。

校园物质环境中硬件设施和环境布置，都能对学生产生无形的影响。修建包含中国传统文化因素的建筑，橱窗、板报、横幅、标语、路牌，乃至草坪中警世语，都能成为优秀传统文化教育的重要内容。这样不仅能传递给学生富有教育意义的思想信息，而且能催人奋进，助人自律。

校园文化环境是学校环境的软件建设部分，良好的校园文化环境能以特有潜在的方式提高大学生中国优秀传统文化素质，滋润大学生的心灵，对学生形成正确的世界观、人生观和价值观发挥着重大作用。校园文化包括校风、学风、文化氛围等。校风是校园文化的本质表现，是学校环境中无形的教育因素，对学生的思想品德、学习生活产生潜移默化的影响。优良的校风能激发学生学习的积极性，培养学生的品格，磨炼人的意志，增强集体的凝聚力；而不良的校风则会消磨大学生的意志，会使其对传统文化有抵触心理。所以，必须营造健康向上、优良的校风。学风是指学习的态度和风格，是培养人才的决定性条件，对人才的成功具有决定性影响。优良的学风，可以提高大学生学习的自觉性，促使他们认真刻苦，严谨求学，做到"德、智、美"全面发展，并自觉地接受传统文化；而不良的学风，只能使人得过且过，不求甚解，碌碌无为，无视传统文化的学习。所以，必须营造奋发有为的、深厚的学风。

三是家庭层面。家庭是传统文化教育的基础阵地，也是首要阵地。"父母是孩子的第一任老师"，传统文化通过家庭感染和父母的言传身教可以对孩子起到潜移默化的作用。传统文化的最基础阵地在于家庭，父母对孩子的影响是最直接的，家长的言行举止，往往能够潜移默化地对孩子起作用。在家庭教育中，家长要本着载体与精神并重的教育原则，重视并有意识地对孩子进行家庭伦理观念，孝悌、慈爱、和睦、友善、尊老爱幼传统美德的教育。不仅要向孩子提供中国传统文化方面的图画和书籍，而且在与子女沟通中要多引用中国传统文化经典故事。更重要的是，"言教重于身教"，家长要用中华民族的传统美德来要求自己，起到模范性"身教"的作用，营造温馨和谐的家庭环境。

所以，大学生思想政治教育也不能忽视了家庭的作用，家长应该营造良好的家庭氛围，为孩子接触优秀传统文化提供有利条件，引导孩子养成传统美德，关于勤俭节约、敢于担当、尊老爱幼等传统美德，孩子往往是从家长身上学到的，所以大学生的健康成长也离不开家庭文化的耳濡目染。

四是大学生自身。除了外因之外，大学生也应该加强自身道德修养，关注优秀传统文化，汲取传统文化中的精华，克己修身。特别是要培养自身的爱国主义精神，热爱国家，具有民族自尊心和自豪感，同时培养对社会的责任感，勇于担当和奉献。在学校认真学习专业知识，提高自身技能，同时利用新兴媒体培养创新思想和思维，培养认识事物和判断事物的能力，为成为社会主义的接班人和建设者打下基础。

（五）构建高校传统文化教育网络

大学是思想政治教育应用传统文化的主要场所。著名大学生思想教育专家田建国老师提出了著名的"泡菜水理论"——即泡菜水的味道决定了泡出来的萝卜和白菜的味道。这就是说，学校的全部工作就是要调制好这个"泡菜水"，努力营造出具有中国传统文化意蕴的文化氛围，让学生身处其中，感悟、理解、思考，从而提升大学生的道德水平。

1.课堂是主阵地

课堂是大学生接受教育的主渠道，也是大学生思想政治教育中开发与利用中国优秀传统文化资源的重要场所。在高校思想政治理论课的教学中，要把学习中国优秀传统文化与高尚情操的陶冶结合起来，要把中国传统文化与大学生关注的热点和难点结合起来，借助中国传统文化提高大学生在现实生活中对善恶、美丑、真假判别的能力。

在课堂的教育内容上，我们应该把中国优秀传统文化教育引入教材、引入课堂，扩充高校思想政治理论课中优秀传统文化教育的知识，增加传统文化知识的传授量。深入浅出、循循善诱地教学，可以使中国优秀传统文化入耳、入脑。思想政治理论课教师应该改革教学方法，充分应用现代教育技术，采用学生乐于且易于接受的方法认知中国文化，学习传统美德，有效地实现传统文化在大学生思想政治教育中的重要作用。除了思想政治理论课的教学外，鉴于中国传统文化对大学生人文素质培养的重要作用，高校不能把大学生学习传统文化看作是课外可有可无的消遣，还应该把其纳入除了思想政治理论课以外的教学计划。我们应该选派一些精通传统文化的教师开一些诸如《周易》《论语》《诗经》《老子》《韩非子》《孙子兵法》为专题的讲座，开设诸如《中国文化史》《中国文化概论》《唐宋诗词鉴赏》等选修课，开展专业课以外的名人课堂、学术报告。

2.第二课堂是有效途径

教育不能脱离实践"坐而论道"和"闭门造车"，在配合思想政治理论课程和文化课程学习的同时，还应该在大学生中开展富有传统文化内涵的实践活动，增强教育的有效性和吸引力。实践活动要以大学生为主体，由教师主导组织和展开。大学生既是组织者同时也是参与者，活动既是理论学习的延伸，也是大学生传统教育学习的深化。中国传统文化的学习可以采取理论学习研讨型、文艺活动型、实践型等多种形式。这些丰富多彩的校园文化活动形式都有利于大学生中国优秀传统文化教育的深入和内化。我们可以通过定期邀请"国学"名师、专家开展系列讲座，指导学生阅读经典著作；组织大学生开展体现中国传统文化的优秀古诗词朗诵比赛、历史事件演讲、中华经典美文诵读等活动。这些活动可以让学生感受到中国传统文化的博大精深，提升他们的道德修养，取得理想的教育效果。

此外，在校外我们可以组织学生参观历史博物馆、纪念馆，游历祖国的大好河山，了解中国传统文化的人文精神及其精华，增强大学生的民族自豪感；组织学生积极参加青年志愿者活动、社区实践活动等，让学生在实践中体验优秀传统文化的精神力量。这些丰富多彩的活动，都能增强大学生的民族凝聚力和集体主义精神，使他们养成良好的思想政治道德素质，做到知行统一，让他们在实践中养成崇高的人格和健康的人生态度。

3.互联网是重要载体

新媒体时代拓展传统教育途径，开辟网络教育阵地。当今社会已经进入了网络时代，网络改变了人们的生活方式，也成为高校教育的一个重要方式。网络可以为学生提供最快捷、最便利的获取信息，丰富学生知识。所以高校一定要扩展传统文化教育途径，开辟网络教育阵地，发挥网络的作用，在网上搭建传统文化的教育平台，为大学生更好地接受思想政治教育提供条件。

高校要加强网络阵地的建设，建立具有特色、有针对性、有影响力的校园思想政治教育的专门网站，即"红色网站"，目前，我国已经有五分之一的高校创办了相关网站。通过校园网站，可以创新传统文化传播方式，打破时空限制，将理论变成音频、视频展现给大学生，使学生身临其境地感受中国优秀传统文化的魅力。校园网络的构建，可以大大缩短教师和学生的距离，让学生潜移默化地受到教育，而且可以针对学生学习生活中遇到的困惑及时加以解答，对大学生的思想方面进行有效指导。结合中国传统文化积极开展生动活泼的网络思想政治教育活动，形成网上网下思想政治教育的合力。首先，我们应该加强对网络环境的净化，为中华传统美德教育和大学生思想品德的提高提供优良的社会环境。其次，我们应该加强校园网络阵地建设，建设有特色、有吸引力、有影响力的红色网站。红色网站是思想政治专门网站的俗称。目前全国创办"红色网站"的院校已达250多所，占全国高校的五分之一。实践证明，"红色网站"是高校开展网络思想政治工作的必要举措，并取得了初步成效。我们可以汲取中国传统文化的精华，通过文字、图像、声音和动画于一体，打破时间与空间的限制，使抽象的理论与形象的感官刺激相结合，使学生身临其境，使学生从中感受到传统文化的魅力。同时开展以传统文化为主题的网页设计比赛，中国重要历史人物和历史典故微课比赛等，能激发大学生学习优秀传统文化的积极性，自觉继承和弘扬传统美德。

除了校园网络的构建之外，也必须加强网络环境的净化，网络是信息的集散地，各种信息鱼龙混杂，大学生的思想方面还没有完全成熟，辨别是非的能力还不够，网络信息量大，信息内容繁杂，一些负面信息很容易影响到大学生的健康成长。所以，思想教育工作者们要熟练掌握网络技术，及时对大学生进行正确引导，对网上传播的信息进行客观的分析和探讨，并将优秀传统文化教育介入各大专题论坛、网络平台、qq群、校内网，让网络对大学生发挥思想政治教育作用，为他们的思想政治教育开辟更多的渠道。

由于传统文化形成于古代，而互联网也才诞生不久，所以，目前二者的结合也是处于刚刚起步阶段，它们的融合还需要一段时间。现在我们所要做的就是迅速在网络上搭建传统文化的教育平台，为大学生学习传统文化提供良好的条件。借鉴网络，融传统文化于思想政治教育之中，应注意以下几个方面的问题。

（1）要更新观念，具备良好的心态，不要急于求成。传统文化的梳理工作是一个浩瀚的工程，将他们移入网络要在稳定中缓步前进，这有利于传统文化的筛选。

（2）运用网络，构建具有中国传统特色的思想政治教育网站。网站之中含有中国优秀的传统文化，同时大力开发传统文化教育软件，使之成为思想政治教育的重要渠道。

（3）利用网络多媒体技术，使传统文化的教育内容化抽象为具体，化枯燥为有趣，化不解为理解。应该认识到，网络时代的到来，给继承传统文化带来了良好的手段，同时也给思想政治教育提出了更高的要求。因此，思想政治教育工作者必须努力掌握高科技技术，充分利用高科技手段，来传承中华文明，更好地完成思想政治教育任务。

4.大众媒体是有效手段

大众传媒是弘扬优秀传统文化的有效平台。就学校而言，选择广播、电视、报纸、杂志等各种载体，通过通俗易懂、具体生动的电影、电视、文献读物等，对大学生进行优秀传统文化教育。学校应根据学生思想状况和师资力量，精选中国优秀传统文化的书籍或文章，引导学生学习相关的传统文化读物。如李泽厚的《论语今读》、林语堂的《老子的智慧》。读书交流谈心活动，既能够拓宽知识面，增加自身的文化内涵，丰富了学生的精神生活，也容易提高学生的道德品质和思想修养。学校可以组织学生收看中央电视台的"百家讲坛"栏目；学校可以每学期组织学生观看一定数量的反映历史题材的经典影视剧，如《汉武大帝》《亮剑》《人间正道是沧桑》《长征》《开国大典》等。大学生观看有关反映传统文化或重大历史题材的影视剧，有助于学生树立正确的审美观与价值观。

关于如何培养人，在我们对思想道德教育的内容和基本原则进行整合和建构的同时，还有一个德育方法的取舍问题。在中国传统文化的发展历程中，我国古代思想教育家们经过长期的实践探索和理论总结，形成了一整套的思想道德教育的方法论系统。这一体系总的特色是理论与实际的结合，即"知"与"行"的统一。其中"知"是一种以强调人的"内省"和"自省"为特色的道德教育之方法。中国传统道德教育特别强调人的自律和自我修养。儒家教育学派的思想家们就认为，一个人良好道德品质的形成，必须通过内在自省的方式，以"存其心，养其性"，有意识地引导和调动受教育者内心深处的自觉意识，启发他们积极主动地吸取道德教育中正确的精华成分，摒弃错误的思想糟粕，不断反思自己的过错，检讨自己的品行，从而最终达到"齐贤"的人生境界。以"内省"之方式加强自身的道德修养，培养良好的思想品质，最终是为付诸实践实现道德行为做准备的。中国传统文化中德育方法论系统的第二个层面即是"行"。儒学经典《周易》

中便指出："履，德之基也。"肯定了践履、实践是道德的根本，在道德教育中具有重要地位。先秦墨家学派的代表人物墨子也认为，评价一个人的行为"仁"与否，"非以其名也，亦以其取也"，即不是看他是否懂得"仁"的含义，而是看他是否有体现"仁"的举动。而明儒王阳明则反对在道德修养上"茫茫荡荡，悬空去思索，全不肯着实躬行"的态度，倡导突出以"力行"为基础的"知行合一"思想。注重道德教育中的"知"与"行"的辩证统一，也是中国传统文化的重要特色。作为传统文化之核心的儒家文化便明确主张知行一致，反对"言不顾行，行不顾言"的做法。荀子更是推出了"见之不若知之，知之不若行之"的知行观，提倡"学至于行而止"。儒学原典《中庸》中则将"博学""审问""慎思""明辨"和"笃行"诸要素合而为一，系统梳理了由知而行、知行合一的动态过程，并将"君子慎其独也"的"慎独"之境界作为"知行合一"的最高理想。我们知道，作为贯彻德育原则、整合德育内容以实现道德教育之基本目标的主要保障，中国传统思想道德教育的基本方法体系中也包含了许多体现思想政治教育之本质属性的规律性的东西。因此，这些规律性的因素不仅不可能随着时间的流逝和历史的发展而归于湮灭，与此相反，在我国现代的思想政治教育中它们往往因其本身所具有的真理性和科学性的特点而给我们以深刻的影响。例如，中国传统文化所提倡的"内省"式的教育方法就不仅是我国传统道德教育中的重要修养方法，而且也是中华民族在历史上形成的重要美德。它所包含的敦促人们经常反省自己的思想和行为，辨察自我意识和言行中的善恶是非；严于律己，勇于纠错的思想，对于我们现代的思想政治教育工作具有重要的借鉴意义。客观地说，作为一门意识形态色彩极为强烈的科学，思想政治教育的有效进行是离不开灌输这种教育模式的。但从本质上说，德育过程中教育者的灌输只是一种外在的因素。而外因必须通过受教育者自我反省的内因才能起作用。没有受教育者的内省，灌输的力度再大，思想政治教育也难以取得理想的效果。现代我国思想政治教育领域提出的"主体间性"理论以及对于人性化思想政治教育模式的探索应该说就是对于这种"内省"式教育方法的当代之回应。而中国传统道德教育中对于道德践履的强调，如今依然能够启发我们在思想政治教育过程中要求教育者和受教育者从自身做起，从现在做起，从每一件小事做起，脚踏实地，求真务实，以取得思想政治教育之实效。另外，中国传统文化中对于"知行合一"之"慎独"境界的追求，对于有效应对当代市场经济条件下所滋生的拜金主义、享乐主义和极端个人主义等消极思想对于人们德性和德行的强烈冲击，加强新时期的公民道德建设，特别是对于推动国家早日建立起一支廉洁、高效而亲民的政府公务员队伍具有特殊的现实意义和深远的历史意义。

总而言之，"人化"的本质决定了中国传统文化的人格化倾向，从而也孕育了中国传统思想道德教育的道德化、伦理化和政治化的属性。而正是这种注重道德的伦理型文化的滋润和熏陶，才培育出内涵极为丰富的中华民族传统美德，塑造出炎黄子孙高度的社会责任感、深沉的民族使命感和强烈的文化认同感。中华民族也由此形成了强大的凝聚力和向心力。众所周知，中国传统文化不仅包罗万象，而且源远流长。它笑看五千年历史之沧桑巨变而雍容不减，勇对千百族文化之风刀霜剑而风采依旧，民族的血脉在磅礴的传统文化长河中涓涓流淌，逐渐凝聚成顽强拼搏、自强不息的进取精神，温文尔雅、厚德载物的高洁气质，脚踏实地、埋头苦干的求实性格，国而忘家、公而忘私的使命意识以及知行统一、崇圣求贤的慎独境界。这种传统文化的基本精神渗透在中华民族一代又一代人的日常生活实践之中，塑造了他们的灵魂，形成了中国人特有的思维方式、生活方式和行为方式，成为维系中华儿女之团结与振奋民族精神所不可缺少的精神力量。

第十章　新媒体环境下传统文化与大学生道德素质教育的融合

第一节　传统文化与大学生诚信教育的融合

一、传统文化中蕴含的诚信教育资源

重视道德教育是我国的优良传统。中国传统社会重视德育，丰富了中华民族的道德理性，促使人们自觉向善、增强道德修养，进而成为富有文化精神生命的人。德育至上传统也形成了中国人特殊的思维方式和思想情感，积淀为中华民族独特的民族心理和民族精神。从本质上看，作为一种历史积淀，中华优秀传统道德文化具有高度的稳定性和深刻的内在性，它已经深深地渗入中国人的价值观念、行为标准、道德情操和处世态度之中，对当代社会的人们仍产生着深刻的影响和制约作用。中华优秀传统文化中积累了极其丰富的诚信教育资源。基于此，对中华优秀传统文化中浩如烟海的诚信教育资源进行整理，以期对当代大学生的诚信意识培育提供有益的启示便是本研究的理论源泉所在。

（一）中华优秀传统文化中的诚信教育目标

诚与信是中华优秀传统美德的基础，是一切道德行为的保证。中国传统社会对诚信的重视，与中国传统思想文化强调"天人合一"密切相关。古人观察自然、人事变迁，认为天是真实、长久的，只有具备天一样的德性，人才能获得自身长久的幸福。因此人也必须追求真实、不欺妄，以"至诚""至信"为人生修养的最高境界。道德修养的目标是对圣贤人格的追求。对圣贤人格的追求，是中国传统文化的重要内容，也是中华优秀传统文化中诚信教育的基本目标。人格在我国传统文化中主要是指道德水平，一定的人格便是一定的道德层次的标志。

最高层次为圣人。圣人是中国传统文化中理想人格的最高境界。关于圣人，孔子说"圣人，吾不得而见之矣"。孔子对圣人的要求过于严格，他在肯定古代先王圣人品性的同时，对现实中圣人存在的可能性加以否定。孟子的性善论认为人有仁、义、礼、智四端，如果做到这四个方面，"人皆可以为尧舜"。朱熹认为孟子所言"四端"的根基在于"信"，"信"的作用在于将"四端"付诸实践，从而证明其存在。所以，诚信是通往圣人的桥

梁。"圣，诚而已矣。诚，五常之本，百行之源也"。五常即是仁、义、礼、智、信，是传统的立身处世的道德范畴；百行即指各种品行，包括孝、悌、忠、信等。所谓"圣"，归根到底是诚信的问题。诚信是人的道德修养的根本和最高境界。所谓圣人就是能全面透彻地将诚信推到极致之人。"诚者不勉而中，不思而得，从容中道，圣人也。诚之者，择善而固执之者也"。圣人从容中道，始终保持赤子般的真诚，自身就合乎于诚。

第二层次为君子。在传统社会，由于圣人人格标准太高，君子便更容易为社会的不同阶级所接受，成为具有感召力的道德教育目标。孔子认为君子是美好道德的追求者和体现者，具有很高的道德修养，是德才兼备之人，是理想人格的化身。"君子怀德""君子喻于义"就是从道德修养的视角对君子人格内涵的阐述。按照孔子的说法，当一个人成为君子之后，就可以达到"饭疏食，饮水，曲肱而枕之，乐亦在其中矣"的境界，从而成为像颜回那样"一箪食，一瓢饮，在陋巷，人不堪其忧，回也不改其乐"的坦荡荡的君子。从诚信的角度出发，君子应当"君子之言，信而有征"，君子的话，应当诚实而又有证据。君子只有诚信，才能增进其德性，正所谓"君子进德修业。忠信，所以进德也。修辞立其诚，所以居业也"。君子还要做到"丈夫一言许人，千金不易"。

从古代学者对"圣人"和"君子"的论述中，可以看出，要达到两者均需要具备很高的素质标准，很难完全实现，但这种理想却鼓舞了一代又一代的人，造就了不少令后人钦佩的仁人志士，也成为普通百姓努力的目标。当代大学生价值观存在明显的功利取向，对事物的评价以利益为导向，更加侧重结果而轻视过程，认同甚至崇拜取得更大利益的人，即使这种利益的取得建立在道德失范的基础之上。利益导向模糊了当代大学生的道德修养目标和人格标准，以中华优秀传统文化涵养大学生诚信意识，既要以中国传统社会诚信教育的目标激励大学生，更要发挥榜样的作用，让信士成为大学生模仿的对象。

（二）中华优秀传统文化中的诚信教育内容

诚实守信是为人处世、人际交往的基本品德。诚实是真实无妄，不自欺、不欺人，名实相符。守信是遵守原则，履行承诺，言行如一。诚，讲究"内诚以心"，即人的内在德性，表现为真实、诚恳、表里如一；信，讲究"外信于人"，即体现人的责任感和使命感，表现为讲信义、守信重诺、言行一致。

为人处世中的诚信。在传统社会，诚信是为人处世的首要准则。"是故诚者，天之道也；思诚者，人之道也。至诚而不动者，未之有也；不诚，未有能动者也"。孟子将诚信看作"天道"，认为诚信是人的最高的道德准则。在他看来，诚信是做人的诀窍，不诚将一事无成。诚信是人的内在规定性，是人之为人的本质特征，是人在社会安身立命的道德起点。"欲修其身者，先正其心。欲正其心者，先诚其意"。要修好身，必须心眼纯正，品德高尚；要使品德高尚，必须意念真诚。由此可见，诚信是做人的根本。正如孔子所言"人而无信，不知其可也。大车无輗，小车无軏，其何以行之哉！"就是说，人若不守信用，将寸步难行，就像车没有了轴轮无法行走一样。当其弟子子张问及该如何为人处世、待人接物时，孔子回答说："言忠信，行笃敬，虽蛮貊之邦行矣；言不忠信，行不笃敬，虽州里行乎哉"。在孔子看来，诚信行事是人修身养性的途径，诚信是做人的道理。

人际交往中的诚信。人是社会性的动物，社会交往是人类社会存在的必要条件，它是遵循一定规则有序进行的。诚信是社会交往规则中最不可或缺的一部分。一方面，在人际交往中，人应当以诚信自律。"与朋友交，言而有信""言忠信，行笃敬"，是孔子眼中人际交往的基本原则。其弟子岑参更是高度重视人际交往中的诚信修养，"吾日三省吾身：为人谋而不忠乎？与朋友交而不信乎？传不习乎？"，将是否以诚信自律作为每天要反省的内容。古人将诚信作为人们在一个共同体中相互协作、共同生活的心理基础和前提条件。一个人具备诚信品质，必定受到众人的尊重与爱戴。另一方面，在人际交往中，人们应当以诚信相待。不管周围是什么人、什么环境，人们都应当以诚信的态度相互对待。朱熹认为"其亲不足以相维，其情不足以相固，其势不足以相摄"，如果没有相互间的信任，则情感难以维系、巩固，权势难以威慑、控制。因此，朋友之间的关系应该靠"诚信"维系，这是人际交往的关键所在。诚信是对人的基本要求，是一种无论处于任何境地、面对任何情况都必须遵守的行为准则。在漫长的历史长河中，中国出现了许多诚实守信的信士，如"季札赠剑"、商鞅"立木为信"，他们把朋友之间重承诺、讲信用的情感发挥得淋漓尽致。

大学生在校园里除了学习理论知识和实践技能外，更重要的是学会做人的道理，学会为人处世原则和人际交往准则。以中华优秀传统文化涵养大学生诚信意识，需要用传统社会的诚信教育内容引导大学生，用至理名言、经典故事启发大学生。

（三）中华优秀传统文化中的诚信教育方法

方法对效果有重要的影响，科学有效的诚信教育方法是实现诚信教育目标的必然要求，也是对诚信教育内容进行梳理的途径。在中国传统社会，为了确保诚信教育取得良好的效果，对其方法进行了深入细致的探讨。总的来说，中华优秀传统文化中蕴含的诚信教育方法主要是重视兼顾内外、学思、知行、慎独几个方面的辩证统一。

学思结合，内向反省。学思结合是中国传统道德教育的基本方法。孔子对其弟子的教育，特别强调学思并举。他认为："好仁不好学，其蔽也愚；好知不好学，其蔽也荡；好信不好学，其蔽也贼"。即，爱好仁德而不好学，会受人愚弄；爱好智慧而不好学，会行为放荡；爱好诚信而不好学，会危害亲人。所以，道德行为的规范只有通过努力去学习道德知识，才能实现其目标。"性相近也，习相远也"，学习是造成人与人之间差距的主要因素，学习在道德培养和人格塑造过程中具有重要作用。传统社会在重视"学"的作用的同时，也强调"思"的作用，故所谓"学而不思则罔，思而不学则殆"，强调学思想结合在道德教育中的重要性。对于完善人自身的道德品质的诚信教育来说，"学"

和"思"都具有自我反省的性质。自我反省是中国传统道德教育的重要方法，也是人们加强道德修养的主要方式。曾子的"吾日三省吾身"更是说明了人要善于自我省察，从而及时认识自己的缺点与不足，并加以改正。

知行合一，外向拓展。在中华优秀传统文化中，道德教育思想表现出强烈的理性实践精神，人们对于道德实践分外重视。这种道德实践表现在教育方法上，就是身体力行、知行合一。在道德教育中，孔子强调言行一致，把行为作为道德的外在表现，并最终衡量一个人品德的好坏、品性的善恶。"始吾于人也，听其言而信其行；今吾于人也，听其言而观其行"。对于别人，不能听他的话就信他的行为，而是要在观察他的行为之后看是否与言语相符，进而决定是否相信。因此，他要求学生具备道德认知后，要躬行，并且以行动作为品行的考核标准。"言必行，行必果"，为人必须忠诚老实，能够说到做到，"君子耻其言而过其行"，也正如《中庸》所言君子修养之道，"博学之、审问之、慎思之、明辨之、笃行之"，即首先广博地学习，其次详细地向别人请教，再次周密地思考，接着明确地辨别是非、善恶、美丑等，最后切实地身体力行、知行合一、理论与实际相联系，如此才能成为君子。

追求慎独，提升境界。"慎独"是一种理想的道德境界，作为强化道德修养的基本方法，其实质是一种更高层面的自我反省和行为自律。诚信是一种内在的道德修养，如何行为，重要的不是别人如何评价，而是自己内心如何真诚表达。"君子必诚其意。所谓诚其意者，毋自欺也，如恶恶臭，如好好色，此之谓自谦。故君子必慎其独也"。君子一定要内心诚实，在一个人独处的时候也能严格要求自己，严于律己，时时规范自身行为，以防止有悖于道德的不检点行为发生。"慎独"作为中国古代诚信教育的要求，对于当代大学生诚信心理选择机制的培养具有重要的启示作用。

中华传统社会的诚信教育重视激发教育对象自我修养的意识和欲望，更加有利于教育对象对道德思想的接受和内化过程的实现。中华优秀传统文化中蕴含的诚信教育方法系统以"内外兼修、知行合一"为其特色，对内外和知行统一性的强调，对于当代社会道德教育中存在的"表里不一、知行脱节"困境具有重要的启示作用，值得我们认真研究和汲取。

二、当代大学生的诚信缺失现状与原因

"子以四教：文，行，忠，信"这是《论语》中的记载，孔子教学生主要有四个方面的内容，其中有一个就是"信"。由此可见，诚信教育自古就是教育中的重要内容。然而当今的大学生思想政治教育中，诚信教育并没有像孔子对于学生的教育一样放在非常重要的位置。随着社会的转型，西方思潮的涌入，当代大学生中的诚信缺失现状愈发严重起来，而且已经成为一个严重的社会问题，需要引起重视。

（一）大学生诚信缺失现状

"在社会实践中，如果欺诈与欺骗的意图在于对他人的善意或者利他主义，那就不叫不诚实，唯有其意图在于伤害他人或者利己主义时，才是真正的不诚实"，在《越轨社会学概论》中美国社会学者杰克·D·道格拉斯对诚实与不诚实是这样界定的。那么也就是说区分诚实与不诚实的标准并不是仅仅存在于有没有欺骗这一因素的存在，而是要看这种欺骗的最终意图是善意的还是恶意的。"利他"性质的"善意的欺骗"因为是"利他"而不是伤害他人的"善的"行为，所以在某种程度上来讲是没有逾越道德规范的，而且有时候在日常生活中这种"善意的欺骗"是有必要的，"善意的欺骗"的存在有一定的合理性。同时"善意的谎言"也是被界定在一定的范围之内的，超出这一界定范围之后，"善意的谎言"就逾越了道德规范，是不合理的行为。在本节中所谈到的诚信缺失不包含道德规范范围内所允许和接受的"善意的谎言"，而是指意图在伤害他人或者损人利己的欺骗或欺诈行为。本节谈到的大学生的诚信缺失指的是道德上的缺失，是在道德衡量标准中被划分为不道德的行为，是需要我们通过各种途径和方法去改变和矫正的不良社会行为。在寻找合适的方法和途径解决大学生诚信缺失这一问题之前，我们首先要弄清楚大学生诚信缺失的主要表现及形成原因，然后才能对症下药。目前我国大学生的诚信缺失现象主要表现在这样三个方面：学习上的不诚信，生活中的不诚信以及就业中的不诚信。

1.大学生在学习中的诚信缺失

我们不能否认部分大学生对待学习的态度是严肃而认真的。经历了高中阶段紧张的学习终于走进了梦寐以求的大学，而上大学的主要目的也是为了进一步深造，因此上大学最重要的目的还是学有所成，在知识体系上学到一些更加专业和系统的东西。有诗道"书山有路勤为径，学海无涯苦作舟，要想在大学里有所收获，学到专业知识，就必须勤奋刻苦。但是也有一部分大学生不这样认为，他们觉得高中的紧张和努力就是为了换来大学的自由，在大学阶段主要是享受自由，不用努力学习或者是放松下来不想再努力学习。或者还有一部分大学生在进入大学后没有找到合适的目标，没有老师监视般的督促学习，没有高考的压力，宽松的学习环境导致大学生迷失了自己的方向，在迷茫中对待学习的态度也渐渐变得无所谓。平时不学习，到了考试的时候什么都不会，要通过考试，就选择了考试作弊。作弊的方式多种多样，主要有夹带、偷看、替考等。随着科技的发展，作弊的手段也越来越高科技，有的大学生在考试的时候用手机短信相互传递答案，还有的大学生花钱买答案，然后用隐形耳麦收听答案等等。随着大学生考试作弊方式的多样化，作弊人数也不断增加，专业的以不当盈利为目的的考试作弊组织也开始出现并且越来越多。这种有组织、分工明确的考试作弊组织的出现又导致了更多的大学生放弃了刻苦学习的想法和念头，加入了考试作弊的队伍中。这样就形成了恶性循环，使得大学生考试作弊的人数不断增加。大学这座象牙塔的神圣和良好学习风气逐渐被不诚信的学习方式和消极的学习态度所侵蚀。考试作弊在大学生眼里似乎已经司空见惯，习以为常，觉得没什么，不是什么大问题，只要能通过考试就可以了，至于用什么样的手段通过考试那就是八仙过海各显神通。

除了考试作弊外，大学生在学习上诚信缺失的另外一个重要表现是抄袭作业或者伪造学术成果。在大学学习中考试成绩只是大学生期末成绩组成的一部分，几乎大学生所修的所有课程都会有课外作业，这个课外作业由任课教师打分，是期末总成绩的另外一个重要组成部分。作业有小论文、实验报告等多种形式。部分大学生会按照老师的要求独立完成这些作业，部分根本不想学习或者懒得学习、考试都冒险夹带作弊的大学生在这个时候会选择抄袭同学的作业，或者是在网上直接下载论文，写上自己的名字就摇身一变成了自己的论文提交给老师。这种情况在大学生中已经是公开的，被大家所熟知的完成作业的方式了。

2.大学生在生活中的诚信缺失

大学生在学业上的诚信缺失是被社会广为关注的一个重要社会问题，大学生在生活中的诚信缺失同样是一个不可忽视的大问题。大学生在生活中的诚信缺失表现最为明显的有两个方面：一方面是在与人交往中的诚信缺失，另一方面是经济上的诚信缺失。

（1）大学生在与人交往中的诚信缺失

大学就是半个社会，大学是介于学校和社会之间的一个特殊场所，大学生是即将步入社会的特殊人群。在大学中与人交往是一门学问，也是除开学习以外的日常生活的重要组成部分。大学生与人交往中的诚信缺失主要可以分为两个部分：第一部分是恋爱中的诚信缺失。爱情是美好的，大学爱情更是浪漫而美好的。可是部分大学生在恋爱中欺骗他人的感情或者金钱。部分学生轻浮、恋爱动机不纯。这些恋爱的动机都不是因为爱而恋爱，是为了达到自己的特定目的而恋爱，也就是损人利己，忽视他人的感受，欺骗他人感情。这些都是恋爱中的不诚信。

大学生人际交往诚信缺失的另一部分表现在交友中的诚信缺失。在信息技术高速发展的当今社会，大学生交友已经不再局限于同学之间面对面的交往，网络成为大学生交友中的又一个重要渠道。网络是一个虚拟的世界，正因为这样，部分大学生在网上发布虚假消息、恶意诽谤他人、侮辱他人，利用网络欺诈网友，侵害他人隐私等。在与现实生活中的人交朋友使更多的注重利益关系，而不是情感交流。这些都属于是大学生在人际交往中的诚信缺失。

（2）大学生在经济上的诚信缺失

国家和各个大学每年都会拨出专项基金用于补助家庭经济特别困难无力支付学费或生活费的学生。这种特困生补助的金额一般都有上千块钱，对于大学生来说是一笔不小的数目。个别学生为了获得资助，夸大家庭贫困情况，以期获得资助或提高被资助的等级，获得资助后用于不合理消费等用途。这与国家设立大学生贫困补助的初衷完全背道而驰，这一现象也是近些年高校在资助工作过程中以及资助金发放后严格审查监督的问题。

国家助学贷款从1999年开始到现在已经实施了近20年，是帮助高等学校学生顺利完成学业的主要资助渠道。每年都有上百万的贫寒学子在国家助学贷款的帮助下顺利完成学业，成为接受高等教育的优秀人才。国家助学贷款与普通的商业贷款之间的最大区别就是国家助学贷款是一种信用贷款，不需要办理抵押和担保等手续，只需要承诺按期还款并且承担相关的法律责任。这对于贫困大学生而言无疑是雪中送炭，可是有些大学生在顺利完成学业之后出现了恶意违约，并不按照协议按期还款，不提供真实的工作单位等信息，然后从此人间蒸发等各种状况。也有部分学生伪造虚假的家庭收入或是贫困证明等证据，以此骗取国家助学贷款。这些行为给国家助学贷款的健康实施造成了严重的阻碍，同时也表现出了大学生诚信的缺失。

3.大学生在就业中的诚信缺失

部分大学生在就业中为了获得用人单位的接纳和青睐在简历和求职推荐书中过分夸大自己的能力，甚至把别人做的事情安插在自己头上，没有做过学生干部的人在简历中成为"班长""学生会主席"等，没有组织过任何活动的人在简历中写着组织了篮球赛、文艺晚会等。更有甚者伪造一些荣誉证书、四六级证书等，或把别人的"优秀学生干部""学习积极分子"改个名字变成自己的，把别人取得了而自己没有的证书也改成自己的名字制作成复印件提交给用人单位。

在就业过程中，有部分大学生在就业选择时缺乏深思熟虑，草率地签订就业协议后，又以各种原因要与用人单位解约，既是对自身发展的不负责任，同时也给学校、企业带来很多不必要的麻烦，挤占了其他同学的就业机会。虽然说"人往高处走，水往低处流，是人之常情，寻求更好的发展是每个大学生的期望，也是能够理解的行为，但是这种在就业中随意违约的不负责任的行为却是不值得提倡的诚信缺失的行为。

（二）大学生诚信缺失的原因

万事皆有因，大学生诚信缺失现象并不是凭空产生的。造成大学生诚信缺失的原因是多方面的，按内因和外因来分，内因就是大学生特殊心理特征的影响造成了大学生的诚信缺失；从外因来讲一方面是由于社会转型，另一方面是由于诚信教育方面的欠缺所导致的。

1.大学生特殊生理心理特征的影响

现在的大学生绝大部分是独生子女，从小被娇惯、被视为中心人物。所以在不知不觉中形成了以自我为中心的特点。步入大学后，几个人同住一个宿舍，朝夕相处，这样的群体生活是之前从未有过的，大家都习惯了以自己为中心的生活，因此在生活中难免会因为要利己而作出不诚信的行为。

大学生一般是18岁至22岁的青年，正处在成长发育的时期，可塑性强，生理和心理都还处于成长阶段，并不成熟，对于道德和价值的判断能力仍然处于较低的水平。这一年龄段的青年对于一些不良影响和道德缺失会出现困惑，在没有正确引导的情况下很容易出现道德认知的错位，不能对道德缺失状况作出正确的评判或是作出有效的抵御。

　　生理上的成长引起大学生容易冲动的性格特征，不能够辩证地看待社会中的腐败和社会中出现的不公平现象，从而导致大学生世界观、人生观和价值观的偏移。除了容易冲动外，这个时期的大学生还容易产生随大流、从众心理，当不诚信现象充斥生活的方方面面或者是身边的人有诚信缺失行为时，为了不被排除出原来的圈子，自然会选择做出同样的行为以示自己的"合群"或者说是"不另类"。

　　在未成熟的心理状况下，大学生目前普遍存在道德信仰缺乏、诚信意识淡薄、容易受物质主义和功利主义的冲击等问题，这些问题都会引发大学生的诚信缺失。

　　2.社会转型的影响

　　社会转型期是社会问题多发的时期，随着旧的社会形态被新的社会形态所取代，新旧交替时的社会矛盾比往常显得更为明显、更突出。旧的社会形态本身存在的问题暴露得更彻底，新的社会形态的到来对旧的社会形态所形成的价值观的冲击也会引发一些新的社会问题的出现。随着社会主义市场经济的不断深入发展，对外开放程度的不断扩大，我国的利益方式、就业方式等也日益多样化，人们思想活动的独立性、选择性、多变性和差异性也日益增强。物质生活的极大改善，在满足大学生成长需要的同时，也给予了他们极大的诱惑。对于生理和心理都不成熟的大学生来说是极大的挑战。没有抵制住诱惑的人便陷入了西方拜金主义和利己主义的泥坑，从而在道德选择上作出了错误的决定。

　　社会大环境中的各种失信行为，例如政治上的贪污受贿，经济上的制假售假、欺诈，文化上的假证、学历造假，人际交往中的虚情假意等等一些不良的社会现象充斥着大学生成长的环境时，不但使他们迷失了方向，丧失了基本的道德标准，而且使得诚信教育也显得软弱无力。这时候大学生在是非得失和利益面前就会取利舍义，误入诚信缺失的歧途。

　　3.诚信教育不足

　　教育是人们获取知识，形成世界观、价值观、人生观的重要途径，诚信教育是道德教育的重要组成部分，诚信教育的不足是诚信缺失的重要原因之一。对于大学生而言，诚信教育主要分为家庭诚信教育和学校诚信教育两部分。

　　（1）家庭诚信教育不足

　　每个家长都是自己孩子的启蒙老师，孩子从呱呱坠地开始接触最多的人就是自己的家长。诚信教育跟其他教育一样始于家庭教育，家长教授给孩子的诚信观是孩子接受到的最早的诚信教育。人之初性本善，在孩子纯洁的心里对家长是尊重和仰慕的，所以家长的一言一行、一举一动都给自己的孩子留下最基础的也是最深刻的印记，并将会对孩子的一生产生非常重大的影响。然而在目前的家庭教育中普遍存在轻视道德教育，注重智力教育；重视智商，轻视情商的教育误区。大多数家长只注重孩子的学习成绩，他们认为只要学习成绩好，其他的什么都不重要。家长对孩子道德教育的忽视导致孩子长大后不懂得感恩、自私自利、道德意识淡薄。有一些家长对子女的不诚信行为不进行批评教育反而进行包庇纵容。这些都是大学生诚信缺失的原始诱因。也增加了开展大学生诚信教育的难度。

（2）学校诚信教育不足

学校是一个人从出生到步入社会所接触到的除家庭以外的另外一个重要环境。学校诚信教育与家庭诚信教育是紧密联系在一起的，二者之间是相辅相成、相互影响的关系。如果仅仅有良好的家庭诚信教育，而学校诚信教育缺乏，对青少年成长中诚信观的形成同样非常不利。高校的德育教育一直都在进行，但是绝大部分都是流于形式的灌输式教育，同时高校的德育教育也缺乏一个定量的衡量标准，这使得高校德育工作的开展是一种被架空了的理论工作，并没有融入大学生的生活实践中去。现行的高考制度中并没有涉及有关德育的部分，能否进入大学仍然靠分数说话，这是中小学轻视德育教育的重要原因。进入大学后，能否毕业主要还是看考试分数，有涉及德育教育，但是都是形式上的内容，最后的评判标准依然是取得的分数，这是大学对于德育教育缺乏重视的原因之一。另外，在现实社会中，学校本身的诚信也存在一些问题，如涉及教师师德师风的问题在媒体上也屡见报到，这对于学校德育教育效果带来一定影响。

三、传统文化与大学生诚信教育的融合路径

（一）路径指导

1.立德树人，把握主体性

善之本在教，教之本在师。著名教育家陶行知先生在评价教学时说过，先生的责任在于教导学生如何做人，学生的责任在于学习为人之道。《礼记》有云："师者也，教之以事而喻诸德也。"党的十八大也明确提出，教育的根本任务在于立德树人。教育的功能和目的不仅是教授具体的知识和技能，更为重要的是引导和培养学生，使其具有高尚的品德和情操。教育的本质是塑造人的事业，所有的教育活动都要有利于学生全面、充分和自由的发展。以中华优秀传统文化涵养大学生诚信意识，根本目的在于以传承中华优秀传统道德品质为途径培养大学生诚信品质，在学校和社会形成诚实守信的社会风气。立德树人的过程也是以人为本、把握人的主体性的过程，离开学生的主体意识和自我发展能力，立德树人难以落到实处。在教育过程中把握主体性，就是注重受教育者主观世界人格、人性的发展，增强受教育者作用于客观世界的活动能力。以中华优秀传统文化涵养大学生诚信意识关键在于充分发挥学生主体性，启发和引导大学生的主体意识，让大学生主动参与到教育活动中，帮助他们把诚信教育要求转化为个人需要，以增强发

挥中华优秀传统文化时代价值的实效性。

2.以文化人，注重持续性

"观乎天文，以察时变；观乎人文，以化成天下"。文化的根本宗旨在于对人的培养和塑造。中华优秀传统文化是伴随着民族的不断更新发展形成的，经历了历史的洗涤，在人类文明史上有过辉煌的功绩，现如今又以民族思维和性格沉淀在一代又一代炎黄子孙心中，成为影响后世者思想和行为的精神力量，成就了中华儿女的民族自豪感、自信心，充分发挥了文化的教化作用。"以文化人"是中华民族的文化优势，以源远流长的中华优秀传统文化教化中华儿女，是其价值体现和应有之义。然而，"以文化人"是一个量变的过程，需要量的不断积累，充分发挥文化潜移默化的效用。以中华优秀传统文化涵养大学生诚信教育，绝不是读上两本古代著作、背上两句经典诗词就能够实现的，这个过程将是以中华优秀传统文化不断熏陶大学生品德、塑造大学生品性、引导大学生品行的长久的过程。再加上大学生本身思想行为的反复性、复杂性、易变性等特点，文化的"化人"功能不可能一蹴而就，而是需要通过引导、教育、启迪、陶冶、熏陶等形式持续不断地进行。中华优秀传统文化的涵养目标不是教育对象个别诚信缺失行为的纠正，涵养功能不止于收到暂时的成效，而是要贯穿于大学生成长成才的全过程。

3.批判继承，坚持创新性

传统文化是我们无法回避的"先在前提"，它以显性或隐性的方式存在于当代社会，并对人们产生影响。因此，对于传统文化理应传承，"脱离前人所创造的文化传统，凭空塑造本民族的新文化和新精神，民族的凝聚就会出现断层，历史便不再是历史。"博大精深的民族传统文化是一笔极其宝贵的精神财富，也是德育工作立足，彰显民族性、时代性的根本保证。但是，同世界上其他任何文化类型一样，中国传统文化也是以精华与糟粕相交织的形式存在着。毛泽东在《新民主主义论》一文中形象地说："必须将古代封建统治阶级的一切腐朽的东西同古代优秀的人民文化区别开来……如同我们对于食物一样，必须经过自己的口腔咀嚼和胃肠运动，送进唾液胃液肠液，把它分解为精华和糟粕两部分，然后排泄其糟粕，吸收其精华，才能对我们的身体有益，决不能生吞活剥地毫无批判地吸收"。这就要求我们有批判地继承，既要汲取其中能够为我们所用的优秀的思想营养和道德资源，充分发掘传统文化的育人内涵，以切实增强道德教育的实效性；又要认识其时代局限性，并对落后和消极的成分进行严肃而认真的分析，以彻底批判和摈弃不良传统毒素。以中华优秀传统文化涵养大学生诚信意识的过程，不仅是对大学生诚信品质的塑造和诚信行为的规范，而且也在于对中华传统文化的批判继承，在于对中华优秀传统文化的传承与创新。因此，我们要引导大学生识别分辨中华传统文化中的优秀成分，古为今用、推陈出新，汲取中华优秀传统文化中宝贵的诚信思想资源，结合时代条件的变化，实现创新性转化。

（二）路径探索

1.增强以中华优秀传统文化涵养大学生诚信意识的主体能力

学校是大学生学习生活的主要场所，课堂教育更是大学生获得认知的主要途径。并且，从以上实证部分数据分析可知，"学校设置课程，教师课堂教育"是大学生所认为的以中华优秀传统文化涵养大学生诚信意识最有效的方式方法。以中华优秀传统文化涵养大学生诚信意识是一个双向互动的实践活动，不仅需要教师对中华优秀传统文化诚信思想资源的传授，而且需要学生主动接受并内化为自身意识。在这一过程中，教师和学生的双向主体能力发挥着关键性作用。

（1）增强教师的主体能力

①教师要善于激发学生以中华优秀传统文化涵养诚信意识的积极性

发挥教师的主体性，激发学生积极性，是开展以中华优秀传统文化涵养大学生诚信意识的前提和基础。有效激发学生以中华优秀传统文化涵养诚信意识的积极性，教师必须让学生明确中华优秀传统文化的当代价值，正确把握学生思想实际，切实增强教育的吸引力和感染力。

首先，引导学生正确认识中华优秀传统文化的当代价值。能否引导学生正确认识中华优秀传统文化的当代价值，直接决定着学生对传统文化的接受程度。近年来，受国内外种种社会思潮的影响，有些大学生对中华优秀传统文化的认识模糊，甚至持怀疑和否定态度。客观事物是否具有价值，关键在于其能满足个人和社会需要的程度大小。对于社会来说，中华优秀传统文化是中华民族的根基；对于个人来说，中华优秀传统文化价值深远，习近平总书记对中华优秀文化的个人价值予以积极肯定，他指出："中国传统文化博大精深，学习和掌握其中的各种思想精华，对树立正确的世界观、人生观、价值观很有益处。学史可以看成败、鉴得失、知兴替；学诗可以情飞扬、志高昂、人灵秀；学伦理可以知廉耻、懂荣辱、辨是非。"

其次，正确把握学生实际思想，解决学生遇到的现实难题。正确把握学生的思想实际是有效激发学生积极性的前提，正如毛泽东所说："我们看问题不要从抽象的定义出发，而要从客观存在的事实出发，从分析这些事实中找出方针、政策、办法来"。只有把握学生的思想实际，教师才能在中华优秀传统文化传播过程中自觉遵循学生思想发展的规律，有针对性地丰富教学内容，解答学生关注的热点、难点问题，采用学生喜欢的传播方式、方法和手段，运用学生易于接受的语言，激发学生学习中华优秀传统文化的积极情感。

最后，增强以中华优秀传统文化进行诚信教育的吸引力和感染力。增强以中华优秀传统文化进行诚信教育的吸引力和感染力是有效激发学生积极性的关键。教学如果没有吸引力和感染力，学生就会缺乏学习的积极性。因此，教师应当深入挖掘中华优秀传统文化所蕴含的诚信思想资源，选用有利于学生积极参与的教学方式与方法，实现教学手段的多样化，应用准确、通俗、严谨、生动的教学语言，增强中华优秀传统文化传播过程的吸引力和感染力，激发学生积极性。

②教师要乐于启发学生以中华优秀传统文化涵养诚信意识的能动性

发挥教师的主体性，启发学生的能动性，促使学生主动学习中华优秀传统文化，对其在自身诚信意识形成过程中发挥自觉性，自觉指导自己的思想和行为起到关键作用。

首先，启发学生理解、掌握中华优秀传统文化蕴含的诚信思想精髓。当代大学生对中华优秀传统文化中的诚信思想并不陌生，比如一般都对"无信不立""与朋友交、言而有信"等传统道德规范和典故有所耳闻，但是受其自身及社会大环境的影响和限制，他们对传统诚信思想的理解还不够深刻，掌握不够全面。正如恩格斯所言："每一个时代的理论思维……都是一种历史的产物，它在不同的时代具有完全不同的形式，同时具有完全不同的内容"。因此，教师必须启发学生理解传统道德思想产生的时代背景及其现代运用，帮助他们能动地掌握传统文化的精髓。

其次，运用多种启发式教学方法。启发式教学法是教师根据教学目标和内容，从学生实际出发，采取多种方法来启发、诱导学生积极参与教学实践活动，培养学生独立思考、分析和解决问题的能力的教学方法，与注入式教学法相对立。中华优秀传统文化的传播需要运用综合多种启发式教学方法，如讨论法、质疑法、提问法、比较法等，如此才能吸引人、感染人。

（2）增强学生的主体能力

①学生要敢于锻炼以中华优秀传统文化涵养诚信意识的意志力

意志是人类特有的有目的、有计划地调节并支配自己的行动的心理现象，坚强的意志力能够帮助我们战胜重重困难，抵制各种诱惑，是一种十分可贵的精神和优良的心理品质。在当代大学生中以中华优秀传统文化涵养诚信意识，需要坚强的意志力作为后盾。

以优秀传统文化涵养诚信意识需要坚强的意志。当代大学生处于改革开放背景下的社会加速转型时期，不论是其所处的学校或家庭等微观环境，还是社会大环境，都存在不同程度的失信现象。这些失信行为，一方面起到了错误的示范作用，另一方面由于失信人群的得利而造成的不公平竞争，也会使大学生进行效仿，从而造成失信感染。抵制外在环境的诱惑，自觉遵守传统道德标准，守住心灵净土，需要大学生坚强的意志作为保障。

自觉锻炼以优秀传统文化涵养诚信意识的坚强意志。意志不是生来就有的，而是在长期的学习和实践过程中锻炼出来的。当代大学生锻炼以优秀传统文化涵养诚信意识的坚强意志，首先要自觉培养学习中华优秀传统文化的浓厚兴趣，自觉树立坚守诚信的学习榜样，领悟传统文化中伟人的智慧和人格魅力，其次明确中华优秀传统文化的时代价值，肩负传承与创新的时代使命。

②学生要勤于培养以中华优秀传统文化涵养诚信意识的良好习惯

俗话说"习惯成自然"，良好习惯有利于增强人们的自觉行动。以中华优秀传统文化涵养大学生诚信意识是一项经常性、长期性的活动，需要在大学生中形成良好的习惯，增强行为方式的稳定性、持久性。

首先，培养文化自觉能力。"文化自觉"的命题是由我国社会学家费孝通先生提出的。所谓"文化自觉"，是指生活在一定文化中的人对其文化有"自知之明"，明白它的来历、形成过程，所具有的特色和它发展的趋向。文化自觉不是"文化回归"，不是要"复旧"更不是主张"全盘西化"或"全盘他化"。有"自知之明"是为了加强对文化转型的自主能力，取得决定适应新环境、新时代时文化选择的自主地位。费老先生"文化自觉"的提出是在思考如何应对 20 世纪初西方文化对中华传统文化的强烈冲击。而现如今，当今世界的总体环境正处于大发展、大繁荣、大调整时期，经济全球化、政治多极化趋势深入发展，现代信息网络传媒技术日新月异，多元性的全球文化交流、碰撞和融合日益频繁，综合国力竞争更趋激烈，文化自觉被赋予了更崇高的历史使命。培养大学生的文化自觉能力，就是增强其对文化的传承、辨别、批判、选择和创造能力。

其次，培养诚信意识的践行能力。对于大学生诚信意识的培养，目的和落脚点在于指导大学生的行为实践。当代大学生在对传统优良道德品质的传承中，存在"说来容易，做来难""说一套，做一套"的知行脱节现象。增强学生的主体性，将其所学的中华优秀传统文化中蕴含的诚信思想资源，应用于所处的现实环境中，转化为人处世的现实标准，是以中华优秀传统文化涵养大学生诚信意识的重点。

③学生要喜于认真学习蕴含中华优秀传统文化的经典著作

中华优秀传统文化传播的主要途径是通过一些经典著作，包括历史流传的书籍文稿、后人对传统文化的深刻见解等，这些都是我们的主要学习资源。关于中华优秀传统文化的书籍可以说是丰富多彩、浩瀚如烟，我们应当选取其中最具精华的部分作为我们了解传统文化的重要途径。学习中华优秀传统文化经典著作是以中华优秀传统文化涵养大学生诚信意识的重要途径和必然要求。这些经典著作包括四书五经、《世说新语》《颜氏家训》《菜根谭》等，以及现当代学者如张岱之、罗国杰等对传统文化的经典解读。通过品读经典，陶冶情操、完善人格。同时，学习中华优秀传统文化经典著作要注意掌握正确的学习方法，不可局限于字面的教条理解，而应联系现实生活实际，熟读精思，锲而不舍。

2.拓展以中华优秀传统文化涵养大学生诚信意识的现实载体

以中华优秀传统文化涵养大学生诚信意识，途径和载体是涵养的桥梁和平台，是决定能否取得成效的关键环节。积极创新传统德育载体，拓展新渠道，使中华优秀传统文化在现代社会发挥最大的作用，切实增强诚信教育的针对性、实效性。围绕大学生的"学习圈"和"生活圈"，在整合学校资源的基础上，笔者从课程建设、校园文化、社会实践、网络平台等四个方面探索以中华优秀传统文化涵养大学生诚信意识的现实载体。

（1）加强课程建设

课堂教学是以中华优秀传统文化涵养大学生诚信意识的主渠道。主要指各级各类学校开设的一些关于中华优秀传统文化的必修课程、选修课程或者辅导讲座等。课堂教学有利于将中华优秀传统文化进行系统化、理论化和科学化的传授，是开展中华优秀传统文化教育最直接、最便捷、最有效的手段之一，有利于提升大学生的人格、气质、修养等内在品质。课堂建设的不足，容易导致当代大学生对中华优秀传统文化知识了解与积累的匮乏。

开展中华优秀传统文化课程，课程可以采用普及教育和专题教育相结合的方式。这些课程的内容可以涉及中国古代哲学思想、中国古代伦理思想、中国古典文学鉴赏、中国古代道德规范和中国古典诗词欣赏等等。开设中华优秀传统文化专题选修课程，或者聘请对中华优秀传统文化比较熟悉或有专门研究的教师、专家或知名教授对中华古代经典著作进行解读和讲授，诸如《道德经》《论语》《离骚》《大学》和《古文观止》等，抑或开展中华优秀传统文化为主题的名人名家大讲堂、专题学术报告会、知识竞赛、书法大赛、绘画大赛和中国音乐大赛等活动，通过这些渠道激发大学生对中华优秀传统文化的兴趣，深化认知，从而更容易理解和吸收中华优秀传统文化中的道德资源。在课程开展过程中，教师还要注意解决当代大学生关注的焦点、热点和难点问题，不断提高当代大学生对真假、善恶、美丑的评判、分析和鉴别能力，真正做到深入浅出、循循善诱。

（2）丰富校园文化

以文化为德育载体，即将德育内容渗透于各项文化建设之中，让各种活动承担一定的德育功能。将德育内容寓于文化建设之中，会使其更具有吸引力，更易为人们所接受。校园文化在提高大学生思想境界、规范大学生日常行为方面具有重要的价值和功能，以校园文化作为涵养大学生诚信意识的载体，就是将中华优秀传统文化中所蕴含的诚信思想资源寓于文化建设之中，寓于优良的校风、教风、学风建设中。

各高校要大力支持、积极组织大学生开展弘扬中华优秀传统文化的校园文化活动，为中华优秀传统文化的传播提供发展平台，努力形成相关职能部门各司其职、各负其责的局面，使学生在活动参与中受到潜移默化的影响，进而熏陶思想感情、充实精神生活、升华道德境界。例如，高校定期邀请国学名师在大学校园内开设中华优秀传统文化知识系列讲座，并组织学生积极参加。在校园楼宇、道路、教室等公共场所张贴、悬挂中华优秀传统文化名人雕塑、名言、警句、书画和图片，通过学校校史馆、校报、校刊、校内广播电台、宣传橱窗等校内媒体传递教育信息、引导舆论方向。积极组建有利于传统文化传承的学生社团，大力支持学生社团活动，引导学生社团发挥自我教育、自我管理、自我服务的作用，以社团牵头在学校范围内举办中华优秀传统文化文艺大会演、主题演讲比赛、经典文学作品读书会和朗诵会等大型活动，丰富校园文化。以班级为基础，在班级、宿舍范围内举办中华优秀传统文化经典影片展播、再续中华优秀传统美德、中华优秀传统文化主题班会等小型活动，让大学生在学校的每个角落、不同场合、各个时段都能感受到中华优秀传统文化的博大精深，以及其教育资源的丰富。

（3）开展社会实践

社会实践活动是以中华优秀传统文化涵养大学生诚信意识的有益补充。这类社会实践活动，必须具备两种条件，其一具有趣味性，能够最大限度吸引大学生参与；其二蕴含丰富的中华优秀传统文化资源，发挥教育功能。如此，便能够充分发挥社会实践活动的载体作用，促使学生积极参与，实现教育与自我教育的统一。

家庭、学校和社会应该有计划地组织社会实践活动，最大可能地引导大学生亲身感受中华优秀传统文化。例如，参观民族历史博物馆、纪念馆、文化馆、图书馆等，或有传统文化底蕴的景点景区、人文景观和爱国主义教育实践基地等，在参观过程中加深对中华优秀传统文化的了解，形成全面认识。或者积极引导当代大学生在传统节假日欣赏民族艺术表演、特殊节假日或纪念日举行的主题宣传教育活动等，使大学生可以通过自身的参与意识到丰富多彩的中华优秀传统文化。抑或组织大学生参加社会服务工作，借助志愿服务、"三下乡""四进社区"等特色平台，开展社会服务实践活动，引导大学生运用所学知识和技能服务人民、奉献社会，将自己受到的中华优秀传统文化教育和熏陶通过自己的宣传或讲解传递给更多的人，使大学生在角色转变过程中加深理解、升华观念。

（4）打造网络平台

当今时代，互联网的快节奏普及为日益社会化的大学生德育工作提供了科技条件，网络日益成为当代大学生接收信息、选择信息以及发布信息的主要途径，因此，以中华优秀传统文化涵养大学生诚信意识应当结合现实，充分利用网络平台，与大学生同轨道并行。大力拓展中华优秀传统文化的网络传播渠道，精心创作具有时代气息和精神风貌的优秀网络文化作品。

打造网络平台，一方面，应当高度重视大学校园网络环境的建设、维护、监督和管理，净化当代大学生的上网环境。运用科技管理手段，明确网络制度规范，引导大学生文明上网。另一方面，要加强网络平台队伍建设，努力形成积极、健康、向上的大学校园网络文化，从而为开展传统文化教育、中华传统美德教育营造良好的网络环境氛围。学校主管部门和相关课程教师要积极通过网络对大学生进行中华优秀传统文化的宣传和教育，例如通过个人微博、博客、朋友圈、QQ 空间等社交软件与大学生交流学习中华优秀传统文化的心得体会，及时向他们解答有关大学生对中华优秀传统文化的种种误解或者困惑，针对"反传统"言论做出合理的回应。还可以通过网络平台围绕主题组织开展的网页设计大赛、历史人物和历史典故的普及活动，用大学生最熟悉的网络手段和形式让其感受到学习中华优秀传统文化并不枯燥，从而激发其积极性、主动性、创造性。

3.优化以中华优秀传统文化涵养大学生诚信意识的文化环境

"人创造环境，同样环境也创造人。"环境对人具有极强的塑造作用，大学生诚信意识的养成和坚守，不仅需要他们心中信念的支撑，也受外在环境的影响。当身边环境氛围与自身所接受的教育信息不一致时，受教育者往往会受氛围影响而产生从众、流行等心理，"内化"的效果将会大打折扣。因此以中华优秀传统文化涵养大学生诚信意识，要围绕大学生的日常学习生活营造出有利于其诚信品质养成和践行的良好氛围，充分发挥环境的引导和预防功能。基于教育环境的整体性，我们要充分发挥学校、家庭与社会等基本场域在教育工作中的合力，做到全员育人、全方位育人、全过程育人。

（1）营造具有养育功能的家庭文化

家庭是个体德育的起点，充分发挥着"养育"的作用。个体在家庭成员的影响下，尤其是在父母的影响下，在潜移默化中受到渗透式的教育影响。"孟母三迁""精忠报国"的故事告诉我们，一位好家长对孩子的成长成才极其重要。父母是孩子的第一任教师，有着思想启蒙的作用；父母还是孩子永远的老师，对孩子的成长产生终身的影响。家庭环境对大学生各方面的影响是最早的，是潜移默化的，也是最长久的，影响最深远的。父母的诚信示范和家庭的和谐氛围，是良好教育的开端和保障，家庭理应成为大学生诚信品质培养和形成的摇篮。以中华优秀传统文化涵养大学生诚信意识，应当致力于发挥家庭文化的养育功能。

首先，家庭文化要凸显文化启蒙功能。家庭文化的启蒙功能是家庭道德价值观念的凝练，具体表现为家训和家风对孩子的影响功能。在中国传统文化中，家训既指父母对子女的训导，也指父祖为子孙写的训导之辞。在现代社会，家训一般指家庭长辈对子孙的教化与开导。家训一方面是家庭核心价值观念的凝练，应基于家庭浓厚亲情的培养、伦理关系的定位、礼仪举止的规范、生活习惯的养成等层面，予以坚守，体现家庭文化的价值底蕴；另一方面是社会核心价值观念的缩影，应当彰显时代精神，基于"爱国、敬业、诚信、友善"的公民个人层面的价值准则，加强家庭美德教育，为培育和践行社会主义核心价值观添砖加瓦。家风是一个家庭或家族的传统风尚，是家训的具体表征，应当注重"德"在家风形成中的重要性，发挥优良的家风对孩子良好道德品质养成的作用。

其次，家庭文化要重视生活教养功能。家庭文化是"养"与"育"的有机结合，既注重体质的培养，又注重心智的培育。家庭文化应重视孩子行为习惯的养成，提供继承与弘扬传统美德的启蒙教育。父母要树立正确的教育理念，改变对学习成绩的过分看重，注重对孩子的道德品质的养成教育；父母要做好孩子诚实守信的榜样，身体力行，以自身对诚信的践行来影响孩子；父母还要善于运用多种道德教育的手段，灵活掌握奖惩艺术，及时鼓励以强化正确认识，适当惩罚以纠正错误行为。

（2）传承具有训育功能的学校文化

学校是个体教育的重要场所，对于个体人格塑造、素质培养发挥着"训育"的作用。学校文化包括了校园的物质文化，如校园建筑、校园活动仪式等，还包括了校园的非物质文化，如管理制度、校风、教风、班风、人际关系等，是比校园文化辐射范围更广泛和深远、与社会联系更密切的文化形式。学校文化应当彰显"立德树人"的价值理念，发挥"以文化人"的价值功用。

首先，学校文化要对学生心智进行启发与熏陶。学校文化存在于大学生学习和生活的方方面面，对于大学生的全面发展至关重要。充分发挥学校文化的训育功能，实现以格调高雅的校园环境熏陶人，以丰富多彩的校园文化活动教育人，以蓬勃向上的校园精神激励人，以规范科学的校园制度约束人，使学校真正成为德育的重要基地、示范区和辐射源。基于高等学校在人才培养、文化传承方面的重要使命和作用，学校文化在以中华优秀传统文化涵养大学生诚信意识方面必将大有所为。学校文化可以通过校训、培养目标、学校章程等与学生密切相关的载体，从学校理念和制度设计上对学生进行启发与熏陶。比如，暨南大学校训"忠信笃敬"，即将诚信道德规范与传统文化相结合，使学生熟记于心，受到潜移默化的影响，能够自觉将其作为对自身行为的要求。

其次，学校文化要对学生进行教育灌输和训练养成。高校实现以中华优秀传统文化涵养大学生诚信意识，就是要将中华优秀传统文化中的诚信思想资源融入校园课堂教学、校园环境、校园文化活动、校园社会实践之中，帮助学生加深对诚信道德规范和传统文化知识的理解和掌握，对大学生诚信意识的养成可以起到春风化雨、润物无声的作用。

（3）塑造具有化育功能的社会文化

社会作为个体教育的重要场所，是覆盖面最广、影响最深的教育场域，发挥着"化育"的重要作用。"化育"即教化、培育之意，社会文化的"化育"过程是社会文化对其成员的渗透与塑造的教育过程。

首先，社会文化应当以促成个体对社会主流文化的认同、社会核心价值观的凝聚为主要任务。只有在社会范围内形成传承和弘扬中华优秀传统文化、培育和践行社会主义核心价值观的良好氛围，大学生才会产生对中华优秀传统文化传承和诚信品质坚持的认同与归属感，同时，由于大学生思想行为的易变性，社会文化也要注重发挥其正向的引导作用，防止失信情境的社会感染，使个体在互动交往中产生正面影响，避免群体受到情感的煽动，丧失了独立判断力与批判力，进而滋生非理性行为。

其次，社会文化应当充分发挥其法治作用。一方面社会文化的法治作用应基于规则意识的培养，真正将法治精神变成人之存在的恪守信条，以"慎独"的方式恪守法治观念，以敬畏的态度遵循法治规范，做到"从心所欲不逾矩"。另一方面应积极整顿和规范市场经济秩序，遏制失信行为的蔓延趋势。通过社会大环境的净化，给学生提供规范自身行为的平台。

第二节　传统文化与大学生感恩教育的融合

一、感恩教育概述

（一）感恩教育的含义

所谓感恩，《现代汉语词典》解释为"对别人所给的帮助表示感激"。感恩教育，就是使学生养成感恩的意识和习惯，使其对他人、对社会、对自然常怀感激之心和致谢之情，并将学会感恩内化为个人个性品质的一部分。感恩教育既是一种情感教育，又是一种道德教育，更是一种以人性唤起人性的人性教育。

恩情是维系人与人之间良好关系、连接国与国、地区与地区乃至支撑社会的一个纽带。所以，社会中的每一个人，都应该心存感激。

（二）感恩教育的内容

从施恩的角度看，恩情主要来自父母、老师、社会（他人）、党和国家、大自然等方面，因此感恩教育的内容设置必须充分考察上述几个主要方面对于感恩的必要性。

1.对父母养育之恩的感恩

母爱似海，父爱如山，父母的恩情深沉、厚重、广博。从牙牙学语到长大成人，父母给予了我们无微不至的照顾，他们的爱倾注于我们每一个成长瞬间。感恩父母的养育之恩、教育之恩在中外感恩文化中占有根本性地位，而我国传统文化更是重视"亲亲"的封建伦理，重视孝道。对父母养育之恩的感激是道德实践的基点，只有认识到父母对我们的恩情并真切回报，才能发展到对他人、国家和社会等方面的感恩。

2.对学校和老师培育之恩的感恩

"礼有三本：天地者，性之本也；先祖者，类之本也；君师者，治之本也。无天地焉生？无先祖焉出？无君师焉治？三者偏亡，无安之人。故礼，上事天，下事地，宗事先祖，而宠君师，是礼之三本也。"荀子重视师长的作用，将其与天地、先祖一起视作礼义的根本。在社会主义阶段，尊师重教也是重要的道德规范和行为要求，它关系到一个国家的健康发展，关系到个人的幸福生活。尤其是在知识经济时代下，教师的引导对一个人的成长、成才至关重要，由此，感恩教师应成为大学生感恩教育的重要内容。

3.对社会和他人帮助之恩的感恩

个体成长于社会之中，无时无刻不与他人发生联系，感恩教育的内容设置应该将此涵盖在内。我们应感激每一个来自他人的善举，感谢他们在自己及他人遭遇困难时能够伸出援助之手，提供无私的帮助，正是由于这些善举的存在，社会才更加美好。当代大学生的生活与社会关系紧密，培养这种对社会和他人的感恩之心，具有良好的社会氛围。

4.对党和国家再造之恩的感恩

祖国给予了我们成长的条件和基础，国家的长足发展为个体的发展及价值的实现提供了良好的环境。党为我们谋幸福，为我们创造幸福和谐的生活条件。

新时代的大学生，生活幸福美好，所以，应将党和国家的恩情牢记心间，树立报国之志，为祖国的繁荣富强贡献力量。

5.感谢自然环境赋予之恩

自然环境是我们赖以生存的空间。空气、水、居住条件等这些都是我们生存所必需的。我们的吃、穿、住、用、行等日常生活中的一切的基础都是自然环境，所以我们要感恩自然。由于当前人与自然的矛盾尖锐而突出，人类对自然的过度开发，造成生态破坏和环境恶化，感恩自然的最好方法就是合理利用资源，保持生态健康平衡发展，保护大自然。

二、当代大学生感恩教育问题与原因

（一）当代大学生感恩教育问题

近年来，大学生感恩缺失行为林林总总，并日益呈现出多样化和趋势严重化的态势，对大学生乃至社会的危害正在不断扩大。比如，师生关系的日渐功利化，朋友关系的日渐庸俗化。熟人社会逐渐解体，甚至出现了所谓的"宰熟"现象，普通人之间的感恩缺乏也就可想而知了，就连最具感恩色彩的慈善事业也不时因为受助人缺乏感恩而陷入尴尬境地。在这种情况之下，教育应该义不容辞地担负起重建感恩伦理的责任，但是，目前的感恩教育还存在一些问题需要我们关注。

1.当代大学生感恩教育过于形式化

道德教育的途径主要有三种，一是认知，二是灌输，三是熏陶。我国目前进行感恩教育还是过多地注重"灌输"的方法，加之许多学校在设施方面还很不健全，甚至有些学校的教师讲课还停留在"一支粉笔一张嘴"的水平上。就灌输这种方式本身来说，它的存在就是反道德的，是教育中不平等现象之一，又怎么可能通过这种方式让学生习得伦理规范呢？令人遗憾的是，在我国的许多学校中，灌输往往是最主要的学习途径，加之有些教育者因为缺少系统的理论知识，他们不知道给学生教什么，更不知道怎么教，这使得许多学生对感恩产生了错误的认识。除了灌输之外，教师在教育过程中经常使用的另一种方法是熏陶。在大学校园里，经常会看到一些关于宣传感恩故事的海报，除此之外，学校还通过举办各种感恩活动，比如，组织学生与父母一起参加活动，发动孩子给父母写信，计算"亲情账"等。在活动的进行过程中，学生们往往被感动的泪流满面。但是，这种感动能够持续多久呢？由它激发出的感恩举动又能做到什么程度？而且这种感恩能不能推己及人，渗透到普通的人际关系中去？甚至于这种感恩教育会不会使他们形成一种功利化的感恩观？如果不能够提升学生的道德认知能力，可想而知，这些猜测是很有可能发生的。因此，我们急需改进大学生感恩教育的方式。

2.当代大学生感恩教育的课程内容不合理

人类教育历史的成果表明，课程化是培养优秀人才的有效方法，一切优秀的教育思想都是贯穿于课程结构之中，通过教材呈现出来，最后由教师把这些优秀的思想传授给学生，它是教师教学的理论依据。然而，当前思想政治理论课在课程内容方面存在着一些不容忽视的问题。

第一，内容的结构体系存在冲突和矛盾。从横向上看，不同教育主体之间的教育内容"对冲"现象十分普遍，主流价值、非主流价值甚至反主流价值，在教学过程中交织出现。在纵向上，有两个衔接不当：首先，与中学阶段的教育内容衔接不当。课程内容设置上与中学政治课存在较多简单重复，一定程度上是建立在对中学阶段思想政治教育工作的主观臆断上，内容的理论化、抽象化、成人化程度还有待改进，以更好地解决大学生自中学以来累积的理想信念、道德观念、价值目标等问题。其次，内容顺序安排不合理。还存在低年级进行马克思主义理论教育，高年级再将重点转移到人生价值、社会责任、感恩等问题上来。这不仅与大学生的认知规律相违背，而且使得大学生思想政治工作陷入"前期空洞、后期功利"的境地，教育内容的可信度被严重弱化。

第二，内容的时代性较差。首先，在传统的主要教育内容上与时代课题不紧密，创新不足，无法阐释在新的历史时期相关问题发生的新变化、出现的新特点。新内容的建设力度和速度不够快。感恩教育、生命伦理教育、爱国教育、个体责任教育、网络道德教育、婚恋教育、成才教育等，都是当代大学生迫切需要教育的内容，是他们健康成长道路上的重大课题。但是，对于这些问题的解决还处于延迟的、被动的状态，收效甚微。

3.当代大学生感恩教育实施渠道不畅通

除了利用思想政治理论课这一主要渠道外，大学生思想政治教育还可以通过专业教育、家庭教育、社会影响、日常管理以及学生自我修行等途径开展。当前，这些渠道在合作方面主要存在三方面问题：首先，缺乏沟通，各自为政的情况比较普遍。其次，作为主渠道的思想政治理论课，缺乏与其他途径的交流，对于学生在专业学习、日常生活、社会实践中受到的影响关注不够，回应不及时、不准确。再次，非主渠道一定程度表现出与主渠道之间的不合作态度，不愿主动承担其应有的育人责任。部分任课教师和学生管理者对于学生的思想品德问题或敷衍了事或听之任之，抱着"多一事不如少一事的"的心态。

除了以上各种渠道之间的不合作外，还有一个问题也影响着大学生感恩教育的开展，即对新渠道的开发利用不够。当前大学校园里的学生绝大部分是90后，他们青春朝气，与时代接轨，是一个不断求新求异、融入大众的群体，对各种新鲜的、独特有趣的事物充满了热情。手机微信、朋友圈、QQ群、微博、人人网这些网络工具是他们所喜闻乐见和普遍使用的。然而，由于种种原因，教育者对这些新渠道的开发利用严重不足，主动利用的概率不大，效率也不高。

上述现象往往是产生感恩缺失的温床，大学生思想政治教育工作对这些途径的渗透、利用和参与乏力，严重制约了感恩教育的实施。

（二）当代大学生感恩教育问题的产生原因

相比大学生感恩教育，大学生专业课教育的效率来得更高一些，专业课不扎实的同学完全可以利用课余时间补回来，如果某个课程没有达到学籍标准，高校还可以组织学生补考，甚至离校清考。然而，大学生感恩教育的教育目标是使大学生学习并接受符合感恩要求的道德规范和道德要求，这是一个漫长的过程。通过对当前大学生感恩教育过程中出现问题的客观分析，我们不难发现造成大学生感恩缺失的原因是多层次、多方面的。本文主要从家庭因素、学校因素、社会因素和自身因素四个方面来对大学生感恩教育存在的问题进行分析。

1.家庭因素

家庭作为教育的摇篮，是道德教育的"航母"。亲情是情感教育的自然基础，也是人类亘古不变的、最质朴、最厚重的情感。父母或其他家庭成员的一言一行无不潜移默化地影响着个体的成长和发展。

（1）父母对子女进行感恩教育的意识淡薄

当代大学生感恩意识缺失的责任首先来自家庭本身。面对激烈竞争的现代社会，今天的家长们普遍重视孩子的早期教育，重视孩子的智力开发，这较之过去老百姓只关心孩子的"吃、喝、拉、撒"，当然是一种积极的改变和可喜的进步。但问题在于，一部分家长们只重视孩子的教育，焦点几乎仅仅落在了孩子目前的学业成绩和未来的竞争力上，进入一流学府，拿到更高的学历，步入"上流"社会，是他们对孩子共同的期望和要求。另外一部分家长为了贪图自己一时的安逸，全然不管孩子的一切，平常在外面潇洒，任由孩子"自由发展"。在农村，一些父母含辛茹苦地把孩子培养成才，而当他们进入大学之后，却"嫌弃"自己的父母地位卑微，担心他们会影响自己将来的发展。在城市，许多孩子被侍候得像"小皇帝"一样，从小到大，他们从父母那里获得各种物质的满足，不用自己要求就可以得到各个方面的保障，在这样的"温室"里长大。自然而然他们在思想中形成的是"个人主义"，表现在行为上是只有索取，不懂得回报。家庭教育对个体的思想道德建设起着十分重要的作用，不科学的家庭教育必然会导致个体感恩意识的缺失。

（2）亲情依赖意识降低削弱了感恩教育的开展

随着社会的发展和各种制度的进一步完善，人们对人格独立和自由的呼声也越来越强烈，大家都希望自己的命运由自己来主宰。尤其是随着改革开放的进一步深化，社会化大生产得到了空前的发展，人与人之间的社会联系逐步加强，人们更愿意以积极的姿态参与到社会生活的各个岗位中去，家庭不再是个人的主要生活场所。在企业单位中，只要通过自己最大的努力，尽职尽责，个人的价值和荣誉都会得以实现。在这种背景之下，家我一体的观念在大学生心中淡化，他们的亲情依赖意识也逐渐降低。加之面临学业和考试的重压，面临着情感和择业的困惑，他们需要巨大的精力去应对，以至于和父母的联系不再频繁和深入。除此之外，因为时代特征的差异和年龄的悬殊造成了父母与子女之间不同的思想观念和生活方式，使得父母与子女之间感情上产生摩擦，想法上存在分歧，不能进行很好地交流与沟通，这也会影响到家庭教育的顺利开展，进而削弱个体感恩意识的形成。

2.学校因素

通常，人们把学校看作是塑造人类灵魂的殿堂和坚守崇高道德理念的净土，也是国家专门培养优秀人才的重要场所。全面开展感恩教育，以学校感恩活动为载体，精心培育学校的"感恩文化"，其目的就是要使"滴水之恩当涌泉相报"之情感生根开花结果，让学生懂得知恩图报。然而，由于学校教育的疏漏，大学生感恩教育往往缺乏实效性。

（1）学校教育的功利性过强

感恩是非功利性的，但目前许多感恩教育过多地从功利层面强调感恩的意义，使得感恩成为达到功利目的的手段之一，教育本身发生了错位。在这种教育情形之下，大学生更多的偏向于追求金钱主义和享乐主义，并把它们作为实现人生价值的支点，在学习过程中往往选择把大量的时间花费在具有实用价值的知识与技能上，以便在将来可以谋求到一个好的职业。一些学生加入党组织，不是为了更好地提升自己的思想境界，而是为以后参加深造考试或找工作增添砝码。学校办学则过于追求经济效益、社会效应，导致学校学生管理、师资建设、教学质量监控等各方面愈来愈趋向于短期效益化，教学只流于表面形式，人文关怀方面的教育严重缺乏。知名教育学者熊丙奇曾指出"一切围绕功利目标转，从这种教育体系走出的学生，会在人格、身心方面存在一定的缺陷。"这样的学生是不可能为他人着想、关心别人的，因为他们觉得没必要把大量的时间浪费在没有利用价值的人身上。久而久之，学生几乎进入了感恩教育的空白区。正是这一系列的教育空白和功利性的办学追求，导致当代大学生感恩教育欠缺，学校整体感恩教育水平的下降和大学生感恩意识的滑坡也就不可避免。

（2）感恩教育实效性差

当前我国高校主要通过系统的思想理论教育、各种课外活动以及相关主题活动来培养大学生良好的感恩意识。在实施过程中，我国高校感恩教育在积累了丰富经验的同时也存在着突出的问题，体现在具体教育过程中，首先是方法上过分诉诸"灌输"，缺乏教学的互动过程。教师在教育过程中处于中心地位，机械地向学生灌输大量的信息，而学生只是被动地接受这些信息，对信息不能进行有意义的构建，渐渐地就会产生对这种教育的厌烦情绪。其次是教育内容与现实生活的脱节。在信息多元化的环境中，大学生已经具有了一定的道德辨析能力和强烈的自主意识。在内容上一味地追求"净化"追求

"正面影响"，一定程度上造成了大学生的困惑和迷茫。他们常常感到所学知识的空泛和不切实际，在内心深处却不会真正接纳这些"答案"。此外，忽视学生的身心发展规律也是导致大学生感恩教育薄弱的因素之一。感恩观念的形成本应是一个由低到高的发展进程，感恩教育应遵循青少年不同发展阶段的身心特征。但事实却是，在小学阶段我们大讲共产主义理论，初中阶段讲道德教育，而到大学阶段却反过来强调公民基本道德规范，这种现象导致大学生感恩教育与学生身心发展规律脱节，对大学生感恩意识的塑造没能起到积极的作用。

3.社会因素

感恩教育不能只是简单地在大学校园里进行，每个人都不能脱离社会而独自生存，必须将其置于全社会之中，在整个社会学校的系统大环境下，通过积极营造全社会感恩和谐的氛围和环境来促进大学生感恩教育，培养大学生的感恩意识。当前我国处于社会转型时期，人们的利益关系和思想价值取向已呈现多样性和复杂型，在网络媒体和商品交换原则作用下产生的忘恩负义等不良风气，也更多地侵蚀着人们的精神领域。

（1）社会的感恩氛围不浓

近几十年来，经济体制改革、市场经济的深入推进，带来了利益主体、价值观念的多元化，个人主义、享乐主义、拜金主义盛行，人们为了生计不断加速前进。在这种激烈的竞争下，人与人之间变得越来越陌生、越来越缺乏信任，一些基本的道德品质在利益至上原则的引导下也渐渐模糊起来。一些子女不尽赡养父母的义务，使大量老人成为空巢老人。看到妇女被偷财物，人们为保自身周全而漠然视之。明星资助大学生完成学业，反被抱怨资助太少。看到老人跌倒在身边，扶还是不扶也纠结着人们的内心，助人为乐陷入了一种莫名的尴尬，人们不愿相信这个世界上还有真善美的存在，总是事不关己高高挂起。这些都在一定程度上体现出，我们的社会感恩氛围不浓厚，这对价值观形成处于关键期的大学生来说，对他们的感恩意识形成是十分不利的。

（2）激烈的社会竞争的影响

伴随着知识经济的到来，人与人之间的竞争也愈演愈烈，效率至上成为人们做事的准则，如何在最短的时间内提升自己的技能，更新自己的知识成为将来生存发展的关键。面对这种社会境况，大学生也倍感压力，他们必须充分调动自己的积极性，加强对知识的学习和对自己技能的培养，整天忙着实习、忙着参加各种技能考试为将来的就业做准备，而对于自身素质、情感、人生价值等方面的关注度远远不够，导致人与人之间的感情变得越来越疏离。

人作为各种社会关系的总和，不是孤立的存在于这个世界的，必须通过不断地完善自己的社会关系来发展自我，此外，人也是具有丰富情感的存在物，"人非草木，孰能无情"，缺乏情感的人称不上是完整的人。对于个体而言，来自他人的关爱、帮助、赞赏等会使其产生强烈的归属感、安全感和幸福感，反过来，当个体选择以恰当的方式去回馈这份爱，去感恩他人时，就会深刻地体会到自身的价值，从而觉得自己的生命更加充实。然而，激烈的竞争割裂了人与人之间温情的纽带，它抑制了人们正常的情感需要，而更多地以赤裸裸的利益关系所取代。这是我们这个时代的不幸，也是感恩教育缺失的原因所在。

（3）大众传媒的负面影响

大众传媒对人们的影响力非常之深刻。它可以使信息在很短的时间内遍布全世界，人们可以足不出户，就能了解到世界各地的新闻。不仅如此，大众传媒还为人们提供了很好的舆论平台，在这里人与人之间的空间距离被缩短，不同思想的相互碰撞形成多元化的价值观。然而，大众传媒是一把双刃剑。在市场经济条件下，为了最大限度地追求商业利益，大众传媒出现了低俗化的现象，制片商通过篡改经典原著、歪曲历史事实来赢得大众的喜好；商家为了推动商品的销售不惜运用低俗化的语言吸引消费者眼球；媒体为了制造噱头，吸引读者关注，对明星进行各种炒作；就连关系国计民生的硬新闻也被披上了华丽的外衣，本应严肃的新闻变得戏剧化、故事化、趣味化，大众传媒界出现了"泛娱乐化"的现象。这些都在一定程度上潜移默化地影响着广大受众。当代大学生作为大众媒介的主要追随者，生活习惯、交际模式和获取信息的方式无不受其影响。尤其是过度的依赖网络致使他们与现实生活的接触越来越少，人际关系淡漠，部分大学生受到网络上一些负面新闻的影响，崇尚自我，不知道感激别人的付出，更不会去回报别人，无形中造成了感恩意识的缺失。

4.自身因素

正如杜威所说，"道德、理智发展的过程，在实践和理论上乃是自由、独立的人从事探究的合作的相互作用的过程。"大学阶段，大学生自我认识、自我评价、自我控制的能力明显不同，对感恩的认知能力也不尽相同。因此，要从大学生自身方面探究当代大学生感恩教育缺失的原因。

（1）部分大学生对感恩认识不全面

伴随着成人感的出现，大学生独立性大大增强，开始不愿依赖别人，不愿按照父母的意愿、老师的要求去做事，强烈要求按自己的想法去办事，捍卫自己的观点，对事物的判断保留自己的评价标准。可以说，这个时期是大学生个性张扬的时代，可是部分按自己想法办事的学生开始变得我行我素，对事物发展缘由的归因分析往往显得片面和绝对化，通常感性认识大于理性认识，认为感恩就是简单的利益交换。他们忽略了：感恩不仅仅是简单的利益交换，更是来自大学生内心深处一种心灵的感觉和对人间真善美的珍惜。他们都曾感受过来自他人的帮助和关怀，也都碰到过出手相助的时候。当你懂得感恩，你就会知恩图报、乐于助人，相反，你只会看到冰冷的利益交换，感受不到人与人之间的真情，甚至连他们帮助自己的动机都产生怀疑。就感恩的对象而言，也存在着一定的认知偏差，在部分学生看来，感恩的对象主要有父母的养育之恩、老师的教导之恩、朋友的帮助之恩，这使得感恩的范围一下子缩小了许多。正是由于以上对感恩认识的不清，导致了当代大学生感恩意识的失衡和欠缺。

（2）当代大学生自律能力较差

自律是当代大学生应当具备的基本素质，也是我国社会主义道德伦理规范对大学生道德素质的起码要求。马克思说过，"道德的基础是人类精神的自律"。它要求人们在作出行为选择时，要以道德良心、理性和信念为依据。

经历了高考带来的巨大压力，进入大学校园，大学生们一直紧绷的神经终于放松下来，部分大学生因为自律能力较差，把大量的时间消磨在虚拟的网络世界里，成天打游戏、聊天、网购、看泡沫剧，一些同学甚至连吃饭都懒得出去，直接在网上订购，这些行为导致大学生与他人、社会之间缺乏正常的交流和沟通，逐渐与现实生活相脱节，社会责任感弱化，对家人和社会给予自己的帮助表现出无所谓的态度，更不会想到用自己的行动去报答这些恩情。长期下来最终滋生了大学生的"从众"心理，"人云亦云""随大流"，这种对待生活的态度逐渐弱化了他们的感恩意识。因此，大学生在实践中要加强自己的自律能力，要善于自我评价，严以律己，反躬自省。

三、当代大学生的感恩教育路径

（一）融通感恩教育渠道，宣传感恩思想

感恩教育不应只是形式上的宣传，要达到实质性的效果必须从大学生的感恩意识抓起，从心理上重视到感恩，在行动中体现感恩之情，自觉自发的调动起感恩的积极性。要做到这些不能只是图于表面形式的宣传，要深入人心就必须筹备一些可以到达效果的活动。光是一些枯燥、形式上的感恩教育不是我们所倡导的，况且这样的实效也只能是事倍功半。感恩本来是一种精神境界的高度的觉悟，是当代大学生应该意识到的传统美德，是情之所至而引发的自我行动。感恩教育要真正可以激发起心灵的触动，是仅凭理论的教育所无法达到。鉴于此，融通教育渠道不是纸上谈兵，落实到实际上，工作还有很多。在各种各样的特色活动中贯彻感恩思想，加深学生的认识，接受考验，得到锻炼，培养感恩品质。

1.家庭教育是感恩教育的第一课堂

家庭是我们来到这个世上接触的第一所学校，而父母是我们的第一位启蒙老师，父母在我们幼小的心里播下的第一颗种子对我们将来的人生有着至关重要的作用，培养孩子的感恩心理，也要从小时候做起。首先要让他们对父母产生感激之情，这是最原始、最本能的情感，弘扬"老吾老以及人之老"，把这种情感扩展到身边的人，直至整个社会。在教育孩子的感恩意识上，母亲的作用尤为重要，母亲的言传身教可以影响一个人的一生，在家庭里溺爱孩子的角色也多由母亲充当，克服溺爱，培养感恩情节也是天下所有母亲的责任。

　　学校可以结合实际情况，开展如下活动培养和激励大学生的感恩意识和思想。如：布置爱心家庭作业；开展征文活动《我的父亲（母亲、长辈）》；寄给父母长辈一封《谢谢您，我的……》感恩的信；亲身体会父母、老师、他人的辛勤劳动；有条件的随父母长辈工作一天，感受父母长辈的辛勤劳动；倾听父母长辈的成长过程和艰苦创业史，谈谈自己的感想；感恩教育主题班会"算算亲情账，感知父母恩"等等。

　　2.利用节日契机举办感恩活动

　　为进一步丰富感恩实践活动内容，吸引大学生积极参与到活动中来，学校应该把重大纪念日和传统节日充分利用起来，组织各部门、各院系尤其是一些与各种纪念日、传统节日有关的重点部门，创新形式、丰富内容，开展各具特色、面向不同对象的纪念、慰问和感恩实践活动。结合庆祝三八妇女节，可以举办首届"十大孝儿女"颁奖大会；组织开展"心怀感恩、共享和谐"签名活动，向广大学生发放倡议书；也利用五四青年节，开展了"学校风采"征文和"我骄傲，我是××人"专题演讲活动，增强了凝聚力和向心力；利用清明节契机，组织机关干部、校院领导、学生代表开展感恩先烈清明祭扫活动；重阳节是敬老节，可以组织队员开展"我和爷爷奶奶比童年"的小课题调查，要求队员探索自己与祖辈在衣食住行等方面的区别。如"如何做生日""如何过年""一年添置多少衣服、玩具"等。许多队员在采访祖辈的过程中，通过比较感受到祖辈童年艰苦的生活、学习条件。在全校营造了人人思感恩、人人比奉献的浓厚氛围。

　　在母亲节、父亲节、教师节等节日来临之际举办一些与父母或长辈共同协作完成的活动，比如运动、游戏等，利用这些机会以促进大家相互感情交流。获得与长辈之间更多的理解，大家互换角度的理解对方的处境和思想，以求得在未来的相处中更加和谐的局面。可以举办一些与长辈茶话会，在活动中，大家可以开诚布公地坦率自己的想法，诚实地表达自己的情感，真诚地表达自己的感激之情，营造一种温馨的氛围。长辈们可以表达对孩子们的期望，而作为被给予了无数关怀的大学生们更要借着这样的机会诚恳地表达自己多年来接受了爱的感恩之情，或者自己准备一些有心意的礼物献给他们值得尊敬和感激的长辈。在这一系列地对大学生感恩教育过程中，把化抽象理论为具体行为，化空洞说教为现实行动，以活生生的感恩教育活动为载体，让大学生从实践活动中体验感恩，实践感恩。

　　3.充分挖掘身边的感恩榜样

　　葛登钠说："年轻人并非借着学习那些文字（真理、正义等）及其定义来同化于他们团体的价值，他们学习的是态度、习惯和判断事理的方法。他们在与人接触之中学习，在生活与特殊事件中学习，也从歌曲、故事、戏剧与游戏中学习。他们并不学习道德原则，而是仿效有德行（或无德行）的人。他们并不把自身愿意发展的属性特征列表分析，而是认同于那些在他们看来似乎具有这些属性特质的人。这就是何以青年人需要模范。"榜样的力量是无穷的，尤其是身边的榜样，它能轻而易举地吸引人的注意，潜移默化地影响人的心灵，自然而然地诱发他们向榜样学习的动机。利用榜样的力量影响学生。具体的做法是：第一，家校联系，推荐榜样。挖掘学生的闪光点，搜集学生感恩的动人故事，树立学会感恩的榜样。第二，精心策划，宣传榜样。第三，隆重颁奖，提升榜样。第四，以主题班会为平台，让学生学会表达感恩。第五，以书信形式表达感恩。第六，以纪念活动为契机，培养学生的感恩情怀，构建家长与孩子、教师与学生的和谐。

模仿榜样的行为，认同榜样的思想道德，期望自身形成榜样的优秀品德，形成自我教育，深化感恩导向，并逐步升华为感恩的主动行为。留心收集身边有教育意义的感恩事迹和故事。将那些感人的榜样一一记录下来，派专人收集，在每期的院刊或校报上开办一个栏目，记录和评选每个月最感动大家的感恩事迹。在耳濡目染之间，同学们自然而然地就会对感恩有更多的关注和感悟。使这些生动的感恩教育教材贴近大学生的生活和实际，与大学生接触密切，易于与学生进行心灵的对话，先进人物的言行对学生有着重要的、潜移默化的影响力和感染力。

（二）创新感恩教育方式，注重德育实效

感恩教育必须贯穿在教育的各个方面，学校是感恩教育的主渠道，承担感恩教育引导和强化的工作。特别是大学生，更多的时间是接受学校的教育，所以学校的感恩教育方案必须落到实处，尽量地考虑到学校方案的可行性以及学生的接受程度。进入大学的学生，心智基本上已经比较成熟，有自己独特的分析能力和思维方式，学校的工作应是一种从心理上的引导和提醒。然而教育工作不是停留于书本上的一字一句，而要真正起到育人的作用，感恩成为教育中的一项重大课题，也是教育形式多方位，多角度融合的体现。怎样将教育开展得井井有条，又能达到预期的目标，是需要学校工作与学生的参与共同结合的。所以创造一种新的，更为广大学子所接受的教育方式是势在必行的。

1.学校教育层面

首先，教育者要率先垂范，感恩教育是一种情感活动，真正的感恩教育要做到以情动情，以情感人，以情化人。熏陶学生的道德情感。高校德育工作应是全面的育人工作，所有的德育教师都应是感恩教育的直接实施者。实施感恩教育，"首先要求学校德育部门要把感恩教育纳入思想政治教育体系，使感恩教育成为大学生的'必修课'，教育他们感恩社会、回报祖国和亲人。其次，学校的思想政治课教学中，要渗透感恩教育的内容。最后，学校管理部门的管理工作者要侧重于与学生的情感沟通和生活体验的交流，渗透感恩教育。在这'三位一体'的学校思想政治教育感恩体系中，教育者自身的言行举止的表率示范作用是不可忽视的，教师的人格魅力和渊博学识很容易成为学生学习的榜样，教师的言行举止对学生具有潜移默化的影响。"因此，实施感恩教育，这就要求教育者必须要率先垂范，常怀感恩心，自身充满人文情怀。教育者不是"教书先生""法官"及"牧师"，而是情感的传递者与沟通者。注重与学生的情感沟通、体谅和感情移入，增强感染力和说服力。

其次，积极引导大学生积极参加社会实践，践行感恩社会实践是磨炼人个性和锻造人格最有效的手段和方法，也是大学生形成和不断发展其感恩品质的基础，是大学生逐步走向社会、奉献社会的有效途径。学校要努力带领学生积极投身到社会公益活动中，通过第二课堂、社团活动、社区服务、青年志愿者活动、社会调研、暑假"三下乡社会实践活动"、教育实习和专业实习等多种形式、多种方位、多种渠道的教育实践活动，不断引导大学生学会感恩。将学校教育和社会教育有效地结合起来，使大学生真正体验到生活的艰辛、他人和社会对自己的鼓励和无私帮助，从而懂得理解、尊重和同情他人，将感恩意识内化为他人、为社会服务的实际行为。

最后，开展以感恩教育为主题的专题感恩教育活动，以活动作为开展感恩教育的重要载体和途径。近年来，有些高校在这个方面做了很好的尝试。如重庆工商大学每年都要给大一新生上一堂生动的算账课。这堂算账课就是让每位新生算一算自己每天的花费，同时也了解一下父母为这些花费所付出的艰辛。通过这种教育的方式，使一些花钱大手大脚的学生想到父母挣钱的艰辛，在算账之后让心灵受到强烈的震撼。这些感恩教育的专题活动，主题突出、内容生动、形式活泼，与大学生的学习和生活密切相关，是感恩教育的重要途径。

2.学生自我教育方面

对于学生来说，不要以为别人的付出是理所应当，懂得感恩是一种做人的责任，是一种生活与工作的态度，对于别人的爱护要懂得珍惜。时刻反思感恩思想中自我发展的要求，自我感悟。在这样的相互努力的过程中，完满达成感恩教育的效果。除此大学生还应懂得施恩不图报，施恩不图报是感恩教育的最高境界，只有达到了施恩不图报的境界，才能真正地拥有为人民服务、为社会服务、在必要时为祖国献身的信念和品格。

首先，感恩从自我做起。"感恩教育"的核心是"感"和"恩"，基础是"爱"。开展感恩教育，"感激'、"知恩"是根本。要求学生从自我做起，例如要培养学生孝敬父母的良好品德，可以开展"今天我当家""记住父母的生日"等实践教育活动，让学生跟着父母做家务，既体验了生活，又体会到做父母的艰辛，培养了他们的自理能力和关心他人的良好品德。使他们从自身做起、从点滴小事做起，在道德品质上追求高尚，让父母放心；在生活上，学会自主，让父母少操心：在学习上刻苦努力，让父母称心。这样将孝敬父母教育落实到具体活动之中，既加强了道德教育的实践性，又增强了道德教育的针对性，从而受到良好的教育效果。

其次，感恩小事做起。诸如日常生活中教育学生主动帮助老师擦黑板，对师长有礼貌，尊重老师，理解父母，为父母分忧等，着力从点滴培养大学生的感恩意识，使他们"吃水不忘打井人"，永不忘记别人的帮助之恩，不忘父母师长的养育教导。从小事做起目的是让学生将感恩的行动形成习惯，设身处地为他人着想，体验他人的内心世界和内心的情感。这样才能使学生具有道德感：处处体谅他人，原谅他人，同情他人，帮助他人，爱护他人。感恩教育必须将外在道德要求内化为自身内在的心理诉求，将感恩思想中"内省的自我发展要求"，在学生内心中激发出来，将感恩内化为学生的主观意愿，找回学生内心人性的东西，真正促进学生的主体性的发展，这样感恩教育就不会仅仅停留在靠纪律和制度来维持的阶段，而是从学生的心里发自肺腑的流淌出的观念，使学生的行为规范上升到心灵的自觉要求和对生活的热爱。

（三）加强自我教育，提高感恩认知

在高校开展感恩教育需要注重感恩教育主体的能动性。感恩教育是一种情感教育，人文关怀学派的代表人诺丁斯认为，道德产生于以个人情感上为善的愿望，而不是产生于理性上的苦思冥想。所以，大学生在接受教育的同时应主动建构自己的感恩道德，需要大学生感恩意识、感恩行为、施恩行为方面进行自我锻炼、自我改造和自我提高。还应该在日常的生活中，关注身边的情感事物，学会情感表达的方式。

1.培养学生感恩意识

感恩教育是大学生思想政治教育的一个重要手段，学会感恩是大学生思想政治教育重要目的。从实践论来看，一个人对世界、对人生的认识会直接影响其生活方式和行为准则，"目的就是实践主体在活动之前预先有意识的设计的活动结果，是人的主体需要和客观事物发展规律整合后产生并存在于人观念之中的一种预期"。识恩是感恩的前提，如果一个人不能知恩、识恩，就不可能有感恩意识和行为。要唤醒他们的爱心，让他们学会理解、尊重和感激别人对自己的付出，学会知恩图报的同时，教会他们施恩不图报。

2.激发学生感恩情感

所谓情境教育，就是运用一定的教育手段和方法，通过创设感恩父母、感恩老师、感恩同学和感恩社会等情境，对受教育者有目的有步骤地实施识恩、知恩、感恩、报恩，以至于施恩的人文教育。不断整合学校、家庭和社会的资源，把感恩情境作为大学生感恩教育的素材，使大学生的心灵受到启迪和感染，以激发当代大学生的感恩情感。在感情的互动中，主体的情感也相应得到升华。尽管人与人之间的外部环境存在着客观的差异，但幸福感是主观的、因人而异的，不同的人对同一种生活会产生明显不同的幸福感，同一个人在不同的生活中又会产生不同的幸福感。感恩的心促进主体决定性的发展。主体决定性人格特质的形成必须以吸收一定的社会价值观、外在的生活经历为条件，并与自我的学习状况、创造力、好奇心等特质相结合，把它们转化为自己的内在价值观之后，主体的决定性人格才能形成。

3.内化学生感恩品质

要将感恩教育真正渗入大学生的心灵，内化为大学生的感恩品质，关键就在于充分发挥大学生参与的主动性、积极性。社会实践是磨炼个性和锻造人格最有效的方法和手段。将感恩教育融入社会实践才能为大学生与现实生活的直接对接找到突破口，为大学生道德情感的培养与升华提供新的平台，这样感恩意识才能进耳，入心，产生情感体验，转化为内在品质。如苏霍姆林斯基所说的："道德准则，只有当它们被学生追求，获得亲身体验的时候，只有当它们变成学生独立的个人信念的时候，才能真正地成为学生的精神财富。"

（四）深化感恩教育评价，完善制度体系

感恩教育要经常进行及时的、实事求是地总结和评价，并在此基础上调整和改善以后的教育内容和方法。感恩教育评价对教育活动的调整和矫正作用，通过信息的反馈机制在信息不断地刺激和反馈的相互作用中逐步实现的。道德教育的实效性正是在及时而又不断循环往复的评价中，不断得到提高的。

1.社会层面要确立规范的感恩教育评价体系

感恩教育的效果是与相关的教育评价体系分不开的，大学生感恩教育目前尚未建立起相应的有效评价体系，致使感恩教育难以落到实处。有的学生本来有较高的道德内省意识，但是当他们看到忘恩负义的人并没有受到相应的惩罚时，原有的感恩意识可能就会发生动摇，甚至放弃对他人的感恩。缺乏有效的评价体系将使学生的道德水平处于失范状态，使感恩教育很难在大学生的心灵中引起震撼。因此感恩教育也应当有相应的感恩评价体系。比如，对见义勇为受惠者的忘恩行为应在道德和法律层面上予以鞭挞和打击，对知恩图报的美言善行应予以褒奖。应该把感恩教育规范化、具体化、制度化，使大学生的自律与感恩评价体系的他律有机地结合起来，通过严格科学的管理，培养感恩意识，促进感恩习惯的养成，使感恩成为学生的内在基本道德素质。在建立感恩评价制度时，要把思想引导与利益调节、精神鼓励与物质奖励统一起来，为感恩教育提供良好的运行环境。

2.学校层面要建立多元的感恩教育评价指标

学校可以根据自己的教学特色、师资力量、教学条件等特点，针对不同年级、不同类型的学生制定不同的教育目标，并建立多元的感恩教育评价体系。对感恩教育的评价，既要关注结果，又要关注方法，更要重视过程；既要强调终结性评价，又要强调诊断性评价，更要重视形成性评价；既要突出评价指标的多样化，又要突出评价方法的多样化，更要重视评价主体的多样化。做到管理有人抓、研究有人搞、具体工作有人做。要分层次、分类型、多形式地开展渐进性、阶梯式的感恩教育师资培训。要对全体干部教师开展全员通识培训，帮助广大干部教师了解感恩教育的基本内容和教育目标，能够把感恩教育有机融入实际的工作中去。学校对于感恩教育可以形成一定的评价考核条例。

第三节　传统文化与大学生修身教育的融合

所谓"文明修身"就是在日常生活中根据特定的社会道德规范和伦理原则，进行自觉、自律的品德修养，进而达到尽善尽美的文明境界。从理论意义看，文明修身教育体现了马克思主义关于人的全面发展的基本理论，彰显了我国儒家传统的修身思想。从实践意义看，文明修身教育抓住了部分当代大学生自律性差的薄弱环节，具有针对性，传承了为人师表的示范精神，具有教育性，创新了高校德育工作的理念、思路和方法。

一、传统文化中修身教育的相关资源

中国古代思想家很重视关于人自身以及人与人之间关系的学问。如果说西方思想家更多地把眼光投向自然界、向自然界开战的话，那么，中国古代思想家则更多地把眼光投向人的内心世界，注重人的内在修养，即所谓前者更在意"外求"，后者更注重"内省"。因而，在中国教育史上，人的思想修为便成为重要的探讨领域。虽然没有专门术语与论著来讨论这个问题，但关于这些方面的思想是很丰富的，更不乏许多精辟的见解。

（一）重生与修身

自原始社会以来，人类就对生、死、神灵等问题进行了思考，只是由于生产力水平低下以及人的认识能力有限，在对这些问题的认识上还存在扭曲，将自然现象归于神、鬼神的意志，人类处于一种对生存状况无法掌控的状态。

随着原始社会的瓦解，中国进入奴隶制时期。那时候，生产力水平得到提高，生产工具得到改造，人们开始认识到劳动的价值，认识到自身的作用，对鬼神的崇拜程度也随之降低。虽然在进行重大活动之前，仍然会观察天象，听取天的旨意，但将天的意志和人的意志融合了起来。《尚书·皋陶谟》有"天聪明自我民聪明，天明畏自我民明畏"的句子，意思是说，上天从人的好恶角度实施奖惩。至春秋战国时期，文化思潮云涌，百家争鸣，各学派对人、国家发展等问题进行了深入思考，其中不乏一些有价值的见解。但比较而言，儒家的"重生"观念与"修身"精神影响最大，且源远流长。

古代的"重生"观对儒家有很大影响。这种思想首先体现为"人贵于物"的思想，《孝经》引孔子的话说："天地之性人为贵。"据《论语》记载，"厩焚，子退朝，问：伤人乎？不问马"。意思是说，当马棚失火了，孔子并没有问马是否有问题，而是问人是否受到了伤害，这在重畜轻人（五个奴隶抵一匹马加一束丝）的时代实际上是对人的尊重，是对人价值的一种肯定。孔子还极力反对活人殉葬，体现出儒家的重生观念。

汉代董仲舒认为人与天相通，人具有天的灵性，所以，人区别于一般的动物，并且要高于动物。宋明理学家也强调人的价值，尤其是重视人才的作用。南宋的陆九渊说："天、地、人之才等耳，人岂可轻？"

正是因为有"重生"的意识，才发展出"养生"的重视，"养生"是人更好生存的途径。"养生"主要体现在两个方面，一是在饮食起居方面的调整，即要注重身体的调理，通过健康的饮食和生活方式确保身体的康健。二是要注重道德修养方面的修养，取得精神方面的和谐。儒家在论及养生时，多取"修身"一词而少用"养生"的说法，可以看出，其更加重视道德修养。儒家还论证了"德者寿""仁者寿"，意即德高者得寿，仁慈者延寿。历代儒家与养生家对这一命题都有所承袭。董仲舒提出了"身之养、重于义"的说法。

道家也注重"养生"，但道家更强调根据生命发展规律，达到保养生命、延年益寿的目的。儒家的"重生""修身"是积极人世的表现，其更加强调保养好生命去实现自己的人生价值和社会抱负，更好地去修身、齐家、治国、平天下，在国家和社会需要时，他们宁愿舍生取义。

儒家的生死观念是其修身思想的一个高度集中的体现，强调生要有价值，死要死得其所，这其中包含着为国家民族利益而献身的精神。正因为有这样的生命观和价值观，所以，在儒家教化中，注重民族气节、民族精神的培育。

中华优秀传统文化一直重视人的生命价值，重视身心的修养，我们应该积极汲取这些思想中的精华，把修身和养性并重。

（二）重德与养性

周以来，道德问题就一直是中华优秀传统文化的主要内容。人们重德、敬德，注重德性修养，并把人的德性修养看得高于一切，认为人之所以贵于万物，就在于人有道德。

对于德，不同的流派有不同的认识，儒家认为德的核心是"仁"，人与人之间的基本道德规范就是和谐相爱，互帮互助，"己欲立而立人""己所不欲，勿施于人"等，这些都是做人的规范。

"德"通常通过伦理规范表现出来，封建社会的"三纲五常"，君臣、父子、夫妇之间的伦理道德，以及人与人相处中的"仁""义""礼""智""信"这是道德的规范。道家主张清静无为即为德，道家更注

重人本真个性的保持，认为"得其天性谓之德"，墨家主张"兼相爱、交相利"即为"德"，墨家的"德"带有很强的功利主义色彩，认为人与人之间的相处要互相有利，这样关系才能长久。后世传入中国的佛学则主张多行善，多做有益于他人的事情，即积善行德，最终才能够达到美好的彼岸世界。

在我国传统社会，道德还被赋予了重要含义，董仲舒则认为人神的独创，强调人精神性的一面，认为人应该是有情、有义，有道德的物种。朱熹提出"人与物异在仁义礼智"的命题，认为道德规范的存在是人区别于物的主要标志，将德视为人的本质。这一点背离了唯物主义的立场，陷入了一种抽象论，因为人是一种客观存在，具有物质性，人的本质是社会关系的综合。道德也是由这种社会关系决定的，并且道德随社会的变化

而变化。在阶级社会中，人是阶级的人。

道德规范的约束力、规范作用的发挥，还需要靠人的践行，即在生活中不断"养性"，儒家强调"重行"和"反思"，注重对道德的实际践行，道德规范只有在不断的践行中才能成为德行，才能成为德性的一部分。孔子注重将德性修养与济世联系在一起，躬行道德规范的同时，要"修己以敬""修己以安人""修己以安百姓"。孟子所说的"行"与孔子有所不同。孟子认为人性本善，人生来具有四端"仁义礼智"，只不过要在后天不断巩固发展，以形成良好的品性，后天挖掘提升的过程也是践行良好道德规范的过程。宋代朱熹也很强调"行"的重要性，但他更重视"知"的重要性，并认为"知"是"行"的前提，明代王守仁提出了"知行合一"说，强调道德的认识自觉性和实践性的关系，"知"主要指道德意识，"行"主要指行动，道德只停留在意识层面，不算是真修为，同样道德行为离不开道德认知的指引，二者互为表里，最终形成符合道德规范的行为。清代思想家颜元在道德修养方面也提出重"践履"、重"习行"，主张"德性以用而见其醇驳"，这是以行为（"习行"）之效果（"用"）作为检验"德性"之"醇驳"的客观标准的观点，接近于"实践是检验真理的标准"的思想，在思想史上是很有价值的。

儒家"养性"的主要方法是"内省""反思"。孔子曰"见贤思齐焉，见不贤而内自省也"。强调见到贤人要向他看齐，就要学习他身上的优点，看到不贤之人也要认真反思一下自己身上是否也有那样的缺点。同时孔子强调"吾日三省吾身"，认为反省要保持经常性，只有这样才能深入反思自身缺点，改正自己身上的不良品行。

儒家"内省"透视出人之为人的高度责任心。人应该对自己进行约束，使自己的行为符合道德规范，通过对优良品行的学习和对不良品行的抵制，使自身形成良好的道德品质。

（三）重学与教化

中国古代思想家特别重视学习与教化。《论语》开篇语即为："学而时习之，不亦乐乎？"孔子的学习思想十分丰富，对我国的教育发展做出了卓越贡献。这些思想包括：一是虚心好学，"三人行，必有我师"反映出孔子愿意向身边的人虚心请教，"敏而好学，不耻下问"也是孔子爱好学习，具有探究精神的反映。二是孔子主张以学为乐，认为"知之者不如好之者，好之者不如乐之者"，真正以学为乐的人才能够对学习保持浓厚的兴趣，才能够博学。三是孔子认为学习应有的态度是"知之为知之，不知为不知"，只有实事求是，才能保持谦逊的态度，才能够使自己不断进取。四是孔子主张学思结合，认为"学而不思则罔，思而不学则殆"，学习和思考要结合起来，思必须以学为基础，学习后必须要进行一定的思考。孔子在强调乐学、博学的基础上，注重学习态度的培养和学习方法的修正，不主张死读书，读死书。

孔子的教育思想中值得我们借鉴之处还有很多。如"有教无类"的思想，主张对学生一视同仁，平等对待每位学生，并且认为受教育是每一个人的基本权利。孔子认为有

"生而知之者"，先天因素对一个人有很大的影响，但是后天的勤奋学习对一个人的素质也有重要的影响作用，所以，他提出六艺教学，即礼、乐、射、御、书、数，注重人的全面发展。智育、体育、美育、德育等不可偏废任何一个。这在生产力较低下的年代，是对教育思想的一种开拓。

孔子之后，孟子继承了孔子的教育思想，并且更加重视教育的作用，认为教育是人区别于物，是贤与不肖像区别的原因，教育使人的天性得以发挥，对人具有重要的熏陶作用，教育使伦理纲常很好地延续下去。教育是社会秩序建立的基础和基石。孟子主张循序渐进的教育方式，对学生教育要扎扎实实，逐步推进。此外，孟子认为学习要专心致志，不为外物打扰，只有这样，才能够学有所成。

总体来看，儒家重视学习和教化，也将这一思想付诸了实践，如开办私学、游说讲学等，影响了当时乃至以后几千年人们的思想。但儒家的教育教学思想也存在片面性，如只重视人文学科，忽略自然科学的学习，只注重道德品行的陶冶，不注重生产技能的训练等，其教育思想和内容都比较保守，这是我们现在需要注意的问题。

（四）人格独立与人格平等

我国传统文化中注重独立人格的培养，孔子说："三军可夺帅也，匹夫不可夺志也"，即要求不能强迫个人放弃其志向。孟子提出做人要做"大丈夫"不为富贵、贫贱、强威所动，要勇于坚持自己的原则，不随波逐流。这里的大丈夫要求的就是要有独立的人格，能够主宰自己的意志。宋代的陆九渊"人生天地间，如何不植立"，认为做人要做一个堂堂正正、正正直直的人，王夫之也提出"志之自立者，人也"，提倡独立人格。

儒家在肯定每个人都有独立的人格价值以后，又进一步提出了人格平等的思想。孔子"仁者爱人"、孟子"人皆可以为尧舜"、荀子"涂之人可为禹"等都说明在人格面前，每个人都是平等的。儒家关于独立人格与理想人格的思想对塑造人的主体精神与向上的人生态度具有积极的意义。但是其也过分夸大了道德因素的作用，忽略了经济制度与政治制度的影响，在制度不平等的社会中，人也不可能形成独立人格和理想人格。

总之，中国古代思想家关于修身的思想丰富绚烂，在进行思想政治教育过程中，应将这些思想不断发扬光大。

二、大学生修身教育的基本理念

（一）以人为本

以人为本是科学发展观的核心，是党中央以马克思主义唯物史观为指导提出的具有重大战略意义的思想观点，是马克思主义世界观和方法论的核心表征。作为意识形态的以人为本的发展理念，进一步丰富和发展了马克思主义的发展观，是党的宗旨在新的历史时期的时代表征，是党的执政理念的新飞跃，对我国社会主义经济、政治、文化、社会建设都有着重要的指导意义。毋庸置疑，对大学生修身教育也有着直接的、重要的指导作用。在当前贯彻落实科学发展观、毫不动摇地坚持和发展中国特色社会主义战略任务中，尤其是在大学生修身教育活动中，教育工作者特别要领会和运用以人为本的思想，坚持按照以人为本的原则引领大学生修身教育活动的发展。

首先，以人的方式把握和理解人。这是一种思维方式，它强调的是在看待外界事物和问题时，既要坚持历史的尺度，同时也要确立人的尺度，即把人看作一切事物的根据和本质，确立人的观念、意识和维度。对于大学生修身教育而言，确立人的尺度就是在认识、理解与自己进行交往的人时，不能仅仅把其当作一个外在物——一个独立于自身的实体对象，而应视其为一个与自己平等的、一样具有思想和个性的现实的人。

其次，肯定人的主体作用和地位。马克思在关于人及人类社会发展规律的集中论述中多次阐明，只有人才是历史的真正创造者，是推动社会发展的根本动力，是社会历史发展的主体。他强调要充分认识和尊重人的自觉性、积极性、能动性和创造性，肯定人在社会中的主体作用和地位。具体反映在大学生修身教育活动过程中，就是要认识到任何人都是自己命运的主宰者和规定者，在与他人主体的相互联系、相互交往中生成并实现自身的价值，从而形成普遍的主体意识。

最后，以人为立足点，尊重人、理解人、关心人、发展人。以人为本是一个内涵十分丰富的哲学范畴，其基点就是把"人"作为根本的价值取向和评价尺度，人既是出发点，也是立足点，更是归宿点。科学发展观明确把"以人为本"作为发展的最高价值取向，就是要尊重人、理解人、关心人，就是要把不断满足人的全面需求、促进人的全面发展作为发展的根本出发点。大学生修身教育，只有坚持以人为本，把具体的、现实的人作为"本"，以人为出发点和中心，尊重他人的自主性、能动性、创造性的实践活动，真正理解人是一切社会关系的总和的本质，在交往实践活动过程中进行对话与沟通，促进彼此间的相互理解、相互关心、相互帮助，才能在这种相互的影响中不断提升和完善自身的道德素质，最终"把人的世界和人的关系还给人自己"，真正实现人与自然、人与社会、人与人自身的和谐发展。

大学生修身教育的人本化趋势具体表现为以学生为本，主要体现在以下三个方面。

首先，大学生是实践主体。大学生修身教育以人为本体现为以大学生为实践之本。在大学期间，学生还是应以学习为主要任务，将学习实践作为主要活动形式。大学生是学习的主体。大学生修身教育越来越注重将修身教育融入大学生的学习活动之中，目的是使学生更加明确学习目的和科学知识的价值；培育学生严谨治学的精神和不懈追求真理的志向，树立学生良好的职业道德和职业精神；全面提升思想道德素质，奠定学生日后良好发展重要思想的基础。在课堂之外，要积极引导学生参加社会实践活动，促使学生将所学习和掌握的科学理论知识用于指导和推进社会实践活动，使其在社会实践中受教育、做贡献、长才干。

其次，大学生是价值主体。"价值"产生于人们对待满足他们需要的外界物的关系中。价值以需要为中介，价值主体需要获得满足，价值客体是提供满足者。以人为本就要以大学生为价值之本。大学生修身教育更加注重引导大学生正确认识和满足自身的需要，实现自身的价值。大学生的需要和大学生的利益密切相关，既有物质利益，也有精神利益。在大学生修身教育的价值关系中，大学生是价值主体，其修身教育是价值客体。大学生修身教育要以学生利益及需要为出发点，开展权益维护教育，引导大学生合理维护自身的权益。除物质权益之外，教育工作者还更加注重引导大学生认识和满足自身的精神需要，提高学生的道德意识与道德判断能力、道德选择能力和道德践行能力，使学生形成高尚的情操；要加强心理健康教育，开展心理咨询活动，帮助大学生克服心理障碍，形成健全的人格。

最后，大学生是发展的主体。大学生修身教育以人为本还体现为以大学生为发展之本。促进大学生的全面发展和健康成长，是大学生修身教育的根本目标，也符合大学生的根本利益。大学生修身教育越来越自觉地为大学生的全面发展和健康成长服务。大学生的发展处于自觉发展与自发发展的交互状态，所以要正确对待这两种状态。自发发展是一种无自觉意识的发展，是在无科学成长规律指导下的发展，所以多具有自发性、盲目性。自觉发展则是在对发展的规律性有一定的认识，并能自觉运用这种规律性认识、指导和促进自己的成长与发展的基础上进行的。大学生修身教育要向自觉发展倾斜，通过不断对发展规律的深入了解和认识，形成自觉发展的知识基础和认识基础，克服发展的盲目性，增强发展的自觉性，进而不断健康成长。要重视教育和引导大学生正确认识和处理好片面发展与全面发展的关系。大学生素质的提升不单单是一项素质的提升，还是德、智、体、美诸方面素质的全面发展。要重视教育和引导大学生正确认识和处理好现实发展与持续发展的关系。现实发展是大学生要追求的，是大学生当前要努力的方向和目标，但也不可忽视大学生的可持续发展，大学生的可持续发展关系到整个人生过程。增强大学生自我持续发展的意识，克服发展的短期行为，以实现自身的可持续发展。

（二）生活育德

在真实的生活世界里，人们进行生产实践和人际交往，彼此相互依赖、相互需要，产生了诚实、守信、平等、互助等道德观念，并逐渐成为个人品性的一部分，最终形成个体相对稳定的道德品质，并在生活世界中得到发展和完善。也就是说，大学生修身教育只有回归现实的生活世界中才具有其本真的意义。

人总是处于一定的社会关系之中，不断地与他人发生关联。一个人的生活世界受其交往范围、生活观念、社会地位等的影响，并且随着自己生活实际的变化其生活世界的范围也不断变化。对于个体生活世界的生成和展开，总是在主体自身特定的前提和基础之上进行的。大学生修身教育要面向生活，回归现实的生活世界中，就必须从主体的人的现实出发，视具体的情况而定。人们只有直面具体的、现实的社会生活，才有发展的生命力。这就要求修身教育活动过程，要在生活世界中展开，通过各种形式的生活实践活动，不断唤醒个体的道德意识，使其进行自我建构和发展。

在回归生活世界的过程中，我们还必须处理好大学生个体的主观情感与客观理性之间的关系。大学生修身教育是关于人的教育。柏拉图认为人的灵魂是由三部分组成的：人们用以思考推理的理性部分，人们借以表达喜怒哀乐等情感的激情部分以及人们用以感觉爱、饿、渴等物欲之骚动的欲望部分。理性和激情若被理性引导就会使人生放射光芒，若被欲望控制就会毁掉人的整个生命。可见，人的理性、情感和欲望并不是截然对立的，而是相互需要、相互渗透的。理性和激情（情感）对于人的道德素质、行为乃至整个生命而言都具有无可比拟的作用。

大学生修身教育中人的主体性发挥及其高尚的道德素质的形成，固然需要依赖人的理性，但片面强调人的道德理性，必然会导致大学生修身教育领域的工具理性主义，仅有道德认知、道德理性，而没有道德情感，就很难产生道德行为。作为反映人的整个精神价值追求的情感，主要是为主体的道德行为提供内在动力。因此，大学生修身教育也必须同时注重激发人的情感，用真情感染对方，从而激起其正确的道德观、人生观、世界观在情感上的共鸣。

大学生修身教育活动过程就是知、情、意、行诸要素的协调发展过程，它不仅是修身教育理性知识的传授、理性思维能力的培养，同时也是人在情感上的陶冶、意志上的锻铸，只有道德理性、道德情感相统一和融合，才能形成良好的道德行为。因此，大学生修身教育必须引导受教育者掌控和协调好自身的理性和情感之间的关系，既要运用理性的方式，提高其理性认识，也要运用情感陶冶、意志锻铸的方式，做到以情载理、以情明理、情理交融，在外部现实性的道德实践中完善其道德人格，培养高尚的道德素质。

（三）道德学习

道德学习与道德教育相对应，也是德育人性化的表现。强调"道德学习"，更加注重学生对教育权力的运用，使其真正成为受教育的主体。道德学习强调在社会思想观念纷繁复杂、人们价值观念多元化的今天，德育应向人的生命、人的价值回归，认识到人是生长着、发展着、创造着的人，遵循人的成长规律进行人性化的教育，使学生自主地发展德性，以更主动地适应社会生活，进而提高自身道德素质。道德学习的人性化，最集中的表现是教育目的以人为本，人是教育的目的；道德学习的人性化还体现在教育过程内部基本关系的转换，体现为师生关系的转化、授受关系的转化。其主要表现为：学习者的主体地位凸显，教师处于指导地位，教师同样是道德学习者；师生之间关系平等，共同学习。

强调道德学习也是符合德育本性的。道德教育实质是教育者组织、启发、引导、帮助、促进受教育者自己学习，即让学习者自己认知、自己体验、自己思考、自己领悟、自己践行、自己创造。老师的教育活动，对学习者的德性成长与发展来说是不可缺少的外部因素，作为"条件"，是起决定性作用的；但它不能代替学习者的内因、内在"根据"作用，即不能代替学习者自己的道德学习活动，不能代替学习者自己道德心理的内部矛盾运动，不能代替学习者自己认知、自己体验、自己思考、自己领悟、自己践行、自己创造；而且，外部的教育影响也只有通过学习者内部的心理活动才能起作用。道德"培养论"强调个体德性发展的外部作用，侧重对学习者的影响与控制；道德"学习论"强调学习者的内部作用，即强调学习者"自己运动"，自主地发展德性。道德"培养论"把人当作消极、被动的教育对象；道德"学习论"突显学习者在德育中的主体地位和能动作用。因此，道德学习是自主育德、自我修养的过程，是学习者满足自我精神需要、提升精神生活质量的过程。

道德学习是全面性的学习。人处在多种社会关系之中，扮演着多种角色，因而贯穿一生的学习内容也必然是多种多样的。21 世纪新的学习观认为"学会关心"应包括对人与自己、人与他人、人与社会、人与自然等各方面的道德关系的学习。

道德学习也是整体性的学习，即促进学习者完整的道德结构的形成，以促进人的整体素质的发展。人是物质与精神统一的生命整体。人是生理结构与心理世界的结合，王国维将"完全之教育"分成"体育"和"心育"。其中，"心育"中包括智育、德育、美育。由于人的德性被分成知、情、意三个方面，整体的德育也被分割开来，出现了主知的、主情的、主行的等不同的流派。道德教育应当是整体性的道德教育，现今作为道德教育的一种新的方式——道德学习，也应当是整体性的学习。这就是说，教育者应当实施"全人"教育，帮助道德学习者经历践行、体验、认知综合实践，从而实现知、情、行的整合，促进人格整体提升，包括理智的、情感的、道德的、心理的等方面整体的提升。因此，道德学习是大学生全身心投入的过程，是大学生"全人"的活动过程，也是大学生的生命活动、精神生活过程。

自觉的、积极的道德学习，是大学生自我实现、主动迎接社会变革的表现。大学生以主动积极的姿态，不断自觉更新自我，热情迎接未来。大学生在社会实践及学习中，不断摒弃落后的、陈旧的价值观念和行为方式，而代之以新的价值观念、思考方式、情感方式、行为方式，从而掌握自身持续发展和促进社会持续发展的主动权。道德学习最重要的不是了解一系列社会规范、道德原则，而是学习社会批判，培养自己的道德能力，特别是在多元价值并存的情况下，培养自己的道德判断能力、自主选择能力。

三、大学生修身教育的实施路径

（一）发挥主渠道作用，扩展新路径

基于大学生思想状况的特点，修身教育要探索多样化的教育方法和途径，只有合理运用主渠道和多渠道的教育途径，才能使修身教育各因素协调发展，共同发挥作用，才能提升大学生修身教育的实效性，提升大学生的思想品德素质。

学校思想政治理论课是大学生修身教育的主渠道，大学生世界观、人生观、价值观提升的主要途径。着力完善思想政治理论课的主渠道作用，推进显性教育应当做到：

一是树立科学的教育理念。这是进行修身教育的基础和前提。教师教学行为、育人行为都受到教育观念的影响。在教学过程中，教师应树立的基本理念有以人为本理念、全面发展理念、科学化理念、改革创新理念等，在现代化教育过程中，更要树立素质教育理念。

二是加强思想道德教育。只有进行思想道德教育，学生才能对自己的行为有更加清晰的认识，对思想行为发展规律有更清晰的把握，加强大学生的思想道德教育，使思想道德观念升华为自身良好规范，增强其明辨是非、识别美丑的能力，使其成为具有良好道德品行的人。

三是建立健全规章制度。良好思想道德习惯的形成，不能只靠道德自理，规范、制度的力量也应该得到重视。高校应从学生思想行为的特点出发、将可行性强的规范形成制度，包括养成制度、考核制度和评价制度等，并在实践中不断对其完善和发展。

四是充分利用新媒体，拓展新方法。将信息化、自动化理念引入教育教学过程，充分利用网络平台宣传两课内容，丰富思政理论课的教学形式。同时加强新方法的拓展，邀请校外专家学者到校讲学，提高大学生的理论水平和思想道德素养。

大学生修身教育在坚持主渠道的同时也应该注重隐性教育，拓展新路径，通过潜移默化的方式来引导学生思想道德品质的形成。思想道德实践活动是大学生修身教育的有效途径和方法，是大学生思想道德形成的基础和发展的源泉。

在大学生修身教育过程中，若没有学生实践的参与，教育的效果就不能得到巩固和强化。修身教育活动要积极引导学生参与实践，使学生学会正确地认识自己、客观地评价社会、科学理解时事形势，真正理解和感悟这些知识的价值和意义，从而内化为自己的行为准则。所以，应将修身教育工作的显性与隐性相结合，开展实践活动，把学生学到的思想道德知识外化到社会实践中，做到知与行的统一。

（二）全过程育人

"全过程育人"就是把修身教育融入大学生从入学到毕业的各个阶段，使修身教育环节紧扣，不留下盲区。这样的方法要求我们对大学生修身教育要"抓两头、带中间"，即要加强对刚入学的大学新生及面临毕业的毕业生的教育，对中间阶段要注重巩固提高。在全过程育人中，要坚持贴近实际、贴近生活、贴近学生的原则。在不同阶段有不同的侧重点，保持育人的连贯性。

（1）入学阶段重点进行校风、校纪及理想信念教育。大学生初来乍到，要首先对学校有一个清晰的了解，包括校风、校规、校训、学校发展历史、学校课程设置等，在这个过程中，学校要分院、专业等。邀请领导、管理人员进行学校具体情况的介绍。尤其是学校图书馆管理人员要将书籍查询方法、学籍管理方法介绍给学生，方便学生的资料查询；学校保安处要将学生在校安全问题进行详细讲解，提高其安全防范意识；教务处人员要将学生学籍管理、课程选修、学校奖惩制度给学生做详细的讲解，使学生对学习安排有一个大致的了解等。此前，大学生通过高考，顺利进入大学校园，成为国家重点培养对象，学校要树立学生的理想观念，使其对自身肩负的责任有明确的了解，鼓励学生进行大学生活规划和设计，这样才能在以后的大学生活中一步一步、有目的、有计划地实现自己的理想。

（2）培养阶段侧重道德养成教育。大学生的心智虽然较成熟，有一定的道德认知和价值判断，但其仍处于不成熟阶段，可塑性强。在大学生培养阶段，应当以思想道德养成教育为主，培养其良好的思想道德观念和行为方式。在大学生思想道德养成教育过程中，一是要重视环境的影响作用。优良的环境对学生思想观念有潜移默化的作用，所以一方面要强调学校干净、整洁、优雅的校园环境的构建；另一方面，要加强校园文化环境建设，使学生处于深厚文化的影响作用之下。二要强调思想道德实践的作用，使学生在实践中认识自身行为习惯及道德观念存在的问题，并通过生活实践进行良好行为的塑造。

（3）就业阶段重点进行职业道德教育。毕业就业阶段，大学生面临的压力加大，容易出现选择困难和一些心理问题。学校应积极通过讲座、讨论、模拟招聘和社会实践等活动，使大学生具备良好的职业道德、心理素质和社会适应能力。一方面要加强学生职业选择能力的培养，教育学生要做好应对挫折的心理准备，使其认清就业形势，合理进行职业预期，在职业选择过程中要扬长避短，选择自己擅长的职业，将自己的优势充分发扬出来。另一方面，要加强学生职业道德教育，在择业过程中，良好的道德品质是不可缺少的，学生品行端正、诚信择业才能给用人单位留下好的印象，才更有利于学生日后的职业发展。

构建高校基层"三全育人"新格局是大学生修身教育工作实践的指导，应不断加强这一格局的构建，不断提高大学生修身教育理论和实践水平，切实提升高校大学生修身教育工作的实效性。

（三）强化"三育人"

"三育人"指教师的教书育人、干部的管理育人和后勤系统的服务育人的统筹协调。大学生修身教育工作涵盖了教书育人、学生管理、校园文化、生活服务等各个方面，不仅需要专职学生工作干部和思想政治教师的参与，更需要任课教师、学校的各个管理部门、服务部门以及每一位教职员工的参与，是一个全员参与的过程。因此，学校的全体教职员工都负有育人的职责，都应主动思考自身工作与大学生修身教育所产生的直接或间接的关系，积极定位自身在大学生教育、服务、管理中所担负的育人职责，真正把大学生修身教育工作落到实处，服务于大学生的成长成才，形成全员育人的良好氛围。

1.教书育人

教书育人一直是教师的神圣职责，教书强调的是知识的传授、技艺的指点，而育人更加强调的是大学生品德的培养，心智的开发，情操的陶冶及精神的架构。

教师通常是通过教书来育人的。教师是教学活动的组织者，是教学计划的实施者，在教学过程中起着主导作用。教师的教育教学水平对学生知识、技能的获得具有重要的影响作用。

在教书过程中，教的内容及教学进度及计划通常是由教学大纲规定的，这些内容又受制于当时社会历史条件的限制，是社会发展对人才培养的要求。但在教学过程、教学方法、教学模式等方面主要由教师主导，并且需要教师不断探索、创新。

育人也是教师的职责与任务，教书和育人是相辅相成的两个方面，二者相互促进，合为一体。育人的目标决定教书的内容、形式、目的等，而教书的质量影响育人的效果。在育人过程中，教师要树立"育人为本，德育为先"的理念，强调学生思想道德品质的塑造，关注学生的全面发展，从学生的实际出发，发展学生智力、培养学生能力，促进学生意志、能力、兴趣等非智力因素的发展，推进学生各方面素质的全面发展。

2.服务育人

服务育人主要指学校服务部门和人员通过为学生提供良好的服务，来对其进行教育的过程和方法。服务工作与学校教学工作、管理工作一样，是学校工作的重要方面。服务工作的服务功能和育人功能是相辅相成的，从育人的角度审视服务工作，才能发现其不一样的意义，才能激发其服务人员的工作积极性和责任意识。同时只有提供优质服务，才能保证其育人目的的实现。学生在每天的学习和生活中，都要接触服务工作人员，受其行为方式、言谈举止的影响，所以，服务人员要严格要求自己，使自己的行为符合文明风尚。

高校服务工作是学校教学、科研和师生员工生活的重要保障，能够为学生学习和生活提供可靠的物质保证，能够为学生的全面发展提供实践条件。高校要不断加强服务育人队伍建设，在完成服务工作的同时达到育人的目的。

3.管理育人

管理育人与教书育人一样，是高校育人的一个重要方面和途径。任何管理都是对人的管理，都是引导人朝着一定的方向去努力，所以，做好管理的第一步，就是做好人的思想工作，使其接受管理传达的理念和规范。思想疏导通了，管理工作才能够更加顺畅。

大学生思想品质及良好行为方式的形成，要通过管理来实现，通过规章制度来约束学生行为，通过管理手段来建立良好的风气，这是管理育人的体现。

管理育人的途径主要包括学籍管理、校园秩序管理、宿舍管理、奖惩管理等。学籍管理是教育教学管理的基础内容，其是学校管理的基点，包括学分管理、选课管理、考试管理、实践管理等，这些管理和制度能够对学生产生基本的规范作用。学籍管理具有系统性，贯穿于学生学习的全过程，能够使学生的学习更加有计划性。学籍管理具有强制性，考试不及格、未修满学分的、考试作弊的学生都会受到一定的强制措施或惩罚。

校园秩序管理能够使学校教育教学工作处于良好的环境和氛围中，从而保证学校各项工作顺利开展。影响校园秩序的因素多种多样，主要包括校园文化环境、校园物质环境、学校办学理念及教育思想等，做好校园秩序的管理能够对学生起到潜移默化的影响作用。宿舍是学生基本的生活场地，其管理主要体现在舍风、卫生、设施的管理上，舍风是宿舍群体成员展现出的精神面貌、做事风格、人际关系等的总和，宿舍卫生是宿舍文明的一种表现，体现出大学生的文明修养，对宿舍卫生状况的监督与检查能够有效地提升大学生的素养。

管理育人要求工作规范化、科学化、民主化，要求形成规范的管理制度，需要学校各级领导、各级管理人员齐抓共管，形成科学、高效的管理制度。首先，通过建立健全规章制度，使学生明白什么该做、什么不该做，清楚了解学校的奖惩制度，树立起遵纪守法、遵守规章制度的思想观念。其次，将管理与深入细致的思想政治工作结合起来，管理人员要深入课堂、食堂、寝室等了解学生的思想动向，帮助其答疑解惑，并通过文明宿舍评选活动、体育文艺等集体活动培养学生集体荣誉感和良好的生活习惯；再者，要营造和谐、民主的教育氛围，管理学生不是一件简单、容易的事情，不能通过压制、强力来进行，要将学生放在一个民主平等的关系上，与其沟通交流，用自己的学识、能力、经验影响他们，通过自己的人格魅力来感化他们。只有这样，管理才能起到育人的作用和效果。最后，管理者要引导学生自己管理自己，这才是学生管理最有效的方法。学生自己管理自己能够有效促进自己思想行为的转变，能够将良好的行为习惯付诸行动。

（四）创新大学生修身教育的方法

1.以社会服务思想为引领，发展大学生修身教育社会工作方法

社会工作一直在西方发展迅速，学校社会工作是其中一种模式。这种模式兴盛于20世纪的美国，以家庭教师访问形式为开端，经历了个案工作，之后逐渐制度化，最后形成于一种模式。这种模式具有学校课堂教学所难以取得的优势和效果，其突出作用主要表现在对特殊学生的教育、对学生的深入了解上等。我国部分高校也开始尝试运用这种模式进行修身教育。

提供服务，以实际的参与实践来解决问题是这种模式的特征。这种模式与修身教育存在一致性，因社会实践一直是修身教育倡导的途径与方法，并且修身教育以服务学生为主要宗旨，这一点与社会工作的服务特性也存在一致性。运用社会工作模式，加强修身教育的育人作用，是一种新的探索与尝试。

首先，将社会工作的服务理念引入大学生修身教育中，以近距离、更贴心的服务，加强大学生的服务意识。

其次，要树立个体服务意识，将大学生群体教育与个体教育结合起来，并专门针对大学生个体开展工作。这就要求，一方面，思想政治工作者要充分分析大学生的个体差异，找出具体教育方法，使每个人的个性得到尊重。另一方面，可借鉴社会工作中小组

257

工作方法，成立小组，以加强大学生之间亲密关系的构建，通过小组的力量和团队的合作，共同解决难题，共同成长进步。常见的方法就是通过问题讨论、校外服务活动等方式，使大家在活动中加深对彼此的了解，通过相互学习和借鉴，学会彼此接纳和尊重，最终形成大学生良好的个性特征和道德素质。

最后，要借鉴社会工作的个案工作方法，以解决大学生遇到的实际问题。如通过访谈、网络交流、记录等方式缓解大学生人际交往压力、交往困难等问题。同时社会工作中的一些心理治疗模式也可被引入修身教育中，如相机调适模式、行为治疗模式、人本治疗模式等。

2.以协同理论为借鉴，发展大学生修身教育的协同式方法

修身教育方法要向立体化、全方位发展。在我国，修身教育存在着"5+2=0"的效应，即学校5天的正面教育会被学生2天的社会负面教育抵消。所以，大学生修身教育要形成合力，除要进行学校修身教育外，还要加强家庭、社会教育，最终形成以学校教育为主导，家庭教育为主托，以社会教育为主线的格局，在学校修身教育中，还要形成"大学工"的工作理念，将相关学科的专家，如心理学、社会学等方面的专家、学者纳入修身教育的队伍中，以提高修身教育的实效性。

第十一章　新媒体环境下传统文化与大学生创新素质教育的融合

第一节　中华传统文化中的开放进取精神

中国的文化中蕴含着一种海纳百川，奔腾不息，勇往直前的博大精神，也正是由于这种博大、深奥的文化精神，使得中国的文化具有极强的生命力并能不断地进行一定的自我完善和改进，同时也使得中华民族经历重重磨难仍然屹立不倒。

中国文化可以说是一种开放型的文化，它能主动地吸收一切有利于自己的文化因素，排除那些不良因素，使自己不断适应新的社会形势进而更稳定地生存与发展下去。

一、百家争鸣

春秋战国时代，是我国古代社会一个大变革的时期，深刻的社会变革反映到了具体的思想领域中来，"百家争鸣"的局面便出现了。关于对诸子百家的各个派别归类，司马谈论诸子各家时说："易大传：'天下一致而百虑，同归而殊途。'夫阴阳、儒、墨、名、法、道德，此务为治者也。"

它的意思是说，《周易·系辞传》中说，尽管天下的学术都分为很多种学派，各个学派之间思考方法也都各不相同，但归根结底来说，目的却是一致的，虽然各个学派走的路形式不一样，但是到头来，它们最终到达的是同一个目的地。

就阴阳学家、儒家、墨家、名学、法家和道德学家这六家而言，深入地研究如何能够把国家治理的更好都是它们所要共同去追求的目标。

刘歆《七略》的诸子各家分类略分为十家：儒、道、阴阳、法、名、墨、纵横、杂、农、小说。除去小说家不谈，所以称"九流十家"。即是说"九流"指"儒、道、阴阳、法、名、墨、纵横、杂、农"九家，"十家"则指"儒、道、阴阳、法、名、墨、纵横、杂、农、小说"这十家。

下面仅就主要的学术派别做一些相关的介绍。

（一）儒家

儒家是战国时期重要的学派之一，它以春秋时代的孔子为师，以六艺为法，崇尚"礼乐"

和"仁义"，提倡"忠恕"和不偏不倚的"中庸"之道，主张"德治"和"仁政"，重视道德伦理教育和人的自身修养。其中以孔子、孟子、荀子为代表人物。与其相对应的代表作品有《论语》《孟子》《荀子》。儒家创始人孔子因对三代中原文化正统的继承，从诸子百家中脱颖而出。

因此，在诸子百家中，儒家学说的地位不仅显著，而且还成了中华优秀传统文化的主流、核心内容，相应程度上对中华民族精神的形成产生了无与伦比的影响。

事实上，我们可以说，儒家学说不但是华夏固有价值系统的一种表现形式，还是华夏民族的文化精华。它已渗透到中华优秀传统文化的每一根毛细血管之中，对于中国文化的每一个领域都产生了极大的影响。凡是从中国土壤里产生的相关学说思想、宗教派别，甚至是外来文化、外来宗教，都会涉及相关儒家文化的痕迹。

不仅如此，儒家思想对世界文化还产生了永久的影响，"东南亚文化圈"的文化构成模式基本上就是以儒学为主体的。对于东南亚的社会文明与进步起到了相关的推动作用。而且，随着历史的不断发展，儒家伦理正在逐步进入西方国家。

（二）道家

道家是战国时期的重要学派之一，又称"道德家"。司马谈说："道家使人精神专一，动合无形，瞻足万物，其为术也，因阴阳之大顺，采儒、墨之善，撮名、法之要，与时迁移，应物变化，立俗施事，无所不宜，指约而易操，事少而功多。"

它的具体意思是说，道家比较讲究个人修养方面，讲究在修炼时集中精神态度专一，对于在无形中运动与停止较为注重，讲求效法万物；在学术上，注重对其他各派的优点进行相关的吸收，具体有吸收了阴阳学家的顺应自然的变化，吸纳了儒家、墨家关于与人为善的理论，还吸收了名家、法家的主要精神。其学术的鲜明特点是：善于随着时代和事物的变化而相对应的变化，其是立足于社会下层的学术理论，并注意理论的运用，适用于世界各事。其宗旨简洁明了，易进行操作，论述内容不是特别繁复，但对世人却能起到很大的帮助作用。

道家最大的特长就是"知变，因变，应变"。老子、庄子是其最具典型的代表人物。相对应的代表作品是《道德经》《庄子》。

老子创造的道家学理论基础是"道"，针对宇宙万物的本质、本源、构成和变化都做了相关的说明。认为天道无为，万物自然化生，对上帝鬼神主宰一切极力否认，主张道法自然，顺其自然，提倡清静无为，守雌守柔，以柔克刚。"小国寡民""无为而治"是其相关的政治理想。老子以后，道家内部分化为不同派别，其中庄子学派、杨朱学派、宋尹学派和黄老学派是最为著名的四大派。

（三）墨家

代表人物是墨子，代表作品是《墨子》，墨家也是战国时期的重要学派，这一学派的学说基础是围绕"兼相爱，交相利"而进行的，在相关的政治方面主张尚贤、尚同和非攻；经济上主张强本节用；思想上提出尊天事鬼。

与此同时，又提出"非命"的主张，着重强调靠自身从事。墨家的组织较为严密，大多数的成员是来自社会的下层之中，相传皆能赴火蹈刃，以自苦励志。其纪律严明："墨者之法，杀人者死，伤人者刑。"

它的意思是说，墨家有着明确的法律规定：杀人的人要承担死刑，伤害他人的人也会受到相关严厉的惩罚。到了战国后期，墨家分为两支：一支注重认识论、逻辑学、数学、光学、力学等学科的研究，另一支则转化为秦汉社会的游侠。

（四）法家

法家也是战国时期的重要学派之一，法家主张："不别亲疏，不殊贵贱，一断于法。"它的具体意思是说，不论关系亲密或疏远，身份高贵或低贱，只要是犯了法，都会依照相关法律规定进行处罚。也就是所谓的"天子犯法，与庶民同罪"。韩非、李斯是其代表人物。代表作品是《韩非子》。

韩非把商鞅的"法"、慎到的"势"和申不害的"术"综合了起来，达到集法家思想学说之大成。

其学说在经济上主张废井田，重农抑商、奖励耕战；在政治方面主张废分封，设郡县，君主专制，仗势用术，以严刑峻法进行统治；在有关思想和教育方面，则主张禁止诸子百家学说，以法为教，以吏为师。

这个学说为君主专制的大一统王朝的建立，提供了一定程度上的理论根据和行动方略。

（五）名家

代表人物是邓析、惠施、公孙龙和桓团，代表作品是《公孙龙子》。名家的由来，是因从事相关的论辩名（名称、概念）实（事实、实在）为主要学术活动。当事人则称为"辩者""察士"或"刑（形）名家"。

（六）阴阳家

代表人物是邹衍。其得名是因提倡阴阳五行学说，并用它解释相关的社会人事。这一学派，当源于上古执掌天文历数的统治阶层。阴阳学说认为阴阳是具有力量的，是事物本身体现出的正反两种对立和转化，可用来对事物发展变化的规律加以说明。

五行学说认为万物皆由五种元素组成，包括木、火、土、金、水，其间有相生和相胜两大定律，可用以说明宇宙万物的起源和变化。

邹衍把二者的特征综合在了一起，根据五行相生相胜说，把五行的属性释为"五德"，创"五德终始说"，并以之作为历代王朝兴废的规律，为新兴的大一统王朝的建立提供了理论根据。

（七）纵横家

代表人物是苏秦、张仪。中国战国时期，纵横家属于谋士，专门从事相关的政治、外交活动。

战国时南与北合为纵，西与东连为横，苏秦力主燕、赵、韩、魏、齐、楚合纵以拒秦，张仪则力破合纵，连横六国分别事秦，纵横家便由此得名。

他们的相关游说活动对于战国时政治、军事格局的变化起到了不可估摸的重要影响。

（八）杂家

吕不韦是其代表人物。其代表作品是《吕氏春秋》。杂家是战国末期的一个综合学派。所谓："兼儒墨、合名法。""于百家之道无不贯综。"

它的具体意思是说，杂家主要综合了诸子百家的各方面观点，从而形成了自己的观点，其中的观点主要来自儒家、墨家、名家和法家。

（九）农家

农家因注重农业生产而得名。此派出自上古管理农业生产的官吏。他们认为农业是衣食之本，一切工作的首位应以其开始。主张："与民并耕而食，饔飧而治。"

它的具体意思是说，当官的不应自持身份，应该与农民一起下地耕种，推行自食其力，通过与农民一起生产、生活，付出劳动，来密切他们之间的关系，以此更好地加深对他们的了解，从而达到治理的最终目的。

（十）小说家

小说家，先秦九流十家之一，乃采集民间传说议论，借以考察民情风俗。史书记载："小说家者流，盖出于稗官。街谈巷语，道听途说者之所造也。"

它的具体意思是说，小说家产生于稗官之中，具体来说，就是那些古代专给帝王讲述相关的风俗人情、街谈巷议的小官，他们将自己从街谈巷议、道听途说中获得的材料进行一些相关的加工，从而形成自己的观点。

为国君提供明确、合理的政治方略，大都是诸子各家的基本宗旨。具体表现为：儒家主张以德化民，道家主张无为而治，法家主张信赏必罚，墨家主张兼爱尚同，名家主张去尊偃兵。

汉代以后，墨家和名家成为绝学，农家独立成一门技术性学科，阴阳家演化为神秘的方术。因此对后来大一统王朝政治产生影响的只有儒、道、法。在秦汉时期，儒道融合，综汇百家，"天下同归而殊途，一致而百虑"这一现象如实地反映了先秦百家学说精华相互包容荟萃的历史事实。

中国文化正是在诸子百家的基础上发展起来的，尽管部分相关的学派后来势弱了，部分学派后来消亡了，但是对于铸造中国文化方面来说，他们做出的贡献是不可磨灭的。

这里特别要提到的是道家。尽管在后来道家没有成为占主要统治地位的官方文化，但道家尤其是《老子》中的相关思想对中华民族的思想文化发展影响极大，可以说，《老子》五千言，上呈古代文化，下启近代之学，中国历史上各家学派，无不从其汲取学术思想养分。

二、地域文化的发展

中国疆域辽阔，各地区的自然条件更是千差万别，社会政治文化诸方面的发展水平也是参差不齐、差异较大，因此，古代中国又因区域文化不同形成了不同的格局，如齐鲁文化、楚文化、吴越文化、三晋文化，秦文化等相关的文化格局。而中国文化的包容性格又促使这些区域文化相辅相成，渐趋合一。

正是由于各区域文明的相互影响和相互作用，才使得中国古文明在多元、复杂文化因素的融合中不断发扬光大，并连续发展了两千余年。也就是说，中国的文化是在众多的区域性文化的基础上逐渐涵化而成的。

（一）齐鲁文化

确切来说，齐鲁文化不是一种单一形式的文化，而是经过齐文化和鲁文化的彼此融合最终形成的一种文化。西周初年，姜太公被封于齐，以治理夷人；周公被封于鲁，以拱卫周室。姜太公到了封地以后，实行开明的文化政策，"因其俗，简其理"促成了东夷文化向齐文化的转变。

与之相反，周公之子伯禽到鲁地后，变其俗，革其礼，推行重农抑商的周文化，孔子的伦理道德思想便在这里开花结果了。两种不同的文化使齐国和鲁国的人文经济趋于不同的发展方向：齐国的社会风尚带有明显的工商业氛围，崇功利，轻伦理，文化风气开放，注重实用；鲁文化更多地表现出农业社会的文化特征，文化风气保守，因循周礼，不思变通。

战国时期，以孟子二度游学于齐为契机，齐文化与鲁文化开始融合。孟子长达十几年的时间都是在齐国居住的，齐学对他的学术思想起到了一定的熏陶作用。

荀子也兼顾齐学与鲁学，因而对于自己的儒学思想进行了一定程度上的丰富和完善，同时又通过相应的学术交流，把他的儒学思想在齐国文士阶层中传播开来。

在诸如此类的背景下，齐文化和鲁文化逐渐地趋于走向融合的趋势，共同构筑了山东人的齐鲁文化。而齐鲁文化的核心内容是儒家文化。

（二）楚文化

楚于西周初年被周成王所封。因此，楚族源于中原，与中原华夏集团有着密切的关系。熊绎受封是楚立国之始，但到熊渠时，楚有了第一次扩张，它应是楚经济、军事实力有较大增长的反映，青铜兵器得到了比较普遍的应用。楚的社会形态也完成了由部落联盟集团的氏族社会到阶级社会的过渡。

春秋战国之际，楚国以江汉平原为中心，社会生产蓬勃发展，政治局势迅速改观。

到战国早中期，楚国在北面与中原诸国争雄，时有进退；西北、西南分别防御秦与巴蜀而主要是来自秦的威胁，以秦岭、巫山山脉相阻隔，并分别设立了汉中、黔中、巫郡等；东面是楚国发展相对比较顺利的方向，其军队多次出入齐鲁国境，并直至海滨，但战争频繁，建设难以连续持久；南面主要是"蛮夷"之帮，楚人沿洞庭湖两侧南进，直到五岭，这一区域基本没有大的战争，政局稳定，楚文明也得以持续发展。

鼎盛期的楚文化遗存，主要在江汉平原及楚国南部的今湖南境内发现，并向楚全境形成了一定的辐射。在楚国被秦国灭亡之后，楚国的文明也被秦国的文明所接受，与此同时并进行了相关的改造，在楚人亡秦的一系列过程中，楚文明有一部分得到了相应的恢复，随着西汉大一统中央集权的建立，楚文明融入更广泛、更深入的汉文明之中。

而且，楚文明无论是处于成熟期，还是处于鼎盛期以及衰退期，它在接受、包容其他文明为己所用的同时，也在对其他地方的文明产生一定的影响，这在其周边区域的文化遗存中都可以找到有关楚文明影响的影子。

楚文化的主要构成可概括为六大支柱：

（1）青铜冶铸；

（2）丝织刺绣；

（3）木竹漆器；

（4）美术音乐；

（5）老庄哲学；

（6）屈骚文学。

根据目前的相关考古成果来看，最先进的青铜冶铸、最早的铁器都是来自楚国的技术；先秦漆器的数量之大、工艺之精也都莫过于楚漆器；最富有创造力的丝绸刺绣以及先秦金币、银币无一不是楚国的事物。

不仅如此，在哲学方面值得提出的是老庄，文学方面有闻名世代的屈骚，戏剧的鼻祖优孟，神箭手养由基，谈到有关于楚国方面的音乐、舞蹈、绘画、雕塑更是超凡脱俗。其中，举世公认的楚国编钟乐舞就是其中之一。

有关政体的相关创新方面，楚人的业绩更是值得赞赏，他们最早在今湖北荆门地带设立了相应的县制，并将其列为一级行政区划，使得贵族分封制度的局面得到进一步的改善，也由此相继引发了军事、土地、赋税等相关方面的改革。至于涉及天文、历法、数学等有关方面，楚人的贡献之处更是有其独特的一面。

总之，包括采矿、冶炼、丝绸、漆器等方面，楚人取得了举世无双的成果，而老庄哲学、屈骚宋赋也成为显学。

（三）吴越文化

吴、越二国史实见诸文献，始自春秋。吴王阖闾都于姑苏，越王勾践都于会稽。太湖地区属越文化的范围，而宁镇地区则是吴文化的中心。

西周时期，吴越文化的疆域泾渭分明。等到了春秋时期，宁镇地区的吴文化面貌就产生了明显程度上的越化，而太湖地区的吴文化因素也逐渐地多了起来。这在一定的程度上都说明了吴文化对越文化有大量的渗透。

春秋晚期，在宁镇地区，中原的因素明显减少，而越文化的因素则逐渐地增多，并最终占据了主导的地位。这就说明了越文化对吴文化进行了大量的渗透和同化。如此强烈的变革只能是越族人的入侵所为。

吴文化与越文化的相互渗透，形成了吴越文化。其主要的特征如下。

1.海纳百川、兼容并蓄

便利又快捷的交通条件，造就了吴越文化与生俱来的开放、宽广胸怀。

2.聪慧机敏、灵动睿智

吴越文化的产生和传承，在受到优越地理环境造化的同时，也是社会经济在发展过程中形成的结晶。吴越人民代代相袭的智慧，赋予了锦绣江南的柔美情，也熔铸出了这些文化体现出的审美以及价值取向。

3.经世致用、务实求真

吴越的商品经济起步较早，市民阶层的形成也略早，务实的个性及平民风格对吴越文化的构成起了主要作用。再就是勇于创新、发现自我的秉性，也构成了充满生机与活力的内生动力。

（四）三晋文化

春秋时期，晋国的所在地在山西，由于在战国时期被分成韩、赵、魏三国，因此，有了三晋的称呼。据历史研究认为，"尧治平阳、舜治蒲坂、禹治安邑"的三都都在晋南。

因此可以说，以晋为主是黄河流域文化的中心，与此同时，华夏文明的重要发祥地也是晋。由于在开国的时期，晋特别注意"启以夏政、疆以戎索"，因此促使了法家的兴起。它的地理形势是山河绕其外、高原河谷居其内，被称作"表里山河、称为完固"，既可以成为王朝的重要藩屏，又可以成为乱世割据的强藩。又因地近边塞、民族杂处，亦是民族融合的熔炉，赵的胡服骑射就是代表中原文化对少数民族的吸收与两种文化之间的完美融合。

在北部崛起的北魏拓跋氏，在各族的相互融合下南下，在政治上促进了重新统一的局势，同时也刺激了华夏文化。民族融合不仅仅使得佛教在三晋的发展盛行，也为山西留下了远扬中外的云冈石窟与五台寺庙群，成为佛教建筑、石刻、雕塑上的艺术宝库。经济方面，山西的农业、盐池、炼铁、采煤也都呈现出了非常发达的趋势。

山西的戏曲历史悠久，主要剧种有宋金的社戏、元的杂剧，明清梆子，留下了深远而持久的影响。

（五）秦文化

秦文化分布的腹地、范围大致上是今中国西北部的陕西、甘肃一带。它为秦人所有。春秋、战国时期，随着秦的军事征服、势力扩张、人员迁动，秦国的占领范围不断扩大，秦文化所影响和覆盖的地区也不断扩大。

在这样一个很长的历史过程中，秦文化对其他文化也有吸收，内容也越来越丰富。到秦朝完成统一，实现了对全中国的统治，进而又采取许多巩固和发展的统一措施，实行："车同轨，书同文，行同伦。""至秦有天下，悉内六国礼仪，采择其善，虽不合圣制，其尊君抑臣，朝廷济济，依古以来。"

它的具体意思是说，秦在统一中国之后，对于全国的车辆大小与道路宽度都做了相应的统一，书写文字也都做了统一，同时还包括伦理规范。将原六国的礼仪中较好的部分选择出来，吸纳作为秦的礼仪。虽然有的与秦原来的制度不太符合，但是，这些礼仪使秦王朝形成了尊君抑臣的仪范，整个朝廷礼仪隆盛，基本上是依照古代仪典来实现的。

这是说，秦朝对六国文化是加以吸收而能予以兼容的，从而形成了以政治统一为背景的全国性的文化，即秦朝文化。

三、儒、释、道三教并存

东汉后期，佛教传入中国后，儒、释、道三家相互吸纳，又各自独立发展，从而形成了三教并存的局面。据传东汉末年的牟子作有《理惑论》，对儒家《五经》、道家《老子》和佛教经典兼研共玩，并论证三教观点一致，开"三教调和"论之先声。儒、道、释三教开始合流，并融合为"儒治世""道治身""佛治心"的社会功能。

（一）佛教盛行

魏晋南北朝时期，由于得到了封建统治阶级相关的大力支持和扶持，社会矛盾的尖锐及佛教本身的欺骗性，再加上僧尼不入国家户籍，可以逃避相应的赋役，破产农民大量都投身于寺院，促使佛教开始盛行。

（二）道教盛行

与此同时，道教从民间宗教开始向官方宗教逐步转化，久而久之成了巩固封建统治的精神工具。

东晋时期，道教盛行，不再局限于皇帝以及大臣信奉，范围已经扩大到下层民众中也出现了众多的信徒。南北朝时，官方道教已经完全形成。而这个时候的儒学，由于本身的一些缺陷，如在思辨性和理论性方面存在着严重的不足，因此面临严重的挑战，但是中国的儒学最终以它顽强不懈的生命力，兼收并蓄，开创了一个全新的新局面。

（三）三教并存

早在魏晋时期，玄学就对三教的思想做了一次相关方面上的融合。魏晋玄学上承先秦西汉以来的有关于道家的哲学思想，把儒家的政治伦理思想和道家哲学思想巧妙地结合在了一起，形成了新的道家学说。玄学从"无为"出发，维护封建的纲常名教并为其进行相应的辩解，认为"名教即自然"，封建的尊卑、上下关系都是合乎自然，生而固有，不能否定的。

由此看来，玄学也是儒家唯心主义哲学在新的历史条件下的变种之一，在它的宣扬下，经过一系列曲折的重重演变，老庄哲学终于与儒家哲学相表里，形成了融合后的主观唯心主义思想。

南北朝时期，三教调和的思想更甚。南朝梁武帝提出了"三教同源"说，认为三教可以相互辉映，他一方面宣扬佛祖如来与孔子、老子为师生关系，以抑儒道，扬释尼；另一方面将儒、道、释三教始祖孔子、老子、释迦牟尼并称为"三圣"。此一时期，文人名士多儒、玄双修，儒、释双修，不囿于一教一宗。

隋唐时期，国家经历了分裂近三百年之久的时日以后重新建立起统一的封建王朝，特别是政治、经济和文化方面都得到了空前的发展，这一空前的发展使其成为亚洲乃至世界的先进国家。由于文治的政策十分受到统治阶级的重视，儒、佛、道三教都因此受到了大力的扶持，形成了三足鼎立之势。

在思想方面，道教宣传与世无争的思想观念，这一思想与儒家的"民本""仁政"思想、轻徭薄赋的要求有相通之处，特别适宜于初唐社会的大乱之后，天下初定的情形，正好符合统治者调整相关政策政治的需要。与此同时，道教对佛教的"因果报应"也是大力提倡、积极支持。唐代统治期间，三教的自由辩论更是受到极大地鼓励。

德宗贞元年间（785-804），儒、道、佛三家曾大论辩于麟德殿，"始三家若矛盾然，卒而同归于善"可见，在唐代时期就实行三教并存的文化政策，儒、释、道三教得以各自独立发展，并进一步相互争论，彼此融合，形成了三教鼎立，并行不悖的局面。在三教不断争辩与发展的过程中，儒教日益处于劣势，明显地感受到来自佛道两家的压力。

唐中叶以后，儒学大师韩愈和柳宗元等人率先提出要复兴儒学。他们在回应佛道挑战的同时，积极援佛入儒与援道人儒。三教共弘不仅有力地促使儒、佛、道相互吸取，而且造成一种开放的文化心态，给中国文化带来了一些新气象、新内涵。

四、农耕文化与游牧文化并存

古代的中国存在着两大文化，即中原的定居农业文化与北方的草原游牧文化，二者大致以400毫米等降水线为边际线，其东南为农业经济区，其西北为游牧区，汉代的匈奴，唐时的突厥，宋时的契丹、党项，以及后起的蒙古，都是典型意义上的游牧民族。东北的夫余、棘鞨、女真，以及由女真深化而成的满族，则是半农半猎的民族。

农耕文化与游牧文化，两者之间既有冲突也有融合。文化冲突中的对立面双方不可避免地在冲突中改变自身的原有结构，从对方吸收有用的文化成分，从而在调整、适应过程中趋于一致。在这个过程中主要包括以下两个方面。

（1）胡文化的汉化。

（2）汉文化的胡化。

而胡文化的汉化是主要方面。对于胡文化来说，抛弃旧质，以适应新的农业文明环境是首当其冲的急务。

胡文化的汉化有两个渠道：

（1）由胡人统治者采用汉族统治的组织形式，推广儒学，从而以强力推进胡文化发生质的变化。如北魏孝文帝的相关改革，便是胡文化汉化的一个典型代表。

（2）入迁内地的胡人在逐渐地与华民错居的情势中，潜移默化地受到了来自汉文化观念的深刻影响。胡文化的汉化表现在多个方面，除了政治结构专制化，经济方式的农业化，观念意识的儒学化，还有昔日的胡人自觉认同的华夏文化，又转而以"汉人"的姿态对待其他胡族。

汉文化的胡化也是不可忽视的重要方面。胡文化在进入汉文化轨道的过程中，也以其固有的物质对汉文化系统地加以冲击、改造。野蛮但充满生气的北方民族，给温文尔雅却因束缚于礼教而冷淡僵硬的汉文化带来了新鲜空气，对细腻的农耕文化而言，不啻为一种有效的补强剂和复壮剂。汉族也向胡族学习了许多有益的东西，如赵武灵王的"胡服骑射"，便是典型的例子。

农耕民族与游牧民族的关系也是不稳定的，时而交好，时而交恶，在交好时双方有互市的交流，游牧人用畜牧品与农耕人交换粮食、茶叶和布帛、铁器。但大多时候是处于交恶状态。

在古代，游牧民族的骑兵是最有战斗力的部队，再加上他们长期在恶劣条件下生存及马上的生活，善于骑马射箭，来去无定，使他们在与农耕人的交战中处于优势、攻势，而农耕人则居于劣势、守势，各代长城的修建便是农耕人被动防守的见证。

在整个古代，中原的农耕人和游牧人可以进行彼此互相的学习，如中原的农耕人可以向游牧人学习骑射技术，游牧人则学习农耕人的生活方式以及改变生活习俗，从而促进自身的社会形态发生历史性的飞跃。

在长期的文化不断冲突与融合的过程中，诸多的北方民族消融于以汉族为核心的民族熔炉，自唐以后，鲜卑、氐、羯等族名逐渐在史籍中消失。元代以后，契丹、党项这些民族也不再见于史籍。而因被掳掠或流亡人北方少数民族地区的汉人亦发生胡化，最终融合于当地少数民族之中。

五、明清时期的文化荟萃

明清两代，朝廷调动大量的人力物力，编纂《永乐大典》《古今图书集成》《四库全书》等类书、丛书，将古代浩如烟海的典籍加以荟萃，从而将中国古典文化进行了一次空前的大总结。

《永乐大典》是明成祖下令编纂的一部大型类书。它广收各类图书七八千种，辑成 22877 卷，凡例、目录 60 卷。

《古今图书集成》是清康熙年间编纂的大型类书。全书 10000 卷，目录 40 卷，分 6编、32 内、6109 部。内容繁复，区分详细，被康有为称为"清代第一大书"。

《四库全书》是清乾隆年间编纂的一部更大的类书，它收书 3503 种，计 79337 卷，分经、史、子、集四部，故名四库。

明清时代的图书编纂，显现了中国文化的极大内涵，具有极大的文化价值。

（1）穷搜博征各种著作，汇成庞大的书籍世界，对文化遗产的保存具有重大意义。

（2）以较为精密的分类体例部勒群籍，使之有秩序地构成一个知识体系。

第二节　当代大学生创新意识的开发

创新意识，是指一个人根据社会和个体生活发展过程的需要，进而引起的某种创造动机，最终表现出相关的意向和愿望，也是人们进行创造活动的出发点和内在动力。人类社会正在经历一场革命性的变革。

因此，对于大学生来说，增强创新意识，主动迎接时代赋予的严峻挑战，紧跟世界发展的潮流步伐，是一个重大而紧迫的课题。

一、增强大学生的创新意识

知识经济是"以知识为基础的经济"的简称。在知识经济的时代里，科学前沿不断得到深化，高新技术领域也日益突飞猛进，信息技术、遗传技术、纳米技术、显微技术和氢核能技术都得到了广泛的运用，数字化、网络化、信息化技术将会使工业的本来面貌发生一定的改变，获得"物质"的方式也将发生根本性的变化，变得更容易、更方便、更便宜、更好。

与工业经济时代相比，知识经济时代表现出了以下几点特征。

（1）知识经济时代的产业主要是依赖信息产业为主，制造业和服务业逐渐形成一体化的趋势，提供知识信息服务将成为社会的一股主流。

（2）知识经济时代的相关效率标准则是知识生产率。

（3）在工业经济时代，管理重点是生产，而在知识经济时代，管理重点则发生了变化，成了知识管理，具体说来，就是针对相关的研究、开发和职工培训等方面。

（4）非标准化生产是知识经济时代里一种主要的生产方式，即小批量、多品种、高效率，在一条生产线上，每一个产品就是一个型号。

（5）知识经济时代从事知识生产和传播的劳动者占 80%以上，其中知识阶层是社会的主体。

针对知识经济时代的特征变化而言，不仅仅是一种可观的有形的变化，更重要的是无形的、观念层面上的整体性变化。对于大学生来说，能对这种变化的时代背景有一个深层次的认识，树立新的学习观念和知识观念，增强创新意识，在现实社会生活中来说，是非常有意义的。

对于知识经济发展来说，增强创新意识、培养创新精神是其必然的要求。

首先，知识进步的有关程度、知识创新的能力决定于一个国家、民族的发展、繁荣以及富强；而教育发展、科技进步、知识创新的水平程度决定于国家的综合国力和国际竞争能力；要想全面实现建设小康社会的这一目标，实现中华民族的伟大复兴，就必须依靠全民族确立创新的意识，在各项事业中不断开拓进取，特别是对于肩负着祖国建设光荣历史使命的大学生来说，更应该敢为人先。

其次，增强创新意识，要依靠大学生在学习和实践的过程中逐步进行。党的十六大提出要建立国家创新体系，并积极推动理论创新、科技创新、制度创新和实践创新，为大学生增强创新意识营造了浓厚的氛围。

各高校把培养创新精神和实践能力作为重点，推进相关的素质教育，同时开展了丰富多彩的创新教育和创新实践活动，如原创作品比赛、课外学术作品大赛等。

作为一名大学生，不但要把自身投入进去，还要把握时代的脉搏，唤起"崇尚科学、勤奋学习、锐意创新、迎接挑战"的责任感和使命感，在发展中不断做出相关的创新，在创新中发展，逐渐增强创新意识，提高自身的综合素质，服务于社会。

目前，对于发扬中华优秀传统文化中积极作为的人生价值观，我们应大力倡导，大力提倡创新精神。创新精神也叫作创新意识，是指在解决问题与学习的过程中，推动主体运用变化、组合等创新手段进行相关程度上的探索，从而得出创新的成果，获得创新知识与创新能力，受主体个性特征制约的一种特定心理状态。

创新精神，就是来自主体的一种深刻体会，是在领会了创新在人类实践活动中的价值之后产生的，是推动个体进行相关的创造性活动的强大而持久的动力。

对于当代大学生创新意识的培养，包括对创新精神和创新思维的培养、创新性人格的培养、智力因素和非智力因素的培养，以及团队协作精神的培养等。

二、培养大学生的创新意识

对于当代大学生来说，只有不断增强创新意识，提高创新能力，主动地适应知识经济兴起的挑战，才能担当起建设社会主义科技强国、实现中华民族伟大复兴的历史使命。

那么，怎样才能全方面地培养当代大学生的创新意识呢？要培养大学生的创新精神，我们必须把创新确立为教育思想的核心，构建适宜于大学生创新意识培养的教育内容、教育方法及教育评价体系，营造一种人才健康成长的土壤和良好的教育环境。

（一）转变教育观念

对于各地的高校来说，对大学生进行相关的创造能力培养，一定要理清着重点，首先在观念上进行相关程度的转变，树立起正确的学生观念。也就是说合理地对待每一个学生，把每一个学生都看作是具有发挥创造潜能的主体，有着极为丰富创造能力的个性，为学生提供更多的选择机会，让学生在学校全方位、健康地发展。

要想对学生的创新精神与创造能力进行相关方面的培养，首先要对学生的个性学会尊重。如果我们对儿童进行仔细的观察，就会发现儿童的天性中蕴含着创造的潜能，是无法比拟的，落实到现实生活中，不论是在绘画还是玩游戏，甚至是在搭积木、堆沙土、玩泥巴的过程中，都可以发现他们体现出来的想象力和创造力是极为丰富的，然而随着年纪的增长接受相应的教育，如从小学、中学以及大学教育的漫长过程，因受到应试教育模式的有关束缚，他们的想象力、创造力逐渐走向枯萎。

针对目前这种严峻的现状，高校必须有相应的改进措施，针对以前单调的以教师和课本为中心的教学体系，确立起以学生为中心的教学模式。在进行相应的实际工作中，学校应该分清侧重点，侧重促进大学生主动性和独立性的发展，设置的相关内容和对于学生的考核尽量有更大的弹性。这样一来，学生的主体性能可以得到更好的发挥，个性也会在一定程度上得到不断发展，从而更加有利于大学生的创新精神与创造能力的培养。

（二）提高大学生的文化底蕴

我国高校的学生，因教育体制出现文理分科而受到严重的影响，知识面不是特别广泛，单一的知识让他们没有足够的爱好和求知欲，形成了普遍的一个现象，那就是文化底蕴不够深厚，导致创造性思维欠缺的现象。

因此，根据大学生智力发展过程显现出的相关特点，应有针对性地侧重以下几方面的训练。

1.进行元认知训练

元认知就是对思维的思维。通过对人的认识活动进行相关的监督和调节，以提高认识活动的相关效率。对于元认知水平高的人来说，对待相同的问题，他们可以以不一样的角度去思考，他们能看到别人看不到的事物的不同侧面，不但如此，他们对自己的行为带来的各种可能后果也能做到明确的认识。思维策略训练是元认知训练的一项重要内容。

有相关的研究表明，对待问题不能很好地进行解决的那些人，他们通常采用的方法是根据事物的表面特征逐步地进行相关的类推，而对问题能很好地解决的人，他们则是根据基本原理的相似性进行类推。

2.进行创造技能训练

进行一系列的相关创造技能训练，包括四种训练模式，其中有坚持不懈的能力、发散思维的能力以及勇于打破思维定式的能力和不怕面对风险的能力训练。

3.培养学生读书习惯

广泛涉猎，不仅仅局限于从教科书内吸取知识，而是全方位弥补自己的不足之处。

（三）塑造教师的创新精神

对于大学生创新素质的培养，通过高校教师采取相关的教学活动是主要实施的途径。

创新素质的培养，可以说是以教师素质培养学生素质的一个过程。因而，要培养大学生的创新素质，就必须对高校教师各方面有着较为严格的要求，他们必须具有创新精神和良好的创新素质。为此，高等学校应努力针对教师的创新精神进行相关方面的塑造，重视高校教师自身创新素质的培养与提高。

针对于此，高校应采取如下相应的措施。

1.教育思想方面

让教师树立以创新精神为价值取向，引导教师的教学现在一定的程度上有所变化，对之前的偏重知识传授的教学现象做出相对应的改变，把学生的创新意识和创新能力作为重点来培养。

2.改革教学方法

大力提倡并鼓励教师在教学方面进行创造性的教学，把教学和学生的学习过程变得丰富、具有创造性。教师创造性地进行教学，不但塑造了自身的创新精神，更有利于学生创新精神的培养和创新能力的提高。

3.提倡教师进行有关的科学研究

鼓励教师积极进行科学创新，以提高教师自身的创新能力。名师出高徒，高等学校若拥有一批品德优良、造诣高深、具有创新精神和创新能力的教师，通过他们的言传身教，就一定会培养出一大批高素质的创新人才。

（四）营造有利于创新的社会环境

对于创新的相关社会环境的营造，可从以下五个方面来概括：

1.重视硬件设施

重视对于创造能力培养的相关硬件方面的建设，为学生成才提供合适、稳定的条件。

2.积极开展校园文化建设

积极地开展针对校园文化有关的建设和第二课堂的活动，为学生营造浓郁的创新氛围。

3.制定合适的计划

针对个性化教育，制定一份合理的教学计划，以增强学生的创造能力，并同合作能力、团队精神的培养相结合作为其主要目标。

4.改革教学方法

对于教学方法进行相关改革，为学生提供一定的思考空间，推崇标新立异，倡导个性发展，提倡启发式、讨论式、问题式、研究式教学，鼓励学生在学习过程中能够产生新想法，提出新问题和新见解，在宽松自由的学习氛围中培养学生的创造性思维和创新意识。

5.建立科学的评价体系

科学的学习质量评价体系，除了将学习智力作为合理的指标，还应把学生质疑能力、创新思维程度、处理信息的能力、创新能力等作为综合能力素质评价的指标。

三、培养当代大学生创新意识的重要意义

（一）是经济全球化和知识经济时代的迫切需要

对于当代的大学生来说，对他们进行相关方面的创新意识的培养，是经济全球化和知识经济时代的一种迫切需要。世界经济全球化的趋势和科技的迅速发展氛围以及初见雏形的知识经济正在逐步改变人类的生产和生活方式。

作为发展中国家，要想跟上世界先进水平国家的发展步伐，那么，当下创新的任务就显得更为重要、更为迫切。对于提高大学生的创造能力来说，任务相当迫切，必须为了适应知识经济时代的需要而做出相关的努力，使我们的国家和民族自立于世界之林。

（二）是提高大学生综合素质的客观要求

对于大学生综合素质的客观要求做出适当的提高，就必须要针对当代大学生进行一定程度上的创新意识培养。当代大学生综合素质的外在表现是创新素质，它的基础是围绕深厚的文化底蕴，高度综合化的知识，个性化的思想和崇高的精神境界展开而来的。

通过对创新意识和创新能力的培养，可以确保的一点是在学生毕业之后，他们有足够的能力去区分并利用各种有利于自身的条件，根据所从事的工作不断完善自身的知识和能力结构，以便达到完善自我和适应社会的目的，从而为终身教育打下坚实的基础。

总之，针对大学生的创新意识方面进行一定程度的培养，是当下我们不可推卸、必须严肃对待的一项紧迫而艰巨的任务，只有不断地加强学习，并把理论知识大胆地运用于实践之中，才能在大学生的创新意识培养过程中显得得心应手。

第三节　当代大学生创新素质的培养路径

科技是人类智慧的伟大结晶，创新是文明进步的不竭动力。当今时代，谁在知识创新方面占据一定的优势，谁就能够在发展过程中掌握主动的权利。知识的创新广泛地影响着经济社会的发展和人民的日常生活。

一个国家的发展之基、力量之源是创新。作为创新的基本主体之一，大学肩负着培养和造就高素质创新人才的重任。当代经济和科技发展的很多成果都是在大学中进行研究并在实际运用中得到相关的转化，大学拥有着良好的创新氛围，大学生的特点也比较突出，思维活跃、见解独特、求知欲强，具备着自身独特的

创新条件和优势。对于大学生来说，进行相关的创新素质培养，对增强国家自主创新能力有着一定的深远意义。

一、对大学生创新素质的培养

培养学生创新素质的主要渠道，可以说是课堂，而其中起关键作用的是教师。只有高素质的创新型教师才能相应地担负起培养学生创新素质的重任。

有了创新型教师这一基本保证外，还应做到以下几点：

（一）注重右脑开发

据相关的现代脑科学研究表明，人的大脑两半球的功能并不是一模一样的，它们之间存在着一定意义上的差异性，详细来说，左半球属于大脑的处理中心，倾向于逻辑思维的运转，主要包括相关的言语、进行抽象逻辑思维、集中思维、分析思维；而右半球则倾向于形象思维的运转，是处理包括表象，进行具体思维、发散思维、直觉思维的中心。

创新素质的核心是创新能力，它主要表现为创新性思维能力，而发散思维又在创新思维中占有不可取代的重要地位。

由此可见，把大脑右半球的功能与人的创新素质的形成联系起来，就会发现它们的关系非同小可，密切相关、彼此不可分割开来，一个人能否取得创造性的成就，具有很强的逻辑思维能力是主要的一个方面，在直觉方面获得多大程度的顿悟，则更为起着至关重要的决定性的作用。

然而，在我国，不论是对于传统教育理论来说还是针对教学实践而言，基本上都被理所当然的"左脑化"了。从传统的小学教育到研究生教育，无论从教育内容来看，还是从教育方法上而言，都会发现明显地对言语思维极其重视，而对非言语思维显得比较忽略，对抽象思维显得重视，而对形象思维显得忽略，对逻辑思维显得重视，对于非逻辑思维显得忽略，特别是忽视直觉思维等。而这些被轻视或忽视了的思维形式，恰恰是右半球的重要功能。

因此，对学生的创新素质进行有效培养，除了对左脑的功能持续发挥的同时，还要注重对右脑的潜能进行开发，发展学生的直觉思维和形象思维能力，使得大脑两半球协同活动，功能得到进一步地均衡发展。

针对右脑开发，应该高度重视那些平时在我们学校里被称为"副科"的音乐、体育、美术之类的课程，通过对这类课程相应地做到开齐开足开好，并逐步建立和完善活动类课程，特别是科技活动，使学生左右脑共同协调发展。

（二）加强双基教学

每一件事物的产生都是有一定的依据的，不是平白无故诞生的，就像创新的产生一样，也是需要有一定的知识进行相关的铺垫衔接，这些铺垫包括任何的新思想、新观念的产生，同时也必须是以坚实而牢固的知识作铺垫，如果在铺垫过程中，缺乏足够的知识储备，即使有新的思想，那么也会显得幼稚和不成熟。

一般说来，如果一个人知识面非常丰富，知识范围广阔，那么，通常情况下，与其相对应的创新思维就会显得相当活跃，创新能力就相当得强，创新素质也就越高。

但是，由于现代科学技术日新月异的飞速发展，人类对知识量的需求也在急剧地增加，且更新速度越来越短，而这种形势对于一个人来说，在学校学习的时间却是有限的，关于人类积累的知识不可能全部都学到手，这时，就只能从浩瀚的知识海洋中撷取具有相对稳定性的基础知识来学习。学生只有掌握了扎实的基础知识，才能形成学习专业的基石，同时也是促进创新素质形成的基础。

可以说，在教育理论里，那些长期受到强调的有关基础知识、基本技能永远也不会因时代的进步和发展而遭到淘汰。但是，对于双基教学的加强，不能只向学生传授现成的知识和结论就停滞不前了，而是应在学生掌握现成知识的同时，让他们努力去发现接受新的知识，在了解现成结论的同时，又去设法突破现成结论。

只有这样，对于学生创新素质的培养才能奠定更加坚实的知识基础，又能在加强双基教学的同时进一步培养学生的创新素质，使二者有机地统一于教学过程之中。

（三）营造宽松和谐的教学氛围

对于学生的创新素质进行一定程度上的培养，不只局限于奠定生理基础和知识基础，除此之外，还要为学生营造一个宽松和谐的教学氛围，这样一来会更有利于创新素质的顺利形成。正如德国学者戈特弗里德·海纳特指出的："教师凡欲促进他的学生的创新力，就必须在他们班上倡导一种合作、社会一体的作风，这也有利于集体创新力的发挥。"因为只有在宽松和谐的教学氛围中，学生才有"心理安全"和"心理自由"。

有相关的研究表明，能够适应创新能力发展和表现的环境，才是能够实现和保障学生的心理安全和心理自由的环境。如此一来，在这样的环境里，学生的好奇心、自尊心和自信心才会得到相应的保护，他们才能更加集中精力进行自主学习，独立思考，积极探索，发展个性特长，形成创新能力。

很难想象，一个始终信守"师道尊严"，维护"教师绝对权威"，无论什么事情都以自我为中心、要求学生围着他转的教师，如果换思维地去鼓励学生质疑问难，对于一些相关的问题发表一下自己的见解，引导学生创造性的思维，那会是多么难得的一种情形。适当地营造宽松和谐的教学氛围，最为关键的一点就是在于课堂教学必须真正体现民主性特征，也就是教师应充分尊重学生。具体地反映在实际行动上，主要表现在以下三个方面。

1.尊重学生的心灵

要适当尊重学生的兴趣、爱好、情绪以及情感方面、个性特点、抱负和志向、选择和判断以及个人意愿等有关联的方面。

2.尊重全体学生

对全体学生要做到尊重，尤其是一些与自己的意见有着不同见解的学生。

3.保护学生的自尊心

营造宽松和谐的教学氛围，需要教师做到发扬教学民主，对学生的人格有充分的尊重，建立融洽的师生关系，以此为学生创新素质的培养提供良好的心理环境。

（四）促进学生创新性学习

国际著名学术团体——罗马俱乐部的研究报告《学无止境——回答未来的挑战》把学习分为以下两种类型。

1.维持性学习

它的功能在于获得已有的知识、经验，以提高解决当前已经发生的问题的能力。

2.创新性学习

它的功能在于通过某种程度的学习，进而提高一个人发现、吸收新知识、新信息和提出新问题的能力，以迎接和处理好未来社会中出现的各种变化。

对于维持性学习强调的一个重点就是培养对现实社会的适应能力，当然，这样的要求有它的合理之处，从某种程度上来说也是必不可少的。但是，按照当今社会的发展，这种传统的学习方式下所培养出来的"知识仓库"型人才，已经很难与当今社会的种种挑战相符合，因此对于学生创新性的学习必须加大力度促进。

这种学习使得教育成了针对培养创新精神、激发创新能力的源泉，因此，在针对学生传授现成知识的同时，更需要对学生在未知领域进行相关的探索做出正确的引导，让他们自己去寻找独创性的解决问题的方法。

这个时候，就对教师有一定的要求了，需要他们进行角色转变，从知识的传授者转变为学习的促进者，在原先传统的授课方式的基础上有所改变，如满堂灌、一言堂的现象，以及学生回答问题必须符合教师自己定的标准答案的旧模式等情况，合理采用启发式、讨论式、案例式等相关的教学方法，在教师的正确启发引导下，激发学生多向思维和创新的意识，鼓励学生勇于提出质疑，大胆创新，对他们独创性的分析问题和解决问题的能力加强培养，从而形成新思想，创造新知识。

二、构成创新素质的要求

拥有大批创新型的人才是建设创新型国家的前提，对于高等学校来说，为国家培养高素质创新型人才是他们不可推卸的重要责任，因此，应在更新教育观念，探索创新人才培养模式诸方面有所建树，做出更大的努力。

在培养高素质创新型人才时，必须明确树立"以学生为本"的理念，国家和民族前途命运的重要力量取决于高素质人才，同时，高素质人才也是建设创新型国家的强大依托。

（一）健全的人格

人格，是针对人的社会自我的一种主要外在表现，是个人在社会化的过程中逐渐变得成熟起来的思考方式和行为方式。我们既要对我国优秀传统文化中的人格行为进行大力提倡，又应该加强对于现代人格行为的相关方面的培养，这是青年学生待人处世、安身立命的根本。

相关的心理学研究数据表明，人自身的创造力发展，离不开其整个人格的发展，这里的整个人格就具体包括其所持的世界观、生活方式等。人格往往能够传递出一种精神，一种感召，一种力量。人格精神不存在于非常平和的举动之中。

塑造学生的健全人格，最终的目的是能够正确地引导学生健康成人。让他们要学会淡泊、宽容、执着、自律。能够做到淡泊是一种境界，不为名利所困惑，不为物欲所引诱，不为人情所烦恼，能任劳任怨。学会宽容更是一种美德。做到自律是一种底线，明白什么该做，什么不该做。

（二）创新意识

1.确立社会责任感

可以说，对社会有无责任感是检验人生境界高低的一个衡量尺度。一般来说，社会责任感不是抽象的，是可以具体来阐述的，它是一种能用行动来具体体现出来的，主要表现在对家庭、他人、集体、国家、民族的情感、态度、责任和义务这几方面。

积极地引导学生的意识，让他们从小范围开始有所意识，从对自身负责做起，对自己建立一定的信心、对父母持有孝心、对他人关心、对社会有爱心、对祖国忠心。

在这里，需要特别强调指出的是，应对学生加强有关感恩教育方面的相关活动。

2.培养创新毅力

一个人要想在事业方面取得成功，就得付出与之相对应甚至是加倍的努力。而在付出之前，必须具备坚韧不拔的毅力，持之以恒的恒心，当然，自立、自强的精神耕地拥有，甚至是随时失败的风险准备也应具有，这样再去行动，就会无比得有动力。

3.培养创新激情

每个人都会拥有激情，但是如何利用好激情，这是门学问。所谓激情，就是要敢于争先地面对机遇；在艰险面前，敢于探索；落后的时候，有着奋起的心态；竞争之际，创新为先。有了激情，才会有想要行动的欲望。

4.培养团队精神

要想产生相对而言比较大的创新成果，就必须具有一致的团队精神，集思广益。举例说来，一些重大科技项目的获得者往往都是来自团体冠军，特别是在学科交叉、技术集成、知识融合的时代背景下。这就说明了一个现象，个人的作用越来越小，成就事业的关键在于群体团结发挥出来的力量。作为创新人才来说，在具有创新精神和本领的同时，合作共事的意识和水平也要具备。

5.培养诚信品德

诚信，是个人与个人、个人与社会之间相互关系的道德品质和行为准则。诚信是个人高尚的人格力量的代表；诚信是学校的一种宝贵的无形资产代表；诚信是社会维持正常秩序的一个运行基础；诚信是国家良好的国际形象象征。要正确地引导学生诚信立身，诚信做人，诚信做事，使诚信成为走向社会的"通行证"。

6.培养胆量

中国古代有句名言，"才学胆识胆为先"。在现实生活中，有才华的人遍布各地，不足为奇；而有胆量的人却是少之甚少。凡是能做成一番大事业的人，是否有足够的聪明机智暂且不说，但是此人一定有足够的胆量，只有有胆量的人才能做得了天下大事。美国教育家卡耐基说，失去金钱的人损失极少，失去健康的

人损失极多，失去勇气的人损失一切。胆量体现的是一种素质、一种精神。胆量是承受生活中一切艰辛，做一切事情的根基。

塑造创新人格，是保证学生成功的根本目的。成功在某种意义上来说，不仅仅显现的是某种结果，有时候更是一种无法用语言形容的精神状态。在成功的道路上，要始终持有艰苦奋斗的精神，善于总结，脚踏实地，只有这样才能体会到成功。当然，成功不仅仅只是来源于失败的简单积累，而是对每次失败都会有深刻的感悟之后不断在原来的基础上超越，可以说是智慧和理性的再一次升华。成功是循序渐变的一个过程。今天的成就源于昨天的积累，明天的成功有赖于今天的勤奋努力。

（三）创新型人才要有创新的天性

我们针对教育制度的设计，应该把学生作为主体，为他们创造个性留出足够的自身发展空间。

在培养创新型人才的过程中，要呵护学生的个性发展，激发学生创造的天性，不断改进学生评价体系和评优激励机制，搭建有利于学生个性发展的制度平台。

1.正确处理共性与个性的关系

共性是前提，体现人才标准；个性是关键，体现独一无二的不可替代性。对于创新型人才的培养，不能盲目模仿，不能采用单一的模式进行相关的发展，不能用一种标准来评价。没有个性就没有创造性，没有人才。

教育的灵魂是个性。所谓个性，也就是人的天赋，一般表现为兴趣、爱好、特长。每个人都具有天赋，只不过有的人的天赋是潜藏在身上的潜能。只要合理、充分发挥这种潜能，人便能成为不平凡的人，有所作为。

促进学生成才，是合理塑造学生、创造个性的最终目的。成才，需要有一个明确的方向定位。一个人只有自身具备了较强的社会适应的能力，他所潜藏的潜能才能得到充分的发挥。

2.营造和谐的环境

所谓建设和谐的环境，就是要坚持尊重差异的同时，包容多样化，在差异中求和谐，在多样中求统一。培育一个民主自由、宽容开放、公平诚信、充满活力，创新主体与创新环境之间和谐相处的完整系统。

参考文献

[1]吴丽君，曾明芳.立足中国传统文化，加强当代大学生思想道德素质教育[J].才智，2017（29）：103-104.

[2]李建平，汪斌，陈龙.中国传统文化融入大学生素质教育的现状及路径研究——以四川师范大学为例[J].内蒙古师范大学学报（教育科学版），2017，30（09）：23-27.

[3]罗怡宁.新媒体时代大学生艺术素质教育对策研究[D].西安理工大学，2017.

[4]马启慧.关学与大学生文化素质教育研究[D].西安理工大学，2017.

[5]胡志明，孙哲，秦世琼.中华优秀传统文化在大学生素质教育中的缺位与构建[J].当代教育理论与实践，2017，9（04）：117-120.

[6]郭道冉.大学生思想政治教育与人文素质培养研究[D].陕西科技大学，2017.

[7]宋芹.关于中华传统文化在大学生素质教育中的渗透研究[J].中国市场，2017（04）：193+214.

[8]吴琼.陕西高校素质教育理论与实践研究[D].西安建筑科技大学，2016.

[9]薛晶晶.大学生践行社会主义核心价值观研究[D].南京师范大学，2016.

[10]龚飞燕.大学新生素质教育研究[D].贵州大学，2016.

[11]薛晓霞.当代大学生道德素质现状研究[D].新疆大学，2016.

[12]李燊燊.论思想政治教育的大学生创业素质培养[D].吉林大学，2016.

[13]王淑芬.国学教育对大学生素质教育的影响[J].才智，2016（08）：54.

[14]钱宇平，徐惠红，丁建霞.论中国传统文化传承与大学生文化素质教育[J].中国成人教育，2015（21）：20-23.

[15]迟成勇.论社会主义核心价值观与大学生素质教育[J].山东高等教育，2015，3（09）：53-60.

[16]楚丽丽.孔子德育思想视域下大学生价值取向研究[D].东北石油大学，2015.

[17]王进.大学生素质教育中的人文关怀探析[D].陕西科技大学，2015.

[18]曹蕾.大学生文化素质教育基地建设的路径研究[D].长安大学，2015.

[19]黄海.通识教育背景下当代大学生思想道德教育研究[D].南京理工大学，2015.

[20]李瑞艳.新媒体环境下大学生心理素质教育模式创新研究[D].山东大学，2015.

[21]贾微.浅谈传统艺术文化对大学生素质教育的重要性[J].才智，2015（01）：108.

[22]赵旻，黄展.中国传统文化视域下的心理学和大学生心理素质教育研究综述[J].思想教育研究，2014（09）：106-109.

[23]陈树.中国传统文化与当代大学生素质教育[J].艺术教育，2014（07）：42.

[24]常鹏. 大学生素质教育研究[D].山西农业大学，2014.

[25]石晓霞.论中国传统文化对大学文化建设的现实意义[J].常州大学学报（社会科学版），2014，15（03）：89-91.

[26]张立平. 全球化视野下的中国高校通识教育研究[D].武汉大学，2014.

[27]游敏惠，张绍荣，张珂.论大学生素质教育网络平台的实践与创新[J].国家教育行政学院学报，2014（04）：13-18.

[28]杨晓. 90 后大学生综合素质培养研究[D].陕西科技大学，2014.

[29]符红川，张轩，王富.试析书法教育在大学生素质教育中的缺失及对策"[J].内江师范学院学报，2014，29（01）：120-122.

[30]范道琴.优秀传统文化与大学生素质教育再探索[J].蚌埠学院学报，2013，2（01）：118-121.

[31]许尚立. 关于大学生素质教育与人的全面发展的思考[D].重庆交通大学，2012.

[32]赵振华. 新时期文化校园建设与大学生素质教育研究[D].齐齐哈尔大学，2012.

[33]陈安琪.中国传统文化与大学生思想政治教育[J].教育教学论坛，2012（01）：27-28.

[34]李玉洁. 论教育环境对大学生素质发展的影响[D].湖北工业大学，2011.

[35]李沛武.论全球化背景下我国大学生素质教育发展的新趋向[J].辽宁行政学院学报，2011，13（01）：88-90.

[36]夏云鹏. 校园文化对大学生素质教育的影响和对策[D].沈阳建筑大学，2011.

[37]董蕾. 国学与当代大学生人文素质[D].武汉理工大学，2010.

[38]王建刚，王羚郦，刘四军.浅谈中国传统文化与大学生素质教育[J].科技信息，2010（08）：461-462.

[39]图雅.论中国优秀传统文化与大学生文化素质教育[J].中国中医药现代远程教育，2010，8（02）：14-15.

[40]吴成福.论大学生科学素质教育和人文素质教育的辩证关系[J].黄河科技大学学报，2010，12（01）：116-119.